国家出版基金项目
NATIONAL PUBLICATION FOUNDATION

辛亥革命资料选编

第六卷

刘　萍　李学通／主编

清末社会风潮　（上册）

——辛亥前十年报刊资料选

张振鹤

李学通　孙彩霞　张会芳

卞修跃　刘　萍　古为明／编

社会科学文献出版社
SOCIAL SCIENCES ACADEMIC PRESS (CHINA)

张振鹤与清末民变资料整理（代序）

张振鹤

正当纪念辛亥革命一百周年之际，中国社会科学院近代史研究所《近代史资料》编译室编辑出版《辛亥革命资料选编》是一件很有意义的事。这其中的第六卷《清末社会风潮——辛亥前十年报刊资料选》，原本是张振鹤为研究辛亥革命而搜集的。由于他一生屡遭波难，这些资料曾长期闲置。

张振鹤1923年4月生于河北正定。1939年到北平（当时在日本侵略军占领下，称北京）读书。抗日战争胜利之年，他考入辅仁大学经济系，1947年辍学，到北平市立二中做事务员兼任教员。1949年他又插班考入北京大学历史系，1951年毕业。

当时中国科学院近代史研究所刚刚成立，正组建研究队伍，所长范文澜要求北大历史系主任郑天挺推荐该系毕业生，张振鹤作为被推荐的三人之一，于当年5月进入近代史所工作。他一进所，就被派参加中央西藏工作队，去康藏地区做社会历史调查。半年后返回北京，正式走上近代史研究岗位。

1953年，近代史所建立分组专题集体研究体制，他被分在政治史组，与全组共同研究辛亥革命。那时人们好像根据列宁的论断，有一种理论上的认识，就是：一个社会当被统治的人民大众已不能照旧生活，统治者也不能照旧统治下去时，革命危机就要成熟了。而20世纪初年、《辛丑条约》签订后的中国大地上，群众性的抗捐抗税、罢工罢市等各种形式的"民变"频繁发生，在在表明人民大众已无法照旧生活下去，越来越显示革命形势正在形成。所以研究辛亥革命必须研究遍及各地的民变，首先要从全国范围着眼搜集那些年间的民变资料。张振鹤在组里的分工就是这项工作。本书中的这部分资料就是从这时开始搜集的。

近代史所的报刊图书资料非常丰富，为他提供了优越的工作条件。他孜孜不倦，一年后就初有成果，写出并发表了《1904年江西乐平群众抗捐运动》一文。那些年所里的政治运动接连不断，业务工作难有保障，但他总是利用一切可用的时间，全力以赴。本书所辑的浩繁资料，绝大部分就是这个时期集成的。直到1957年他被划为"右派分子"，一切都戛然而止。

接着就是一波又一波的下农村及各种劳动。此后20年的岁月，包括"大跃进"、"三年困难"、"四清"、"文化大革命""、下五七干校"等，他是"老老实实改造"，"夹着尾巴做人"走过来的。不许他再做研究工作。有一段时间他被安排在工具书组，做资料标点和编辑。他先后参与了《刘坤一集》、《锡良遗稿·奏稿》及阎敬铭抚东奏牍、中国大地图集、张之洞未刊稿等的整理。这期间，他的"右派帽子"摘掉了，后来又得到"右派改正"，但心灵上的创伤并没有彻底平复。他大部分时间生活在动荡中，幸运的是那些民变资料保存了下来。

1970年代末，他终于回到新建的政治史研究室，恢复早年的专业。他重整旧资料，补充新资料，与丁原英合编了《清末民变年表》，并计划就辛亥革命前十年的民变史，全面系统地做一个总结；但未及完成而转到了其他研究领域，这些资料只好休眠了。退休时，他把这全部资料托付给了他的忘年交、《近代史资料》编译室的李学通，其本人在安度晚年中撰写了《沉冤二十二年》，2004年1月与世长辞。

李学通不负重托，时时想着唤醒这些资料，使之发挥效用，终于在托付人过世七年后看到了最佳时机，在与社会科学文献出版社商定编辑出版《辛亥革命资料选编》之时，将这部分资料重新整理予以公开出版，给辛亥革命百年纪念一个小小的献礼。这些资料都是很原始的，经李学通他们精心编辑整理，使用起来会很方便。我作为张振鹤的胞弟，向李学通和《近代史资料》编译室诚挚敬礼。张振鹤在天有灵，更必充满欣慰与感激。

2011 年 6 月

目　录

·上　册·

·中　册·

·下　册·

京　师

京西股匪肆虐 *

　　传闻京西房山县地方，有匪徒数十成群，均有利械，各处抢掠，该县饥民多为所胁，其大股有二百余人者。日前该县绅民特赴顺天府尹衙门，禀请派兵剿办。闻陈大京兆已批准委员往查矣。

　　　　《中外日报》光绪二十九年五月四日（1903 年 5 月 30 日）

京畿亢旱 *

　　传闻自通州迤东三河、宝坻等州县，亢旱已极，每粟米一石价至七两有奇。饥民无所得食，四出抢掠，人心惶急，行旅为之戒严。有地方之责者，其加意早图之。以上录天津《大公报》。

　　北京大旱日久，皇上已派人至邯郸县迎取铁牌，故此间人民以为不久即可得雨。向来北京附近各处未有干旱如今年之甚者，夏季米麦收成无望，如雨不早降则秋季米麦亦不能播种。现在官府均令百姓修葺龙王庙，及焚香求雨矣。

　　百姓虽因天旱以致苦况如是之甚，而皇太后仍复多费钱财，以备举行万寿典礼。

　　按：太后须于明年西十月方届七旬万寿之期，但因向来每届逢十庆寿时，必不能免于战乱，故现欲改早一年，于六十九岁时举行。

太后于百姓之受苦淡漠置之，而于宴会演剧则所费钱财之多，向无如今日之甚者。其行为如此，必致民心日离，实为可惜也。译五月二十二日《字林西报》。

《中外日报》光绪二十九年五月二十三日（1903 年 6 月 18 日）

匪入颐和园抢掠*

日前，颐和园有匪徒二百余人闯入抢掠。闻即经当道电致直督，随即委派营务处张金波观察督同津防捕盗营弁兵等，于昨早起程，乘坐二次火车前往缉捕兜拿逸犯云。

《中外日报》光绪二十九年闰五月十八日（1903 年 7 月 12 日）

颐和园遭匪抢劫*

初五日夜间，万寿山忽有贼匪多人，并匪在颐和园内抢劫铺户。随有驻扎防营窦统领营弁并营汛闻声，立即派兵追擒，将贼匪枪毙二名，拿获又七名。两宫亦闻声甚为惊恐。闻匪系窦营逃勇，随交鲍协戎办理。袁宫保派总理营务处张锡銮观察并津防捕营穆协戎，率亲兵等于前日下午三点一刻钟，由津乘快车晋京，即查办是案也。以上录闰五月十七日《天津日日新闻》。

《中外日报》光绪二十九年闰五月二十二日（1903 年 7 月 16 日）

营兵为匪*

探闻颐和园附近地方之土匪，确系驻扎该地方之兵。按此兵久不归姜翰青军门所统带，而皇太后几次降旨，仍令姜桂题严为缉捕。闻刻下仍任意劫掠，不稍敛迹，姜军门已向张统领催索匪犯数次，尚未交出云。

《中外日报》光绪二十九年六月八日（1903年7月31日）

口外矿工至京劫掠 *

口外开矿之工人，因该处司事苛待异常，故于日前奔至京师约百余人，于永定门外张公口一带，任意劫掠，虽家存铜钱一串，亦不免被其所掠云。以上六月初三日天津《大公报》。

《中外日报》光绪二十九年六月八日（1903年7月31日）

官军扰民

京北一带有匪骚扰民间，当由某军门派马队前往弹压。该队长裴某约束不严，竟致扰民之匪方遁，扰民之官军又来，该处人民不胜其苦。

《中外日报》光绪二十九年七月六日（1903年8月28日）

大学堂风潮

大学堂新调学务提调张祖辰君，向为外吏，习气颇重。此次由学部派充是任，早已不洽众情。堂中有某委员者能干事，在堂供差最久，由供事改充委员，张藐之。一日，张牌示诸生，措语有不妥处，某请稍更。张大怒，谓其辱己，即刻将该员仍降为供事。群供事大哗，纷纷辞差，一空其曹。十五日晨，诸生上堂，讲堂全未开锁，颇致扰攘，经监督再三调停始罢。及早餐，饭乃失饪，诸生遂一哄而散。不知如何转圜也。

《时报》光绪三十二年闰四月二十二日（1906年6月13日）

奏参折扣价值

近有某御史奏参官场折扣铜元价值之害，略谓：鼓铸铜元，原以便民，讵日久转以害民。盖铜元每枚作制钱十文，尚恐百姓折扣。不料官场先抵，昂其价值，并不与制钱视同一律。即如长芦盐价，揭示通衢，用铜元买盐又系若干，以制钱买盐又系若干，显示民间折扣，大背鼓铸之初意。官场先自破坏，何怪民间不肯信用。若不设法整顿，势必贬至对折云。

《汇报》光绪三十四年六月二十七日（1908 年 7 月 25 日）

巡警步军强押奉天请愿代表出京[*]

昨日（念四日）卯刻，巡警步军数十人强押奉天请愿代表出京，几同递解。代表刘焕文自轿车中跃出，被轮所伤。孙鹤龄、广轮、支寿铭均宁死不出京，为警察拘禁。念五日亥刻北京专电。

《时报》宣统二年十一月二十六日（1910 年 12 月 27 日）

四次请愿之重波迭浪

直隶四次请愿代表，顺直谘议局已举定贾恩绂、王法勤、祥和三君，而绅商学各界尚未举定。兹闻各界对于此事已屡次开会讨论，拟定先由绅商学三界各举代表，并不限定人数，以张声势。众议皆主张除各界另选代表外，所有三次请愿代表仍邀同来京，共图进行方法云。

又闻北洋学界自法政学堂学生江元吉割肉之后，人心异常激愤，各监督、教习虽极力压制，无如士气勃勃，不可遏止，亦无可如何。前日在某处开会，因温世霖不任代表，有学生六七人环跪痛哭，温卒允认，众始无言。其气象之激愤如此。

又天津学界组织帝国学生同志会，运动四次请愿国会，极为激烈，大有非得勿休、非获勿止之概。闻各学堂闻风响应，签名者已不知有若干人。

又闻直督代奏请愿速开国会之电奏已于十九日晚到京，二十日交军机大臣公同阅看。因锡督之折已经批回，故将此电留中。兹将其电文照录如下：北京军机处钧鉴：洪。本日据顺直谘议局议长阎凤阁等、商务总会总理王贤宾等、在津学界请愿同志会温世霖等三千八百五十九人呈称：为国事危急迫于眉睫，非明年即开国会不足以救危亡，谨联名合词呈请代奏事。窃以九年立宪定自先朝，五年缩短见诸明谕，凡在臣民宜如何感激涕零，共体朝廷俯念时艰之至意。惟以民等之愚，览今时势，有不敢讳言不能不涕泣敬陈于我皇上之前者。自日人并韩以后，全国上下于南满竭力经营，鸭绿江桥及安奉路线并工而作，明春即可成功，且以吞韩之余焰，直捣辽东不过数十时耳。政府既无国会为之后援，不识将何以待之。仰维朝廷顾念根本重地，什百倍于臣民，徒以二三枢臣不肯为皇上负责任，蒙蔽圣听，故未当机立断，俯准即开耳。然长此迟延，二三年而后，国势已非，人心已去，外患已亟，始行开设，以图补救，恐亦无及。是以屡渎宸威，共蒙不测之诛，以为与其国亡后死于外人，诚不若涕泣陈请于我皇上之前，终可上回天听，俯如所求。我皇上既缩九年为五年以救国亡，又何若缩短五年，即行召集，以大固皇基乎。今全国上下，自朝廷以至庶人，皆认国会为救亡无上良策，如或少一迟顾，人心一去，将至不可收拾。此民等所以锥心泣血，不敢不竭力为我皇上一言者也。所有欲请明年即开国会以救国亡缘由，谨联名合词，呈请督部堂鉴核，据请代奏，无任惊惶待命之至。情词迫切，且有断指割臂情事，未敢壅于上闻。谨据情代陈，请代奏。

夔龙叩。

又湖南、吉林、山西、福建各省谘议局来电，皆委托本省资政院议员充任四次请愿代表。兹闻各议员皆以议员兼代表诸多不便故，各向本省电辞，并请即选代表来京，勿稍延误等语。

又此次东三省四次请愿国会代表，虽仅奉天代表到京，而列名者则系三省代表。盖因吉、黑两省路途较远，故稍延滞。兹闻四次请愿书已于前日由三省议员介绍，各代表赍书到资政院呈递，当由秘书官接收，允为转呈议长云云。

又东督代表东三省人民请速开国会折，已于日前奉批，谓：缩改开设议院年限，前经廷议详酌，已降旨明白宣示，不应再奏。三省地方重要，该督有治事安民之责，值此时艰，尤应力任其难。毋许借词诿卸，致负委任云云。盖锡督同时有一请假之电奏，意在如所请无效，即藉此去官，以谢三省人民云云。

又日前资政院议员邀请四次请愿代表，在全蜀会馆开谈话会。各代表要求各议员协力赞成，以达速开国会之目的。各议员到者三十余人，均表同意，而尤以易宗夔、李文熙、罗杰诸人演说最沉痛。一腔热血，流露于外。此亦可见人心一致之趋向云云。

《时报》宣统二年十一月二十八日（1910 年 12 月 29 日）

京师戒严记

自二十三日发遣奉天代表后，京师警兵及步军统领衙门人役逻访异常严紧。步军统领衙门特派员役亲至各学堂一一询问，问学堂中有无秘密结会情形，如有不稳之学生，即请校长等指名交出，带归衙门。故北京学界异常安静，未受天津学堂之波及。盖官署等之所以为此，亦以风闻天津有人前来煽诱各学堂故也。

二十三日上谕既下后，学部尚书唐景崇与民政部尚书肃王同时召见。监国所谕，不外镇抚弹压诸事。故唐尚书已遵谕行文各学堂，请监督及管理员等严密防范，剀切劝解。如有教员从中煽诱，或有不逞之学生抗拒不服，应即分别开除斥退，令吾人俨然有戒严之威。

闻警厅送代表等归后，并分派所谓高等侦探者前往京汉、京奉各站探访。外人中至传言政府派有密侦侦视东三省总督锡督举动，则近诬矣。

大可笑者，某小报载称：连日警役等辄于深夜二三点钟时，群赴此间下等娼寮，所谓二三等茶室者，惊蛇打鸭。彼中异常慌恐，岂此中亦有国会代表在耶。

东省人民暨锡督此次举动，大为某国所不韪，故异常注意之。及二十三日上谕既下，某国之意乃为稍平。前日某国驻使晤外部，商量天津租界事，犹以为言也。

《时报》宣统二年十二月八日（1911 年 1 月 8 日）

惩儆温世霖之上谕 *

十二月初九日奉上谕：陈夔龙电奏查拿著名无赖、出身微贱之温世霖，即温子英，原名温昱，曾充长随多年，声名恶劣，久为衣冠不齿。此次在津竟敢假请愿国会为名，结众敛钱，已属有害地方。又复擅捏通国学界同志会名义，妄称会长，遍电各省，广肆要结，同时罢课，意图煽惑，居心实不可问。请严行惩儆等语。温世霖著即发往新疆，交地方官严加管束，以遏乱萌而弭隐患。该部知道。钦此。

《时报》宣统二年十二月十日（1911 年 1 月 10 日）

京师剃头店之罢市

巡警取缔剃头铺之议，创始于三十三年。其时有左厅卫生课长某君条陈此事，并拟规则若干条，曾经禀准总厅照办。后因其中有窒碍难行者颇多，又复中止。今正因防疫之故，有左二区卫生警官玉桂报告检查各剃头铺不洁之处甚多，请实行取缔。经总厅饬区查阅成案，仿照办理。近日各剃头店等以规则中有身穿白布长褂，使用洋磁盆、白手巾、禁食葱蒜等件，不但窒碍难行，且所费甚巨，举动不便，相约请将规则取销，同盟罢市五日。现厅丞拟禀明民政部后，再行核办云。

　　　　　　　　《时报》宣统三年正月二十六日（1911 年 2 月 24 日）

剃头店战胜警厅之奇闻

警厅前以防疫故，下令剃头店须力求清洁，须用白洋布为围，白磁盆为洗具，又有所谓痰盂种种设备。侍诏诸人，群起不服。警厅乃封闭崇文门一带剃头店数家。于是全体之剃头店于十九、二十两日罢市。后经厅宦李某劝谕，仍照旧日剃法，乃始平息。某报著论谓：大宅人家可以自备，至佃民之入店剃头者，已且不能用白洋布、白磁盆，何乃以责之剃匠？近日厅令多好为高远，而不顾社会实情之可行不可行。其言亦颇有味。

　　　　　　　　《时报》宣统三年二月三日（1911 年 3 月 3 日）

北京女子师范之风潮

喻长霖之笑史一。北京女子师范学堂，系孝钦显皇后时赐内帑创立者，程度极高，为北京女校之冠。监督为喻长霖太史公而兼资政院议员者也。去年于开院时，曾发布说帖，反对立宪期限缩短之速。顾其文意，皆极浅俚可笑。又尝为贵胄师范学堂历史教习，以解说错误，为深明国史之庄王所驳，辞职而去。时庄邸在校居第一席，监国乃第二席也。其荒陋如此。

喻长霖之笑史二。喻以出今学部尚书唐公春卿之门，得为该校总理，倨恣自放，尝被女学生面驳，乃改容自称该死该死；逼之甚，则云你的老师该死，即自谓也。又尝嫌校首有石刻小狮，谓女校有此，即不啻证明女学生皆河东之狮吼，命石工去之。女生愤其言无理，责之。则曰：我去狮，而汝愤，是不啻愿自为河东狮也。其荒谬如此。

风潮之起原。此次以拔取教生（该校定则于学生中择取高材者为附设初学之校师，谓之教生。凡教生得不纳学费，不与考而得优等毕业）之不公，为女生所攻，至呈诉之于学部。学部方命林参议处理，而喻遽下令斥革数生，又记数人之过，众生不服。则曰：我为监督，犹皇帝也，诸管理员犹各部大臣，女生特百姓耳，岂有百姓而不遵皇帝命令之理！

调停之得法。唐尚书既极不悦其所为，乃命其乡人某某讽令自退。而喻殊顽钝，无去意。现幸调停得法，诸学生已上课如初。闻诸女生慷慨辩论之时，皆极俊伟婉转。林参议等均咋舌，叹其程度之高，是亦中国之一大好现象也。如喻者牛马走之列，何足道哉。

《时报》宣统三年二月二十三日（1911 年 3 月 23 日）

陆军贵胄学堂之风潮

陆军贵胄学堂监督副官王典型（副军校，保定军官学堂毕业生）遇事专横，与该堂学生屡有龃龉，尝以细事一月内记学生过数十，总办不知也，管理大臣不知也。该校向例，凡学生记过请假诸事，皆须禀管理大臣行之。学生本积不相容，昨复因事在校掌殴国文教习聂某（河南人），全校大哗。监督刘思源竟左祖王，谓军事取绝对服从主义，教习当绝对服从监督云云，全体教员闻之忿甚，均纷纷具禀那总办辞职。那甚不以王、刘为然，且谓该二人行事悖谬，本总办早有所闻。日昨正在该校会议，筹商办法，其详容访明续登。

《时报》宣统三年六月二十四日（1911 年 7 月 19 日）

邮传部铁路总局司员罢工辞职*

邮传部铁路总局各课执事人员，向系堂委，虽有提调无用，舍人员之权。自今者奉旨整顿后，何其椿、袁长坤、关庚麟、胡某等四人为提调，全局人员遂渐无生气矣。日前有交涉课员余某回寓，因病未及到局，用电话向局请假，画到簿、请假簿等均无余名。事为何启椿所知，立禀堂官请示办法，并请自定请假办法及擅不到局处分章程数则：（一）本总局各员均限早十钟以前到局，至迟不得过十钟半。（一）有事必须回明提调处请假，候堂批准。但请假时刻须上午十二钟前为限，逾限概不准请假。（一）由提调每日派员于十点半钟将考勤簿逐名核点，标明不到姓名，缴交提调处核办。其十点半后到者，即以不到论。考勤簿上不得画到。（一）请假未奉堂谕批准，擅自不到者，第一天记过一次，罚扣月薪一天；连二天记大过一次，扣薪半月；三天者扣月薪全月；四天以上者撤差。（一）每月记过三次者，照记大过一次办理，余类推。堂官首肯。当由何遣人将该章送到各科画诺。惟文牍科全体不画，并举科员郑鸿谋代表，向何面陈该章窒碍难行之理由。何盛气答曰：南山可移，此案不可动。郑曰：然则提调回宅后陡发急痧，亦必候堂批而准假乎？何语塞，怒益张，立赴堂官处请出堂谕，派郑及唐汝流、梁肇岐、余某、江某等为稽查员，遵照该章执行请假及处分事宜。全局人员大动公愤，故全体辞职。现何等亦将该员等辞职情形禀知堂官，拟婉劝各员照旧供职。

《时报》宣统三年七月三日（1911年8月26日）

直　隶

署直隶总督袁复陈热河匪乱添兵剿抚情形折

奏为热河朝阳县革生邓莱峰聚众仇教抗官，谨将历次筹办并派员查防商添兵队情形，恭折复陈仰祈圣鉴事。臣承准军机大臣字寄，光绪念八年正月初七日奉上谕：色楞额奏朝阳县属民教不和，聚众相抗，请派兵分别解散剿办一折，直隶朝阳县属革生邓莱峰，借口教堂欺凌平人，辄敢聚众负固，掳禁教民，逞忿滋事。屡次派委营县前往解散，该革生不服开导，势焰愈张，若不慑以兵威，势恐酿成巨衅。总兵杨玉书所统数营，诚恐不敷剿办等语。著袁世凯察酌情形，迅速添派数营，前往解散胁从，严拿首要，务令民教相安，以弭后患，仍不得卤莽从事。原折著抄给阅看，将此谕令知之。钦此。仰见朝廷轸念民教，慎重周详，曷胜钦服。臣查朝阳县花子沟革生邓莱峰聚众仇教一案，于光绪二十七年十一月念五日据朝阳县知县王文翰禀称：县属松树阻教堂，增索赔款，致革生邓莱峰借仇教为名，纠集乡民，夺犯抗官，情势可虑，请添兵剿办。与热河都统臣色愣额原奏大致无异。当以热河离省甚远，应否派兵，必须格外慎重，飞咨都统臣色楞额迅速查明确情，就近札行各防营，妥为筹办。旋准该都统咨称：匪首邓莱峰率领羽党，屡出滋事，若不设法添兵剿办，诚恐后患无穷等因。当查该处兵队，除驻防练军杨玉书八营外，尚有提臣马玉崐所派武卫左军四营，兵力不为不厚，似已足敷布置。咨复去后，而杨玉书来禀谓：邓莱峰藐法仇教，花子沟良民甚众，深虑玉石俱焚，拟会同边防营务处沈大鳌等，选派绅商，前往开导。如果邓莱峰悔罪自首，则沟内良民皆得保全。所筹亦尚周妥。经臣批准照办。此臣斟酌情势暂缓添兵之实在情形也。嗣于十二月二十日，又据王文翰来禀，以花子沟地势险恶，附逆较前更多，杨玉书驻防各营，均零星分布，该匪首邓莱峰形同叛逆，裹胁渐众，一旦揭竿倡乱，教士、教堂固属可虑，即城池亦不堪设想。旋据杨玉书同日来禀，以邓莱峰不遵劝导，沟口筑有炮台，所驻马步三营不敷进剿，请另派大员带队剿办各等情。臣以相距甚远，未能遥度，先后添派候补道刘焌、副将杨慕时，驰往朝阳确切查明，如能弭患无形，固为上策，倘必须兵力，即就近禀商都统，饬知该镇，仍会合武卫左军四营，妥筹办理，并咨明马玉崐转饬左军分统，先事布置。二十五日又准都统臣咨，据该镇县等禀请添派大员，带队剿办，复经咨商马玉崐，以该处本有左军四营，自应仍由该军增拨精练队伍前往，相机会剿，以一事权，而免诿误。此臣派员查办密商剿捕之大概情形也。

伏思邓莱峰勾结伙党，负隅抗拒，夺获要犯，私筑炮台，迹其势焰日张，诚虑滋生巨患。惟该处驻防营队，实已不为寡弱，且闻附匪者颇多良懦，若遽增兵堵剿，稍一不慎，即难免荼毒生灵。臣究因相隔太遥，鞭长莫及，军情贼势皆非悬揣所能洞知。拟俟道员刘焌、副将杨慕时查核明确，再行商催马玉崐添派劲旅，前赴热河，听候该都统调遣。现经该都统请兵入告，上烦圣虑。而本年正月初十日，又准该都统咨，称事机紧急，势难再延。咨内并叙及曾与提臣马玉崐商明，开春后先由马玉崐酌拨兵队，会同进剿，自应遵旨飞咨提臣，速派数营，驰往热河，相机妥为办理。除仍随时咨商都统臣色楞额、提臣马玉崐外，所有邓莱峰聚众仇教抗官暨臣屡次筹办并派员查防商添兵队各缘由，谨先恭折复陈，伏乞皇太后、皇上圣鉴训示，谨奏。

奉殊批：著严饬所派兵队，相机妥办，毋许孟浪。仍将查探情形，随时据实具奏。钦此。

《中外日报》光绪二十八年二月十一日（1902 年 3 月 20 日）

朝阳县民抗捐拒官 *

《北京公报》云：朝阳匪徒啸聚，前经袁官保奏请，速令马景山宫保派队前往剿办，已于上月派去四营。近闻该匪之焰尚未少减，复经皇上令宫保亲往镇压。当于初七日先饬沈统领大鳌带部队二营为先锋，宫保于初十亲率步队一营前进。

又云：热河起事之由，缘朝阳县王大令办理赔款，其初议定按亩摊赔。然每亩摊出制钱三文，已符应赔之数，王大令必使摊出十文，民不承认，立将首事等武生郭姓拟详褫革，余者收押。郭姓情急，率令多人闯入县署，抢去被押之人。王大令饬令护兵携械追捕，枪毙多命。郭姓逃出寨外，四乡扇惑，民从之变，更与匪类合聚，其势汹汹。热河原有驻防兵队不能弹压，飞调武卫左军四营助剿。该匪自知不敌，麇集三寨之中，作负固计。幸二寨已为官兵破平，毙匪二千余人，官兵死伤七八十人。尚有一寨匪数过多，枪炮营垒甚为齐备，兵单不能得力，故朝旨饬马军门随带若干营前往督剿。

《顺天时报》云：热河之乱，俄人以地近满洲为藉口，已由旅顺调兵五百名前往热河剿匪。

《中外日报》光绪二十八年二月十九日（1902 年 3 月 28 日）

大名乡民抗捐 *

又闻：直隶大名府所属某县，以每额加派津钱四百文，胥吏又百方勒索，各村乡民相率反抗，纠合联庄会长与官军为难。该郡向有大名镇属练军，当即率兵弹压。民悉不服，旋于十三日互相接仗，有三匪乡均经官军剿袭。至如何结局并一切细情，则俟后闻。

《中外日报》光绪二十八年三月二日（1902年4月9日）

直隶乱事记略

西三月三十号北京来信云：有中国某提督告予云：热河东面朝阳县土匪，已将天主教神甫二人掳去。予即询诸北京各公使署中，据云并无其事，然华官则谓确有其事。土匪掳此神甫二人，盖因该处天主教曾向索赔款七千两，并允其如能照付，可免联军或俄法两国骚扰。此款已经如数照收，而百姓日久生悔，故掳此二神甫，以为索还该款地步。北京天主教总主教樊国梁得信，即派一人与马军门玉崑同往朝阳，于前日起身。马军门所带之兵，约五六千人。想此事不久即可办妥也。

《中外日报》光绪二十八年三月三日（1902年4月10日）

大名民众抗纳赔款*

此间传说大名府地方有土匪作乱，闻袁制军已发大兵前往平乱，杀毙乱兵一千余人。此信得自华人，而华人则得之于保定，或尚可信也。因该处为直隶、河南、山东交界之处，该三省匪徒，往往聚集于此。尚有谣传谓直隶各处亦有乱事者。据华人谓，乱事之起，皆因筹付赔款，苛派勒捐所致。收捐者每告百姓以此款为赔偿教民之用，故百姓闻之甚为愤恨也。天主、耶苏两教之民，前购买因乱事充公房屋，百姓恨之尤甚。故各教民现愿将各房屋出售，虽减价亦所不惜。此间营兵时时预备，以便一遇乱事即可拔队前往。华官每将乱事秘不肯宣，而于直隶乱事尤甚。大约因天津都统衙门尚未撤去，恐外人以此藉口，故讳莫如深也。

《中外日报》光绪二十八年三月三日（1902 年 4 月 10 日）

顺德乡民抗捐*

直隶顺德府属前因派偿教堂款项，该处设立联庄会抗不交纳，经派往之袁军剿洗三村。今探闻该处仍不服约束，竟联合数十村，用抬枪向袁军轰击。袁军颇有伤者。

《中外日报》光绪二十八年三月四日（1902 年 4 月 11 日）

直隶南部乡民聚众抗税*

直隶省南部乡民，日前以不服加税故，持械拒敌官军，致教民房屋被毁甚多。经袁慰帅派兵数营前往弹压。乃各兵到后，乱民依然不退，仍与官兵相持。计百姓之杀毙者，约有一千名矣。

《中外日报》光绪二十八年三月八日（1902 年 4 月 15 日）

直隶乱民聚攻芦汉铁路*

西五月二十号即四月十三日北京电云：据直隶南境消息云：直隶省内乱匪虽为袁军击散，然不久即仍行团聚，攻击芦汉铁路，毁去桥梁一座及铁路材料甚多。比国工程师已避至正定府。该乱民非有意攻击铁路，实因偶聚于此，遂为此举云。四月十三日德文报传单。

《中外日报》光绪二十八年四月十四日（1902 年 5 月 21 日）

巨鹿县民竭死抗官 *

西五月十六于北京电云：巨鹿之匪以被官军杀毙三千余人，以其中多有良民，亦遭戕杀，致附近居民大为惶惧，特传檄十余州县，期竭死力以抗官军。

直隶省募兵章程刻因严厉异常，致民间颇有咨怨之声。以上译五月十七午《大阪朝日新闻》。

袁军露布云：遣赴巨鹿弹压各兵，自与土匪交绥后，业已毙匪千余人之多，而官兵死者仅只一人，故巨鹿业已肃清云云。然外人闻此消息，仍各怀疑，惧〔俱〕未肯据以为实。

《中外日报》光绪二十八年四月十五日（1902 年 5 月 22 日）

邓莱峰六款要索马玉崑 *

朝阳匪首邓莱峰声势汹汹，马玉崑军门所部当未与贼匪开战之先，已有投入匪党以抗官军者，因之匪势格外披猖。马军门曾遣一部将魏某前往劝降，邓匪以六款要索，大致谓马军门须给以银十万两，复须将前者被擒各匪首一律释放，又与马军门相见时，军门须以宾礼相待，余则未详。军门以邓出言不逊，故决意痛剿之。以上译西五月念四号《大阪朝日新闻》。

《中外日报》光绪二十八年四月二十四日（1902 年 5 月 31 日）

广宗之乱　段祺瑞军毙千余人 *

有友自保定来者，谓广宗乱匪，实被段统领某击毙千余人，内有尸貌类匪首景廷宾，惟不敢指实，故未入奏。

袁慰帅因广宗等县匪乱已平，而难民甚众，特拨银二万两，派孙观察多祺前往赈恤，于十四日由京赴保，次日即往广宗。

《中外日报》光绪二十八年四月二十五日（1902 年 6 月 1 日）

热河乱事始末记

己亥之岁，热河都统所辖地面，马贼蜂起，道路梗塞。都统奏请于北洋派兵往剿，奉旨著荣中堂禄制军先派杨瑞生军门玉书，统带直隶练军八营前往。数日之间，剿抚兼施，均已平息，此直省拳匪未炽以前之情形也。未几而拳乱遂起，马贼复行响应。及北京既破，直省关内余匪及东三省余匪皆为联军或俄兵所逐，尽奔凑于口外。又北洋诸军及各省援军溃散极多，亦凑于此，与马贼及拳匪之余孽相会。此辈各有精利枪械，或分或合，每股多者至数千人，少者或数百人、数十人不等，焚掠富室，窥占城堡。其时口外数千里地面，无处非贼，而官军则仅杨瑞生军门所统之八营，地方辽阔，顾此失彼。且直隶糜烂之余，饷糈无从支给，子药无从领取。李文忠虽任直督，亦以全权事凡未暇谋此。杨军门借饷于热河，则道台某君建议不允。此军屡欲饥溃，经杨军门切实开导，令勿为贼，恩信相结，幸而不溃。又劝喻本地绅商各为保全身家之计，借饷养军，以此支持，至于今岁。其间李文忠指拨德州所存解部协饷，又因道梗，洋兵充斥，无从往取。李文忠又于行辕筹措若干，稍资接济，为数亦复无多。今年二月，杨军门始由保定袁慰帅处领取二年以来饷项，还清口外绅商，其数至数十万之多。至于子药则二年内绝未支领，专恃剿贼获胜，收其所有，以为己用；或收买于民间，日日有匮竭之虞，非力战无以自存。营哨官兵亦多伤死，奔波逐北，日有战事，贼势亦渐以摧灭，所余无几，直省口外数千里地面幸及保全。此朝阳教案未烈以前之情形也。

至朝阳教案之始，因何事端，未能尽悉，但知平民房屋若干

家，皆为教民所居。又平民曾将地契押与天主教堂，须与银六千
两始准赎回。平民无处居住，多聚于朝阳县属之花子沟地方。其
地颇称险阻，四围有沟。革生邓莱峰者，因民情之愤，乃诱之以
抗教，昌言教堂退还地契，不取赎银，并退出平民房屋，始可了
事。擒得教民二人以为质，亦骤不敢伤害。教堂则催取赎银，索
还教民，不退房屋，相持不下。其时由沟外移入沟内者日多一
日，至万余人。朝阳县王大令禀请杨军门，由建昌至朝阳办理。
杨军门令绅士往谕邓莱峰党与，邓未服从，教堂一意催其领军进
剿。杨军门意主调停，正在经营，而王大令因邓莱峰本其所革，
恐身为所怨毒，亦请连剿，又恐稍迟或事出得咎，递禀于袁慰
帅，意谓杨军门保教不利。杨军门亦具禀，意谓沟内聚众甚多，
虽多匪徒构煽，然探知内中愚民以为沟内可以避难，因而移入者
亦复不少，男女老幼皆有，究与马贼不同；且民教相涉，非无曲
直可言，亦与无故聚众谋叛者有别。今欲进剿，则玉石不分，实
未忍出于此。且曲直未定，冒昧用兵，反以激平民怨怒之气，各
属伏莽乘机竞起，必为大害，拳匪之乱将必复见。今惟加派通晓
洋务人员，先至京师法国公使处，力陈利害，必使教堂略得宽
假，以纾平民之气。彼邓莱峰如仍负固不服，则师出有名。然亦
当添兵出口，分布各处，以防伏莽之起，而后聚队进剿，始无贻
患。今所统八营散布过广，无一营之团札，亦不足言剿也。袁慰
帅见此禀，恐案情愈大，于事不便，且知变乱一出，终必狱有所
归，遂急下严檄数道，力催进剿，意谓小丑跳梁，何谓玉石俱
焚，若有变故，惟该镇是问云云。杨军门仍坚持不动，复以书告
热河色都统及周玉珊方伯、马景山军门。于是色都统以办理为难
情形，奏请加派马景山军门督队出口。周方伯亦知不可激烈，乃
禀商袁慰帅更派刘云门观察，前往会办。观察先至京师，与法国
公使商酌一切，再至朝阳会合杨军门与教堂妥议，竟得教堂应
允，将平民房屋退出，地契给还，不取赎银，但将邓莱峰并教民

二人交出而已。其时俄国以就近保护，派兵五百来剿，未至朝阳，教堂亦令退出。是后也，非杨军门坚持于前，刘观察善处于后，事几不可复问。现闻邓莱峰畏罪，更复煽乱益甚，以冀保其一身，且有要挟教堂数事，恐马、杨二军门合军之后，必当稍用兵力。惟民气已平，人心不附，当不难于收拾也。

《中外日报》光绪二十八年四月二十六日（1902年6月2日）

马玉崑朝阳招抚邓莱峰 *

四月二十六日直报云：朝阳匪乱已经马军门派军往剿。兹据马军营伍中人云：花子沟地势险峻，官军不能前进，惟有以招降为名，诱而诛之一法。前者邓莱峰曾遣人致书于军门，约期茶会。军门慨然允之，至期遂率亲兵十余人前往，邓亦派小队迎接。晤谈时军门劝以投诚，邓颇感军门之忠诚，惟军门以外之各大员，邓皆不信，故一时未能就抚。

沟内腴壤足资军食，裹胁之众约数万计。各屯近已抽捐以济前敌之用，民人亦皆乐从。

初起乱时，本不难克期剿平。因各大吏深知此项乱民，皆由地方官办理不善，逼迫而成，不忍一概痛剿，故缓缓劝解，以期渐渐敉平。

闻邓所要求之款数条，其中极无理者，有请将承德一府及附近荒山赏给自主，并将朝阳虐民之官就地正法云云。

《中外日报》光绪二十八年五月二日（1902年6月7日）

直隶总督袁奏陈威县剿匪情形折

奏为威县土匪倡乱，迭经官军击散，谨将办理情形恭折具陈仰祈圣鉴事。窃臣前将巨鹿、广宗一带逆犯景廷宾纠众作乱，谋为不轨，业经派队剿灭各缘由，专折具奏，钦奉朱批，当即恭录，分饬钦遵各在案。嗣据署清河道袁大化、大顺广道庞鸿书、营务处道员倪嗣冲、统带知府段祺瑞先后禀称：本月初九日，大化、鸿书据赵庄洋教士万其偈面述，访闻劫杀教士罗泽浦赵洛凤父子，现匿威县境鱼隄村内，请为拿办，商嘱祺瑞派队前往查缉。当于初十酌拨数百人，由祺瑞亲带驰往，令队伍围扎村外，派员绅入村开导，勒令交出匪犯，决无株累。该村人谓赵洛凤等实未在村，愿为访拿。正商办间，忽有马弁自村东之李村来报，该处聚有匪众，结队剽掠，适南宫县教谕郑杰等奉差经过，已被劫掳入村，请撤兵暂退，冀可释放等语。当以教谕被掳，恐其加害，遂即退兵。该匪等旋将郑杰放出，截留银两各件。惟匪众肆劫，久恐滋蔓。因会商定议，十二日仍由祺瑞带队前往李村，先令土人入晓利害，但将滋事首犯交出，即可免予深究。乃该匪等闭门抗拒，置若罔闻。突自村北张庄出匪数百，列阵抬枪，抄击官军。当即分队抵击，毙匪百余，众乃逃散。因该匪多系乌合，又环近村落，恐致波及良民，遂亦收队未肯穷追。方冀其受创知惧，不料该匪怙恶不悛，四出纠胁，两三日间集众约五六千人，称为景廷宾复仇。正拟进兵查办，适有章华村良民来军诉称，该匪强逼，该村惧被扰害，恳往援救。当由嗣冲、祺瑞、大化、鸿书率兵前进。距李村二里许，匪徒预伏三面，一股阻其前，一股由程庄横攻，一股由村北突出。官军分兵抵御，毙匪约三百余，各匪众不支，仍四散逃逸，各营亦即敛队。商派印委员绅，分路劝谕，以期悔悟解散。乃于十七日早间，忽接寺庄教堂函报，该处又聚匪四五千人，谋攻该堂。祺瑞立即督队往援，遇匪于途，距教堂约三里。匪徒列众迎敌，异常凶悍，枪炮甚多，但不能取准命中，酣战两时之久，仅伤官军四人。各营奋力冲击，以马队抄袭其后，毙匪四百余名，连毙骑马匪首数名，匪始奔溃，奋获前膛大炮三尊，抬炮八十一具，火枪、旗帜、刀矛二百三十余件。是役也，该匪意在攻掠教堂，故悉集精锐，多携枪炮，冀可一逞其志。不图中途遇兵，凶锋顿挫，且连日战北，强悍者大半殄戮，附从者相率胆落，计穷势蹙，多已悔惧思散。遂即趁此机会，多遣员绅，分赴各村剀切开导，先使乡愚不至再受煽惑，误入迷途，然后设法购缉首要，自可依次清理等情，禀报前来。臣查威县地方毗连东境，民情狡悍，积匪素多，旧联庄团会轻死好斗，成为风俗。比因景廷宾布散邪说，蛊惑众志，而漏网之余党又多逃匿其间，人心浮动，更易酿乱，若不赶即扑灭，诚恐连结山东团会，攻掠各处教堂，远近骚然，患将滋巨。幸官军一再击散，匪势已衰，当不难渐次平定。惟各匪首多系土豪，颇有声势，如捕之过急，恐益将造生谣言，诳诱乡愚，胁使从己，以便其抗兵拒诛之计，且不免多杀戮。现饬该道等调遣各营，扼要屯扎，慑以兵威；一面先遣员绅，分携简明告示，谆切开导，劝使解散，并谕令呈缴枪炮，俟党羽尽散，利器归公，再设法搜捕首要，庶免致挺鹿走险，亦不虑余烬复燃，而地方乃渐可悉就安堵。谨先将近日办理情形，恭折具陈，伏乞皇太后、皇上圣鉴训示。谨奏。

奉朱批：著即督饬开导乡愚，毋被煽惑，并严谕各属地方官勤求民瘼，加意抚循，是为切要。钦此。

《中外日报》光绪二十八年五月七日（1902 年 6 月 12 日）

袁世凯附片奏陈广宗等县剿匪善后情形*

再，据署清河道袁大化、大顺广道庞鸿书、营务处道员倪嗣冲等禀称：广宗、巨鹿、威县、南宫等县，自四月十七日以后，经印委各员率同绅耆，携带告示，分赴各乡剀切开导，谕令缴械散团，各该处村民均已悔惧自新，先后纷纷呈缴枪械，出具切结，永不联团滋事及私收团费等情，并多有大书"悔祸具结"

四字，自行张贴村首者。广宗之件，只村民归复者已有二千余名。其前被焚掠之教民，亦经分别抚恤。现在人心大定，股匪肃清。禀请核奏前来。除饬将善后事宜妥为办理，并严谕各属地方官，遵旨勤求民瘼，加意抚循，仍随时访缉余匪，以绝根株外，所有地方平静情形，理合附片具陈，仰慰宸衷。伏乞圣鉴训示。谨奏。

奉朱批：知道了。仍著随时察吏安民，以期培养元气。钦此。

《中外日报》光绪二十八年五月十九日（1902 年 6 月 24 日）

直省教案赔款未清者由官给付 *

直隶全省教案赔款未清者，尚有二十余万两。袁慰帅与升任直藩周中丞，鉴于广、巨之事，概不令取之民间，已派善后局会办刘云门观察，赴都与法公使商议，全数由官付给，公使业已允诺。

《中外日报》光绪二十八年五月二十日（1902 年 6 月 25 日）

邓莱峰、景廷宾起义史料

天津巢委员来电

武昌督抚宪：密探津埠俄兵，不日撤转旅顺。热河土匪啸聚起事，法欲进兵代剿，已力阻，并饬马军驰剿。（壬寅正月二十九日戌刻发，三十日未刻到）

京张委员来电

督抚宪钧鉴：热河匪负隅固守，广宗匪剿荡歼二千余。大名亦有匪警，皆因摊捐起。华燕禀。有。（壬寅二月二十六日酉刻发，二十七日午刻到）

天津巢委员来电

武昌督抚宪：俄约昨入告，不日画诺。大名又闹教，派晏道往查何镇弹压。直隶挑足兵五万，外人闻之生疑，不愿大队进扎津埠。冈禀。东。（壬寅三月初二日巳刻发，初四日亥刻到）

京张委员来电

武昌督抚宪钧鉴：朝阳事各国因闻谣传，颇思干预。现经马景帅招抚，邓已投诚。圣驾有十九回宫之信。津事闻全权已得各国照会。词林拟改品级，尚未定议。各部保叙，随扈司员无一辞者，外人讥笑。华燕禀。寒。（壬寅三月十四日巳刻发，戌刻到）

北京张委员来电

督抚宪钧鉴：慈意驻苑消夏，以言者多乃回。袁遇交涉，力矫迁就之弊，且一意练兵，外人颇疑惧。廷臣亦有议其兵权太重者。以此见任事难。华燕禀。敬。（壬寅三月二十四日申刻发，二十五日未刻到）

天津巢委员来电

武昌督抚宪：广宗、威县、巨鹿匪目景姓、刘姓，勾结游勇起事，威戕华教士一人，巨杀新招兵五六十，闻已蔓延清河、肥乡、邱县、天津等处。昨发五营往剿。冈禀。有。（壬寅三月二十六日午刻发，戌刻到）

北京张委员来电

督抚宪钧鉴：津约五条，闻彼我政府均允洽。路约敬签字，英派总管、议员各一，照前议。广宗匪尚炽，巨鹿聚匪数千，仍系东来大刀会。闻有戕官情事，先后派九营往。华燕禀。宥。

（壬寅三月二十八日申刻发，戌刻到）

　　天津巢委员来电
　　督抚宪：廿七省探报。南宫法教士行至威县被害，现正欲攻南宫教堂，隆平、宁晋告警。匪首景姓先将自己全家杀死，拼命进攻，胁从数万。昨法领到省，要派兵代剿。当道力阻，如办理不善，必出代谋。冈禀。艳。（壬寅三月二十九日亥刻发，三十日未刻到）

　　北京张委员来电
　　督宪钧鉴：闻广、巨、南相继陷，威县大教堂毁，教民被杀尤多，匪势猖獗，恐窜东、豫两省。华燕禀。东。（壬寅四月初一日巳刻发，未刻到）

　　北京张委员来电
　　督抚宪钧鉴：广、巨匪势蔓延，正定亦有游匪。此事实因广宗令率请剿洗而起，故言者多咎袁，然参折均留中。华燕禀。州。（壬寅三月初三十日未刻发，四月初一日亥刻到）

　　襄阳朱道来电
　　武昌督抚宪鉴：顷据刘、李两营官南阳来禀，泌阳匪犯于三月二十八日经官兵捉获及枪毙约共百名，余匪逃匿山中，该县现赴省请兵各等情。鄂境安静。煊禀。冬。（壬寅四月初二日戌刻发，初三子刻到）

　　保定袁制台来电
　　武昌张宫保：冬电悉，惭悚。回省后，适巨鹿、广宗等处起事，匪数万，戕一法教士。军务、教案异常扰攘，昨午始将匪窟攻破。又连日分考各学生，故未暇握管。遵即抽暇拟复。军政司详章已于上月十八日在南苑排递矣。凯。江。（壬寅四月初三日未刻发，亥刻到）

天津巢委员来电

武昌督抚宪钧鉴：省信。保垣所驻自强、武卫军全数发出。督主痛剿，藩主镇压，各使遣官弁察探于保、正之间。冈禀。麻。（壬寅四月初六日戌刻发，初七日酉刻到）

北京张委员来电

督抚宪钧鉴：南宫毙匪甚多，广、巨大半解散。法颇思干预，经袁电阻。华燕禀。鱼。（壬寅四月初六日申刻发，初七日戌刻到）

保定巢委员来电

武昌督抚宪：十五官军在南宫击毙匪百余。十七威县匪欲攻教堂，当经击散，并抄获伪印旗票。津埠交还有缓至六月十一之说。驻津华兵仅许千名，其余大队须扎五十里以外。华舰停泊大沽，可不拘数。冈禀。皓。（壬寅四月二十日未刻发，亥刻到）

京张委员来电

武昌督抚宪钧鉴：广、巨事袁迭被劾。景匪闻未死。昨圣慈亦对晋藩言，冤死平民不少。津路英、俄、德电未回，英允俄可无词。昨圣慈以事未速结，又将议处胡侍郎，赓荣诉免。华燕禀谢留差。敬。（壬寅四月二十四日辰刻发，二十五日申亥到）

天津巢委员来电

武昌督抚宪钧鉴：威县匪连败三次，现饬缴械解散。景廷宾

逃至河南武安县。津埠亢旱疫重。冈禀。歌。（壬寅五月初五日酉刻发，初六日戌刻到）

《中外日报》光绪二十八年一月二十九日至五月五日

（1902 年 3 月 8 日～6 月 10 日）

新乐县民蜂起抗官[*]

巨鹿、广宗乱匪尚未平静，而近来保定、正定之间新乐县境内又有土匪蜂起，焚毁芦汉铁路桥梁，势甚猖獗，现已经袁军痛加剿杀。该处洋人以知县向言无力保护，故均已逃往保定。袁军前于正定之役寻获教士尸骸一具，兹探闻该教士名拉佐普，遇害后将身首用线缝之，而匪首景廷宾亦死于乱军之中。

《中外日报》光绪二十八年四月二十七日（1902 年 6 月 3 日）

广宗善后三志

广宗来函，言前日袁、倪两观察禀报，已将景逆从匪老慈和尚拿获斩首。慰帅阅禀甚喜，飞章入告，并批示嘉奖之事。逾数日，又经巨鹿获匪供出，获者非老慈和尚。两观察闻之甚为懊悔，提犯研讯，矢口不移。不得已上禀检举，请予处分。慰帅接禀甚为震怒，立即奏请更正，并将观察记大过三次。顺德窦太守亦随之联衔，故亦得摘顶处分。

件只一战之后，袁观察等禀报景逆已死于阵，后慰帅访闻该逆未死，复严札询其的确，袁、倪等即欲以景逆授首切实无疑等词禀复，会列庞、孙两公衔名，两公均不敢画诺，婉词谢却。袁、倪二公颇形不悦，乃禀未申发。是夕获李二猴到案，公同讯问，袁、倪二公知不可饰，方改其原禀云。以上录《天津日日新闻》。

《中外日报》光绪二十八年五月二十九日（1902 年 7 月 4 日）

邓莱峰具结俯首*

据朝阳先后到京人云，马军门深以邓莱峰不缴军械为患。而远道居民皆愿马军门将邓生收于麾下，即派其办理保卫彼处，不但民教和睦，并可捍御游匪。邓生已具如稍有私心、俯首听剿甘结，或即就此作为完案矣。录《天津日日新闻》。

《中外日报》光绪二十八年六月十三日（1902 年 7 月 17 日）

直督袁奏陈擒获首逆折

奏为逆魁就获，尽法惩办，恭折仰祈圣鉴事。窃查广宗县已革武举景廷宾倡乱谋逆，前将件只村匪巢攻克，拿获景逆堂兄景得章。据称景逆已为乱兵所杀，并指东团门外格毙匪尸一具为景逆正身。邻人朱三元供亦相同。惟肢骸残破，辨认难真。姑据族邻指认，先行枭示；一面仍确切访查，觅线分捕。奏奉朱批：仍查明景廷宾实在下落，务获惩办，以绝根株等因。钦此。遵饬营务处道员倪嗣冲设法购线侦拿。兹据该道禀称：六月初九日在南宫防次，探得景逆逃至成安县北漳村，复聚匪徒，定期起事。即刻拔队前进，十二日驰抵成安。该逆先期逃逸，其长子景绍汶经署知县张琨拿获，并另获匪党陈敬、霍添庆等。讯得景逆向河南逃走，有临漳县胡村人冯玉成同逃。该道追踪前往，次日探明景逆在胡村东南四五里之郭家小屯村刘姓家隐藏，即赴该处将景逆擒获，带回成安，验明无讹。该道会同大顺广道庞鸿书讯，据景逆供认拒敌官军，截杀新兵、教士，盘踞件只村，伪造印旗令箭，自称元帅，编列营制，出具伪示、伪檄，纠约各团攻打教堂；迨匪巢攻克以后，复至成安，勾结河南、山东盗匪，散布传帖，煽惑人心，抢劫马匹，勒索供给，定期扑城戕官等情不讳。并讯取景绍汶及陈敬、霍添庆供词，禀请核办前来。臣查景廷宾逆迹昭著，罪不容诛，已批饬照谋逆例凌迟处死，传首犯事地方，悬竿示众；景绍汶系景逆之子，陈敬、霍添庆代散传帖，同恶相济，均令就地正法，以彰国典而快人心。现在渠魁授首，地面肃清，大顺广一带，已得透雨，民情安定，堪以仰慰宸廑。理合恭折具陈，伏乞皇太后、皇上圣鉴训示。谨奏。

奉朱批：知道了。钦此。

《中外日报》光绪二十八年七月四日（1902 年 8 月 7 日）

详述永平马贼情形

此次永平马贼，其间乃游勇居多，所用俱系快枪。所有用旧枪之马勇，自每战必败，故迁安游击、汛官、巡检三员，竟为所拘。所过之处，虏掠一空，且扰至离永平府城二十里。又专抢妇女，择其貌之佳者，即与贼配为夫妇，否亦强奸焉，民心惶惶。首府下令关闭城门至二礼拜之久，白日亦不开放。凡有出入，查明方许，且随放随闭。后由马宫保调拨驻通州马步军共三营，驰抵是处，城门方开。而该马贼闻风先逃，所抢妇女，或用驴驮，或用车载，官军在后紧追，夺下妇女五车，每车十余人不等。前面被贼已运上山者，闻尚有千余人，可谓历来所未闻矣。现下官军因未谙山径，遂将营围扎山下，扼守要路。此山已出口外，底径周围约十里许上下，相持莫敢先发。通计前后共获马贼不满三十人，第一次正法八名，第二次正法十三名，其余不能举其确数。所捆去之武官则未知下落。

《中外日报》光绪二十八年七月二十八日（1902 年 8 月 31 日）

上谕惩办激成陵寝差役哗索饷米之各员[*]

八月初四日电传，初三日奉上谕：据寿全等奏陵寝差役哗索饷米情形，当派敬信前往查办。兹据查明复奏，此案乃赵氏等因欠发银米，起意率众至文锦家索借，并拥入镇署喧闹，实属不法。惟因钱粮被扣起见，与实在结谋聚众者有间。即中文锦开放米折，借端克扣，领催文广等擅扣米折银两，制送匾伞，均属不合。著照所拟罪名分别办理。守护大臣寿□、奎瑛，马兰镇总兵塈岫，于开放米折时，并未奏明另筹经费，率准文锦等扣减银数，酝酿事端，均属咎无可辞。惟尚无回护情事，著交宗人府兵部照例议处，余著照所议办理。该部知道。钦此。

《中外日报》光绪二十八年八月五日（1902 年 9 月 6 日）

赤峰、朝阳马贼、票匪蔓延[*]

热河所属赤峰、朝阳一带，马贼、票匪充斥，官军往捕，即四散隐匿，甫经撤回，匪复四出抢掠，以致日久蔓延。现闻松督统递有条奏，拟改承德为行省，添设州县，并将蒙古租地改归官征，加收火耗，以资募勇办公。以上录十月初二日《天津大公报》。

《中外日报》光绪二十八年十月十日（1902 年 11 月 9 日）

直隶西南境乡民聚众杀官救民[*]

探闻直隶西南境高邑、柏乡、内邱、临城、赞皇等处，近有土匪滋事。匪于赞皇山中竖立黄旗，号召党徒，旗上书有"杀官救民"等字。地方官已会营剿捕矣。

《中外日报》光绪二十八年十月十七日（1902 年 11 月 16 日）

保定因捐罢市

自街道修办以来，虽有各捐仍觉不敷开支，陈健侯司马复禀请工巡局督办出示加收铺捐，以补不足。除烟馆已捐灯捐再不加捐外，其余大小铺户，均应按照铺房租价，报捐百分之十，以济要需，并定以限期，某日上某街捐项，违者议罚，并令其先行补缴八月捐项。乃各铺户均以捐数太巨，纷纷议论。二十一日乃首期轮应西街上捐之日，届时无上捐者，工程局复派役严催，各铺户遂一唱百和，纷纷上门，为之罢市。现工程局会同府县商酌办法，尚不知为之挽回也。

《中外日报》光绪二十八年十月七日（1902 年 11 月 6 日）

再述罢市情形

省城罢市一节，曾志前报。兹悉当罢市时，清苑齐大令因公赴乡，闻信之下，赶回署中，飞帖招请各行头目，即无人应请。大令因乘兴下临市中，就西街武庙内会同藩委耿荫亭大令，招集各行人等，劝令捐款缓办，无论如何以后必为斟酌，务使商人等力所能及，幸勿罢市，以顾大局，语气婉恳。故于二十二日早各铺一律开门，照常贸易。与该铺户等商明，按月铺捐共银一千二百两，由十三行摊派，每铺出银无几，且与工程局加而又加章程似有限制，以故商人乐从，先办了结。

《中外日报》光绪二十八年十月八日（1902 年 11 月 7 日）

减捐六成

日前因捐罢市，经府县转圜，改为每年捐一万二千吊，按月摊付，官场莫可如何，只得将就了结。兹据商家谈及，现在统算，不过按房价每百抽六之谱。

《中外日报》光绪二十八年十月二十三日（1902 年 11 月 22 日）

函述马军门朝阳平乱事

西十一月十号通州函云：今夏马玉崑军门奉派往朝阳平乱，其初尚未知其究竟，直至近日军门旋师，始由其兵士中访得一切情形，至前日复有喇嘛由该处来，请军门复往平乱。计军门本年八月间，由朝阳遄返。其时外间以其带回之兵为数甚少，致谣传其兵有溃散入匪者。而军门部下官弁则言，各兵实驻朝阳以防祸乱复萌，非溃散入匪也。况此次军门前往，乃系和平了结，彼此并未接战，其所以如此者，亦由喇嘛从中调停所致。据言军门兵至该处时，由喇嘛请过其庙，谓田间禾稼已高，贼匪易于藏匿，灭之亦觉不易，不如与和以了此事。军门从之，于是乃与其首领商议，允不再乱，遂收兵而回。讵意军门回后，该匪等又复作乱，故军门现复前去，交绥之事恐不能免也。军门于十月十号起程往朝阳，所带兵士亦甚少，盖拟在沿途各处撤调戍兵，会同前留朝阳之兵，一体平乱也。

查朝阳地方甚大，宽广有三百二十华里，四面皆有大山环绕，道路颇极崎岖。一千九百年团匪乱时，以得地方富户邓莱峰设立团练保护，故俄兵之往攻者，被杀甚多，因之俄兵闻而生畏，后亦不敢再往。团匪乱后，该处天主教民欲索赔款，邓言并未杀害教民，岂能索赔。教民乃至县署控其手下抢夺天主教民妇女二人，务令该县交出，即将邓莱峰惩办。而俄人则因团匪乱时，曾受邓辱，故亦出场相助，定欲得邓而甘心。惟邓手下有兵数千，且皆携有军械，故亦难以相捉。当军门前次至朝阳时，据邓声言予乃安分良民，粮赋亦均缴纳，从不拖欠。军门询以有此大炮、快枪何为，答言不过借以御教民之勒索，亦并不携带出外。由此观之，邓实安分之人也。闻邓现因知政府派兵往攻，故已与红胡子会同一气，恐此次不免有一场血战矣。

马军门此次未往朝阳以前，曾设筵约请在通州之西人及西妇等宴会，其时朝阳到来之喇嘛及其公子、女公子等亦均在座。查军门现年六十五岁，状甚壮健。当团匪乱时，北塘炮台失守，经曾救治一天主教教民戴某，其时北洋大臣裕禄，定欲将戴斩首，以军门不允而免。闻彼时政府曾令其攻打使馆，军门言使馆妇稚过多，实所不忍，天津较少，愿往尽力攻之。所望军门此次往朝阳，亦同此尽力也。译十月二十六日《字林西报》。

《中外日报》光绪二十八年十月二十七日（1902 年 11 月 26 日）

马贼就擒

昨闻良乡县获骑马贼四人，贼自良乡南某村饱劫而归，至后店分赃不均，直犯夜巡，不及趋避，毙其二。一自供虎神营兵头，一自供年方十九，庚子曾充义和团师兄。

《中外日报》光绪二十八年十一月三日（1902 年 12 月 2 日）

邓莱峰朝阳被擒 *

朝阳匪首邓莱峰被擒一节，已志本报。兹闻此次马军门剿办该匪，办法甚为迅速。故匪首邓莱峰防备不及，比大军合围数日，邓即势蹙乞就抚。当经解散余匪，将邓监禁营内，拟俟诸务就绪，即带该匪由古北口回京，请旨发落。其炮队两营，已先自喜峰口回通驻扎矣。

《中外日报》光绪二十八年十一月三日（1902 年 12 月 2 日）

邓莱峰被擒遇害[*]

朝阳花子沟抗捐首目邓莱峰，经马宫保擒获各情，均纪前报。刻闻军门接奉北京电谕，令即军前正法，无庸献俘京师。故军门将邓莱峰及首要各人，立在涧沟地方悉斩以徇。而保奖异常者，已居然有二十六人矣。以上录十一月十三日《天津日日新闻》。

《中外日报》光绪二十八年十一月十八日（1902年12月17日）

直隶提督马奏陈攻克朝阳花子沟山卡拿获首要各犯折

奏为攻克朝阳县花子沟山卡，先后拿获首要各犯讯明惩办，余众悉就安抚，谨陈办理情形，并将在事出力各员择尤开单，恳恩奖叙，恭折奏陈仰祈圣鉴事。窃奴才于九月初八日自通州起程，二十日行次平泉州。迭据探并据署朝阳县知县缪桂荣禀报，邓莱峰自闻奴才出关，自信日夜修缮卡房，聚蓄军火，纠令花子沟内牌四十余村，外牌百余村，设卡二百余座，约期十月初三日开山起会，为抗拒计。奴才比即选派员绅，持示前往，会同缪桂荣劝谕邓莱峰束身投案，并散胁从。一面飞饬各营，分二路兼程前进：一由永平府出冷口，绕出二十家子、王家店等处，力扼其东南；一由建昌南各营先后到齐，扼要围扎。邓莱峰仍然不服开导，率其死党守险抗拒。幸兵至神速，该沟内外牌不及联合，声势隔绝。其外牌各村先已慑服兵威，不敢复逞。初二日，先锋马队行至该沟东北白庙山前，突有邓党数十人，凭卡开枪逞击。经我军奋勇进攻，连夺四卡，生擒一十三人，余党窜散。讯据被擒毕凤岐等供称，均系被胁入伙，当予从宽释放，并令入沟传语乡民，此次官军所至，原为调和民教，绥靖地方，凡属善良，概不株累。沟众见当场被获之人，尚邀赦宥，始各深信不疑，渐见冰消瓦解。初三日傍晚，奴才亲带马步各队，驰赴王家店，察看山形道路。邓党在卡瞥见，连发大炮、抬枪二三百响，并有骑马悍党百余名，忽从斜道横出邀截。奴才急调步队，绕至山后，攀援而上，以抵其背。复饬马队冲锋迎击，以扼其吭。前后加攻，约及一时之久，击毙悍目王幅春、刘王等七名，余党被枪子中伤者十余名，遂各纷纷败溃，抛弃枪械，如鸟兽散。时已昏夜，我军乘胜，贾勇前进，连夺险卡十余座，如入无人之境。二更后，直抵邓莱峰所居上卧佛头沟，举火为号。其西南、西北各卡，遥见火光，知邓姓巢穴已失，霎时乱窜一空。邓莱峰率其亲属及其死党，乘夜翻山蓦洞而逃。此十月初一、初二等日各营四面合围，初三日乘胜攻克花子沟山卡之实在情形也。

初四日黎明，奴才整队入沟，督同知县缪桂荣出示安民。各村百姓见兵到之后，秋毫无犯，扶老携幼，渐次来归。奴才派员在邓莱峰等家搜出枪炮、子药、门旗、刑具各项违禁等物，找出教妇王夏氏，送还教堂饬属领回。即日分饬马队，四出追捕，逸犯仍悬赏购线严缉。是日申刻，即在朝阳门西南香磨村，拿获邓莱峰之谋主王幅泰及邓婿程义二名。嗣又拿获炮手陈倭瓜一名。初六日，复经黑山嘴子练长李大海将首犯邓莱峰等诱获。因该犯带有洋枪，惧其拒捕，密嘱练丁王玉振、韩明泰看守，一面来营请兵拿解。不期官军赶至，邓莱峰等已贿通练丁释放，分路潜逃无踪。奴才因回朝围，立即勒限各营，实力踩缉，毋任漏网。并添派干员督同弁兵，责令李大海作为眼线，跟踪侦访。旋即于二十四日，经本军员弁在奉天义州与朝阳交界之清河门地方，将邓莱峰并其弟邓沄祥、其子邓住同时弋获。二十七日押解到营。奴才亲提各犯严讯，均供认守卡持械、拒敌官军各等情不讳，实属同恶相济，罪不容诛。随将该犯等六名，一并就地正法。其邓莱峰、邓沄祥、王幅泰三犯并加枭示，以昭炯戒。此十月初四至二十七等日，先后将首要各犯拿获，讯明惩办之实在情形也。

伏查邓莱峰等自乘庚子变乱，抗官聚众，时阅二年。上次奴才遵旨驰赴朝阳，迭派员绅前往，开导解散，嗣复亲入该沟，剀切面谕，劝令悔罪归诚，仰荷圣恩不加深究，宜如何感戴皇仁，洗心革面，痛改前非。乃竟反复无常，负隅自固，设卡至二百余座，纠党至百数十村，迹其凶焰日张，几至酿成巨患。幸赖皇太后、皇上德威远被，卒使胁从效顺，首要成擒，未及三旬，剿抚大定，实非奴才意料所及。现在各山碉卡业已一律削平，各处居民均各如常安堵，收回枪枝二百余杆，而利器渐已归公。身膺显戮不过数人，而顽梗庶几知警。从此地面可期绥靖，而民教当不至再启衅端。在事文武各员，或则运筹决策，或则冒险争锋，协力同心，始终勤奋。核其出力，实与军营异常劳绩相符。谨择尤分别拟奖，缮具清单，恭呈御览，合无仰恳天恩俯准如所请奖叙，以示鼓励。除饬取各员履历送部，并查明千总以下各弁，咨送兵部核奖，暨将此案一切善后事宜，咨商署热河都统臣松寿妥筹办理，仍通饬热河各属，一体严拿王玉振、韩明泰，务获究办外，所有攻克花子沟山卡，拿获首要惩办，请将出力各员择尤奖励各缘由，谨会同署热河都统臣松寿，恭折具陈。伏乞皇太后、皇上圣鉴训示。谨奏。

奉朱批：著照所请。该部知道。单并发。钦此。

《中外日报》光绪二十八年十一月十九日（1902 年 12 月 18 日）

梁照攀枪击德员 *

大直怙〔沽〕人梁照攀，系在山海关随从德国都司毛君当差者。某日晚餐时，有德国军营武员海君正在用饭之际，而梁某猝执手枪，向该员轰击。枪弹由该员颈之左旁穿入，由右旁穿出，又将椅子穿透。海君颈血淋漓，双手抚摩，疼痛欲绝。而梁某将枪置放，若无事者。毛君见系已枪，遂问梁曰：汝欲刺杀海君乎？梁从容对曰：然。当将梁押入暗室中，乃电达德国驻津提督。于二十三日晚，提督到榆关，将梁某略讯数语，直认不讳。即于二十四日备文派马队数骑，押□临榆县，交马大令讯办。日前马大令函致德国军营，拟请驻榆统领到署会审。该统领带同千总、译员等到临榆县署，将梁提出，问何故行刺。梁供彼时忽然浑身觉冷，心内昏迷，竟致执枪轰击，亦不自知其何故也。讯毕，遂收入狱中。尚不知定何罪名云。

《中外日报》光绪二十八年十二月五日（1903 年 1 月 3 日）

盛京将军增奏报知县被戕片

再据署承德县知县李延祐禀称：光绪二十八年八月十九日，据候补知县黄锡庚之子黄传书呈报，伊父黄锡庚奉委试办辑安县治事宜，尚未起程。本日黎明时分，被已逐家人张玉用刀将伊父扎伤殒命，并搜去身带钱帖等物逃逸，请验讯缉究等情。当即选差干捕，分投追缉，一面带领刑仵，亲诣验明。委系被人用刀扎伤身死。并据尸子黄传书呈缴奉发办理辑安县木质钤记一颗，禀请查核前来。查黄锡庚系江苏江宁县人，由从九品历保知县，二十六年四月奏准留奉补用。二十八年五月引见到省，旋委试办辑安县治事宜，尚未起程，兹据报称被戕殒命，凶逃无获。除勒限饬缉，务获究办，并分咨部籍查照外，理合附片具陈。伏乞圣鉴，谨奏。

奉朱批：该部知道。钦此。

《中外日报》光绪二十八年十二月八日（1903 年 1 月 6 日）

直隶总督批驳顺直抗酒捐公禀*

顺直各烧锅公禀批：据禀已悉。此次印委查办酒捐，均系比照上年销酒数目，和平劝导，分别等第，取具情愿认捐切结，方给门牌执照，并非由官强派纳捐。其情愿纳捐之数率，较上年销数核减一二成，体恤不为不至。内所称每家均按十余万斤填注，查各二十六家，每家四五万斤不等，其最少者每年仅认二万五千斤。惟隆太栈系双甑，亦仅十二万五千斤，所禀显有不实。至烧锅卖酒不尽现钱，非自今始，未闻有因此赔累者。酒捐出自食户，烧锅代为收捐，于本利毫无所损，何以酒捐一办，即有赔累难支之劳。若谓近年烧锅有名无实，查天津烧锅每家单甑者认酒九万斤，双甑者认十八万斤，秋季之捐业已依限交清，并无难色。该商等挟制欺蒙，实堪痛恨。总之，此项酒捐事在必行，案经奏定，检查八月十一日邸抄，亦无办理不慎，致滋扰累之上谕。该商等任意捏造，尤属胆大妄为，所请断难准行。著仍照章办理。倘在〔再〕意存违抗，联名读〔渎〕控，定即提案严究主谋之人，从重惩办，以儆刁风。仰筹捐局分行各属印委一体遵照。抄录禀单批发。

《中外日报》光绪二十八年十二月八日（1903 年 1 月 6 日）

直隶竭力筹捐

直隶筹款，近来不遗余力，凡遇厘卡，即零星茶布亦须上捐。惟筹款局只办酒捐、烟捐、土药捐、膏捐、印花税五项，此外款目，概未举办云。

《中外日报》光绪二十九年三月一日（1903 年 3 月 29 日）

涞水土匪挑战官军*

涞水县属山中，近有土匪聚众滋事。地方官弹压，该匪等竟敢下书请战。现保定得警，电达袁宫保，派委赵太守率卫队二营，于二月二十六日开队前往，相机办理。并闻该匪系自玉田余党窜入，其初仅有马贼数十名，出没无常。前由省解赴西陵办差银两，被劫万余金。现仍在境肆掠。

《中外日报》光绪二十九年三月七日（1903年4月4日）

玉田乡民拒税伤毙收税委员*

京东来函云：日前玉田县有收税委员某君，至县属某镇抽收烟捐。有一业烟乡民，因捐数较重不肯照纳，委员持之甚坚，乡民不服，遂用刀将该委员砍伤，当时身死。经巡役等将乡民送县收禁，刻已禀请办法云。

《中外日报》光绪二十九年三月二十八日（1903年4月25日）

保定行宫铺张及直隶税捐苛重*

前有印花税缓期办理及严禁苛派之谕，闻实系庆邸之力。官场谓庆邸素不以袁督为然，故有此举。然平心论之，直隶新捐苛细，扰累万状，断非长久之计。有此一谕，筹款者当可略存宽厚，俾百姓稍得休息。且直隶如此，他省自不至急急仿行，庆邸此举，所关非细。

此次两宫谒陵礼成，驻跸保定十日，保定行宫铺陈华美，办差精致，太后意大悦。今日回銮，不即还宫，仍在新宫、旧宫轮日驻跸，以资颐养。并闻内廷传言，回宫后，四月中旬，即须驻跸颐和园云。

保定行宫所陈设之花草等物，奉太后懿旨一律搬取来京。其花草系某道由日本及南中各处办来，精美无匹，所费不赀云。

此次两宫驻跸保定，某督所贡花草玩物之美，及报效各款约六十万金，太后大为喜悦。然某日召见，太后谕云：汝所办各事可谓认真，惟各项捐税太重，未免太招怨怒。某督退出汗流浃背。

直隶捐税之重及津、保等处市面凋零之状，颇有人言于两宫。闻某日三军机传某臬司，详问直隶情形。某臬司含糊以对，鹿大军机曰：此系奉旨传询之事，足下必须直言，以便复旨。某臬司乃不敢隐讳。

前者直隶候补道行营营务处张观察金波，往玉田等处查匪，杀戮数人而归，闻皆无实在确据，张竟自言非办数人不能销差。京员闻之，颇不以为然。

《中外日报》光绪二十九年三月二十九日（1903年4月26日）

献县马贼势焰极炽[*]

北京官场传言，直隶献县一带近日马贼极炽。某日有大股五百余人，围攻某村，大肆掳掠，并欲扑攻县城。该县甚为戒严，刻闻已会衔请兵剿捕云。以上录闰五月初三日天津《大公报》。

《中外日报》光绪二十九年闰五月九日（1903年7月3日）

房山县民生计为艰　铤而走险[*]

前房山县土匪聚众劫掠，其数确有千余人之多。姜军门派队千人前往弹压，兵到时匪已饱掠四散，姜军门现尚留彼缉捕。闻已获得数起，实因天时荒旱，捐税苛细，谋生维艰，北人劲悍，故铤而为此，非尽拳匪余孽也。

《中外日报》光绪二十九年闰五月十二日（1903年7月6日）

房山河套地方盘踞大股马贼 *

传闻顺天府房山县属河套地方，前有大股马贼盘踞，势熖颇炽。当经房、良两处请兵剿捕，刻已由陈大京兆电商袁宫保，已调两营前往驻扎，相机剿办云。

《中外日报》光绪二十九年闰五月十三日（1903年7月7日）

朝阳地方马贼猖獗 *

传闻热河朝阳县地方，马贼愈形猖獗。上月杪，大股贼数百人扑进街内，该县向无城池可守，城内绅富铺商被贼掳去二十余人。经练兵团勇聚集追捕，仓狱衙署始得无恙。闻该县境内蒙汉马贼不下五千人，均有利械。而驻防练兵团勇总计不过二千，故亦不能认真剿办。其协办团练之绅士等，现因贼势浩大，惧其报复，多托故辞差他徙。即教堂、车站之人，亦竟有被掳勒赎者。此其北边之隐患也。上录闰五月初十日天津《大公报》。

《中外日报》光绪二十九年闰五月十五日（1903年7月9日）

宣化府马贼蜂起 *

直隶宣化府马贼蜂起，夺去兵器药弹甚夥。袁宫保昨日派常备军之马队三营、步队五营往剿。译二十三日《大阪朝日新闻》。

探闻直隶宣化府属马贼群起抢掠，并闻闯入营盘抢去枪药多件。省中得报，即派常备步军两营，于二十五日趁早车前往剿办。录闻五月二十八日天津《大公报》。

《中外日报》光绪二十九年六月五日（1903年7月28日）

京津匪事述闻[*]

一、守护宫门统领张勋，刻因其哨官擅与内监私自逼勒喇嘛，经喇嘛来津喊告，袁宫保立即撤回，责令往口外剿匪。续统为赵惟贤。并闻张勋与李总管大为龃龉，故更难于久居云。

二、前纪姜翰青军门前往房山一节，兹悉姜军门陆续调足十营，近往承德府一带驻扎，以防匪乱为名。其实政府以俄事可危，不欲显然派兵以速外衅，故有此举。并闻已电达上海江南各制造局预备军火，至秋间由姜军门派员前往领取云。

三、闻保定四面在在皆有土匪，并有健马快枪，往往州县衙署被匪抢劫，或差役亲兵下乡办案为匪狙杀，而夺其枪械马匹。官虽知之而无如之何，亦不敢报。观此情形，恐近畿一带难望安静。惟官场讳言，绅民漠不关心，故颇觉无事耳。以上访稿。

《中外日报》光绪二十九年六月十日（1903年8月2日）

永清、密云匪情传闻[*]

传闻永清近有土匪闹事，并将监狱劫开，抢去要犯，拒伤勇役多人云。

传闻密云县典史因平粜事被百姓聚众殴伤甚重，刻经撤任，派员署理云。以上录六月二十五日天津《大公报》。

《中外日报》光绪二十九年七月三日（1903年8月25日）

土匪宜惩

正定府盐商晋义恒总店，前拿获偷盐土匪一人，送县监禁。该匪有四子，招集匪徒一千余人，于日前将总店并七处分店银钱抢去若干，又抢去盐一千余包。该店随即禀报地方官捕拿矣。

《中外日报》光绪二十九年七月七日（1903 年 8 月 29 日）

固安、永清县境匪情 *

近闻顺天府人员云，固安县、永清县屡有匪徒数百，向各镇掠夺，为人民害。及至派兵往剿，则匪踪又闻风而息，无法办理云云。

《中外日报》光绪二十九年七月八日（1903 年 8 月 30 日）

张家口一带马贼成群 *

张家口一带马贼成群结队，多者至二三百人，茶皮各商屡蒙其害。该处警察马队仅一百余名，且零星分布，遇大队马贼只能引避，以全躯命。盖众寡相悬过甚，能为贼纵已出望外矣。

现经洋务局总办兼带警察营刘荔孙观察禀请察哈尔都统奎，咨商北洋，拟添练马队一营，以壮声威，苦饷无所出。经袁宫保札饬常备军统领，乘开队阅历之便，前往察情形，妥为布置。闻该军已于七夕由保府开六成队北行矣。以上访稿。

《中外日报》光绪二十九年七月十五日（1903 年 9 月 6 日）

严诚抑勒乡农 *

新招之常备军，皆募自邻近各府州县。乃乡农未悉情形，多不愿应募。于是州县官不免有抑勒之举。前经袁宫保委候补县查令苏咸，前往各路密查得实，因行文大加申斥，并严诫将来不得再有此等举动。

《中外日报》光绪二十九年七月十六日（1903 年 9 月 7 日）

京津招兵虐政 *

新募之常备各营兵丁，时有逃亡，虽捕得即处以极刑，仍不能止。计自去秋迄今，因逃而正法者计六百余名，村正副之因具保状而被累破家者，更不知凡几。故招兵一项，乡间皆视为虐政，而无可控诉。今常备军又招兵矣，吾愿有地方之责者，将此中婉曲详达上台，毋有意逼迫，使之铤而走险，又为他日剿抚图保计也。

《中外日报》光绪二十九年七月二十二日（1903 年 9 月 13 日）

直隶各境游勇为匪 *

袁慰帅以北洋饷项支绌，添练各军无款可筹，特注意裁绿营制兵，所节之饷以养新军。现直隶各标额兵已实裁十分之六，武营员弁无不叫苦。然制兵之敝，在将而不在兵；兵之弱弱于贫，非弱于兵也。一旦去兵而为盗，其横暴已非兵所能制。等是人也，化弱为强直俄顷耳。今顺直各境盗案之多，为历来所未有，破获者仅十之一二，而内之为游勇者盖过半焉。呜呼！在营之勇而游也，杀固无赦，今裁其营而逼之游，游而杀之，果谁职其咎哉。

《中外日报》光绪二十九年八月八日（1903 年 9 月 28 日）

武强县境匪徒纵横*

武强县境有匪徒百余名，各持快枪，聚散无常，当经邑令禀请派兵前往扑剿，以安居民。

《中外日报》光绪二十九年八月二十九日（1903 年 10 月 19 日）

大城、文安又现拳坛*

年前顺天府属大城、文安两县，又有拳匪余党立坛张灯，撮土治病，迷信者甚多。县城南设有天主教堂，该神父恐其仇教，早避入天津。经大城、文安两县令查明，具禀直隶暨顺天府尹，并请直督由津派兵会剿。腊月间，袁宫保札派卫军一营赴该县协同剿匪。现闻文安曾大令日前具禀沈大京兆，据称去腊会同大兵设法剿匪，业已拿获匪党九名，暂监县狱。当场搜出盟单、捐簿、旗械等件，匪首洪万枝在逃。据该匪九名供称，匪首曾于庚子年充当大师兄，后逃入山西五台山，去年五月间回县，自称学成仙术，到处鼓惑，劝人入会，散布票布、小旗、包头等件云。

《中外日报》光绪三十一年正月二十二日（1905 年 2 月 25 日）

保定复开车马杂捐

光绪二十九年，保定省城开办车马杂捐。凡四乡农民有车几辆，养牲口几头，按数上捐。有漏捐者，查出加十倍议罚，一时民不聊生。时适两宫驾幸保定，经某大臣面奏，明降谕旨，将苛细捐款一概停止，一时民间欢声载道。乃近日以官款奇绌，马路工程经费无着，复拟办四乡车马杂捐，闻已拟出章程。日前清苑县罗大令已传谕四乡地保，骡马每匹月捐京钱一千文，牛驴每匹月捐京钱五百文，轿车每辆月捐京钱一千五百文，大车每辆月捐京钱一千文，小车每辆月捐京钱五百文，不久即当出示。故四乡农民闻之莫不惶急。

《中外日报》光绪三十一年四月七日（1905 年 5 月 10 日）

袁世凯参革庇匪县令[*]

日前直督袁慰帅以高邑县令有庇匪情事，具折奏参。略谓：高邑县境有邪匪陈洛杰等，勾串匪僧，传授信香道，腰缠黄巾，诡言可避枪刀，直是义和拳之改名。始则聚众威逼村民，继则聚众挟制官吏。聚众地方，距城不过十余里。该署县铭彝事前毫无防范，迨经奉文行查，复饰称并无其事。该县署巡长与匪通气，推波助澜，该令亦毫无觉察，实属胆大谬妄，昏聩糊涂。现值各国谣疑方兴，如不据实严参，何以靖地方而安大局。相应请旨，将现署高邑县知县铭彝革职，永不叙用。噫！今日之匪严剿惟恐不尽，乃反庇之，则此等州县杀之亦不为过也。

《汇报》光绪三十二年闰四月四日（1906 年 5 月 26 日）

平山灵寿乡民抗捐[*]

天津电云：正定府属平山、灵寿两县，因办警察抽收捐款，乡民聚众抗捐，将两县大堂拆毁，官被殴击，勇丁差役均皆逃避，并焚毁学堂两所。现已请兵弹压。

《汇报》光绪三十二年闰四月二十九日（1906 年 6 月 20 日）

保定鱼行罢市

日前候选县丞马镜明等奉运司札委，赴保定创立渔业公司分局。于本月十三午后，将众渔户传集，谕以现奉上台札饬，抽纳鱼税，所有尔等卖鱼之人，均发给腰牌，以凭查考；如每担卖京钱逾一吊者，抽纳鱼税三十文，各宜凛遵等语。该鱼户等因鱼税过重，余利无几，相约罢市，以致十四日早辰，一切鱼户均未摆摊。闻此事并非陆都转本意，乃为马委员所怂恿。经此一番反抗，保定分局之设，不识能中止否。

《中外日报》光绪三十一年五月二十三日（1905 年 6 月 25 日）

直隶静海抽捐

直隶静海县新定每亩抽捐铜元二枚，以便办理陆军事宜，居民照数缴纳。该县又议每马一头抽捐五十文，牛四十文，驴二十五文。有商人某不肯照纳，华兵拘之至署，施以恐吓。该商不得已自愿缴纳，随即释放。讵出外后，招集众商，声言耕种甚难，如再加税项，受苦不堪。众商允协助之，于是直往天津控告该县勒派。其如何结局，现尚未知。译《字林报》。

《汇报》光绪三十三年正月二十九日（1907 年 3 月 13 日）

静海乡民聚众抗捐 *

天津电云：静海县因办巡警，按农家牛马数目加捐。县民不服，聚众数万人，进城抗拒。

《汇报》光绪三十三年三月八日（1907 年 4 月 20 日）

深州警信

深州地方因严办盐贩，以致激变，现已飞禀到省请兵。经大吏派驻扎正定府练军右营，就近驰往弹压。

《时报》光绪三十三年三月二十八日（1907 年 5 月 10 日）

张家口革命党谋事 *

二十八日天津电云：张家口外近有马贼勾结革命党，日前潜行入口，突至万全县抢劫军械。经该县飞禀告急，袁督已派队往剿。

《汇报》光绪三十三年七月二日（1907 年 8 月 10 日）

鸡泽、广平罢市抗捐 *

天津电云：直隶鸡泽、广平两县因办洋药统捐，连日罢市，局员为县民所逐。

《汇报》光绪三十三年九月二十四日（1907 年 10 月 30 日）

北洋法政学堂学生罢课 *

闻北洋法政学堂斋务长李某素行专擅，凌辱学生。廿六日各生聚议，请监督黎渊将李辞退。李侦悉，愤甚，乃以聚众开会名词，怂黎诬禀杨莲帅。莲帅派关道凌福彭带警兵往查，由黎、李授意，骤革学生八人。同堂不服，所有学生四百余人，闻已一律停课矣。

《汇报》光绪三十三年十二月一日（1908 年 1 月 4 日）

赵州大刀会起事 *

天津电云：赵州大刀会党起事，直督派兵往剿。

《汇报》光绪三十四年二月二十六日（1908 年 3 月 28 日）

隆平乡民抗警察捐 *

天津电云：直督杨片奏：隆平县乡民违抗警捐，聚众滋事。奉旨：著认真查办，勿稍含糊。

　　　《汇报》光绪三十四年三月十五日（1908 年 4 月 15 日）

直督派队协剿察哈尔土匪 *

直督因察哈尔匪氛甚恶，将咨陆军部添派第二镇过山炮队驰赴该处协剿。并咨明邮部，所有赴察各军来往电音，均照一等电例速发。

　　　《汇报》光绪三十四年三月十五日（1908 年 4 月 15 日）

隆平县收捐激变 *

正定府属之隆平县征收巡警捐项，未免过重。居民聚集多人，拥至县署禀诉连年荒歉情形，若再重捐，生机愈蹙，要求县官出示豁免。讵巡警勇遽尔开枪轰击，当场击毙人民十五名。众民大哗，各持农具抵敌，亦击毙警勇家属人等数名，县城大乱。该县某令即以匪徒起事等词电禀，直督杨莲帅派遣正定镇军队驰往弹压，地方始得渐平。是役也，兵民之死者共二十余人，要皆加捐害之也。

　　　《汇报》光绪三十四年三月十八日（1908 年 4 月 18 日）

景州百姓抗拒牲口捐 *

天津电云：景州因筹办巡警，增农人牲口捐，百姓聚众抵拒。

《汇报》光绪三十四年五月十五日（1908 年 6 月 13 日）

在理萌发

口外承德、朝阳各属地方，又起在理之党，修斋诵佛，无日暇，总题其名曰作日子。捧斋之前，必在各乡镇暨衙署门侧张贴告白，上书南海圣诞，某月日洁治大斋，恭请某大法师作一吉祥道场，安坛了愿，遇缘求顺云云。每期到会者或百余人，或千余人不等。皆在深夜从事，不许局外观听。噫！捏谜煽众，有碍治安。当局者曾知之否。

《汇报》光绪三十四年六月六日（1908 年 7 月 4 日）

蔚州乡民祈雨捣毁巡警传习所[*]

蔚州数月无雨，异常亢旱。五月中旬城内关外及各村镇无不设坛祈雨，每由一处主设总坛，檄调近方百数十村抬龙王轿子进城游街，不到者议罚。轿子大小不等，大者两杆粗尺余，长四五丈，用数十车轴作横档，如梯形，上绑泥胎龙王，外插柳枝。抬轿者数十人或数百人不等，视轿之大小为判，咸以大者为荣。是以各村逞奇斗胜，凡祈雨即选伐大树，以逞其威。迎轿时往往村人尽出，如鱼附鲫，举乡若狂，凶横气象，不堪言状。各铺门前除插柳枝、备水桶外，又设香桌。每一轿过，铺中人叩头焚香，如有慢敬，小则认罚，大则用轿撞毁房屋，抢劫物件。若该铺素日开罪村人者，轿过必被其扰害。又有禁戴草帽之例，遇见即被扯碎。种种野蛮举动，不堪齿及。今年五月下旬，由南关设坛，檄调南乡一百余村，太半抬大轿，于二十三日午前由南门进城游街，路遇巡警站兵七八名，所戴草帽尽被南城八里崔家庄随轿之人扯碎，挂于轿子游行。巡兵与之理论，反触众怒，攘臂一呼，即有北口等八村数千人拥至巡警传习所。巡兵见势凶猛，急闭局门。众用巨石撞开，将虎头牌、住屋窗棂、箱柜、洋鼓、洋号、钟表什物，尽行捣毁。巡衣被褥等件，或扔屋顶，或撕碎践踏。抢去之物亦不少。并将所押苦工数名释放。巡兵等均越西墙躲匿财神庙得免。翌日早经知州万牧验视，即拘南关设坛人某审讯，问其创乱村名，伊推不知。州主限三日将人拘来，再为讯办。伊唯唯下堂。事后城内巡警为之一空，尚不知如何了结。

《汇报》光绪三十四年六月十三日（1908 年 7 月 11 日）

直隶乡民击毁县署

直省铜元未能通行，保定所属之蠡县已由官场用压力迫令使用。然遇民间交官款，则仍勒交制钱，铜元仅作制钱七枚。而署中所发官款，一律发给铜元。于是乡民忿甚，遍发传单，三日内聚集万余人，蜂至县署，将暖阁公案拆毁。高令见势不佳，乃托县绅调停，归罪于账房、门丁。当将门丁枷示，将账房逐出，乡民始陆续追去。

《汇报》光绪三十四年六月十七日（1908 年 7 月 15 日）

张家口补救铜元办法[*]

张家口一埠素为商贾荟萃之区，地属万全县，该县银钱行情，率视该处为准绳。庚子后制钱缺乏，经各钱行集银购领铜元若干万，致地面铜元日多，银价日增，物价日贵，商民交困。现经该县饶大令会商商务总会，拟仿保定行使银元等级办法，以平市面。爰公举代表，前往天津领购银元，运张试销，商民称便。该县将大概情形禀明直督，奉批照准。

《汇报》光绪三十四年六月二十七日（1908 年 7 月 25 日）

蔚州乡民闹署[*]

蔚州乡民于五月廿三日因祈雨闹事，捣毁警局。州牧签提八村闹事之人，冀归案惩办。讵六月初七日各村乡民约集千余人，麇至州署前，声称听审。州牧出而晓谕，谓本州只传出首闹事者，与尔众民无干。众答以我们都是闹事人，凭老爷治罪。州牧见难理喻，遂返身入署。后经熊都戎温语开导，方才解散。

《汇报》光绪三十四年七月十九日（1908 年 8 月 15 日）

胡匪掳去标统

陆军京旗第一镇因马炮等队马匹倒毙生病，缺额颇多，由陆军部札派该镇炮队标统褚其祥亲赴张家口外，购办军马五百匹。自上月出口，在张家口迤北四百余里某岗子地方，采买战马三百余匹，押解入口。不料行至半途，距张家口尚有二百余里，遇大股胡匪数百名，将褚标统及护勇并马匹等悉数掳去。当经宣化镇派队四出追寻，至今仍无下落。陆军部铁尚书接到诚都护暨口北道宣化镇飞电，大为震怒，以该处胡匪如此猖獗，竟敢掳及标统，若不痛剿，后患何堪设想，立即电饬宣化镇，迅速设法将褚标统找回，另派第十一镇步马炮等营驰往痛剿。惟口外万山绵亘，道路崎岖，兵少则负隅抗阻，兵多则闻信先逃，剿办甚为棘手云。

《时报》光绪三十四年十月十二日（1908 年 11 月 5 日）

唐山路矿学堂开除全校学生[*]

（前略）唐山路矿学堂忽将全堂学生悉数开除，其原因甚多

（学生百数十人）。开除之近因（在本月二十左右），则邮传部之命令也。先是，此学堂之经费，系在京奉路下作正开销。教习均英人，夙有权力，待遇学生甚优，不惟不取学费，且有津贴。去年邮部欲裁此款，学生力争，而洋教习亦阴助学生，邮部深怒而不能发。近以降班问题，学生与教习有违言，总办遽以达部，部中人知此次洋人不为学生助，乃下全班退学之命令。留不去者有四人，则总办之亲故也。

此校程度颇高，已历二年，中途散去，虚靡经费又十余万矣。盖表面为教习与学生之冲突，实则部中人与学生之冲突也。

《时报》宣统元年闰二月五日（1909年3月26日）

永平盐局招募缉私队以杜私盐[*]

永平七属盐务总局，业经改派林道学瑊坐办。该道现以永属自四月间临榆等县盐店被抢后，人心浮动，民气嚣张，深恐私贩私煎渐多，非添募马步各队，不足以资镇慑。特具详直督，拟由该局添招缉私步队一百二十名，马队四十名，随时驰往各属查缉，以期引岸畅销。当奉督宪批饬照办。

《时报》宣统元年七月十日（1909年8月25日）

迁安县城之围困

永平府迁安县令因妄听绅董一面之词，票差拘押良民。一时乡民鼓噪，聚众数千人，围城要求释放。该民皆系赤手，并无军械。县令已紧闭城门，托人解劝，并即请兵弹压。府尊亦经前往开导云云。

《时报》宣统元年七月二十一日（1909年9月5日）

迁安县民聚众围城 *

永平府迁安县民围困县城一节，业纪前报。兹闻起事原因，实系该县自治董事某某等，借调查户口为名，向乡民需索规费，乡民求免不获，该董等反请县尊将乡民拘押，因而激动众怒，纠集乡民数千人，围城要求开释。县令自知理屈，已将乡民解放，永平府恩守亲临劝导，乡民始逐渐星散。闻上峰已将卢令撤任查办矣。

《时报》宣统元年七月二十五日（1909 年 9 月 9 日）

芦台附近民众聚众抗捐 *

芦台附近地方因开办芦苇捐，愚民聚众滋事。端督特饬雷镇军朝彦督队前往查办。雷镇军即往宁河、宝坻、丰润、玉田等县，将为首滋事各犯，拿交北洋发审处讯办，其余胁从，业经一律解散。

《时报》宣统元年九月十日（1909 年 10 月 23 日）

永平等地乡民捣毁盐局 *

永平府七属盐务自收回官办后，向由长芦运司兼管，该司所入甚丰。本年杨文敬改派熙道臣坐办其事，表面上虽云认真整顿，实不过虚张声势也。嗣以临榆等属因盐局办理不善，以致捣毁盐局，杨文敬遂严饬运司查办，将盐局委员撤参，复改委林道志道接充坐办。数月以来，尚觉相安。现在抚宁县属又因盐局作弊，乡民聚众万余人，殴毙盐勇十余名，多日尚未解散，直督已派员查办矣。

《时报》宣统元年十月十七日（1909 年 11 月 29 日）

塘沽粮店罢市 *

直隶塘沽粮食各店因抗新捐一律罢市（初三日辰刻北京专电）。

《时报》宣统二年六月四日（1910年7月10日）

直隶易州民变详志

易州民乱，拆毁学堂、自治局，聚众四五千人，盘踞城内不散。兹又探得该州二十二日已得透雨，各农民均纷纷回家耕地，仍留百余人代表，要求八款。刻下藩委惠司马年、王太守缙，又有臬委该州发审之许大令桐阳，接见该代表，磋商一切，大约可以和平了结，不致再出意外之虞。省宪所派巡防营又省城巡警百名，行至高碑店，因西陵铁路被水冲断，不能行车，各兵警均步行前进，至二十二下午六钟始抵易州（距高碑店五十里）。一路拖泥带水，疲癃残疾，幸乱民先半日各回村种地，否则殆矣。

当各巡警之奉派出征也，局长崔游戎不发行粮，各巡警行至高碑店即有缺食之叹。幸经管带该巡警之王太守温语拊循，并垫办火食，始免哗溃。

自易州乱耗到省，大吏闻之失色，立传工巡局局长崔游戎振魁到署，秘密计议，崔亦张皇失措。当经凌方伯谕令选派精壮巡警百名，星夜驰往易州，以辅兵力之不足。崔以各局巡警均有职守，不敢点派，遂挑取音乐、探访、消防各队数十人，并派三局巡警二十人，不足之数以卫生科除秽夫充补，且不会执持洋枪。三局裴巡官请示机宜，崔游戎无言答对，便吩咐裴巡官云：我今天要请客，不暇指授机宜，一切应办之事你斟酌去办。裴再请，则厉声叱退。众巡官侍立户外，莫名其妙，只见裴巡官碰了钉子下来，汗流如雨，垂头丧气而已。

又一访员报告云：刻闻陈制军特派巡警四十四名、侦探队二十名，又驻省淮军中路统领李天保派拨左哨兵丁三十名，驰往易州，均于十三日拨队开往，以资弹压。

又一访员：易州民变因兵警进捕，竟拥至梁格庄行宫，打破宫门，群聚其中（该乱民中尚有旗人百余名），以为避枪拒捕之计，并用全体名义电呈枢府，声明此次公愤，系为绅学界以强制手段、轻薄言词阻挠祈雨所激成者，绝不敢损害教堂，牵动交涉云云。当经枢府以民变毁宫情节重大，电致陈督查办。现已派凌方伯带同正西路同知惠年等数员，率警一百名前往该处，相机办理。

密湖古北口民变，昨有警报详顺天府，系为密云县古北口内外地方灾民滋乱，势颇危急。该县一面恳速拨赈款，一面请兵，以资抚恤。该府现值财政交绌之际，丁大京兆极为焦虑，赶紧设法，拟即发赈款，一面派员带警兵前往乱地弹压，以便劝散，免致蔓延，以重畿辅。

《时报》宣统二年七月五日（1910 年 8 月 9 日）

北方国会风潮记

保定师范学堂被围　自天津学界发起请愿国会之后，保定学界亦有停课要求之议，首先赞成者，惟保定师范学堂。陈督自奉严谕之后，即将天津学界镇压上课，保定学界异常激愤，将即实行停课。陈督恐蔓延愈甚，后患难防，即派陆军将师范学堂四面围起，不准学生自由出入往来，函件必须拆视。刻已围守数日，各学生皆照常上课，至今各兵尚昼夜巡防，不稍松懈。各堂会议拟即早放年假，以免再滋事端云。

谘议局门前之告示　自四次请愿，奉严旨遣散之后，陈督以直隶请愿，系顺直谘议局议长头衔，显系此事由谘议局发起，诚恐将来再有举动，故于日前特出严拿查办之告示一纸，张帖谘议局门首，以示警戒。闻绅界中人对于此事，多不满意，谓其有意揶揄绅界云。

北洋学界最近之态度　自陈督用压力勒令学堂上课之后，人心更为愤愤。有法政学堂学生某，保定人，素日勤学安分，久有令闻，对于此事则悲愤不能自已，前日用刀断去一臂。当即送入医院，次日即殒命。其父尚在京中，闻信到津，其子已死。学界闻之，咸为落泪。现在各学堂学生虽名为上课，实则纷纷四散，全体学生不及十分之四五云。

　　《时报》宣统二年十二月十二日（1911 年 1 月 12 日）

温世霖被拿之状况

初七日晚十钟，直督陈夔龙派巡警数十名，将普育女学堂总理温世霖提到南段巡警总局。探其原因，系日前第四次请愿，天津学界风潮激烈。陈夔龙疑为温君之所鼓动，遂有此蛮野之举动。不知温君被推为四次请愿会会长，旋奉二十三日上谕，该会即遵解散。陈夔龙此举，实系有意罗织，将兴大狱云。

　　《时报》宣统二年十二月十五日（1911 年 1 月 15 日）

温世霖被拘后之情形

津函云：温世霖被拘后，初八日晚八钟，直绅咸集天津县议事会，共议此事办法。会场公推张君伯苓为临时会长。首由温君励菴（系温世霖之弟）报告被拘情形。次张君伯苓谓此事发，多由四次国会请愿，遂将所知情形宣告大众。杜君小琴、潘君云巢亦将前次学生开会时状况报告。后阎君瑞庭谓此事大概原因罢课而起，是否有罪，诸君当详为研究后议定，用个人名义上禀督宪，诘问被拘理由。当场签名，不愿者听。时签名者二十六人，即将禀稿拟定缮清，复于初九日早十钟同集议事会，共赴督署上禀谒见。督宪只延见张君伯苓一人。略谓温世霖出身微贱，胆大妄为，此次执法实为地方除害。早晚将见明谕，其罪多系充军。诸君可无须过问。张君遂辞出，后复议定于本日晚四钟共集南开中学，再为集议云。

此次对待温世霖，纯以迅雷不掩及耳之手段，故当日见明谕后，即解交营务处，趁晚车发往新疆。及大家闻知，亦已行矣。温世霖尚有七旬以外之老母，温被拘后，家人恐其受惊，隐而不告，及事大决裂，料难终隐，将来不能无虞也。本城普育女学堂系数年前温君一人创办，颇费苦心，发达甚速。此次温君既已得罪，普育恐难支持。

本埠帝国宪政会私立法政学堂，及《国民白话报》，均由温君发起。此后进行如何，则在直绅之魄力而已。

又函云：天津普育女学堂总理温世霖，因请愿国会事宜，被陈督拿获，奏请发往新疆一事，朝野喧传，物议沸腾。因兹加意访查，据政府人云：温世霖于请速开国会，本属忠君爱国。惟其改名一层，难免有别项情事。查温自充学堂教职，讲求慎重，要无侵越权限之处。此次请速开国会，聚众敛钱，系通告各省联合声势，言词激烈，近似有违学部教育章程。是以政府若为默许，深恐嗣后各学堂教职联袂继起，若全国学界皆行罢课，请缩短国会，则学界化为速开国会场，实与学界前途有碍。况温所办学堂，关于女子教育，以温顺性质、涵养妇女道德为主。故政府亦确知温系请开国会起见，并无别意。然速开国会一节，前已颁布上谕，不准再请。而温逢此时机，故为不合举动，是以政府照陈督所奏，遂将温发往新疆矣。又据资政院某议员谈云：温遭此遣〔谴〕责，实为冤抑。吾人对于陈督之用此种手段，颇有异议。

温世霖平素为如何人物，姑且莫论，其现居教职，尚无劣迹，固当目为和平人物，自不能以他无赖辈视之。则陈督对付办法，亦应以和平手段。然陈督于事先并未召问开导，有令其悛改之道，今竟直行拿获，并奏请发往新疆，尤属不合。中国新刑律虽未施行，惟当预备立宪时代，对付国事犯亦当从优。且查温不过一教职，并无令人可恐之势力，设彼在内地有紊乱治安形迹，当行晓谕制止，如不服从，或奏请监禁，或驱逐回籍，方为正当办法。而陈督此举，仍不忘压制手段也。

《时报》宣统二年十二月十八日（1911 年 1 月 18 日）

保定陆军学生之煽动

某东报云：保定府陆军学堂之大多数学生，受人主导，托其煽动军队谋变。其事今已发觉，因此学生辈之煽动，军队中遂有多数兵士逃亡，且各携有军器。据拘获之某供称，逃亡者皆思往袭火药库，因此该地颇觉恐慌云。

《时报》宣统三年二月二十二日（1911 年 3 月 22 日）

直隶遵化州匪徒聚众抗官始末记

遵境北路长城，山多地瘠，全境区分三十三堡，东西南各八堡，北则边寨九堡，万山丛叠，村落稀疏，自宣统元年正月筹设四乡巡警，将二十四堡划分十二区，边寨九堡暂未立区，附城内总居。东一、东二、东三三堡为第一区，在东二堡适中之地金山寺设局，于四月初旬各区成立。适有东二堡人王从满者，家只薄田二亩，以看青、屠猪为业，因被多人控告票传不敢赴案，乃勾周杨秀、李海龙、付山、杜增等数人，造言生事，以惑众听。此数人中惟杜增家小康，余悉无赖棍徒，而杨秀则洪杨邪教之大师

（该教供奉洪钧老祖，设坛持斋，州境颇多），素以神话惑众者。伊等造言警董岳维嵩勾来巡警扰害乡民，希图敛钱肥己，且云巡警成立之后种种弊害，以耸动村氓，公然在东一堡之五龙庙聚众吃会，倡言抗办一切新政。愚氓无识，为省钱计，多附和之，而少有身家略明事体之人，无从之者，然亦敢怒而不敢言。于五月初旬，彼等召集多人，将金山寺长警殴逐回城。是时州牧陶公异常忠厚，置之未加惩办，而匪势由此成矣。嗣六月下旬新太守叶公到任，因催办东乡巡警，于七月下旬将地方保长传案面谕。而杨秀、王从满等聚众数千人，一拥入城，迫胁官长允将东二堡学堂、巡警诸新政一概不办，始能回乡。彼时叶公因东陵大差伊迩，急须到差，姑慰之，约以差竣公回再议，众始解散。至陵差竣后，已至冬令，又催令东乡设立巡警，而该匪等反迁怒于警董岳维嵩（乃东二堡之富绅），其实岳某早已辞职赴津矣。乃于十二月二十六日，在□树岭庙内（在杨秀之宅旁）聚集多人，欲将岳某之房拆毁，而掠其粮食等物以作会费。州尊得此消息，亲谒该庙解劝，而人多势众，始而要求，继而唾骂，迫令允许东乡永远不办新政，具结□印。有东三堡董事张舜卿前往以正当排解，被该匪等揪倒痛殴，经叶公伏其身上而救护之，始行住手。叶公被围一日不得回署，后多方劝慰力解围而出。由此彼等之气焰愈□，他乡新政亦因之棘手矣。后经同城防营游击格图铿额亲诣东乡，婉为调停，与该匪等约定新政摊款比他堡减去七成，只摊三成。而叶公因拘定成数碍于他堡，且此款原无定数，所谓三成者亦无标准，故未允诺。因此格、叶二公大生意见，匪等乘此机会反投意于格公，更有所恃而不恐。至二年正月，合乡绅士开全体大会，会议仍用和平办法。有他堡绅士李成桢等数人，情愿担任往东乡分路游说，冀其小就范围，徐图整顿。至四月间，各村之认可者约居半数，且有多村具禀声明未入匪党者。经该堡地方杜金和具束订期，将该堡之富户多人请至四十里铺之三官庙筹议办法。该匪等闻信聚众一千余人，预先将该庙占据，将杜金和逐之出庙，且至该村富绅王思敬之门首大肆滋扰。该匪等仍恐众心解体，遂出其威吓手段以张声势，有不入会者，群起与之为难。彼时正筹办自治，调查户口统计处调查各项实业，然皆在他堡调查，无人敢到东乡过问者。彼等因造谣云，此次调查又欲捐钱苦累百姓，每人一口捐钱若干，每房一间捐钱若干，牲畜一头捐钱若干，以至鸡犬井灶莫不捐钱，如此苛求我民，将无生路。昨观音菩萨与杨秀连托三梦，叫他救济一方人民云云。

（续昨稿）遂又派出多人到他堡各村勾通联络，游手之民相应而起，造具名册，写立合同，凡入会者每名与腰牌一具，每村有首领一二人，约定设有官吏兵弁往剿，一村鸣锣，他村应之。由首领号召一村之人，持械齐集事场，有不到者重罚亦戒。当时之入会者多至七堡，乃在五龙庙、金山寺演戏二台，立为该会之根据地。然其资财则半以强制敛于富家，较之新政摊款已倍蓰矣。东四、南三两堡与东三堡接壤，有骆驼大王者亦系赤贫无赖，遂倡首在城南莲花寺设立支会，以资策应。州牧叶公于五月下旬将合境绅董并东三堡未入会之绅富士人，函约至巡警总局，捐廉设席。而东三堡之来者十数人，晓以大义，彼等皆同声担任。订日立区，一切供给，不令小户摊办。乃至彼等回家，而杨秀等见富户之异己也，遂倡言欲与之为难，而此举遂作罢论。是时已禀明督宪，奉批严拿首要，叶公无可如何，遂于六月初旬秘派壮役严国霖严拘骆驼大王，以剪其羽翼。乃该匪等鸣钟聚众，将差役大人捆至莲花寺会场吊打，旋又至金山寺总会场，交首领王从满等处置。即鸣钟传牌，招集各村来会者不下二万人，将该役等百般吊打，死而复苏者十余次。其暴行较之团匪，实不少逊。又聚集干柴，欲将大人焚化，所幸者王从满与严国霖之兄有旧，从中调停，昼夜看护，片刻未离，始全性命。此种暴行实李海龙主持为多。当时入会愚氓见此惨状，多生悔心，然在当场不敢异议，亦不敢退散。聚而守之至二昼夜，经多人屡次婉说恳求，皆抗拒不允，万不得已，同城官绅央求格大人前往解救。次日，格大人往金山寺。该匪等一见其来，遂同声曰咱格大人来了，叱令万众跪而迎之。即将差役五人交出，令其出具永远不去东乡骚扰甘结，始行交于格大人带回。此五人之得生者，实格大人与王从满之力也。不然，即有百十差役，早已付之一炬矣。自经此番大变，匪党之气焰虽张，而各村之纷纷出会者甚多。时杜增亦敛迹，然各堡新政从此尽推翻矣。至十月，叶公升任道员解任。继任岳公到任后，邀绅士何荣光等赴东乡劝导，婉说再三，定为将就办法，由村中雇募村夫六人，身着操衣，即为巡警总局派一巡长管辖之，其工钱则何君先行垫付，似此办理，伊等犹不洽意，居然与官府交涉，俨如敌国之磋商和约者。岳公无奈，乃于今年二月初一日特请杨秀、王从满、付山、李海龙议事，而王从满公然入署拜会，出其不意，将伊获住收禁。至十二钟，又将杨秀获住。李海龙闻风远窜。至七点钟后，伊等勾聚三百余人，蜂拥入署。是时岳公已将七班差役二百余人及驻防军队人等调入署内，遣之不去，即行揪拿逐打。前后所获十七人，其余潜逃。至闭城之时，有来而未入者，有欲逃而未出者，内外皆不计其数。巡警、防兵、差役人等在城上严加防守。城外聚众者不时增添，至初二日约计有千余人。至午后二钟，岳公登城劝谕，令其解散。乃伊等声称，非交出王、杨二人不能退回。当即令开枪虚击，不令伤人，以示威吓。伊等不但不惧，反行高声大骂。情迫无奈，岳公率众开城揪打，余众逃散。被获者八十七人，付山亦同时被获。当时责打释放者五十余人，皆将其顶心薙去长发寸许，以作标识。被押未放者一十余人，即时将付山入狱。彼等倡乱二年，至此风潮顿息，岳公此举诚为大快人心之事。现时东乡已纷纷交款，争先恐后，遵化新政从此将有起色矣。惟李海龙逃至口外，尚煽惑愚民云。

《时报》宣统三年二月二十三、二十四日（1911年3月23、24日）

直隶小民抗捐之下场

去岁七月间，遵化州宋牧因警学两项毫无的款，欲随粮带征，以济要需。乡民负担不起，且以其有违王章，公推杨渠源（即杨大）及王二等三人为首领，据情抗拒，一时附和者即有万余人，群思入城与官理论。该牧遂电禀各宪，请兵弹压。叶统领带兵五百余名入城保护，不料民多兵少，竟成垓下之围。该牧遂设牢笼计，请绅说合，纳赋仍照向章。小民堕其术中，围遂解。越三日，该牧饬差秘解为首杨大等三人，已获其二，解津由营务处讯明，遂按聚众抗官律，就地正法。十七日已将杨大处决矣。王二尚不知如何办理。

《时报》宣统三年五月六日（1911年6月2日）

奉 天

田庄台聚众滋事[*]

田庄台北近日聚有贼人三千余，肆行不轨。已由俄兵二千余人、华兵千余人往剿。

《中外日报》光绪二十八年三月七日（1902年4月14日）

增祺奏报剿平通化、海龙等匪折[*]

盛京将军增等奏报剿平通化、海龙等处股匪折。奏为现将通化、海龙等处股匪痛加剿办，迭次擒斩首要各犯，余匪一律扑灭，地方渐次安靖，恭折具陈仰祈圣鉴事。窃前因通化、海龙一带股匪滋扰，所有分饬海龙城总管依凌阿、协领瑞禄带队，分路进剿，业于复奏添募兵队折内陈明在案。查自前岁刘弹子、相玉林等扰窜通化、海龙及东边各属地，俄将屡履大军，意在刻即扑灭。虽将刘弹子等股击散，然余孽如董洛道、王洛道等，依然盘踞深山大川之间，其众或千余人，或百余人，不止一股。兵至则望风而避，兵去则复出滋扰。厥后海龙城各军枪械既被俄员收去，总管依陵阿又为俄员强之调省，遂至匪焰益炽，到处烧抢，而俄将屡出搜击，贼即望风窜匿。本年入夏以来，该匪又复纠聚出扰。时值和约已定，通化、海龙所驻俄军陆续撤归，近数月据通化、海龙各地方官连次告警。因即与俄员磨商，再为招抚三千人，以敷剿贼之用。议甫定，即饬总管依陵阿回任，行次山城子，适兴隆沟会勇与贼接仗。因饬队会剿，擒斩多名，贼势稍为之挫。嗣管带冯佩均、帮带常玉顺先后与王洛道战于榆树岔湘水河，击毙贼十余名，救出被捆乡民四人，护骡马十余匹，枪炮多件。该匪随窜小金川，依凌阿复派常玉顺、杨恩波、冯佩均、张魁元等各率所部，分驰会剿，并收抚有枪贼二百名，用为响导。其时贼方窜回道江，谋远遁。冯佩均等蹑追及，毙贼五十余名，王洛道将就擒矣，突有另股匪首丁蓝旗率四百余人，来与王合。贼复反扑，冯佩均等与战，又毙匪十余名，并毙贼中有所谓六合拳唐法师者一人，夺回被捆二人，将该匪等追过七道岗。是役也，我军只邦带刘义海右腿受枪子伤，阵亡兵勇三名。先是奴才增祺饬依陵阿回任，度东北两面，足可抵御。惟通化一带，仅有该县巡捕队二百四十名，倘俄兵骤撤，地面空虚，设有不虞，则东边一带在在可虑。复与俄员委婉商明，赶派协领瑞禄率马步队五百余名，驰往援应。六月初六日，俄军聚撤，贼方长驱大进，距城仅二十余里，势甚危险。适依陵阿遣冯佩云由北来援，瑞禄亦冞夜冒雨而至，城始护安。匪首王洛道等见援兵大至，率其众千百余人，折回小罗圈、满铁厂子一带，肆行烧掳。瑞禄即饬各队分途进剿，贼乃踞七道沟，节节设卡，濒河以待。我军奋勇齐涉，两相攻击。自辰至酉，匪势猛盛。幸士皆用命，营官贾得胜、总巡马龙潭与冯佩均及团勇四面合围，迎头拦击，力破其卡十余处。匪力不支，且战且退。我军追杀三十余里，枪毙贼匪百余名，获马匹、枪械、旗帜无算，贼始势蹙分遁。时已日落，皆趱入深林，向红土崖、八道沟一带逃窜。

（续昨稿）旋又有贼首王恩周、洛疙疸率二百余人，与王洛道会合出扰，复经瑞禄督队追击，总巡马龙潭、练长刘占鳌扼贼

于黑瞎子沟，毙贼三名，生擒十名。元月二十二日，王洛道又纠
六合拳匪六百余名，盘踞二道沟，遣高得凤、丁蓝旗等趋通化，
以分我兵势。瑞禄乃督哨官范光明由前面进攻，令营官贾得胜等
由山后兜击。王洛道即传令作法，六合拳匪皆束红巾，异常凶
猛，鏖战四时之久，我军奋力前攻，贼始败溃。歼其匪首董大法
师、石玉林二名，并毙余匪八十余名，得获号衣、枪械各件，六
合神兵大旗一面，马三十余匹。王洛道等当向北龙冈分逃。瑞禄
恐丁蓝旗一股乘虚袭城，一面拨队设卡，一面回顾通化。王洛道
既被击北窜，因欲围扰海龙。经依凌阿饬派冯佩均、刘广志各率
所部驰前迎。邦带李治云行至通界鱼亮子屯，遇王洛道余众，及
王铁牛、狗飞虎等三百余人，当即三面围击，毙贼多名。追逐十
余里，王洛道仅剩十余人，向西南逃窜。冯佩均、贾得胜等因山
路崎岖，舍马步行，跟踪追至寡妇沟。王洛道复改变农装，逃往
吉林濛江，被红石磊子会勇马青山拿获，解往吉林。该营官等始
行撤回。丁蓝旗等窥通邑有备，遂率三百余人，窜大小苏尔河，
图犯兴京。该厅总巡刘振发侦知，当以巡长张云田、相奇峰守堡
街，以巡长张鸿太等率队，由东路进剿。各团会由四面包抄，在
黄带子沟一带，两次与贼接仗，伤毙匪党多名，阵擒二名。救出
被捆二人，获骡马多匹，该匪由深林逃窜。查点我兵受伤一名，
阵亡一名。高得峰率余党分窜蚊子壕北，刘振发率巡长刘高升等
所部，暨兴京副都统派来管带尤长顺带兵百余名，会合兜剿。相
持两时之久，贼始不支，由山后纷逃。官兵复跟踪追击，伤贼十
余名，获虏枪械多件。贼因子药缺乏，大半弃枪而遁。此近日剿
办通海股匪、一律扑灭之大概情况也。查通海一带数百里，皆深
山密林，该匪等深潜庄内，又以俄军在境，知我不能派兵往剿，
以致得以肆其凶锋。此次各军跟踪追击，旬月之间，毙其匪首唐
大法师、董大法师等及悍贼数百名，并匪首王洛道业已就擒，余
匪均行逃散，实属异常奋勉。除仍饬各营并咨吉林一体搜拿外，

谨恭折具陈，伏乞皇太后、皇上圣鉴，谨奏。

　　奉朱批：知道了。仍著督饬各营认真搜捕，以净根株。钦此。

《中外日报》光绪二十八年八月二、三日（1902 年 9 月 3、4 日）

匪目投诚

　　奉天匪目投诚一事，外间传说纷纷。按三省贼匪凡有四类：一为土著恶棍，执人勒赎，讹索富商，官捕则聚众相拒，缓则游行街市。一为马匪，来往飘忽，专做明火路劫等案，有时亦与土棍联络，为害已久，法无可赦，且亦万不能用。一为盘据老林，绝不出扰平民，惟以开垦开矿为生，有罪犯逃至者必收用之，官如入捕，必为所戕。一为庚子之变，民教相仇，本为良民，穷而走险，久而负隅，朝廷亦以匪目之。比二者苟善驾御，皆可反而归正。若佟某者，未知其何等人，闻增将军电商政府，政府令将军自行酌夺，必有把控与可举办。窥此情形，佟或民教相仇之类，曾与俄兵交战者也。

《中外日报》光绪二十八年八月十一日（1902 年 9 月 12 日）

胡匪猖獗

　　辽阳西南胡匪杜立山等欲攻辽城，辽牧马刺史约会邻邑，合力兜拿。海城令王理堂明府率亲往。适因统领贵姓闲游被匪缚去，匪势猖獗。辽海兵单，省台照会俄将军由水路助剿。七月二十八日，驻扎营口之俄帅领命带队百名，乘坐小轮上驶。

　　锦州府城西北有地名虹螺宣者，靠近边栅之外，即直隶承德府朝阳县管界，地僻人稀，为胡匪常聚之数。兵往则匪飏，兵归则匪至，绑人勒赎之案，层见迭出。近闻已由管带绥锦营朱子桥、司马庆澜率队往剿。

《中外日报》光绪二十八年八月二十日（1902年9月21日）

奉天匪情日炽[*]

营口城东北之牛家屯，乃俄人铁路码头，购地建屋，周围广袤约数里，其西端邻河。前年义和拳匪肇祸时，该站总办纪道夫恐罹于难，陆续禀调兵队驻扎左近。旋闻匪党凶横，虑兵力单薄，猝难敌御，又禀调炮队数百名，并携大小炮位百余尊，遍排车厂四周，日夜提防无少懈。未几，拳匪猝发，俄兵队在营埠者无几，卒得此等炮队以助兵舰声势，兵匪始溃北而城以陷。自后该处恒演放炮位，且多装子弹，故演放时轰声较烈。十一月十八日，俄官以该处生铁极多，出示晓谕，据称牛家屯炮队所积之碎生铁约二百四十六吨，即日出售，有愿购者投函三义庙兵官处，注明价值，欲购多少，以便裁核云云。此铁即系炮弹之碎余，其碎裂余厫尚有二百余吨，其所施放之多可想见矣。奉天省城迤北，马贼颇盛，每起或千余人，或数百人不等。初或劫于途，中或明火执仗闯入人家搜括财物，后则缚人勒赎，不如愿则支解之。贼氛日炽，而民生愈蹙。近闻昌图府之知府某太守，于公出时为贼掠去勒赎。又闻铁岭县知县尚在署内，而马贼突入席卷而去。似此贼焰凶横，将来不知伊于胡底。

《中外日报》光绪二十八年十月五日（1902年11月4日）

马贼虏官详情

奉省向为马贼渊薮，省城每日骈诛者常以数十计，然伙数不甚多，亦不过劫夺商旅住户而已。自俄人占踞以来，所有华兵尽行溃散，手持利械入于贼群，每出仍排队伍，营哨官多为之长。

每伙多者数千人，少亦数百人，不惟劫掠而已，竟自明目张胆，居然坐地筹捐，任意科派。无论过往差委受其剽掠，即现任职官亦多被指索。刻有大帮马贼，首领名杜立山、冯麟阁等，各率从贼二三千名，在省城西南之沙岭镇一带盘踞，小帮尤不计其数，大率亦听其饬制。前有总镇贵统领在沙镇驻扎，带兵营数营，名为镇靖地方，其实不敢与贼相抗。日前出营散步，适左近辖内有唱影戏者，该统领随步往观。杜立山侦知，暗遣贼目十数人，手持无烟枪，突然向前，将贵统领背负而去。兵弁欲前相夺，为贼连珠枪击退，坐视统领被虏，莫可如何。闻贼目将统领负至巢中，杜贼向索饷银数百万，以资费用，并着想一善策，俾得显爵，方许释放，不然即质汝于此，以敌官兵云云。该统领彼时无可奈何，只得首肯，许以入省保荐尔等归降，赏以要职。杜又令其立誓，歃血焚表，以示不欺。然尚未遽释。当时该镇之营哨等官，驰诣辽阳州海城县署中告急，请救。该牧令均以事关大员被虏，遂亲带民勇团兵并衙役等数百名，驰往弹压，意在善抚。辽阳州牧先至河干，贼目在河西约前来迎迓。官及兵役甫渡至岸，贼即开枪轰击。兵役返步狂奔，击死者少，溺死者极多。于是海城县王立堂大令知贼反复，严队而往。贼见势重，遂遣使卑辞乞怜，将贵总领释出回省。又腾出大厦以作行台，当即降顺，贼众均退于十五里外散驻，以示拱卫之意。王大令见其恭顺，遂带同本地团勇扎驻，以备相机剿抚。岂知所议者，贼未如愿，当于夜半，贼将王大令之公馆围住，枪炮齐施，势甚凶猛。兵役团勇极力抵御。围至数日，官兵之弹药将罄，饮食又竭。有团练长王某谓必冒死冲突，庶可出围。于是王某当先，大令随之，兵役拥后，极力攻击。王大令带伤冲出，其余兵弁死者数百人，该团长亦殒于凶焰之下。大令率兵役走至数十里外，始不见贼兵。大令度地方团练即多亦不能歼贼，非洋兵不为功，遂造俄官处乞请救兵，帮同剿除此匪。俄官素亦畏马贼，谓之红胡子，初不肯相助。大令再四求请不已。俄官始发兵数队，派弁带往，使华兵当其冲，俄兵继之。该贼首闻华俄兵并至，率其死党数百人退去。至一瓜田，系马抱枪箕踞而坐。官兵突至，围而轰击。群贼均不及骑，徒步抵御。移时弹药告竭，兼以俄兵力战，不得已弃马而遁，死数十人，而官兵及俄兵亦死伤颇多。贼虽逸去，而华兵死者，固无关轻重，惟所伤俄兵，殊觉难处。且俄官本欲安靖地方，因每与红胡子交战，贼殊死斗，凶鸷异常，故虽歼败贼众，而俄兵亦大受创，或死伤相当，以此俄官轻易不肯剿贼。华官之兵力又薄，兼以将不知兵，帅无调度，兵勇见贼不战即北。此贼势昌炽之原委也。现在该贼首杜立山又纠结从贼以千百计，仍然蟠踞河西一带，愈聚愈众，大有不究之势。距营口迆北不过百余里，即贼之巢穴，出没不常，纵横数百里均受其患。时辽阳州牧被贼赚击之后，不敢再举。海城县令素称干员，今亦无术。贵统领晋省请大吏办理，未知如何归结也。

《中外日报》光绪二十八年十月七日（1902年11月6日）

奉省盗匪蜂起　俄人干涉刑狱[*]

奉天各处盗贼蜂起，其所以肆行无忌者，以地面政刑已归俄人掌握。虽将海、盖、金、复、辽、凤等州县准华官入城管理讼狱，然皆有俄员监视，牧令不能定谳，须与俄官商办。凡盗劫重案，按华律须骈首者，大抵不得如律，闭之狴犴而已。本埠向有盗案，被俄官审断者，率皆因于囹圄数月后，笞棰而释之。以故奸人之胆愈炽，踵而行者亦愈众，渐至白昼杀人，通衢行劫。居民商旅，夙夜不安。前者本埠银炉裕盛长伙友负银，白昼被杀。当将渠魁捉获，余盗星散。拟交俄署，恐其释放，遂送于海城县署，据情请办。王大令亦恐俄人掣肘，又禀请将军增军帅照会俄官转禀大吏。日者旅顺口之俄提督阿公乘火车诣省垣，与增将军晤商要公，并及此等情事。将军以杀人越货法无可贷，应按华律尽刑惩治，以警其余。阿公当时虽经首肯，尚恐有未尽之处，今已返旅顺口，拟即行文华官，将该犯同尸亲及一干人证，咸提至旅顺提刑署，躬亲审讯，以便与华官卷宗较核。若确系杀人正凶，人证凿凿，即将此案宣示境内，然后将该犯解回营口，在犯事处就地正法云。

《中外日报》光绪二十八年十一月十三日（1902 年 12 月 12 日）

东三省金匪猖獗[*]

东三省特派员专函云：近日红胡子马贼势仍猖獗，剿抚两难，不但华兵不能制胜，虽俄兵亦有望而生畏之意。

又云：东三省地方金矿甚多，此等匪徒半属矿工之失业者，故又有金匪之名。该处图治之法，宜纵令民间开矿而官为保护，设局收买而代销焉，使人有所事事，得遂其愿，则匪自消灭。若徒以兵力相加，窃恐匪愈剿而愈多，妄费饷项，不但于事无济，且坐失地利，终必为他人唾手而得耳。所望于当道者留意焉。

《中外日报》光绪二十八年十一月十八日（1902 年 12 月 17 日）

韩邦富啸聚山林[*]

探闻近日奉天将军会同黑龙江、吉林两省将军有密奏到京。据称距盛京北约六百里地方名桐沟者，山谷纡曲，林木茂密，形势极为险要。有著名盗魁韩邦富者，招聚亡命，窟穴其中，历为地方之害。刻下该盗啸集马贼、票匪至十余万人，四出掳掠。于沟内建筑石寨，密布炮垒，为僭据之计，并僭号大韩，自铸大小银元，面文曰"光武二年"，形迹颇为悖逆。地方文武无敢往捕。该将军等恐成巨患，故具折密陈，请旨办理。现闻两宫之意，拟与袁宫保商议，以定剿抚之计云。

《中外日报》光绪二十八年十一月二十三日（1902 年 12 月 22 日）

铁岭县印被盗[*]

前报县署被劫一节，实系候补知县蒋大全于奉化以北被贼剽掠一空，至今尚未缉获。至于铁岭县新任知县，颇称廉洁，严禁吏胥敲诈勒索，故吏役罔不怨望。乃近日不知何等人将其印信盗去。当失印之夜，印在房内，而外间尚有二仆直宿。三鼓后已睡熟，突有人穴上窗而入。盗印之外，尚有六弹折腰手枪三支，亦并携去。然箱内存有官宝数锭，毫无所动，而衣饰等物，均依然在笥。以是知该贼决非为财物来也。次日阖署鼎沸，遍觅无踪。现尚不知作何处置也。

《中外日报》光绪二十八年十二月八日（1903 年 1 月 6 日）

奉天马贼掳都统[*]

奉天马贼猖獗异常，伯都纳副都统纳荫挈眷路过，被掳入山，协领成忠亦被掳去。增将军飞电告急，由北洋调新胜五营前往助剿。现军机处接增将军电云，新胜五营已到船厂，扼要驻扎。纳副都统及家眷均平安放回，惟协领成忠被戕。已飞饬迅速兜剿。

《中外日报》光绪二十八年十二月十日（1903 年 1 月 8 日）

奉省多盗

奉天新民厅及阳州海城县三属交涉三沙巅黄沙坨一带，现聚马贼至千余名之多，已将黄沙坨一带民团攻破，乡民受害不浅，贼势甚为猖獗。其为首者，系冯麟阁、杜立子、徐三乐等，皆著名巨盗也。又熊岳为奉天盖平县之南境，距县七十里，有城，旗员四品官防守尉领兵三百六十名以守之。城左近忽有马贼啸聚劫掠，行旅征人，视若畏途焉。

派兵驻扎

直隶提督马宫保派营官段氏率领兵勇两小营，随带行炮八尊，出关而东，驻扎奉天广宁县南境沟邦子。一俟来岁春融，俄人退后，即会合定军痛剿盗匪云。

《中外日报》光绪二十八年十二月十一日（1903年1月9日）

增祺电奏东北匪情[*]

奉天将军增祺于初二日晚电达政务处，略云：中俄交谊虽厚，要匪虽平，然马贼出没无常，所谓胡子者遍地皆是。窃恐余匪匿迹，不易肃清。若不添派官兵，剿捕防守，难以兼顾，且匪乱终难息，外交又多事也，云云。此电业已代奏矣。

《中外日报》光绪二十八年十二月十四日（1903年1月12日）

奉天匪患泛滥[*]

奉天三省向为盗贼渊薮。自俄人占据以来，匪盗尤多，大抵皆溃兵无人收拾，身带快枪，结队不散，与积匪连合，为祸实甚。近闻吉林界内有大伙匪徒，更号六合神拳，号召党徒，亡命者亦归之，势焰颇盛。其平日演习者大抵与前年拳匪相仿佛，而故意改易名号，不过欲新人耳目，以相煽惑，声势与平素积匪及近今溃兵均相固结互援。但他贼匪以强抢掳掠为生涯，此等匪党则匿于穷岩深谷，暗相招徕。省城昔日之防绿各营既已溃散，近今所招之巡捕兵队数又无多，一因俄人不准多练兵勇，一因饷糈无着。兵力既单，弹压省垣尚虞不足，何暇剿除若辈。故东三省大吏罔不以姑息为事，然穷乡遍氓则仍有日不聊生之势。奉省所遭兵燹，此次较甲午之役，其蹂躏殆十倍也。而大吏仍毫无布置，弭耳听命于俄人，抑独何哉！

奉省近来时有保案，不知所办何事，动云异常劳绩。平日市侩地痞甚或光棍，均得列于案内，其佳者则为土绅。市商往往亦获优保，推其获奖之实，大都得俄员之力居多。太阿倒持，有心人为之心伤不置。

营口迤北五十里之田庄台，亦一沿河码头。自俄兵今秋撤退后，增将军即派朱统领带队前往驻扎，并收罗附近降匪数百名。然名为官军，其实大吏并不给饷，命其就地筹措。初至汛时，设法罗掘犹可支持，日久兵众饷繁，每月派商人供给，渐就不继。今属冻河之时，船商闲居无事，已无力供给，搜罗又难于措手，以故所统兵队因无饷银，咸兴嗟怨，间有仍旧逃去为匪者。此事极难处置，统领亦惟仰屋兴嗟而已。

辽阳州自被俄兵攻破，州牧潜遁，仓皇之际，竟将印信遗下。及派新牧到任，已无印信可用，不得已禀明大吏暂镌一木质钤记，权时印用，以俟他日再定。

俄人火车路现已通至吉林等处，搭客极为拥挤。惟时有强人假充客商附入，俟车行速时遽出手枪恫吓，将客人财物搜劫一空。及至站口，不待火车驻稳，即相率逸去，及客人喊救，业已无及。

《中外日报》光绪二十八年十二月二十一日（1903 年 1 月 19 日）

奉天近事述闻

奉天省城土匪混入，民心浮动。若恃兵力恐不能巡查周密，闻有开办警务之信，折已将上矣。

奉天东边等处驻扎沙河之马步营队统领乌尔棍布，因马贼林七等借俄商之势，骚扰无忌，乌君饬勇拿获，取供正法。俄人不依，将乌拘管，省台恐酿事端，立将乌君撤差，所遗统领一席，即以刘某调升。

天津人郭金榜在本籍杀人放火，肆意奸抢，无恶不为。津郡收复后，因恐官府严拿，流出海洋，潜来营口避匿，现经俄官派令练长胡国恩同俄兵于五月二十一日在东海楼饭馆，将郭金榜擒获，业经严押。兹有被害之李、马二姓赴俄官处呈控。据俄官云，将来备案，连犯送往天津，请袁制军正法。刻间案尚未定也。

奉天营口向无中国医院，旋因去岁俄人验病滋扰，民不堪命。营口众商恐再受害，特于距城二里之外，新设养病院，建盖房屋百数间，以便有病者，送入此院医药静养。

奉天盖平县自光绪二十七年冬令，新创公司抽收丝捐、丝用，至本年四月间，共收银二万数千两。交省之数，本系包纳四千两，仅交二千两，其余二万金，委员锡绶、锦芝二人尽行吞没。嗣因锦芝所得较少，分赃不匀，在督辕互相禀讦。现由锦芝一人经理，欲令客商增纳。众商不服，相率停秤。官肥民瘠，加捐之流弊可见一斑。以上录闰五月初一日《天津日日新闻》。

《中外日报》光绪二十九年闰五月六日（1903 年 6 月 30 日）

土匪抽捐 *

奉省著名巨匪冯麟阁，客岁被俄人诱执，流放极边安插。冯用多金串通舌人逃归，又聚积马贼数百名，在辽河迤西屯聚，名曰保险，按亩抽捐，凡纳捐之处均归其保护。由是河西一带无劫掠之虞，他处山帮马贼或三五十人、百余人者，咸归其节制。省中大吏及各地方官但求得一日之安，即为深幸，遂任其所为，均不过问。该匪近在沙岭、高丽坊各集镇出没，麾下胁从手脚笨者，大抵遣归农圃，约有事时呼之即至。所留于左右者，俱系枭雄之辈，而且谨遵约束，不扰平民。

前月因有通译数辈直向冯假银数万，意在挟制。众匪不服，厉色却之。该通译老羞成怒，归至辽阳向俄弁言：河西北等处马贼屯聚，颇多掳掠之财物，而军械不利，若派数队人前往败之，如拾芥耳。俄弁及各兵丁贪念性成，闻之馋涎流溢，不再探实，辄带兵数百，直趋河西，声言剿匪，意在吓走群贼，而取其财物。不意冯与众匪目咸不能平，带人迎敌。俄兵至是势不能退，只得交绥。乃大战终日，互有伤亡，次日又战，如是数日。俄弁恐伤兵太多，遂请调炮数队带巨炮昼夜攻击。冯以无炮相敌，前锋四百人俱殁于炸弹之下，所剩仅二十人逃回。冯见势不能敌，即再招呼四路贼匪，亦徒送性命，乃带余贼遁去。俄兵乘胜将就近居民财物收拾一空，极之鏊锄等物亦捆载而去。冯遁至高家驼子驻足，时下见俄兵凯旋，遂又收拾余烬，作报复计。盖此番俄兵战胜，实由出其不意所致。今闻该匪大事啸聚，以为背城借一之计。此后详情，容俟再为细访登录。

俄人自二次归营以后，诸事极力经营，较前安排尤加十倍。今将营口所设之巡捕厅在旧署之前又扩充一所。近所造之监督衙门，非常壮丽。从前华官有接官厅一所，周围楼阁亦颇轩敞，俄官久踞为办公之所，今忽拆毁重修，改为洋式，势极巍峨。他处改建华署为洋房者，尚指不胜屈。观此则俄人能退与否，已可概见矣。以上访稿。

《中外日报》光绪二十九年十月五日（1903 年 11 月 23 日）

俄人在营招匪为勇[*]

俄人向苦奉天马贼为患，今增留守及长将军广事招降，客岁曾诱斩贼目，群贼因是散去，咸以归降为戒。今各处马贼又时相出没，且不劫行旅，惟以绑票为生。俄官恐其滋扰，因在辽阳等处广招兵勇，即向为盗贼者，亦不问其前罪，故马贼之归降者极多。而华官之受其荼毒者，亦莫可如何矣。以上访稿。

《中外日报》光绪二十九年十月六日（1903 年 11 月 24 日）

匪患兵燹苛捐*

近日有许多人传说，中国之铁路至新民屯尽被俄人阻拦，不许兴工，至令诸类之工作，皆行停罢云云。今专员访查，实属讹传。

查近日钉道之工已将至新民屯，而中国铁路之土工，只于此处为止，盖铁路至此非停工不可也，又岂俄人之所阻乎。目下又有许多俄人由沈阳前来至新民屯之各处，并下乡尽力骚扰，如一追问伊果何为，伊即云：乃为追缉胡匪名杜梨子者也。查此杜匪系极有名之胡子，手下常有三四百人，并时与官军接仗或叫阵。于今年春间曾至高山子迤东一带，幸有淮军于此驻扎，伊不敢前来，遂即远飏矣。夫伊所以畏淮军之故，乃因淮军三营之中，有□营炮队，而诸胡子所畏者，乃非快枪或洋枪等，盖即巨炮也。又兼淮军之号令素称严明，非似奉天队之有暗通土匪者，故伊一闻此名，遂即逃避。至近日惟因俄人追缉之故，伊又复来此处。因而淮军各营内，又皆戒严，昼夜防守，不遗余力。又有所谓阮四、阮五者，亦系著名之胡匪，今又啸聚许多亡命，劫掳四方。故近日奉天之各营，皆诸路设卡，想法剿拿。如果尽皆拿获正法，诚地方之幸福也。

又目下俄人占据沈阳之事，闻之势甚汹汹。不惟俄兵多方惊扰居民，而为俄人之通事者，或马夫跟役人等，亦皆异常讹索。故该城内之铺户及居民等，皆有朝不保夕之苦。又见俄人运有许多之粮草前来，似有久占之意。呜呼！祖宗发祥之区，何竟令此蛮卤之种实逼处此也。

又云：夫俄人之所以至目下方发难者，盖因秋去冬来，而辽河以东及东边之盐木等税，皆已于夏秋二季收足，至冬令甚属寥寥。如彼于夏秋之时开启衅端，则诸商贾必皆裹足，税务亦因之受损，今至冬令之际，则河口欲封，生意亦正当不旺之时。故伊竟借此发难也。吁！彼俄人者抑亦狡矣。

又近日奉天省之各城镇，皆见设有如林之各种捐税等局，虽一小火车站向不在捐例之内者，今皆满设局卡，分头抽税。而于一小村镇内，甚有设三四税局者。于今年夏虽经将军将过路捐局裁撤，而孰知竟有他局兼收二项者，是彼过路捐明撤而暗未撤也。如有一小本经营之客商向彼分辩，而为之委员者竟皆曲意祖护下人，令之极意勒索。如商旅所缴者一不随意，伊即拳脚交加，甚则发司送县。因之诸货物皆较往年异常腾贵，而吃食物尤甚。如有四十斤一斗之粗粮，约值东钱五吊二百文者，而其所纳各种税之总数，竟有至六七百文之多者。如至一石，则必六七吊矣。呜呼！此非所谓盗而食人肉者哉！以上录九月三十日《天津日日新闻》。

《中外日报》光绪二十九年十月七日（1903年11月25日）

记东三省马贼近情

奉天三省自失守后，兵变为贼，遍地皆是。近两三年地方官无法剿除，每出示赦罪招降，各贼首因有被官诱杀者，遂不敢轻言投诚。在辽河之贼大抵啸聚村镇，按地抽捐又为饷糈。农民因求一日之安，亦情愿出钱，于是各处效尤，大抵抽捐而不劫掠，商民稍得平静。近来俄人因听舌人唆使，带队各处剿拿，贼去后即将该村席卷一空。俄人以为大利所在，此为第一，于是尾贼而行，贼若情急，即与俄兵交战，俄兵退后，再行盘踞。俄官因俄兵死伤太多，大抵皆由民间有军械所致，照会华官，搜取枪械，增留守不得已分饬各府州县，晓谕所辖村镇，所有乡团练勇一概解散；不得存藏刀械，亦不得有守望相助名目。各村坊团练一散，游民散勇都无所归，既不肯交纳军械，亦不肯遽行散去，均啸聚山谷中，为行旅患。而抽收地捐之马贼，尤无所得食，故智复萌。

今辽河迤西，省城迤北，除土棍游勇不计外，其成大帮之马贼，或三五百，或千余人不等，出没无常，民不聊生。而俄人又带兵各处捕拿，众贼更无地驻足，屯聚愈众。目下大都在辽西小北河一带盘踞。省北之大帮马贼，在新民厅界内盘踞，时与俄兵相斗，两造死伤相等。惟贼中无总领节制，故其气仍觉涣散耳。以上访稿。

《中外日报》光绪二十九年十月十二日（1903 年 11 月 30 日）

复州马贼拒官攻城 *

客有由复州来者，据云：该境突起马贼数百名，恣意抢劫乡民。该州牧范直刺当调集练勇及城内军兵，驰赴剿办。讵贼势甚凶，竟敢负隅抗拒官兵，且以枪击毙练勇首领孙某毙命，军兵遂大败溃散，而贼势凶猛，谋将攻城，其势甚急，然刻下尚未得手。未知范直刺将如何筹御敌之策云。以上录十月初四日天津《大公报》。

《中外日报》光绪二十九年十月十六日（1903 年 12 月 4 日）

营口盗劫火车

奉天近时盗贼充斥，不惟勒赎乡间，剽掠行人，且敢行劫火车。往岁俄人甫将铁轨安设，即有无赖贼匪或将道木下之土石挖空，或将轨钉起出，使铁轨错出一二丈，及火车行驶至此，遂陷入地内，或有前车既覆，而后车亦受其累。乘此仓猝之际，贼匪即饱掠而去。近日有巨盗若干，或亦买票伪作搭客，或俟车至中途，飞身跃上，即手持刀枪，喝住客人，席卷而去。比及搭客喊救，盗已跃下远飏矣。

又有黠贼，将巨绳之头结于铁轨上，绳尾缚一铁钩，锋芒极利。俟火车到时，即将铁钩飞掷于货车上，无论绸缎布匹，钩住即曳于车下。火车行速之时，万不能骤然停止，及知而住轮则货已早被扛去矣。

昨有一车之上，失洋布八捆之多，数车共计数十捆。货主既不在车上，约定至某地照单起货。今既失去，俄人又不肯赔偿。无已，止得归咎车站中所设之交涉局防范不力，缉捕无方，责令赔偿，局员亦惟俯首听命而已。虽力辩亦不听，华官之受制于俄人，至此已极。

《中外日报》光绪二十九年十月二十六日（1903 年 12 月 14 日）

记俄兵剿贼详情

奉天马贼之首，以冯麟阁、杜立山二人为最。各带死党千余名，盘踞小黑山一带。俄人前曾派兵千余名，在大河以西随处搜剿，遇之则战，互有伤亡，前报已详纪之。今于十月底，驻扎辽沈南北之俄兵，忽奉政府飞檄，饬令各处起兵兜拿，必欲得此二贼而后已。于是沿铁路一带俄兵不分昼夜，均拨队前往，至新民厅西北始行会齐，约六七千人，四面兜剿。二贼目侦知俄兵势大，难与力敌，料不能驻足，因带同死党，向西北逃去。俄兵此次追剿，势在必得，非复前日之可胜可负也。以故马队在前，步队居后，跟从前进。有时追及，则鏖战一二时。贼即且战且走，除死伤溃散外，所余死党仅千余名。然皆久经大敌，百折不回之徒，且枪械迅利，操练精熟，于二三里外，枪无虚发，俄兵以是惮之。然军令森严，不能不冒死追剿。二贼见势不敌，不分晨夕，策马飞遁。俄兵亦不分晨夕尾追，如是者七昼夜。追入蒙古界内之苦力街。该处产良马，贼由此经过，又掠马若干匹，即时北去。俄兵兼程而进，一昼夜驰三百里，至蒙古地之瓦房，追及。斯时俄兵之马驰驱太过，沿途倒毙者大半，至此地俄兵仅四十余名。蒙古无村落，人家零星相距一二里不等。侦知冯麟阁在前不远，而杜立山率羽党二十余人及一悍妾在此歇宿。俄兵官田姓者带同舌人王某，并四十余兵，约二鼓时，即将杜立山之居处四面围住，然不敢遽入。先将院中之马匹用枪击死，防其审也。是时贼已惊醒，室中暗无灯烛，而枪弹自牖击出，其密如沙飞雹落，络绎不绝。俄兵无避身处，带兵官恐相持一久，他贼四面兜击，势必片甲不归。于是以身先之，提刀奋勇闯入室中，俄兵继之。贼即于屋中相敌，子弹横飞。俄人无暇放枪，即用枪上之刀刺横戮之。暗中格斗至四鼓。贼由牖间逸出者七八人，余者已死于屋中矣。平明检视，见贼死者十三人，杜之悍妾与焉。坑上血泊中有一中指，据称系杜立山。而俄兵死者四人，重伤者七人。带兵官身受七枪，卧血泊中，尚未死。亭午，俄提督始率大队赶至，见贼目未能捉获，反伤兵弁，痛自悔恨。一面将伤弁舁回，饬医调治，一面派兵蹑迹侦探。回报群贼已遁入蒙地深处，不知去向。俄提督不得已暂行班师，以拟再举。按俄人此番剿贼，追如星火。舌人三十余名，皆服洋装随征。伤者数人，有王姓者右目伤极重，尚未愈。昨闻其所述如此。据称此系奉俄皇之命，必欲得此二人，恐其时久蔓延，则剿除不易，即成后日大患。但俄人虽经此战，仍未住手，闻他处大兵，又向蒙古进发矣。以上访稿。

《中外日报》光绪二十九年十一月十八日（1904年1月5日）

俄兵剿贼　肆虐奉省 *

前者俄兵剿贼，到处蹂躏。今大兵合剿追捕，农民尤不胜兵燹之苦，已详昨报。增留守侦知其详，遽照会俄官，内称冯、杜二贼已遁入蒙古，俄兵随处追剿，民间不胜其累。祈速将大队调回，各守汛地。冯、杜二贼，本将军当派华兵捕之等情。斯时驻哈尔滨之俄提督闻贼遁兵伤，大为恼恨，立调俄兵数千助剿。且令凡贼所到之处，一律焚毁，意在使贼无处容身，则自易就捕矣。此令一出，俄兵各各欢跃。盖一行焚掠，则人人皆有所得。甫欲拔队，即接增留守此件公文。俄官立即将俄兵撤回，照复将军。略称冯、杜二匪，势在必得。今用华兵剿拿，亦止可以一月半为限，必须拿得一人，方可复命。不然则俄兵当复出云云。增留守不得已暂诺之。当即檄调各属练勇，会齐往捕。今闻已调聚巡捕、团练等兵五千余名，往西北蒙古境内追踪剿捕。未知能否捕得也。

《中外日报》光绪二十九年十一月十九日（1904年1月6日）

西函志俄人剿马贼事

西十二月三十号本馆驻旅顺之访事来函云：十一月十三号在蒙古之昧芬村遇红胡子之战击死俄兵，于十二月九号在东三省之答西郁地方埋葬。

此昧芬一役，已经录出。此事甚长，但甚足令人注意。仿佛与英兵在南非洲攻击第物无异。俄国呼东三省之第物为杜立山。此人财力甚雄，其部下有两副将，其一系中国人，名曰田边；其一系俄国人，乃充军于萨加莲地方逃遁出外者，其名曰富怜海。此名定系自造。富怜海之弟曾将此役报告，但彼已被中国人擒去治死矣。杜立山之有富怜海，即如撒毛利连之麦慕拉之有阿度拉西利也。富怜海于昧芬一役，想避击俄人之外，后果能遁去，只失去数手指而已。虽俄国将所拘获之马贼交与中国官场，中国官亦即杀之。然杜立山之所为，中国官员似乎置之不理。然俄国人所注意者，系在马贼之首领。旅顺口俄国坚固之牢狱，拘禁此等之首领，亦复不少。华人亦有进内与彼等谈论者，北京官场并非不鼓舞马贼以反对俄人，但此项政策不过适令俄人可藉词以占东三省也。

欲擒杜立山者已一年于兹矣。千九百零二年八月，已得有消息，知该马贼业已逃避，凡经过之处，杜立山定行破坏所有之物。当其时，彼系在辽河左右，距奉天不远，部下有六百人。俄人见彼等马术甚善，以为训练极佳。柯希那副将欲用第四十一队索尼亚兵以包围之。但杜立山从俄人左边之缺口与辽河得以逃出。俄人则派立夫希努司开逐之，第四十一队之索尼亚兵即随踪而至。八月十九号立夫希努司开侦知杜立山系在西旱图村，因该马贼于俄人进村之时，以枪击之，故知彼在该处。俄人则谓马贼大败。然马贼所失者，不过数人，余者仍得逃出。以俄人观之，则彼等确系败去也。

八月二十号在田都斯登村，马贼深受巨创。虽左右之地均系沼泽，不能跨越，然马贼竟被逐出村外，杀死者二十五人，失去马匹、军火不少，并火药一百八十磅，炮码一万二千。其后杜立山乃遁至蒙古矣。

西十月杪得有消息，谓杜立山系在梯郁唏控几辽河之间之东方铁路之阿泊山姆庄，部下有三百人。俄人即速派兵追逐，统带则为千总威斯退马。与杜立山同在一处者，系俄国之富怜海，部下有五百名，此外尚有田边部兵一百。因此项兵力如是之大，故俄国必须派大兵前往方可。俄兵内有第七队索尼亚兵第四队兵两旗、马兵一队、大炮四尊，统带官则为千总脱来司基。俄兵攻击之法，系左右包围，以免彼等逃至蒙古。旅顺口之《奴维克保报》谓，杜立山曾一至北京，准其前往蒙古也。

今如欲擒杜立山，须将辽河之所有可以经过之小河全行把守，方可得手。但马贼常有法可知某小河无人把守。西十月三十号之夜，俄人在蒙古之昧芬村追击彼等，俄人不知彼果在内与否，且其时俄兵亦复不多，故凡事须当小心。但俄人不顾事之如何，有一武弁与两兵进入村内，杀死马贼数名。该马贼约有九百人，因彼等有如是之军火，攻击之法又如此美备，可知彼等以前曾经充兵。当此之时，俄人甚危，在村外有华人房屋，俄兵驻守于此，但俄兵在该处不能阻止马贼逃避。后则马贼即骑马而遁，俄人则谓马贼死者一百七十八名，伤者二百名，留下马二百五十匹，尚有枪炮、炮码甚多。

俄人所失者，伤武弁一名，毙兵四人，伤兵九人。该处有一英国医生名李门者，并其妻医治受伤之人。俄人大为感激。译十一月二十五日《字林西报》。按：此稿内地名、人名，半系译音，未必全与原文相合，阅者鉴之。

《中外日报》光绪二十九年十一月二十六日（1904 年 1 月 13 日）

东三省匪情*

近接齐齐哈尔来函云，有日本旅居本地之稻冈夫妇二人被马贼所杀，其详未悉。

山海关外马贼大股者数千人，小股者数百人或数十人，合三省统计不下四五万人，皆勇悍矫健且枪械精利。其人多半有室家房产，平时散处，仍各执其业。其入贼伙者，盖藉又保护身家，非出其本心。闻有某比部条陈，请简知兵大员熟悉关外情形者前往招抚，当可得精兵数万，且藉此可除内患，诚一举两得者也。以上录十一月十四日天津《大公报》。

《中外日报》光绪二十九年十一月二十九日（1904 年 1 月 16 日）

记东三省马贼情形

兹查得东三省各地马贼之头目及其所据地如左。

林七即成岱	鸭绿江一带
张占元　张桂林	通化县一带
李金即正忠	辽阳一带
冯麟阁　刘魁五	海城一带
任天赦　冯孤雁	怀德县一带
杜立山	辽河西南一带
王黑虎　六十三	边外蒙古地方
郑大剪子	西安县一带
田义本　冷振东	奉天
韩东举	吉林夹皮沟
宋三　果子恭　王占一	
马福连　高丽张	金州复州岫岩
伊代亭	边西剂家窝棚
杨二虎	凤凰城北辽阳西
于子云	哈桃街
田风鸣	未详
刘弹子	帽儿山东北

译正月十九日《上海新报》。

《中外日报》光绪三十年一月二十二日（1904 年 3 月 8 日）

马贼仇教详志

接京友来函云：耶稣教专归英国国家保护，所有东省英美各教士，均属其帡幪也。至天主教则向归法人保卫，法国通国人士皆奉天主教，故法官员担承保护东方教务焉。俄国近与法联约，友谊甚深，见法国政府诸大员迄与罗马教皇颇有嫌隙，诸事推诿，即东方教务亦颇不甚留意，故俄皇极欲担承此保卫东方教务之责，以博美名，年来于东方教务极力维持。东三省马贼素恨俄人，以及西士之在该处传教者。幸俄人力大，捍卫周到，故马贼亦莫如之何。乃者俄事已恶，屡传败耗，因此马贼恣意横行，胆敢攻犯俄人，频往骚扰，致俄人受累不浅。当今日俄战事迫切，而马贼又横生枝节，与俄人为难，俄人其何能堪此。迩日寓京西友频接满洲来信，述俄人屡被马贼挑战，只以俄人不暇顾此，不与之理。乃马贼又将该处西士医院、教堂肆行劫掠，且将宽城子一带教堂焚劫，意图消灭。据寓该处之西教士来函，详述该处教务糜烂，教士教民之被伤害者，已有若干。诸教士不能内渡，又不能安居斯邦。虽俄人于军务倥偬之际，仍加意保护，然终力有所不逮云。现此则东省教务又有一番周折，而官场中又添一番棘手之交涉矣。以上访稿。

《中外日报》光绪三十年四月七日（1904 年 5 月 21 日）

马贼蜂起

有德国归化俄国之妇人，于前日从大石桥起程，乘英国汽船从牛庄于今日至芝罘。据云：哈尔滨以南至大石桥之间，及大石桥至旅顺之间，各地均有马贼蜂起，破坏电线铁道之事，无日无之。现在大石桥以北之铁道，在该德国妇人起程之前，曾有三日不通。马贼等每见列车经过，即向之发炮，是以甚为危险。满洲一带之俄人，因此大惧。俄军之士气，亦异常沮丧。又大石桥至旅顺之铁道，数日以前亦不通行。

《中外日报》光绪三十年四月八日（1904 年 5 月 22 日）

论海城县令被俄人拘缚事

昨得津电，知海城县王大令以不为俄人办粮之故，被俄人拘缚，送往辽阳。本馆于此为王大令哀，为政府危，窃愿以三事质诸政府。一、中国不得已而宣告中立，固以中立为可恃也。然而海城县非中立之地乎？海城县令非应遵守中立之人乎？乃王大令即由遵守中立之故，被俄人捆缚以去，是俄人意中凡于自己有利益之处，即不愿中国之守中立。一拂其意，则凌辱随之。恐王大令特其见端耳。异日安知不又以中国不为接应之故，向中国启衅。其可危者一也。政府诸公向固以俄人为最讲情理者也，今试问俄人强海城令办粮，于情理何居？强之不从，即拘之而去，于情理又何居？夫向来中俄交涉，其与中国以难堪之处，已不知凡几。特其祸皆是国家及人民受之，于官吏无与，则犹可漠然置之。今则已侵及官吏矣，不知媚俄者闻之，亦有动于心否？其可危者二也。国之所以能自立者，恃有民也，而县令又治民之官也。今东三省人民束缚于俄国苛政之下，而政府无如何，是国家已自弃其民矣。而海城县令又以力抗俄人之故，被其拘缚，而奉天将军从旁熟视而不能为力，是自弃其治民之官矣。无民何又为国，治民之官其责辱已如此，又何论于民？假使等而上之，而以此法施诸东三省之将军、都统，甚或又此法施诸政府，不知又何以对付之。其可危者三也。吾是以窃为王大令哀，为政府危也。

《中外日报》光绪三十年四月十二日（1904 年 5 月 26 日）

马贼蜂起　俄军防御[*]

马贼蜂起　四月初三日东京来电云：据牛庄传来消息云，有华人从海城来者云，长春（即宽城子）郭家店等处，近来马贼蜂起。三月二十四日公都岭附近有马贼破坏铁道，与俄军守备兵相冲突，互有死伤。后有俄兵二哨队从奉天来援，此等马贼乃以通州伊通州赤尔苏为根据地，其数约有一千五百名。俄国官吏声言吉林将军暗中援助马贼，屡施其威胁之公文，但终无效。马贼目下甚有增加。译四月初四日《大阪朝日新闻》。

俄兵防御马贼　四月初五日北来电云：在沟帮子附近之俄兵，业已络续退去。但在法库门则以讨伐马贼为名，故俄兵之来侵者，日来大为增加。俄军此举，亦半为欲巩固铁岭之防御也。辽东、辽西各地马贼之蜂起，实足令俄军为所困疲。昨日从张家口至京之工人云，该口外之马贼，亦与满洲之马贼通声息。此等马贼并非与暴徒相等，实有一种之国家思想者也。故当分外注意之。译四月初六日《大阪朝日新闻》。

《中外日报》光绪三十年四月十三日（1904年5月27日）

辽西俄军及马贼近状

侦察辽西一带之特派员报告云：辽河东岸之高丽屯（是否，待考）有俄兵三百人。双台子与新民屯之中间大王纳（译音）附近之一部落，有俄国骑兵五百余名。与马贼之头目田义本之部下五六百名，共驻扎该处。此外田庄台仅有俄名三十二名，在辽西之俄兵近来并无移动之形迹。虽有俄兵在好谷濛（译音）一带近来渐次增加之说，但我之派遣员因未曾亲见此事，故不能确言其事之真伪。

在广宁县有马贼七百名，将待时而动。外人尝纷传如田义本之流均服从俄人之指使，实则不然。盖此辈之所以暂时服从俄国者，其宗旨专欲得俄人所给之新式小铳（洋枪）与弹药及粮食耳。彼等甚以日本代中国讨伐俄国为然，将渐次伺机而背反俄国也。彼等曾公言于人云，决不久为俄人之爪牙。目下为俄人所抚顺之马贼，其怀蓄以上所言之深意，不独田义本为然，彼等之社会中大都均有此意。

俄人目下派人前往辽西各地，强夺粮食，常令其所派遣之人在德苦瓦（译音）、库能（译音）等处收买马牛。

俄人目下在辽西筑造堡垒，其意在防御马玉崑之进击。但此等举动实为无益，且其规模极小，在军事上无甚价值。此等类于儿戏之防御工事，刻下颇费资财，其愚顽实令人可怜。

在料生（译音）地方，俄军所抚服之马贼每月给以费用十五元。该马贼所需之小铳、弹药、被服等，均由俄军供给之。其所著之衣上大书"大俄国护卫亲兵"七字。

《中外日报》光绪三十年四月二十二日（1904 年 6 月 5 日）

马贼袭击矿山

四月初三日《极东报》载云：三月二十九日沙辖罗甫将军之电报云：二十八日有马贼三百兵，袭击烟台矿山。当即派遣护境兵第二十二中队及步兵一中队讨伐之，此战马贼遗弃尸骸三十具，而向辽阳遁去。翌晨又派狙击步兵追击之，知辽阳西六十俄里附近，有无数之马贼出没该处。译四月十四日《大阪每日新闻》。

《中外日报》光绪三十年四月二十二日（1904 年 6 月 5 日）

牛庄要闻

红胡子亦渐有蠢动之意，然其事无甚紧要。闻马贼领袖两人，一名冯麟阁，一名杜立山；一系祖洋，一系仇洋，均在城内。部下有人八千名，均有德国洋枪存于城内之庙宇及其他秘密之处，一俟有机可乘，则马贼即用此以攻居民。城中满居盗贼。

数日之前，余进城中欲查觅红胡子聚集之所，但未见有华人，其状似甚欲杀人者。总之城内马贼甚多，平时则为常人。如初至城内者，必以为此处之平靖，实与上海无异。在余窗前相对之大路，见有乞丐之尸首一具，然必为饿毙之人也。

增将军之报告　四月十四日北京来电云：据增将军来电言，奉天附近有铁道一处，已为马贼所破坏。大东沟有电缆数处，亦已为马贼所破坏。又近日日本军照会本将军，令将军预先晓谕人民云，日军不日可至奉天，故地方各人民均须安堵，从事业务。译四月十七日东京《朝日新闻》。

日军设立军政署　四月初八日通信员来函云：第一军占领区域内，现已开设军政署两所。一所系三月二十六日开设，以陆军步兵少佐松浦宽威为长官；一所于三月二十七日开设，以陆军工兵中佐仓土俊明为长官。目下正在发布章程，与华人联络，务使华人亲信不疑。译四月十七日东京《朝日新闻》。

俄军近情　四月十五日山海关来电云：十二日从宽城子起程之华人云，五六日前俄人从宽城子运送马车一千五百辆、马及骡马二千余头，前往开源。

又云：宽城子一带近来马贼蜂起，掠夺横行，其势甚为猖獗。十一日在离宽城子二十五里以南地方，有俄国骑兵三百名，与马贼一百名相战。马贼毙者四十七名。

又云：铁岭有俄兵五六百名，该城之东南山上筑有炮台。

又云：辽阳之南五十里修桑（译音），每日有日俄两军之冲突。译四月十八日《大阪每日新闻》。

辽阳之防御工事　四月十六日锦州来电云：在辽阳城之俄军之炮台有十九座，其中东面二座，东北一座，西北二座，及南面二座，西面四座。合计十一座业已竣工。又离各炮台五千尺之周围，均埋伏地雷。译四月十八日《大阪每日新闻》。

马贼之跋扈　四月十六日锦州来电云：铁岭东南一带，近来马贼势甚猖獗。十二日有华兵向之讨伐，华兵之为马贼所杀者将校一人，兵卒十五人。译四月十八日《大阪每日新闻》。

马贼袭俄军粮库　四月十八日东京来电云：据某处接得电报云，十四日海城东北六十里之地有马贼三千名蜂起，袭击海城俄军之粮库，益纵火焚烧之。译四月十九日《大阪每日新闻》。

《中外日报》光绪三十年四月二十五日（1904年6月8日）

辽西之军情与马贼

四月二十日北京来电云：特派员华人因欲侦察辽西，于四月十五日从山海关起程，于昨夜归来。据其所报告者如左。

新民屯东三十华里辽河之东岸，有娘子山。其西南三华里之高丽屯，有俄国步骑兵三百名，大佐以下之将校三名。浮桥则架设于该处西南四华里之巨流河之一地点，浮桥附近系泊民工船十七艘。该处现已辟一新路，以该浮桥为中心，东至高丽屯，西通高家屯。又距浮桥约三百迈当地方，另有一河，见河之东岸有一堑濠，其南面作半圆形，长二百迈当。其里面有方式之炮垒一座，纵横二十迈当，高二迈当半，尚未架设大炮。其前面筑有掩护土垒。又浮桥北面四百迈当之处，亦有半圆式之堑濠，其长亦有二百迈当。濠之西岸山岗之上，亦有炮垒一座。再经六七迈当之南面，亦有炮垒一座。其前面虽筑掩护土垒，但均未架设大炮。双台子北面九十华里，距新民屯南面一百六十华里，其间有一部落名大瓮（译音），目下有俄国骑兵五百余名，与马贼之头目田义本之部下五六百名，共驻扎该处。此等之马贼，每人由俄军月给十五元，自被服以至小铳、弹药，均由俄军供给之。彼等所衣之衣上，大书"大俄国护卫亲兵"等字样。闻曩为马贼之头目，现为新民屯之中国武弁某，日前与田义本会见，嘲其降服俄军之愚。彼曰：余平生所忧者，在铳之旧式与粮食之缺乏，实因从俄军则可由俄军供给新式之铳器与无数之粮食。故自今以后，苟有可乘之机会，则必反击俄军。况日军因中国之故，仗义执言，以与俄国相战。余岂久愿为俄军之爪牙以终乎？其义气颇为轩昂。

沟帮子之北六十华里广宁县之山中，亦潜伏马贼六七百名，将伺机而动。新民屯附近之俄军派遣骑兵十二名、华人通译一名，前往法库门及义州（在盛京省内），一面向民间强求粮食。又俄军从开源出蒙古地方而夺得之粮食，其数甚多。译四月二十一日《大阪朝日新闻》。

宽城子之俄兵 四月十九日天津来电云：据从宽城子发来报告，该处有步骑炮兵约二千人，炮十六门。市街之内有俄兵二百名，巡逻不息。目下正在强夺粮食。译四月二十日《大阪朝日新闻》。

马贼破坏铁桥之失败 四月十九日北京来电云：外务部接得电报云，数日以前有马贼一队，欲图破坏松花江之铁桥，而杀伤守备之俄兵十余名。然马贼亦死伤二十余名，卒不能达其目的而退。译四月二十日《大阪朝日新报》。

《中外日报》光绪三十年四月二十七日（1904 年 6 月 10 日）

胡匪拔人勒索

从前俄人经营青泥洼时，所费以巨万计，工程极大。有华人张子禄者，受知于俄人，该口岸一切修造工程，均经其手，往往一日招募工人五六千名。以故张工头只此数年所赚金钱，不下百万。除在烟台等处开设铺店外，尚买商轮十数艘，往来各口。惟其作工时待工人未免苛薄。今该口之俄兵已退，故马贼闯入张宅，将张缚去，遗言必送二万金镑，方能赎去，限十日交到，过期定必将其毙命云云。张心甚惧，昨电令烟台本号先凑万五千金，连夜寄来，迟则休矣。众人闻此消息，照其平素之为人而论，皆深许马贼之举动云。以上访稿。

《中外日报》光绪三十年五月二日（1904 年 6 月 15 日）

辽阳马贼汇志[*]

马贼之处死刑　五月初八日东京来电云：最近《极东报》载云，西五月三十一号（即中四月十七日）辽阳来电，谓在该处有马贼七十名，未受审问而由中国地方官之独断，处以死刑。盖在平时必送往奉天，由当局者审判后，然后处罚。目下因在危急之时，故不复照前例，而地方官遂有专行独断之权。译五月初九日《大阪朝日新闻》。

马贼妨害俄军　五月初九日东京来电云：聚集于狼头山、黄山家子附近之马贼，近来常渡浑河，出没于沙河、十里家子，欲图破坏铁道。该处之守备兵乃极力防守之。又小孤山方面亦有马贼群集，向析木城方面进发。据日军日前在七盘岭地方所捕获之俄国将校云，当在夜间侦察之际，尝为马贼袭击二次，然总为俄军所击退。惟因此与侦察之事大为妨害，俄兵等为日兵所捕，其原因亦在为马贼所误云。译五月初十日《大阪朝日新闻》。

《中外日报》光绪三十年五月十七日（1904 年 6 月 30 日）

东三省俄军近情

辽阳以南之情状　五月初五日山海关来电云：四月二十八日从海城起程至山海关之华人言，是日在海城、大石桥之间，见有马车三百余辆，或以马一头曳之，或以马二头曳之。上载负伤之俄兵四五十名与野营材料，退往海城一面。

五月初一日正午从海城起程前来之华人言：是日黎明目击有

俄国骑兵二千五百名，经过大石桥向盖平方面从速前进。目下海城停车场约有俄兵一千名，榻山山麓约有俄兵二千名。

尝与俄军贸易之华商纪凤台，日前语于在营口之商人云：目下俄军由火车将马一千匹、马车三百余辆，从牛家屯运往辽阳。

四月三十日由新民屯起程之华人云：巨流河之浮桥已由俄军自行撤去，筑造炮台之工事现已停止，在高丽屯之俄兵亦大为减少，仅留一百名内外。目下新民屯知县查察该处人民有私卖粮食等物与俄军之事，甚为严重。离辽阳东面约三十华里之大孤岭之居民，现因日俄不日即将在附近战斗，特令其老幼妇女前往附近一带之山中避难。事为俄兵所知，当至该山中将美貌之妇女数十人捕去，均受轮奸之辱。该处华人已将引导俄兵之通事捕获，活埋土中。又该处土民常用日本国旗与俄兵战。惟土民中有众望之人名云，满昭者为谋主，指挥团练兵（此项团练兵约有二千名，乃由十八村落所联合而成者），于四月二十七日与俄兵会战。俄兵死伤二百名以上。均系从辽阳归来之某中国武官所言。译五月初六日《大阪朝日新闻》。

《中外日报》光绪三十年五月十七日（1904年6月30日）

马贼之举动

五月初八日山海关来电云：马贼之头目冯麟阁、杜立山、金秀山等，目下率其部下九百名，因欲施其某种之举动，特至新民屯北面一百十华里之彰武县，更向西华屯方面进行。又数日前，在辽阳东北八十华里之地，有马贼一队与俄兵相冲突。俄兵遗弃其死伤者三十名而败走。译五月初十日《大阪朝日新闻》。

《中外日报》光绪三十年五月十八日（1904年7月1日）

俄军招抚马贼 *

苦将军招抚马贼　五月十一日北京来电云：吉林省蜜峰山子一带出没之马贼，其头目名刘弹子，其部下有二千余人，时时扰害，俄军甚为所困。近来苦鲁巴金作书劝其投降，并云若降服俄国，则当与以爵禄，而得优待；否则即将从事讨伐，以威吓之。译五月十二日《大阪朝日新闻》。

《中外日报》光绪三十年五月二十一日（1904 年 7 月 4 日）

马贼讨俄之檄文

中六月初一日在距岫岩西北十里之某地方，得有一马贼檄文云：大清满洲忠义军营务总处为出示檄告众人事。惟俄国者，自古凌辱我皇上，蹂躏我邦土，戕害我生民，实为大清之寇仇。是以我等慷慨激厉，磨我刀枪，以报复大清之寇仇，固当不待时而发也。先时俄国租借东三省，口唱世界平和之说，以保全大清为词，且又声明利导之意。其言甚美，而所声明亦甚善。当时之人谁料俄国竟横暴如今日者。不图乙未以来，俄人频乘我衰残之隙，继有拳匪之乱，乃擅出大兵，暗击我兵，杀戮我良民，蹂躏大清祖宗发祥之灵地，横暴之极。甚至胁迫我皇上，而盘踞满辽，幽闭奉天将军，恫喝笼络部宪大官，贬黜各州之县官，以峻刑酷律拘束良民。民泣涂炭之苦，士受桎梏之辱。嗟嗟三省之生民，果有何罪恶，而至于此耶？抑由于天地不怜生民耶？加之俄人之暴戾，恣意虐待良民，滥行掠夺民财，到处污辱妇女，其贪如狼，其苛若虎，将驱三省之生民，非为仆隶奴婢之役，即受牛马骡驴之苦。暴虐无道，神怒鬼怨。三省之生民，谁复与共戴天？呜呼！际兹三省安危存亡之秋，尚复长袖绫带而为偷安苟活者，必非我三省之民；即丧心折节、诡妄无耻之徒，亦非我三省之民。已至之时机不可使之逸去，友邦日本帝国早已屡次戒饬俄国之暴虐。俄国不顾之，而频调集巨舰大军，侮蔑大清皇帝之大权，将席卷我发祥之灵地，终欲逞其并吞之谋。大逆无道，至此已极。大日本皇帝素敦邦交，重唇齿辅车之谊，以华历十二月二十四日宣布开战之大诏，亲自统率海陆大军。其海军已在仁川、旅顺等各洋面击沉俄舰十余艘，捕获军用之大船十余艘，破坏黄金山之炮台。俄兵战栗，旅顺将失守。其陆军亦将即击破俄兵于我满洲之野。我辈义烈奉公之士民，其乘此时之机，提尔刀枪，电击雷震，一以报日军之厚谊，一以攘大清之寇仇，而酬昔年之深怨。否则必须到处妨害俄军之动作，杀戮俄兵。若有人逡巡不法，反助俄人，则当遵照军法，毫无宽贷。为此檄告天下士民，其各凛遵勿违。译六月十五日《大阪每日新闻》。

《中外日报》光绪三十年六月二十六日（1904年8月7日）

奉天将军致上海红十字会电

（述东三省兵灾情形）

查奉省战事始于东南，渐及辽沈。据印委报称，凤凰、岫岩、宽甸均已散赈完竣，怀仁、辑安各县及赛马集，均驻军队，不能往查，已饬地方官随时赈抚。金州亦难往查。复州、盖平、海城仅战事一过，已由会员与地方官分别办理粜赈。辽阳受灾最重，地方官及委员仍施放粥米，慰帅亦派员携款散放。现经该印委由绅商借垫五万元，并由省续拨万两，购粮平粜。省南自七八月至今，尚在相持，终日鏖战，田禾、屋庐、人民尽被毁逐，财产粮草搜掠一空。难民逃入省城者十余万人，大半无亲故可投，及贫难自给者，已由筹济局备屋安置，设厂施粥米。省城存积柴粮无多，客军数十万，复四出搜括。北路铁岭、开原又添新军万余，由省东至兴京三百余里，蹂躏殆遍。西南则出城一二里即无完土，屡据屯民来省声诉，若待明正，即有柴米不继之虞。虽经先期于锦州、新民、西丰、广宁等府县购粮三万余石，以备冬赈，复续购四万余石。第客军在境，明春能否运路无阻，尚不可知。前恐有人满之患，出示移民就食，饬令新民、彰武、西丰、西安、广宁各府县，分设粥厂，由省资遣安插。愿他往者，资遣亦如之，仍听民便。据由洮南府来者云，途中难民络绎，前往甚多。现复设法筹办，以奠灾民。棉衣承惠极多，加本省制备，已足敷衍。人多疫重，自在意中。现已添医院调治，省东兴京一路，已派员往查。以刻下情形而论，辽沈被兵既重且久，来春不误耕作，尚可补救，否则不堪设想。粮石西北两路如无变动，尚易采买，惟柴煤奇缺，甚为可虑。战事无定，即灾靡底止。近已连日开仗，大约仍有烈战也。

《中外日报》光绪三十一年一月八日（1905 年 2 月 11 日）

盛京土匪作乱

正月十三日，天津来电云：彰武县之土匪，因愤俄兵之暴行而起乱，其势颇猖獗，与吉林之土匪一万余人，声息相通。译正月十五日《大阪朝日新闻》。

《中外日报》光绪三十一年一月二十一日（1905 年 2 月 24 日）

俄兵营口行凶肆虐*

俄兵淫暴　日前有俄兵与队约二三百骑，乘夜直扑营口，拟攻袭日军之后，为日兵所觉，亟派队往迎，俄兵不能前进，乃退去。其后队有数十骑，行至营口东北之花影台，即事抢掠。该村距营不过念五里之遥，村口农户约二百家。俄弁率游骑突入一富室，家人皆逸去，剩一老妪及一少妇。俄兵先淫老妪，后见杂薪中匿有少妇，群曳之出，轮奸者数十人，该妇当即晕绝，一俄兵尚用刀剜其阴户。及晓，闻南鄙有日兵将至，众始遁去。该妇至午后始渐苏醒，已惫不能动。家人咸集，见其裸卧血泊中，急舁于床上，灌以姜汤。傍晚略能语言，备述其详。次日延医调治，华医皆束手，不得已舁入日本军医院中求治。经日医诊视，先服药以止其血，次则刀剪并施，去其腐而缝之，令舁归。该妇几次欲寻自尽，均被姑嫜解劝，其夫亦以无妄之灾慰解之，娣姒日夕守护，每经医生诊治一次，即羞忿欲死。舅姑以其已有五六月之孕，百方遮饰，妇始饮恨就医。至今经二三星期，其创尚未就痊云。

俄兵拟攻牛家屯　俄人近遣游骑，分往辽南一带，蹂躏铁路，损毁电线，得便则纵火焚掠，并暗中刺探日军举动。昨有俄马兵数百名，夜宿于营口北相距五十里之滚子泡，本拟来攻牛家屯之日本辎重。幸日人防守綦严，次晨亦即退去。

居民怨恨舌人　辽南各处，凡俄兵经过之地，非杀戮则劫掠，放火行奸乃其惯技。近在海城迤西，出没各村落中，有妇女猝不及遁者，即将锅下煤烟涂于面上，蓬头垢衣，以掩俄人之目。俄兵初入人家，见人皆污秽，挥之令去，仅留男子，供炊爨之用。孰意随俄人之通事，悉为道破。俄人初尚疑愕，该通人又叱令妇女盥洗，不从者鞭之，甚则代为浣濯。俄人见少女者，每为轮奸，时有因而毙命者。以故凡所经过之村屯，清白人家半为所污，而居民之恨通事亦次骨矣。

俄人迁怒村人　前日有俄游骑一队，暗向大石桥前进，意在侦探虚实，夜宿于左近之村中，为日谍查悉，起队往捕。俄人意为村人泄漏消息所致，遽起纵火，并称设再至时，必使靡有孑遗。村人惶恐无措，颇有迁向营口暂避者。

　　　　《中外日报》光绪三十一年二月三日（1905年3月8日）

俄军蹂躏昌图府

二月初六日北京来电云：中国政府接得增祺将军发来急电云，现在日本军占领奉天之时，为中立界之昌图府，其形势实为第二之新民屯，俄军业已蹂躏该地云云。闻中国政府之意，凡该中立地所损害者，均向俄国索赔，因其由败北之俄军首先开端，破坏该处之中立故也。译二月初八日《大阪每日新闻》。

《中外日报》光绪三十一年二月十六日（1905 年 3 月 21 日）

俄军擅拘增将军

二月初七日北京来电云：外务部接电云，昨日奉天将陷落之数刻以前，奉天俄官即所称客米萨耳者，遽率兵卒五六十名，侵入奉天将军署内，口称奉苦鲁巴金将军之命，即将增将军拘往俄军。译二月初八日《东京日日新闻》。

《中外日报》光绪三十一年二月十六日（1905 年 3 月 21 日）

记冯麟阁事

冯麟阁所统率之党羽，共有八营，其在他处遥归节制者不计。冯初成此队时无饷，奉省大吏恐其为民患，乃任其按各处田地抽捐，每亩旱田每月约纳捐银一分，余合小洋二分。于是各州县之绅董能事者，均为其邀出，四出劝办，经年余始定。东南自辽界起，迤北迤西至边门，纵长三百余里，横阔五六百里，所有居民为求一日之安，罔不乐从。冯因得此巨款，始将各处马贼之桀骜者，咸收于麾下。将军又派一候补同知为其营务处总办，又派一旗员图姓者，驻扎辽阳，名为警察队，实即冯粮饷之提调也，每月收捐以济军需。由是辽西一带数百里，稍觉安靖。虽时有胡匪出没，而冯亦时派兵剿捕，大半驱出境外。先是俄人屡与为难，死伤颇众。及近在辽河两岸与俄人冲突，日军恒有稍却之时，而冯军从未败北，且时以千余人败其数万大军。又数次以三五百人列阵，直冲入俄军，斩首或多至千余。时下冯之亲军队随冯驻扎于省城西之二面船，后队尚在新境以扼俄人之冲。孰意近日出一变故，乃日人欲将田捐攘为己省也，其缘由则自辽阳始。

《中外日报》光绪三十一年二月二十六日（1905年3月31日）

康平县狱盗被劫

时下奉天北境，如昌图府属，均为前敌要隘。居民不堪悍卒之扰，乃相率而去；黠捷者不甘流离，遂聚而为盗。行旅无拘贫富，其免于劫掠者盖鲜。故各城镇之义勇队、巡捕兵，日以捕盗为利薮。康平一县，年来狱中所禁之盗，不下数百，然皆未得确供，尚在疑似之间。其随捕随斩者，尤不知几何。日前捕得巨魁徐老虎党羽数十人，五毒备施，卒无日供。县令命姑禁之，以俟再审。未几忽有甲乙二盗魁，径投刺于县署，声称徐系守分英杰，捍御乡里，有功无过，祈即开释云云。县令不可。越三日夜半，突有盗数百辈，明火持械，涌入县署，先将狱门拆毁，排闼直入，将所有盗贼及杂犯，一概毁去刑具，相率而去，囹圄一空。而署中胥役将藏头缩颈，杜门而伏，伺贼去始出。彼时署左有捕盗营千总某，率有巡勇数十名，见贼势汹涌，未敢轻动，虽令亦惟严局中门而已。及贼斩关逸去，始查点所失。除狴犴空虚外，仓库中尚小有所失。查贼之踪迹，乃数日前已陆续入城，隐伏于幽静处，至是暴发耳。县令匿其重要之件，一面缉盗，一面详报，听候议处焉。

《中外日报》光绪三十一年七月十六日（1905年8月16日）

记东三省马贼猖獗情形

奉吉两省向为盗薮。自俄日开衅，凡马贼之大股而强悍者，咸为二国之将帅所招降，许以战后有功，必为代请于华政府，予以官爵，仍统带己之兵队。今和局已定，若辈退闲无所安插，兼之无处领饷，只得仍理旧业。于是有迫不及待者，遂率众行劫。近法库门一带已聚得数千悍党，公然要于路而捐马车，或就当地按户抽捐，违者立刃之。刻下愈聚愈多，道途为梗。不知当路诸公如何安置此辈也。

《中外日报》光绪三十一年十一月二十六日（1905 年 12 月 22 日）

奉天清丈土地

奉天三省近十余年遭兵燹者三次，素封之家再变而为窭人，而农民小康者或填沟壑，或散四方。其中桀黠者则居然为盗贼而毫无顾忌。近因库帑支绌，加税益捐之外，又欲清交地亩。查往岁所垦之官围场，纵横不下数百里，又有锦州府辽源州等属之牧养地，统计不数十万顷。当初垦之时，民间缴价领地，丈尺之间，未免轩轾，以地有隰林麓之不同，故弓有低昂。今被计臣查悉此情，因奏请清丈地亩，可得巨款。当派廷都统杰为荒务大臣，到奉派员先向各处踏勘。而饥员渴吏先诣锦府，将所有地亩不分新旧，一概重行清丈，声称三省田地皆须丈量清楚，若稍有不符，即当入官，轻则科罚云云。然自国初迄今，庐墓田园，互相兴废，转相授受，不知经几许地主。且亩数不符者，随处皆有，辽东一带有地而听其荒芜者，不知凡几，如何再有余赀缴公？故锦府方一清丈，即有贫民若干情愿将地悉数入公，不愿受无穷之累，则其中隐情，亦可见矣。近日廷都统升授热河都统，将此事交赵次帅接管，未知赵帅如何处置也。

《汇报》光绪三十二年二月六日（1906 年 2 月 28 日）

招抚马贼*

马贼渠魁冯麟阁前为日本招抚，编其羽翼为东亚义勇队。近日人弃之不顾，冯乃改其部曲曰麟字新军，然身负恶名，恒若芒刺背。因以巨赀运动当道，降心归降。赵帅初犹犹豫，近始允准，谕将冯部下现存之四营，编为新安游击队，发木质关防一颗，并饷银百六十锭。并令冯将从前私设地局，每月所收亩捐册籍，一律交官办理。又派候补县王秀岩为总理文案营务之监察员，赏冯四品衔，作为统领。派道张金波亲赴防所，点名以察真伪。为将捍边，为贼犯法，孰利孰害，未知冯能分晓其际否。

《汇报》光绪三十二年三月七日（1906 年 3 月 31 日）

奉省改良巡警

奉省巡警开办以来，流弊颇多。兹赵次帅特遴委候补道陈希贤为总办，切实整顿改良办法，并出示晓谕，略谓：奉省前时所办乡镇巡警，因乡间未尽得人，杂乱无章，徒窃巡警之名，并无巡警之实。加以督率无人，间有任各乡屯劣绅自行办理，敛费则勒索分肥，获犯则私拷贿放，百弊丛生，控案迭出，小民以有用之钱财，转召无穷之扰累。前已将私拷诈赃之劣绅访获，重惩一二，以警其余在案。查巡警为治内要政，所包甚广，本不止缉捕一端。现在盗贼横行，自当先从缉捕入手，必须特派专员，将户口地亩一一查清，编定册籍门牌。凡从前所办，合者留，不合者去，通盘筹画查明，立科系以昭一而期妥善云云。并定筹款章程，每单绳地月收银元一角，双绳照加，总合六亩月收一角之数，此外并不再取分文云。

《时报》光绪三十二年三月二十七日（1906 年 4 月 20 日）

锦州胡匪滋扰[*]

锦州电云：胡匪首韩乐子等滋扰大纸房、田官屯、大岭房、身瓦子谷、平顶山等处，屡挫官军。近又与九枝手合党，其势益张。辽阳新牧接印后，带兵往剿，亦复退败。奉天赵将军饬朱庆澜带炮队与张作霖队会剿，贼党东窜入兴京界。

《汇报》光绪三十二年五月六日（1906 年 6 月 27 日）

日人在奉征收木税激怒华商[*]

盛京电云：日前日人在奉天征收木税，华商不服。后有土人藉端纠众，于上月初六日将日人之木夺去，致成交涉。现经赵军帅秉公议结，惟日人仍需用四十万木，而给价不及半额，且又抽收木税，交涉棘手，于此可见。

《汇报》光绪三十二年五月二十七日（1906 年 7 月 18 日）

奉天岫岩抗盐税

营口岫岩城南福来社地方，因督销委员征盐税，乡民反抗，致将委员等枪毙数人。现已奉饬派队前往严拿，不知如何了结。

《汇报》光绪三十二年八月十六日（1906 年 10 月 3 日）

补录东边农民因捐激变事

据《辽东新报》安东县电云：十月二十二日北距安东县四

十里老爷岭一带地方，农民共约四五百名突揭竿而起，拟袭安东县东边道衙门。正在聚众，即由当道派员前往饬令解散，现在苦口谕抚。又，是日凤凰城一带地方，亦有一大股农民在城内外蜂拥云集，将城门紧扣。如有运柴炭等日用货物入城者，概行拦阻，并勒止车马，不任来往。城内外商民人等亦与乱民勾串通谋，暗为相助，藉众滋事。因此民心惶惶，商路为之梗塞。今闻各地农民蜂起之原因，系由日本军政署裁撤，当经中国政府简派东边道征收税项，以致农民咸抱不平，群起抗捐，因而激成此变。又，前月二十六日安东县函云：中国委员为抚谕乱民起见，带同兵勇抵老爷岭，突为乱民围住，大受凌辱，因该地绅士苦口劝解，始任逃归。九连城西，亦有乱民约三四百名，将起滋扰，即派周统领前往抚谕。又，该城北老边脚地方，亦有乱民约五六百名，正在聚伙，即由该县前往弹压。红石砬子一带地方，亦有乱民共约二千名，因关系甚大，东边道张观察躬驰镇抚。盖此次乱民欲藉众力要求裁撤税捐，并扬言苦于中国当道之压制过甚，以致积愤暴发，各地农民一齐蜂起，不期而合。并闻凤凰城一带乱民因张观察抚谕已经解散，其余各处乱民亦将于日内可望平靖。

《时报》光绪三十二年十一月十日（1906年12月25日）

奉天之重税

《每日报》云：奉天之行政不能不增经费，因而增税。其结果当振、徐两大臣至东三省时，各地之民多上减税哀告书。奉天在籍之给事中朱显廷上奏，其奏语大意谓：现在奉天征收之税目，已达五十余种。从来之岁入仅二百余万两，今已一跃而增加六百万两，是皆人民之膏血也，宜速停止之云云。

《时报》光绪三十二年十一月十五日（1906年12月30日）

满洲匪徒蜂起

本月初七日，安东县北方四十清里老爷岭地农民蜂起，有袭道台署之情形。凤凰城亦匪徒四起，其他日用杂品入城内商业，全然杜绝。官宪竭力谕示，以期解散。

《时报》光绪三十二年十一月十六日（1906 年 12 月 31 日）

奉天民变纪事

奉天凤凰城安东县民变，闻系一为巡警按亩筹饷，民不堪命，不如按家出丁不出饷之便其甚者为东边打地之事。东边山地斗峻，被水冲刷，久已硗薄，一旦重打，既须按亩出价，又须年年纳赋，民何以生活，盖山地实不能征钱粮也。加以委员因东西流水之荒，从中渔利。又因乡保之会帐、衙门官吏化销，全行摊派，压力太重。今秋庄河、岫岩因鉴于民变，或目为会匪抗捐，皆因路远不知民情之故也。

《时报》光绪三十二年十一月二十八日（1907 年 1 月 12 日）

辽阳人民聚众抗税[*]

辽阳地方课税过重，人民愤激，已集众三万余人，起而反抗。

《汇报》光绪三十三年五月十二日（1907 年 6 月 22 日）

奉天裁除苛税

吉抚朱中丞访闻各属经征牲畜税，除正税之外，尚有种种杂款，如子母税、圈儿税、绳头税，名目尚多，全归司书人等中饱，若不裁免，小民其何以堪。现饬各属将此等杂款一律禁革具报，并颁发告示多张。倘敢阳奉阴违，定行参处。

《汇报》光绪三十四年二月十六日（1908 年 3 月 18 日）

纪奉天商民罢市详情

奉天商民罢市，因加征房捐，商民屡次请求，终无效力，以致有此变象。前年赵次帅在任时，曾办房捐。其时捐轻易举，故商民无甚暴动。此次开办房捐，异常苛敛，每房一间约需捐银十数元。商民力不能堪，屡经禀请缓办，而官府竟置若罔闻。至十六日，全体商户一律罢市。即大清银行、商务书馆，及各官书局、银店、当行，以及东洋各商店，一时风起云应，闭门罢市。当时有日本兵队数千，以为奉天民变，加兵保护商务。后有巡警局总办某指定商民十一人，禀请徐菊帅就地正法，以谋叛论。幸徐菊帅未从其说，尚不致酿成大变。至十八日，各商店始开门互市云。

《时报》光绪三十四年九月二十八日（1908 年 10 月 22 日）

本溪铁路工人罢工 *

本溪县铁路工人罢工滋事，知县王大令暂行避匿，故外间误传被俘。念四日亥刻北京专电。

《时报》宣统元年七月二十五日（1909 年 9 月 9 日）

冯麟阁揭竿起事 *

（前略）营口函云：绿林之豪杰冯麟阁，曩在义州构筑山

塞，蓄精养锐，聚党六千，横行四方。日俄战役后，官军屡次往
剿，每战不克。当时奉天将军赵次帅，以为凶勇如彼，以力屈
服，不如以恩怀柔之，许为奉天前路统领，并准用所部仍旧驱驰
马前。尔来历日已久，毫无反噬。讵于上月二十八日揭扬叛旗，
将旗鼓相见，心殆有所衔也。奉天官场接耗之下，惊愕失色，饬
令左路统领叶军门星驰剿捕。嗣后消息，尚未译悉。

　　《时报》宣统元年十一月五日（1909 年 12 月 17 日）

安东乡民抢米 *

　　安属赵氏沟乡民聚众阻运粮石，其原因系近来沿海帆船，见
本埠粮价渐落，而山东价值日昂，运载前往，大有厚利可图，但
碍于禁止杂粮出口之功令，故不敢公然直运。有某帆船者，先出
金唉该处区官及某有势力者，允不禁阻，乃购该沟永成栈包米二
百余石，自为有恃无恐，将启碇矣，适为乡民所知，遂群起为
难，勒令卸岸。区官无法包庇，遂报知警局，拟出任调停，每斗
作价一元二角，扣留本地，转卖乡民。奈该船主不识时势，反不
认可。正核办间，两乡民已聚有三百余人，不问情由，哄然分
抢。区官前往弹压不住，大遭耻辱，羞愤难堪，当晚毙命。并闻
乡民此次举动，大为得意，现且将照此价格以均分该处各商店及
粮户存粮，风声甚恶，故附近存粮者，人颇自危云。

　　《时报》宣统二年四月十日（1910 年 5 月 18 日）

安东乡民按户搜粮均分 *

　　安东乡巡四区安民山傍之赵氏沟，前次贫民恃强曾均分粮
船。此风一播，附近贫民大有继起之势，谣传叠来，但未实行。
乃本月十七日，该处又据有贫民四百余人，宣言粮户存粮为官定

价目太廉，违抗官令，吾辈登门求粜，不肯出售，岂可坐为饿殍。即由今始，当按户搜查，如有积存，按户均分，注明帐目，秋成照偿，是日应一本实行云云。该乡董正等无法调停，亦并未来城呈报，未知目下情形又奚若。

《时报》宣统二年四月二十七日（1910年6月4日）

关东民食恐慌记

凤凰厅属乡巡二区龙王庙附近贫民抢粮扰乱，厅尊朱莲溪司马偕同马腾溪统领，驰往弹压各节，当十七日午后朱司马曾由该处连发二电，详禀道宪，内容极为秘密。外间传闻，该土贫民势甚汹涌，不易解散，殊可虑也。又黑龙江省民食缺乏，省垣之处四乡贫民齐赴公署喊控，周少帅立饬龙江府出示安抚，并飞饬四乡屯长查明户口，将省城旧存粮石，每屯暂拨七十石（每石二十吊官价），以济眉急。并饬广信公司电告各属分局，将从前用帖购存之粮石，速由火车或轮船克期运省，毋贻民以口实，而消弭风潮。昨抚宪亦出示晓谕，幸已安谧如常。

《时报》宣统二年五月七日（1910年6月13日）

安东乡民滋闹大户*

安东汤池子贫民聚众强分富户积粮，经司法刘巡弁前往劝捐粮户，振给贫民，始行解散。兹闻派捐各户，当日认筹银洋一千五六百元，今俱反悔，未见一钱。该贫民拟再聚众，以为挟制。又五道沟之贫民同时聚众，该处议员粮户已将自产质贷大清银行，得洋二千元，于十八日回屯散给该贫民，幸无异言，均各领去。惟该沟中区有林维翰（原倡分粮之领袖）者，见粮户如此办法，转为可欺，造言蛊惑，并令贫民不必赴领，以区区之洋，不足接济到秋为词。闻十九日曾率贫民四五十名，至粮户张某家大肆滋闹，不知其意何居。

《时报》宣统二年五月三十日（1910年7月6日）

安东贫民吃大户

安东附郭之大道沟二十八日有贫民领袖赵、李二人，煽惑贫民蜂起滋事，一时集有六十余名，悉聚于富户逢姓之门，分其积粮，势将下手。幸逢某闻信，已先避匿于本街商店。贫民见其家无主，恐乘便攫取类于积劫，故亦未敢强分。遂即盘踞其家，恣意食宿，以待其归。逢某积粮虑终不保也。

《时报》宣统二年六月十五日（1910年7月21日）

奉天人之国会热

顷接奉天函云：初二日下午有奉天人民三十余人至谘议局，要求议长定期选各界代表，进京叩阍，速开国会。议长吴景濂不在局中，副议长孙百斛、袁金铠出见，谓现已奉明谕，恐难再行要求。辽阳人金君毓绂抽刀截指，承德人李君德权持刀割左股。金君以血书"至诚感人"四字，李君大书"速开国会"四字，血渍议席尽赤，全场哗然。吴议长当将金、李二君送卫生医院疗治。至初二日午前十时，学生三千余人，整队持速开国会旗帜，跪督署前大呼请愿，声震屋瓦。吴议长及学务公所议绅戴君，继至锡督及各司道亲莅门首慰谕再三，不退。应允代奏然后退。约计初跪至退去时，凡历三小时久。此三千余人中，截去辫发者约有数百人。

又闻十一月初五日，奉天全省人民请愿即开国会，其计画者如左：（一）请愿书起草员，张仙舫主任，参拟员孙鼎臣、曾子敬。（二）总旗名曰：奉天全体人民请愿即开国会。（三）各团体旗，甲、谘议局，乙、教育会，丙、商会，丁、农会，戊、自治会。（四）各州具旗，每州县一杆。（五）悬旗，由各总团体知会辖部，是日一体门上挂旗。（六）衣冠，各界首领均靴帽衣冠，首领外听便，由各团体来谘议局时，即须执旗成列，整肃前往。（七）时间，初五日，午前十点，在谘议局聚齐，十一点成行，均步行前往。（八）举捧书人，吴君景濂。（九）按排列次序进行，不得紊乱。（十）如得督部堂承认代奏后，齐呼万岁。（十一）督部堂如不承允，不得退散。（十二）标识，列会人各带本团体小旗一支。

《时报》宣统二年十一月十四日（1910 年 12 月 15 日）

奉天同志会第五次请愿通告书

敬启者：本省前举第四次赴京请愿即开国会代表上书后，已奉上谕，未允所请，并著民政部、步军统领衙门派员送回原籍。煌煌谕旨，理合敬谨遵行。然国势日危，朝不保夕，而吾人请愿即开国会以救危亡之心，固未敢息。前请各举代表作五次请愿之准备，此其时矣。恭读上谕，深恐奸人暗中鼓动，藉词煽惑，希图扰害治安，应及早防维，认真弹压等语，原为朝廷防范奸人，维持秩序之至意。属在臣民，莫不同具此心。我等目睹家国之危亡，哀求朝廷早图救亡之策，发于忠爱，自当于组织进行之际，格外防范奸人混迹，扰害治安。我等果言行皆遵法律，一切纳乎范围之内，国家何用其弹压。务乞贵处仍照前议，速举代表，协同进行。并乞举定后，迅速见告。所有来省聚齐日期，届时酌定，再行专函奉闻。务请万众一心，同趋此酌。幸甚！至本会会员下乡宣讲，原为开通民智起见，厥功甚伟，收效必宏。惟值此四次请愿无效之后，有为诸君所应注意者：（一）对于此次所奉上谕，当敬谨委婉解释，不可稍涉不敬。须知国家杜渐防微，无非防范奸人扰乱治安之苦心。我能不越范围，自无虑或有违背之处。（一）值此紧要关头，一举一动，均宜格外审慎，免为反对者藉口，而妨碍本会之进行。（一）四次请愿无效，尚可作五次请愿。不可以为失望，发为愤激之谈，致酿生别种恶果。此宜引为大戒。（一）热心过甚之人，每于失望之余，灰心万状，尤望格外振拔，同作正气，以支危局。呜呼！千钧一发，系此河山，生死关头，非同儿戏。须知一人之得失，即本会之得失。而目的之能达与否，实系于此。诸君热心毅力，素所深信，必能广收效果，而为同志光也。奉天请愿即开国会同志会启。

《时报》宣统二年十二月四日（1911 年 1 月 4 日）

奉天庄河厅乱民暴动

东边民气强悍，以庄河为最。自光绪三十二年起至今，已第三次暴动，每次皆潘永忠为首。潘者，前督徐大臣批饬严拿就地正法之犯而漏网者也。此次因军谘府调查行军宿营表，须详查各属户口、房舍、刍粮之数。匪徒造谣，谓当抽及人口、房屋十八道捐。有隋守真者，首先倡会，藉以抵抗他种捐项，联合潘匪，招集徒党，各执枪械，逐户迫令随会，不从者毁其房屋。于是愈聚愈众，鸣枪进街，先毁自治公所，旋围庄河厅属，迫出手谕，豁免一切捐项。给谕之后，仍不解散，占据萧家泊，遣党四出，逼人入会如前，会众渐聚至三四千人。各属著名胡匪，亦闻风蚁附。十八日张管带从云巡哨至萧家泊，乱徒竟对之开放排枪，张军亦还击之。所幸乱党虽众，惟真正匪徒始有精利军械，约计共有二百余杆。十九日彼此攻击一日，互有损伤。马统领龙潭、李管带万胜亦督队会剿。复与匪战于半拉山安家沟地方，其裹胁徒手之众，沿途散逃。至义兴屯，匪众仅只五百余人。复经马、李二管带合夹攻，匪众遂星散。是役也，自十八日至二十二日，战凡四日。官军之攻乱民也，专向执持枪械之匪施其攻击。乱党中亦惟真匪为最凶悍，余皆被胁民多，一闻枪声，纷纷逃窜。乱势虽强斗而兵士奋勇不懈，匪遂不支。顷闻潘永忠已就擒，该处当可无事矣。

《时报》宣统三年八月六日（1911 年 9 月 27 日）

安东庄河乡民暴动纪闻

庄河厅复来社乡民暴动事，已迭志前报。本埠商店中和栈（系庄属葛姓所开）于二十日接其财东急电，据云乡民聚众无理要求，厅尊允将驻省杨议员及东界各乡议长等全行取消，停止清赋。乡民仍不肯罢手，挟执厅尊将议员及各议长交出，始能了事。即于是日暴动，将自治会研究所、巡警局一律捣毁。随又有人由庄河厅来云，乡民将各会所捣毁后，仍未解散，现与复州东南界联络一气，预备军火，拟与官长为难，并有某国为之后援接济军械之谣言。于是人心惶惑，谣啄四起。庄属东界各乡乡董议长等均拟先行辞职，以为全身远祸之计云。

《时报》宣统三年八月六日（1911 年 9 月 27 日）

吉　林

盗贼蔓延[*]

东三省专函云：吉林省一带地方，盗贼蔓延而起者甚多，或数百聚伙，或成千结群。林谷僻地，时或潜藏。俄人不肯认真剿捕，华官又无政权，于是盗等遍地肆横，势甚猖獗。闻已聚众七八万名之多，有将与俄人为难之意。长将军甚患之，虽经妥派干员，四处招安，奈筹饷无术。现拟据实奏明候旨办理云。录十月二十四日天津《大公报》。

《中外日报》光绪二十八年十一月二日（1902 年 12 月 1 日）

京函述中俄要事

得京友来函云：俄人在库伦起筑炮台一节，在京当轴诸公虽有所闻，而漠然不以为意，以为此特俄人在华侵略之故智耳，不知俄人实有深意存焉。据在京西人之熟悉地利者云：俄人自经营西比利亚铁路以来，精神专注，顾及毫无。近恐中国行围魏救赵之策，于该处练成劲旅，以为重镇，则嗣后俄人当不无忌惮，故为先发制人之计，则嗣后可横行无忌云云。未知我政府诸公亦曾梦见及之否。

此次俄人强占奉省，其事肇于东边道袁星南观察。先是其地曾有马贼劫掠，前数日袁遣兵剿之，杀伤数人。俄人向袁诘问，谓袁兵所杀伤者非马贼，乃其营弁。袁不服，急执手枪出迎，经众统领劝解再四乃已。俄人遂乘此机会占据奉省，逐增将军于城外，并获袁营统领二名，此即酿事之原因也。至十二日俄使照会外务部，要索三款，一将东边道革职治罪，二杀袁营统领二名，三奉省将军署中须设俄人一名，作为监督。袁宫保前日入京即议此事。至外务部作何对付，目下尚不得知。

袁宫保此次晋京，入内之时，只同张香帅、瞿、鹿两军机三人相伴，庆邸、王相皆托故请假。太后见此四人痛哭流涕，力诋俄人之强横。瞿、鹿二军机噤不发一语，张香帅偶出一二慰藉之语，袁宫保尚安慰数语，谓太后请稍宽心，俟臣等商议对付之法云。

又得京友函云，各国以俄人占据东三省，咸有戒心，拟商议在中国各行省各设一总督，以步武俄人云。以上访稿。

《中外日报》光绪二十九年九月三十日（1903 年 11 月 18 日）

俄兵肆虐珲春[*]

珲春来函云：珲城地处极东，距俄境仅三十里，距韩境只十华里。城外有地名沙草峰者为中俄韩三国交界之处，犬牙交错，最关紧要。俄人呼之为土门江，现今俄人之不能直达韩境者，实赖此地之存焉。此处久为俄人所垂涎，幸昔年我分界大臣吴清卿、依尧山两公，与俄使力争，几至舌敝唇焦，俄人始知难而退。复经吴、依二公会同俄使于长岭子地方，建一铜柱为界，冀垂久远，又于乌苏里一带树立界石，以免纷争。讵自庚子乱后，长岭子所建铜柱，竟为俄人私自撤去，而乌苏里以南之界石，亦均归乌有，华官慑于俄人之威，亦不敢过问焉。有心人过此，莫不感慨系之。

　　黑顶子一地，前已为俄人占去，亦经吴清帅等向俄力争，始得复为我有。自庚子乱后，该处治理之权，已尽归俄人掌握，华官亦无如之何。每有二毛子（即中国之奸民）由韩境咸境北道贩牛至俄境，借图厚利，道经黑顶子，一遇华官抽税，若辈即赴岩杵河地方，捏故控诉于俄官廓米萨尔。该俄员不加深察，每为之左袒，时向华官诘责，种种非礼，言之令人发指。

　　珲城内及东西两炮台，现均为俄兵所占。每处约驻俄兵五百名左右，半系新集穷民，于施放枪炮之法，多所未谙，惟二三月后即拔队他去，另易以他处调来之兵，人谓其系虚张声势，究不知其命意之所在。

　　距珲城二百里之遥，有地名温贵海者，系韩国紧要海口。俄日二国，久欲向韩政府索为通商口岸，韩政府虽拒之甚坚，而近来日本兵商各轮，时在该处游泊。而驻珲之俄官，一经有人通报，即遣人前往该处侦探焉。

　　南冈一地，处珲城之西，现在新设延吉厅，使理民事。该处现驻俄兵四百余，各俄兵均驻扎于我靖边营故址，其情形与珲城所驻俄兵颇相仿佛。前月我吉安三营统领凌维琪参戎拟于该营附近起造营房，因恐为俄人所阻，先询诸俄官云：俄兵能否如约撤退？俄员答称：俄兵即能全行退出吉林，而南冈所驻俄兵，亦必不撤，将以防日本而护韩民也，贵营务须遵守约束，不得在俄兵驻扎界内驻扎华兵等语。致此事遂成画饼。

　　俄兵驻扎南冈者，每喜节外生枝，干预地方公事。盖南冈有一教堂，内有于甫占者，素行不法，往往颠倒是非，借以渔利，地方无赖如以拖欠官款，或鱼肉善良，不遂其欲，即行贿于于，于即认该无赖为教民，捏故赴诉俄官。俄官亦深信不疑，即以华官侮辱教民为词，率队直入衙署，与地方官为难，硬语抗衡，强词夺理，华官每忍气吞声而罢。幸驻吉主教蓝路福君，宅心公正，尚不至为于某所愚，否则无理之交涉，必更层出矣。

据吉省矿局中人云：东三省将军自与俄员订立矿务专条后，凡中国从前已开之旧矿可由中国自行集股续办，俄人不为遥制。惟俄人声言，各旧矿各国均可与中国合办，独不准日本人入股。

俄兵之在吉林、黑龙江两省，似较在奉省俄兵为驯谨，惟见妇女之稍有姿首省，则探胸摸乳，令人发指。故该处妇女一见俄兵遥遥而来，即飞奔匿去，以避其锋。

俄营禁酒极严，而亦有阳奉阴违者，每向酒家私自沽饮，更有不名一钱，饮毕扬长而去者，商民亦无如之何。

迩来俄兵操演颇勤，惟出队时，华民须避道以行，否则枪搠足踢，无所不至焉。

南籍官商之在吉者，日来以奉事日棘，都有托故南旋者。日来吉省俄兵纷纷更调，络绎于途，而军火军实之类，亦输运不绝。

俄官之在东省，凡购买民间食物，必定一极贱之价，作为官价，迫令地方有司硬勒民间，使之不得不从，故吉省商民莫不怨声载道。以上访稿。

《中外日报》光绪二十九年十月十九日 （1903 年 12 月 7 日）

法教士怀德被戕[*]

盛京将军增祺有电到京云：怀德大青山法教士顾天性被匪戕害一案，已派道员章樾赴营商办。适法主教苏斐理来省面商，其意不在恤款，欲将该县文武官参革，否则照湖北办理。查此案系由胡匪所伤，该教士自赴该教民家拦劝所致，与众民仇教不同，请与法使磋商，庶使知县荣善、总巡王兆桐得免参革云云。

《中外日报》光绪三十一年一月十三日 （1905 年 2 月 16 日）

吉林将军报告俄兵虐待华民

二月二十日日本馆北京云：吉林中国将军已告知北京政府谓，吉林省有俄兵甚多，虐待村民，故请外部将此事转致俄使，饬令俄兵不可再有此举。译二月念二日《上海泰晤士报》。

《中外日报》光绪三十一年二月二十三日（1905 年 3 月 28 日）

俄军扰害吉林省城

三月二十五日北京来电云：吉林将军电告外务部云，由黑龙江前来之大队俄军，现已闯入吉林府，强行占据将军都统各衙署，电局亦被强夺，城内人民大为惊惶。俄兵又滥伐森林，以之造筑堡垒，其举动凶横已极。请切实向俄国诘问，并商定办法为要。外务部乃于昨日遣联芳诣俄国公使署，从严诘问。译二月念七日《大阪每日新闻》。

《中外日报》光绪三十一年三月三日（1905 年 4 月 7 日）

吉林筹饷章程最近调查

吉林省现已援照奉天办法颁发各项税则，兹特摘录如下：一、驮子每头三十文，爬犁照车价。一、牲畜税每匹一吊，税钱三成六，每头票钱一百八十文。一、猪一口税一百文，票钱一百四十文。一、羊一口税六十文，票钱一百四十文。一、黄烟百斤税银三钱。一、烧酒百斤税钱二百七十文。一、盐百斤税钱五百文。一、煤卖钱一吊，税钱一百五十文。一、缸卖钱一吊，税钱一百五十文。一、木植票费每百杆税钱八吊。一、木卖钱一吊，税钱一百文。一、牛皮打印每张一百二十文，零皮打印每张二百文。一、土药每钱一吊税钱三十九文。一、洋药每两税银五分三厘七毛五丝。一、洋药熟膏每两税银一钱零七厘七毛。一、土药每两税银二分三厘七毛五丝。一、土药熟膏每两税银四分七厘五毛。一、皮张山货每价钱一吊税银一分。一、烧酒店每年终按所得红利照九厘纳一次。一、烧锅税课每筒一年四百两。一、酒税每筒每年税钱三百三十吊。一、酒每筒共交斗税钱二百吊。一、斗税粗粮一成，细粮三成，每斗抽经费二文。一、烟灯每一盏月捐五十文。一、茶园每卖钱一吊捐钱五十文。一、彩票按所得红利以三成充捐。又有七四厘捐者，按卖钱一吊抽一分一（即制钱五文半）。又有九厘捐者，按卖钱一吊抽九厘（即四文半）。每年共收银约百四五十万两。

《时报》光绪三十二年五月四日（1906年6月25日）

长白山匪党编成大军

吉林省巨匪有刘芳台、永平、双得胜三人，其徒二三千名。刘芳台据宁古塔附近之山寨，永平据小长白山，双匪亦相距不远。此次张军门在宁古塔失败，各匪目闻风蜂起。刘、永、双三匪各率其党羽，编合成一大匪军，据于小长白山，抗拒官军，势甚猖獗。又有某国虚无党员数名，为之接济军火。是以官军攻剿，颇为棘手。似此情形，遽难肃清矣。

《时报》光绪三十三年七月二十八日（1907年9月5日）

吉林革除商界陋规

吉林商务会为体恤商艰起见，将省垣商界按年所出之陋规，禀明督抚两帅，准予概免。倘有商家不能恪守，仍行付给者，查出重罚不贷。顷调查各商每年所出陋规，计吉林府属大小铺户，

每年所出陋规钱有十一万七千余吊之多。今概予蠲除，商民莫不
欢声载道。其陋规名目共有四十样：各庙之庙会乡钱、地打食
钱、大房告示钱、经历查店饭钱、经历告示钱、督捕司钱、乞丐
打食乞丐头工钱、乡约送谕钱、乡地销谕钱、经历祝寿钱、宪书
钱、倒毙钱（即无名路倒）、街道厅打食银（即飞帖打纲）、车
头打食钱、送春牛钱、西府大厨房钱、各府厨役节礼钱、大房节
礼钱、各府门房节礼钱、四班节礼钱、官厅堆柴草钱、山海税年
红钱（即年对纸钱）、土捐税年红钱、牲畜税年红钱、西府看堂
钱、各府红毡钱、各府站堂钱、催常税钱、乡地祝寿钱、西府门
房钱、装抱鹿车钱、四班护当钱（即年节代护守）、督捕司护堂
钱、街道厅护当钱、经历津贴钱、经历送茶叶钱、各府厨役送茶
叶钱、西府堂上送茶叶钱。

《汇报》光绪三十四年六月六日（1908年7月4日）

长春兵变骇闻

长春府属北恒裕乡地方小双城堡，曾由当地编练巡警队。讵
于七月十九日，兵官百余名忽然暴变，闻将双城堡街各商家抢掠
一空，并击毙某某人命，又将本营管官掳去。闻此次哗溃，为首
者系本营中哨队官李得胜，庚子以前为北边著名匪首，经某某说
降。去岁民政部颁发上谕，乡练改为巡警，饷糈就地自筹。该队
饷糈异常竭蹶，各兵屡次闹饷，久谋叛乱。履霜坚冰，由来也
渐，当局者何不早为防维耶。

《汇报》光绪三十四年八月十七日（1908年9月12日）

宁古塔罢市记

塔城广成公私出钱帖，并未咨部立案。现当清理财政，划一币

制之际，部定新章，凡私帖一概收禁，该号所出之帖，约有二百余万吊之多。嗣因民间持帖取钱，该号空虚不能付现，遂于上月二十日被挤倒闭，由官家量其资本，酬匀照付，并派巡防兵队梭巡弹压。乃二十五日忽接该处绅民急电。兹将往来各电，采录于左。

吉林公署大帅陈鉴：匪众将耶稣堂磔坏，烧毁火磨，无人保护，请饬统领带兵急来塔城。传教士孙急电。

吉林公署谘议局鉴：塔商全市关闭三日，以拒广成公之帖。今日午刻塔街无数贫民，因衣食起买不出，商会会长遍传不使广成公帖所致，先将商会教堂磔坏，次毁火磨。该号枪伤民命，不知确数。人心惶恐，势甚危急。特先设食场，通滞货场，以抚百姓，余仰候示策安抚。庆电。

塔商会长耶教孙燕青，率商关闭，挟官晓谕，使尽使官帖。而庆号二百余万市帖，滞在百姓之手，又不开付，以致今日午刻全市抢掠，先将该会长生意抢出，商户复行关闭，请急饬办理，以安全境。塔城被选议员张春霖电。

哈尔滨海参威一事沿途探呈大帅钧鉴：宁古塔广成公所出执帖，为数过多，无款付现，以致民情汹汹，激成罢市举动。迭据该处官商民等来电，纷纷告急。已饬该处官钱分号先后借给官帖四十万吊，以邮〔应〕付零购粮之用。顷接庆都护及该处绅民来电，复又暴动，竟将商会教堂火磨毁坏，并有枪伤民命情事。现在人心危急，势甚汹汹，显系该厅办理不善。现由公署商委张守火速往查办，帅节过宁，亦请设法维持。应否先将李丞撤任，仍候安缉就绪再令交卸，统候宪裁。公署电。

《时报》宣统元年十月六日（1909 年 11 月 18 日）

宁古塔城钱庄挤兑风潮 *

（前略）宁古塔城向日开有广成公钱店，其资本不过百万串之谱，乃出票据至四百数十万串，九月下旬因持票取钱者过多，一时周转不及，致尔倒闭。该处地方官又复办理不善，始而闭市，继而击毁商会，焚毁磨坊，拆毁教堂，乃由该处官钱号借给官帖五十万串，限续将广成公零票兑换，风潮乃稍平息。然如拆毁教堂，击毁商会，以及焚毁磨坊等案，尚不知如何了结也。

《时报》宣统元年十月十日　（1909 年 11 月 22 日）

珲春抗税罢市 *

（东三省近信）

珲春地方，因新设关所有米粮及土货到境，概须完一出口税，且未有投税足章，致于正月二十五日酿成全境罢市之风潮。

《时报》宣统三年二月初七日　（1910 年 3 月 17 日）

黑龙江

江省农人捣毁盐局[*]

江省大赉厅官盐分局某委员办理官销，凭假官势，遇事招摇，且纵令巡役下乡搜查私盐，滋诈骚扰，分肥入己，该巡役等甚至有奸淫之事。厅境民人不堪其苦，近有农人李锡功、蒋希财者，因民之忿，号召三四百人，日前突赴盐局寻殴，某委员惶遽间逾墙得免。当将房屋器皿全行捣毁，官盐抛弃满途。厅尊闻耗，百般劝导，始行解散。立时电达江抚，昨已札委官盐局委员高石渠大令前往查办。

《时报》宣统二年五月三十日（1910年7月6日）

《东陲公报》被封记

哈尔滨之《东陲公报》于二月十二日晚十二钟，由吉林交涉使兼署西北路道郭宗熙饬警局谕令停刊。当由总主笔周浩讯问获罪之由，据称系俄人要求所致。是夜即派警兵多名，将馆内外把守。至十三日白昼，手犹持枪，如对待就擒之胡匪，不许编辑房之人出门，有误犯者以枪指其身。此封禁报馆未有之怪象也。郭宗熙禁封《东陲公报》，传谕者系傅家甸巡警二区区官王武功。至十三日，全馆之人因不能出外购买柴米以御饥寒，由周君用电话问锢闭之理由。王当赴防疫局见郭宗熙（郭是日适在防疫局，平日畏疫症传染，住在俄租界）请示办法。郭曰：俄人现在痛恨若辈，欲得其肉而食之。倘令若辈外出，俄人闻之，必与政府交涉。且我之出此，原以俄人将电报拟好，立欲向北京发去，幸我得信尚早，故先行下手。今稍姑息，则前功尽弃。不得俄人之欢心，则未来之事，盖难言矣。宁可使国民埋冤，不可令外人生气。汝可饬巡警戒严，晚间尚须回租界与俄人会议对待若辈之法。王奉谕后，即赴馆转告周君少安毋躁。周君答曰：吾辈或打或杀，郭宗熙何不自行主持，乃欲听命于俄人？凡有血气者闻之，俱必羞死。王默默而退，不知若何回复郭宗熙。

俄人在北满之势力，以哈尔滨为集中点。官府昏昏，国民昧昧。俄人种种之阴谋毒计及违背公法之蛮行，从无人道破。自《东陲公报》去年九月出版，抱定对外宗旨，记事立言，俱能搔着痒处。于是俄人畏之如虎，其国首相屡次发电东清铁路总办，问《东陲公报》探有俄人秘密消息否。彼国阿穆尔边防军派人赴蒙古招选蒙兵，以作夺取蒙古之前导，取道哈尔滨，直向呼伦贝尔而趋，忽被《东陲公报》揭登，立将所派之人撤回。然此犹事之隐而弗彰者也。去年疫祸传至哈尔滨，俄人几将中国在傅家甸防检之权攫去。《东陲公报》拒绝之词，纸为之满，激动官民之心不可退让，俄人始行作罢，惟其心终未甘。租界内又《远东报》者，为俄人行使强权之机关，由东清铁路公司年掷数万金以维持之，其主笔浙江钱塘人连□□（名□□，襄在上海办理《南方报》事，阿附奸人，为公论不容，遁至哈尔滨）。俄人遂嗾令日作诋毁《东陲公报》之词。无如理不能直，《东陲公报》驳之辄败北。延至腊月，乘《东陲公报》在年节休刊之际，连□□忽大发谬论，谓主权轻而疫祸重，尽可与外人合办防检之事。今正《东陲公报》续刊，复加痛斥，并将连之历史和盘托出。连遂日求外国主人翁，要求郭宗熙从而干涉。《东陲公报》编辑人员不受，全体告退。郭宗熙阴喜其省事，□□报既无人办，而媚外之道尽矣，无如议事曾及，董事曾群起挽留编辑人员，记事立言之宗旨，仍不稍改。且撰有《讨远东贼奴檄文》一篇，甫及三日，而封禁遂实行矣。

（续昨稿）前任西北路道于驷兴尚有硬性。当俄人要求防检傅家甸疫祸，《东陲公报》拒绝之。东清铁路公司及驻哈俄国领事前后计有照会七道，要求干涉，于驷兴俱以言论自由驳复之。后又电由驻京俄使向外务部交涉，外务部发电申斥，于驷兴仍力为保全。未几竟被撤任，原因实在于斯。郭宗熙即继于驷兴之后，彼先任延吉边道，以媚日得升交涉使，将吴禄贞（前吉林边务督办）所苦心经营者，尽拱手让之日人。今在哈尔滨仍袭延吉之故智，故俄人恨《东陲公报》，彼不得不立为封禁。惟郭宗熙初亦惧众情不服，曾迷传《东陲公报》经理人姚岫云，问对待绅商之法。姚岫云告以小民易虐，无敢显与大人为难者，于是郭宗熙之意始决。

姚岫云者，本声名恶劣之小人。曩在租界商会办事，吞款及万，被会中驱逐□追，不得已向《远东报》运动俄人，留之馆中，编辑新闻，得此逋逃，数所吞之款，竟未追出。及商会总理换人，俄人遂辞退之，因其不胜编辑之任也。嗣居傅家甸，逢迎前任滨江厅何厚琦。其间亦有商会，而会中之人皆忠厚有余，何厚琦硬派为坐办。及《东陲公报》开办，遂夺得经理之席，租界商会则游少博为经理。《东陲公报》本属商办性质，租界股本较傅家甸为多，由两边商议定以姚岫云发行报纸，而游少博则专司财政。乃出版无几，姚岫云置报纸于不问，惟将财政权尽行攘去，侵蚀不可以数计，从未与人算帐。馆内手民工资，馆外访员薪水，亦陆续拖欠。编辑人员颇非之，于是遂生意见。近复充边防局庶务委员，四十余万用款俱经其手，侵蚀之事，尤属人言啧啧。恐郭宗熙之清查也，力谋讨好。故封禁《东陲公报》与之言及，百依百随，并藉以酬报从前俄人庇护之恩。当事未发表时，俄人曾命连梦清赴姚岫云处探信，姚岫云告之曰：谐矣。议事会及董事会得此恶消息，咸向姚岫云力争，姚岫云不听。众商家婉讽之，亦逆其意而不从，返亲至警局促之速行，否则为时已晚。《东陲公报》尚须多延半夜生命也。此为封禁前后之事，编辑人员究竟治以何罪，现尚难测，容缓续布。

《时报》宣统三年二月二十一、二十二日（1911 年 3 月 21、22 日）

山　西

山西耶稣教宣道会结案情形补述

　　宣道会向在大同府属之大同、阳高、天镇等县及口外归化各厅。庚子拳乱以后，迄无教士到晋。沈仲礼观察托教士转至美公使并照会驻津美领事派牧师到晋议结。旋奉外务部电知，派定大沽口驳船总办张森君将来，后又奉电谓张森君现不传教，不允前来，改易伍约翰牧师夫妇，并编译官雅各君三人将来等语。洋务局当派钱清泉大令到保定迎护到晋，寓西宾馆，官场往来，酬酢礼貌极周。伍君向在津、沪经理教中银钱等事，不通华语，惟译人之言是听。因教士被害三十二人之多，索官场惩办附和拳匪官民。经沈观察告以归化同知郭之枢、宁远通判沈荣、右玉县知县郭肇金、阳高县知县孙符泰等均已革职，或遣戍托克托城，朔平府、归化厅、阳高县等处共诛拳匪十一名，情真罪当，无可再加惩办等语。伍始释然。所开毁失教堂、房物、教士衣服、存款等项极巨。又经再三磋磨，告以自立内地等会均好让不争，为晋轻累，减折赔偿，或竟不索赔偿。伍牧师情谊真挚，允照美国公理会办法，实减三分之二，计津新行平银五万二千一百五十八两，将该会教堂口外各厅及大同、阳高等十一处房物作为一概了结，洋教士三十三人人命亦不议恤。当由伍君夫人缮写英文合同，与沈观察签字，盖洋务局官防为凭。至口内阳高等处教民赔款，伍君未到晋时，教民嗷嗷待哺，迫不及待，由沈观察派浸礼会贡生高大龄前往查估议赔，口外各处尚未议及之处，与伍君商议，归高一手办理。伍君等即往归化，由洋务局派员护送，并赠狐裘，置备暖轿，因该处地极寒苦也。闻伍君至各处查勘一周后，即赴直隶宣化府，不再到晋云。

《中外日报》光绪二十八年二月五日（1902 年 3 月 14 日）

山西耶稣公理会文牧师致洋务局函

沈道台鉴：美国公理会被拳匪毁失房物及被害教士命案，本应向晋省索赔。因感激晋省办理教案周妥，如罚拳匪绅士太谷县东门外壮丽花园一处作为坟墓，并立契据，交敝会收执，立碑以志记念；又承发银二千两修理敝会暂行居住之屋。以上办理诸事，使敝教士十分感激。故另设一法，所有在汾州府城及太谷县被杀西教士十五人，及本会被毁教堂、住屋，各教士衣物、行李，教堂动用器具，医院内药料器具等项，均向美国在北京所定大赔款内拨付，不再向山西议赔，以为晋省轻累，所以报答高原之情也。

《中外日报》光绪二十八年二月五日（1902 年 3 月 14 日）

太原天主教教案尚未议结[*]

太原府天主教一案现尚未结。近日路安府主教来省与抚台议结此事。因此间意大利教会之各教士均属年轻，未曾阅历，与抚台久议不决。其最为者，系夺令德堂一事。此间沈仲礼观察曾对总主教云：所有山西之读书人，咸谓耶稣教士和平，而言天主教士之不合，以天主教士夺其令德堂，故心颇不甘也。现经总主教允将令德堂交还。但交还之后，中国官须以极优礼貌将前年被戮各教士殡葬，并须抚台亲自送殡。沈观察答以殡葬天主教士，与从前殡葬耶稣教士一体办理则可，吾当亲自送之；若欲抚台亲送，则断乎不能。该总主教谓天主教之位分比耶稣教略高一筹，所以须抚台亲送。沈观察谓无论天主、耶稣各教教士，吾均以朋友视之，不分其地位之高低。该总主教则以抚台不肯亲送，决不肯将令德堂交还。而沈观察则谓如欲久占令德堂，请占之可也。现在吾另有一事奉告，吾现在若饬令中国官兵将君等尽行束缚逐出山西境地，均无不能，以各教士均无护照故也。法国天主教士则谓，吾等均有法政府护照，何得云无。沈观察言，因神父巴纳巴斯与法国驻华公使意见不合，故已将所出之护照于去年西六月间作废。该天主教士等见事如此，拟求意大利公使出护照保护教堂，意公使未允，是以自前八月以来，太原府天主教无人保护，而沈观察仍准其在太原府耽搁者，由于度量宽大也。沈观察告以自此以后，不愿再谈，以各教士无护照，即无权与吾言教案；吾之所以与言者，因念朋友交情也。天主教士又谓，如令德堂交还中国，则耶稣教士不准入内。揣所以如此作为者，欲阻止耶稣教士李提摩太君举办大学堂之事也。惟沈观察立心颇坚，决不从天主教士之请耳。以上译二月十九日《字林西报》。

《中外日报》光绪二十八年二月二十日（1902年3月29日）

函述教士遇匪详情

山西洋务局总办沈敦和观察于六月六号来函云：闻有教士若干人在山西边界遇贼。据予所闻乃西教士一人、西妇两人、西孩三人于五月二十七号行至正定车站，其时由山西巡捕查得该教士欲往山西，故向言即当设法令捕保护。因即至捕房叫唤，惟以捕房距该处有三英里之远，比至车站，教士业已他往。旋闻该教士以往获鹿，须行六十里程途，深恐为时过晚，故已先行。巡捕因即由大道追送，只以教士所行为小路，故亦无从寻觅。后经探得，教士至获鹿时相隔三里左右，即为贼匪所劫。除教士受伤外，妇稚等亦受惊不浅。故省中各官闻此消息，深为不安。查该教士被攻处，非属山西管辖，故游客亦不归山西巡捕保护。以后凡有洋人欲至山西游历，须预为通知，何日起程及行何路，以便派捕保护。随身最妙只带庄票，不带现银，尤为稳妥。请将此信登报，不胜感激。沈敦和启。译正月十八日《文汇西报》。

《中外日报》光绪二十八年五月十九日（1902 年 6 月 24 日）

前任晋抚岑奏结口外教案片

再，臣前因法使派参赞端贵前赴归化查商教案，当经奏派前署山西冀宁道沈敦和赴京，抱定合同，禀承外务部与法使磋商口外教案善后事宜在案。嗣接据沈敦和电称，法使以口外教民被灾过重，主教方济众等控诉不休，再四商酌，拟加给恤款，以期迅结教案。臣当以合同数目早订，且并将七厅地名一一声叙清晰，此时本无加给款项之理。惟念口外各厅教民甚多，同系朝廷赤子，若不量加抚恤，俾得乐业安居，转恐控争无已，民教益难相安。复经电饬酌议数目，不得过多。旋又据电称，与法使议明，由议公使在大赔款内拨给方济众银二十二万五千两，由晋再给二十二万五千两，所有晋省口外拳案一概真实作结，不得再提。该主教前借之款，仍应扣抵。其萨拉齐主教闵玉清即以前结二十万赔款了结，不再翻异等语。臣复电令磋商。又据归绥道禀，以端贵、方济众在归化要索之数，较京议尚加一倍，颇难理喻等情。臣即致法使电，力言合同早订，理无翻异，并力言晋民财力之绌，教士愿欲之奢，请其速结。旋准电复，已调端贵、方济众赴直隶张家口，与沈敦和会议，和平商结。臣以各省议结教案，亦多有与主教商办者，该使既调端贵等赴张家口会议，是其欲速图清结可知。因电饬沈敦和转赴张家口与议，如能照法使所拟数目减少更善，否亦不得有所溢加，免重晋累。臣维法使此次拟加数目，骤闻之虽有四十五万之多，其实由大赔款拨贴者，本出自该公使就款腾挪，与晋无涉。由晋府者，既准拟抵，则该主教前借之款已有十数万，算结之后，实应付者亦不过数万而已。惟臣自调任以来，查议教案为日较久，虽经订立合同，议有赔数。省南荷会、省北议会、天主教案及全省耶稣教案，亦悉完结，业经奏明在案。而口外此会赔款，终以教士多所哓舌致卸任而莫竟全功，此臣拊衷循省而引咎不遑者也。所有筹拟口外教案再加善后恤款缘由，谨附片具奏，伏乞圣鉴训示。谨奏。

《中外日报》光绪二十八年八月十三日（1902 年 9 月 14 日）

纪法使重索山西教案赔款原委

山西归化城教案，自岑云帅派沈仲礼观察入京与法使议办，时法使鲍渥尚未去任，不过三四十万两便可了结。缘此案虽系鲍使任法国全权大臣时，查实山西全省教案单内漏未载入之地然。彼时山西全省教案议结合同已由法使签字，则凡属山西境内教案均纳入所赔款内，全行了结。单既由法使查开，合同又系法国全权使臣签字，则错不在中国。故归化主教因该处教民偏枯不得赔款，纵令教民自向平民寻事索偿，无所不至。该处地方官无法弹压，禀报山西大吏，电致政府，诘问法使。法使始知误认法国地图，以为归化等处属在蒙古，以致铸成此错也。时法主教又禀控法国政府，谓鲍使有误。法国政府知照鲍使，令向中国申明彼此误会，另行议办。鲍使为议和全权原人，正在作难，适沈观察到京。当时外务部司员以山西派员来京议结教案，似有意形容部员外交手段欠缺，因怂恿堂官电致山西大吏，暗掣沈观察之肘。而法国亦因将鲍使调往安南，以外交手段猛烈之吕班君调至中国，案遂拖延至今。吕使到华，外务部与之开议。吕使索赔百万两，署山西巡抚不肯承认。适丁中丞到京，吕使谓丁君不承认此款议结此案，不准赴任。朝廷乃命接任全权大臣王菽夔相与法使磋商。王相力排外务部司员之议，仍派沈观察与议，而丁中丞为之证款，日昨始以六十五万两议结，订立合同。闻此六十五万两中，除出中国曾发赈济归化教民之款二十万两外，山西实只赔出四十五万两。而此一转折间，山西劫余之民，又不知出几许膏血矣。

《中外日报》光绪二十八年十一月二十五日（1902 年 12 月 24 日）

山西耶稣教赔款结清 *

庚子之乱，山西惟蒲州府解州二属未酿教案。其时吴赞帅在河东道任内，力扼拳氛，保送各国男女教士小孩等出境者三十余人。近教案议结，各该教士陆续来晋，所有昔年封锁房屋、储库物件已一律发还。教士歌颂不置。

洋务局近派沈蓉青刺，解口外七厅天主教第一次赔款二十万金赴归化，其全省耶稣教赔款均已付清。

天主耶稣教立碑后，碑亭于日内一律竣工。洋务局提调朱静波直刺现与天主教士议改葬庚子被难之主教、教士及妇女小孩等。

《中外日报》光绪二十九年四月一日（1903 年 4 月 27 日）

太原张抚台为筑路事来电

京张香帅鉴：急。约密。静删到任，茫无头绪，拟先考求练兵、兴学二事。接慰帅咨，与盛侍郎三衔会委贾景仁办铁路。查贾前办商务、路矿，贪横异常，屡被参劾，晋人至今怨恨。此间风气未开，现闻即将筑路，民情已多惶惑，若再委平素怨恨之人，恐于勘路购地等事有碍。此札固由盛主稿，然该管督抚既应与闻，即不敢随同画诺。现拟电商袁、盛两处，请其改派妥员，惟工程司已将入晋，能否应允，或盛委贾后路，能否不致暗中发坏，均难意料。究应如何办理，实属为难。伏乞核酌示复遵办为祷。再，现派候补道志森，率二三能事委员办购地、会勘等事，并闻。时局日棘，长者出入，关系大局，若廷议留内，切勿过存谦挹是祷。静。号。（癸卯六月二十日亥刻发，二十一日午刻到）

《中外日报》光绪二十九年六月二十日（1903 年 8 月 12 日）

山西南路会匪酿乱缘起

南路会匪始于光绪初年，由湘楚军营转相传习，蔓延山、陕等处。初尚伏匿，近三五年愈聚愈众，气焰亦愈甚，其中刁健之徒结党横行，恃强欺弱，各处命盗重案，多出若辈，然若辈并无大志，不过藉此欺压乡愚，猎取衣食。会党虽众，不法之人固多，而安分者亦复不少，并非真欲为乱也。亦有良民被胁，乡村富户图保安宁，挂名会籍，每年捐资保险，否则盗劫讹诈，防不胜防，虽乡绅巨室亦多不免。盖自军兴以来，江湖哥老名目已成习惯，其来也以渐，其盛也亦以渐，固非可以一朝夕尽绝根株也。地方官于此，止当问其匪不匪，不当问其会不会，尤不当不问首从，不分良莠，而一概诛夷如今日也。

本年六月初，猗氏县忽首选拿办会匪，各属雷轰电击，四处搜捉，二十日遂有绛县劫狱抢库之事。二十一日，又有平陆茅津渡续备军兵变，勾结会匪千余人，先杀哨官，后抢铺户之事。尤可诧者，该匪冒称盐勇，排队掌号，渡河南走，竟无一兵一弁为之堵截。如此办法，欲不谓之卤莽灭裂，不可得也。

猗氏县既拿办于前，各属继之于后。前后擒斩二十余人，立毙杖下者又数十人，其余管押羁禁不计其数。然真正著名巨匪，早已闻风远遁，其被获者只有两三名小头目外，余竟胁从，且有并不在会亦被罗织者。传闻有某处教馆蒙师，偶为会党写过信件一次，因而被戮。又有某处铺掌仇扳到官，略诘名姓，推出正法。其余并无票布并未为匪及平素安分之人，亦罹斯劫者，无处不有。如此办法，欲不谓之草菅人命，不可得也。

现在省内发来常备马步各二旗，炮队一队，分扎蒲、解等处，然先机已失，补牢已迟。闻茅津一股，业已渡河，而南绛县一股匪首童道士，即童志修，啸聚千余人，屯集南山一带。而安邑、猗氏、平陆、解州至今城门不开，谣言四起，各牧令拥兵自卫，至不敢出衙署一步。呜呼！谁实为之，孰令致之。按此事河东道吴书年观察实尸其咎。

按向来剿除叛逆，必先有倡乱之人，必有某逆之据，然后从而惩之，所以杜官吏之冤诬也。今之倡乱者何人乎？逆据何在？徒曰会耳。会耳，则蒲、解等处无人不会，何不尽人而杀之，而独杀此数人。或曰此会首也，然吾见真正会首，早已远飏，而所杀者固无一会首也，此又何故也。或又谓命盗重案，半出若辈。夫命盗重案，自有命盗重案之法律在，如果确系真犯，尽可就案论案，据律科断，未尝不可蔽辜，何必舍正案不问，而别寻案外之事以塞责。况所谓命盗重案者，是否即此数人，即质诸彼，自称能吏者，恐亦未必果有把握也。呜呼！

晋省兵力虽单，然殄灭土匪，固自易易。常备军五旗到后，吾知会匪必解散，文武各官必可得保案，岂不甚善。虽然假会匪易办，真会匪不易办，已起之会匪易办，未起之会匪不易办。吾闻常、续备各军入会者居其大半，吾惧此后晋省之忧正未艾也。

《中外日报》光绪三十一年八月九日（1905年9月7日）

匪　踪

山西涉县属西水寺，前有外来匪徒盘踞该寺，经官押逐未走。近据该处来函云，月前该匪头令人往涉县城卖白物，经巡警兵察出，立将卖银之人拖送县署。经官讯责，据供老师来自陕西，散布黄纸龙票，专与洋教为难。寺内日中只有五六人，夜则羽党齐集约三百余人，在寺焚香念咒，求神助成灭教之功。龙泉寺亦有匪徒数十人，每夜有数匪策马来往，以相通信等情。县官遣兵十名至该寺拿获匪首，堂讯一次，即押解彰德府讯办，不知该省当道如何办理。

《汇报》光绪三十二年四月二十三日（1906年5月16日）

泽州匪票

昨有友人在山西泽州高平县某处拾得一红纸匪票，上有两印，抄寄本馆，其票文如下：大清宋江六年，立带票人某，山西泽州府高平县西北乡石头村北头，坐南向北门石有马石便是。内有大哥蒋银龙，公事交三弟王龀恩所带照兄弟也。光绪二十七年正月十二日、十三日宋江出也，光绪三十年六月初三日宋江爷登基九龙山为王。反面文曰：前四月二十五日不准，闰四月二十五黑夜动手。

《汇报》光绪三十二年闰四月十五日（1906年6月6日）

晋省会党活跃

晋省会匪，近虽稍见敛迹，然夜间仍在集众会盟，并闻有时辰未到且看下月之语。故民间又有谣歌曰：三月四月旱，五月六月乱，七月八月烂（时事糜烂），九月十月换（换朝代也）。因此人心浮动，均有食寝不安之势。又闻会匪聚盟时，均喃喃念咒，谓可撒豆成兵、画地取刀、遍地草木皆是兵等妄语。拳祸余痛，犹在心头，而若辈仍在效尤，以期煽乱。肉食者，其将何以处之。

附晋抚恩中丞六言告示一道。

三晋风纯俗美，民教各自安常。迭经官长诰诫，亦尔百姓善良。或有外来匪类，造谣飞短流长。捏名在理在簿，结会煽惑愚氓。此中良莠不一，劝戒不厌其详。须知盟香会伙，已属显违律章。倘再因疑生隙，倾家祸患难防。凶暴罪固应得，良懦无辜受殃。各有身家性命，何苦迷信邪狂。纵或歧途误入，从今改过何妨。如果执迷不悟，法网决不宽偿。特此谆谆劝谕，其各凛遵勿忘。

《汇报》光绪三十二年五月二十三日（1906 年 7 月 14 日）

德国大尉在山西左云县行凶

《字林报》近接西教士斯提分森函云：山西省朔平府左云县地方，有一股拳匪在山深菁密之处练习拳术，意图起事，头戴黄帽，下穿黄裤，腰系黄带，以为记号。腰中复插一小旗，上书"飞虎天兵"四字，并自称皇天圣道，曾于六月廿九日蜂拥进城。当时教士教民等见势不佳，避入县署。讵该匪亦率党擅入，要求供给粮食，并言若不允所求，当戕杀官长，焚毁教堂。县令不得已允其所求，贼众始退，群至附近大寺中歇宿。时适有德国大尉自蒙古回北京，道经此处，见此情形，因申请县官，自愿助剿。翌日遂带中国兵士，携有快枪数十枝，至寺中谕其投诚。该匪不听，反谓我等本欲杀害西人。遂各开枪，幸随从兵士绝不畏缩，当场毙十一人，余多受伤，并擒获四十余人，中有往年拳匪头目在内。或云大尉亦被枪毙，未知确否。死灰复燃，其奈之何！吾愿当道毋养疽成患也。

《汇报》光绪三十二年八月十二日（1906 年 9 月 29 日）

潞安会匪意图起事

晋南潞泽一带，自本年三四月间会匪散布谣言，意图起事，幸有地方责者出示禁压，始稍敛迹。近来风闻某县因该党人仗恃人众抢夺田禾之案，签拘数名。初不承认，嗣用严刑，一一吐实，认为布会中人。呈验执照，系黄纸一张，封面印有"指日高升"四字，背后印有某县名，下书执据人姓名，内藏印单一张，有五龙山福寿堂等字样。据供会党甚夥，均以此照为入会执据云云。至该县如何办理，尚未查悉。年来直隶、河南一带，有一种哥老会匪，经该处各府州县奉袁宫保札饬，已经捕获十余名，搜出会中执据，有精忠山报国堂、白龙山福来堂等字样，证据确凿，已正典刑。此次晋省某县搜得会匪执照，其名词既与直隶等相类，其办法当不异于直隶诸省，为民除害，是实当道之责也。

《汇报》光绪三十二年十月十三日（1906 年 11 月 28 日）

斋匪蠢动

辽州与武乡县毗连，近由直隶、河南窜入匪徒，以在理为号，专收青年子弟，结党横行，前年因与教民寻衅，几酿大风潮。省宪派兵弹压，而根苗仍未绝也。自二月初兵队调省后，该党复萌故智，闻其党首赵某系本州人，时常聚会，名曰拜斋，阴谋与教为仇。虽经地方官访拿，而该匪羽党行踪诡秘，总未就擒，若不早拔其根，势必酿成交涉也。

《汇报》光绪三十四年三月十八日（1908 年 4 月 18 日）

在理匪情再志

辽州与武乡交界处在理蠢动，已志前报。近闻该处时有聚众情事，月前有辽州之赵根原为首，率众麇聚于武乡某处大庙，散布谣言，谓不日即剿教堂，经该处司铎报知该县。讵县令素畏此辈，不敢弹压，只称手下无兵，无能为力云云。南境主教遂函请抚宪，速为设法弹压。近探得省城督练公所已奉宝抚部院札文，略谓：据潞安文护主教函称，辽州与武乡交界地方，有在理匪首赵根原率党七百余名，日内剿毁教堂，事在紧急，请为飞速弹压救护等情到院。即行札饬该公所速为查拿解散，勿得迟延等因。督练公所因用五百里飞札，饬辽州武乡沁州弹压保护；一面飞饬步三队拨勇驰往洪水、盘龙两镇，择要分扎，更由该公所添派王哨官率领马队前往，会同各地方官查拿惩办。现各兵队均到该处，商同教士，妥筹善后。匪徒虽众，当不至任被滋蔓也。惟《尚书》有云，除恶务本。若不将首要拿获一二，以正典刑，则民风刁恶，难保不死灰复燃也。

《汇报》光绪三十四年四月三日（1908 年 5 月 2 日）

在理死灰复燃 *

辽州与武乡交界处，在理猖獗，已迭志本报。兹又探得日前该匪聚众于某处牛王庙内，据云有三百余名。附近驻扎之兵弁带队前往，见该党人多势强，聊以善言解劝，及至兽散殆尽，始乘间拘获一僧。诘问之下，知为匪中首领，即若辈所称为当家者，遂即送往武乡县署，当经笞责千余板，交局管押。自是谣传四起，匪众匿名揭帖，威吓官长，辱骂教会，言词拉杂，令人不堪齿及。闻该匪首要赵根原，现居辽州黎城交界处，逢人劝诱入会，以谋不轨，炎炎不灭，将致燎原。有地方责者，盍三思之。

《汇报》光绪三十四年五月八日（1908 年 6 月 6 日）

黎城县村民抗交烟亩税*

潞属黎城县北山社等村，民情强悍。近因查收种烟地亩税，聚众抗拒。官绅前往解劝，反肆辱骂。上宪委邻邑潞城县张大令往为开导，愚民无知，以为官上畏我，益无忌惮，肆骂不绝口，且欲饱以老拳。该令无法开导，因会同黎城县刘大令禀请省宪核夺办理。现由省另委某直隶州协同武员某带马队百名、步队二百余名，飞往弹压矣。

《汇报》光绪三十四年七月三十日（1908 年 8 月 26 日）

为查文水县种烟案上谕*

监国摄政王钤章。四月初七日内阁抄奉上谕：前据御使胡思敬奏疆臣纵庇私人滥杀多命请饬查办一折，当经谕令陈夔龙确查。兹据查明复奏，已革文水县知县刘彤光，于人民要求种烟，既不早为劝遵，临时又甚张皇，致酿重案，业经革职，著永不叙用。署交城县知县直隶州知州徐星书，查禁敷衍，坐任部民聚众滋事，著即行革职。陆军教练处帮办布理问衔、江苏武备毕业生夏学津，卤莽图功，误伤多命，陆军步队第一营管带、武备毕业生李逢春，纵令所部骚扰闾阎，著一并撤差斥革。山西巡抚丁宝铨两次奏陈，但就各文武所禀情形据以入告，仅将刘彤光参革，而于此外办理不善之文武概未议及，亦难辞疏忽之咎。丁室铨著交部察议。朝廷于禁烟一事，志在必行，此次该省酿乱，始由地方官之查禁不力，而统兵官亦未能审慎办理，故各予以处分。至于民间种烟希图弛禁，至敢拒众抗官，此等刁风断不可长，自应严加惩治。嗣后仍著各该地方官严加查禁，毋稍懈弛。该衙门知道。钦此。军机大臣署名：奕劻、世续、鹿传霖（假）、那桐、吴郁生。

《时报》宣统二年四月八日（1910 年 5 月 16 日）

山西巡抚丁宝铨奏文水县匪徒聚众滋事办理情形折

奏为文水县匪徒聚众滋事一案，谨将办理详细情形，恭折具陈仰祈圣鉴事。窃照文水县聚众滋事一案，实由匪徒煽惑乡愚，迫胁良善。官绅劝谕，其术已穷。复敢纠合各村，迹类围逼官兵，若非略加惩创，则势焰嚣张，万难解散。事完之后，于本月十七日，先将大概情形附片陈奏，仰慰圣廑。旬日以来，民情安贴。不意外间谣传四起，一似地方本属无事，而官兵激变，戮及无辜，展转传讹，遂至是非颠倒，利害不明，不得不将此案始末情形，为我皇上缕视陈之。查禁烟已成旧案，此次匪徒肇乱，借要种烟为名，胁众入约，文水之开栅镇，及武陵之各村，交城之广兴镇，营儿大营两村，联合一气。而业经正法之匪首武树福实为首创。合约之人，其始勾结各村匪徒，胁制社首，迫胁花户，实则倡乱者多无地亩。而有地之户，均不甘于从乱，但既被胁入约，则畏匪甚于畏法，虽欲改悔而无由。查阅各绅致文水县密禀，均指为匪首匪徒。并称本月初二三等日，即众约万人，有十长百长之名。开栅绅士杜凝瑞被匪以刀加颈，胁之使从。复赴各村强迫受约，有闭门不纳者，声言放火烧屋，于是被胁勉从者二三十村。又称匪一二日内进城，要求不允，则堵城塞署，并取城内各样大饱等语。种种悖逆情状，实属目无法纪。本月初四日，文水县刘彤光禀请派兵弹压。当派马队二十名前往梭巡，仍派委员赵延桐，并咨政绅士孟步云、左炳南赴文水，张士秀、曾纪纲赴交城，设法劝导。时各村公正社首皆被匪威胁，不敢出与官绅相接，惟密禀县令，哀恳救护，而开栅匪徒聚集，日夜不散。该县以匪势日炽，请派重兵拿办。遂酌派步队，随太原府知府周渤前往。该府连日会同员绅至开栅等处，反复劝谕，或掩耳而去，或语多挟制，竟至无可开导。至初九日，该镇愈聚愈多，号称三万，文书往来，肆意搜索，驿递多绕道以避之。自是匪党常聚于开栅，绅士前往劝导，几为所厄。而其党所定合同文约，凡有花费，按村公摊，遂向该镇铺户勒索巨资，不遂所欲，即图抢劫。该铺户至县报告，行将罢市，绅士亦驰书告急，有一家命悬旦夕之语，求速派兵弹压。该府县与各员绅公商，非捕拿匪首，不足以遏乱萌。遂于十三日黎明，该县刘彤志会同各员绅，带领眼线，约同兵队，前往开栅，即将匪首武树福捕获。该犯拥众自卫，胆敢拒捕，前后就擒多人，并搜获该犯合同文约底稿及纠众传单。良民闭户安居，毫无惊扰。社首绅董，因匪首已获，始具衣冠，与官绅相见，备述平时被胁情形，并言禁烟早经禁绝，花户等本不敢种，今以被胁误犯，自愿犁毁，恳恩免究。

（续昨稿）该县刘彤光及诸绅等，见事已立解，不欲株连，仅将要犯数名带案究惩，其余从犯多名，即令社首等分别保释。是时忽闻钟声四起，野外匪党数千百人，分持枪械，蜂拥来扑，声震山谷。兵队仓猝出村迎敌，匪分三路而进，愈逼愈近。队官单身向前劝阻不听，反群击之，刀枪益施，先伤马兵。军士愤愤，然未敢竟与决裂，以空枪还击，而匪一意猛扑，势不可御。兵队每路仅数十人，众寡悬殊，危急万分，遂即还击。匪徒受创，均各窜逃。军士回队，仍即回驻交城，夺获火枪刀械等件，凭众点验，收存县库。社首绅董均于次日赴县，出具永不种烟切结。匪首武树福派员提讯，供认聚众立约，主谋抗拒不讳，经臣批饬先行正法。从犯武通保等六名，分别讯明惩办，仍严拿要犯弓酒壶，务获究报，此外胁从概予免究，地方民情一律安谧。至被格匪徒伤亡之数，或七八人，或十数人至数十人，据员绅等询之各村，均不认有损伤，一时难得的数，已饬确查续报。此迭据文武各员及绅士等累次据报之实在情形也。

臣查文之东西葫芦峪，向称匪薮，开栅一镇，适当其咽喉。附近十数村庄，民气素强，聚众抗官之案，层见迭出。此次武树福等借种烟为名，勾结匪徒，迫胁乡民，立约聚众，致派兵弹压，复敢公然抗拒，围逼官兵，生开火枪，攻击官兵。仓猝抵御，实出万不得已。而局外不察，至谓武树福等并非为匪，系由官兵激变，且伤毙人数，与原报不符，又归咎于随同照料之夏学津，是皆不谙事实之言。夫为民为匪，人人共见，且有立约之合同，有纠案之传单，有夺获之枪械，该匪尚复何辞解免。至各村纠众来攻，据文武各员禀报，或云二万余，或云万余人，或云数千人。臣前次奏报，仅据少数言之，其匪众击毙人数，以查无确数，亦据少数言之，而局外传言，误增至百数十人。臣当时以事已大定，于兵匪两边，均不欲过甚其辞，张皇入告，以重增地方士民之罪。且伤毙者，当问其为民为匪，若无辜之民，则虽一人不可伤，若为匪抗拒，照例格杀勿论，多寡均应以法律为规定。至军队进止，向以本营管事为主，新军各营，惟李逢春最为稳练。上年永宁州聚众，曾令带队前往，故此次仍派出省并交太原府周渤节制，免致意外之虞，但公所各总办等，深虑照料乏人，加派夏学津、宋汝阳、杨守性三员同往，以昭慎重，实则兵事并非夏学津专主也。要之变乱常起于忽微，而利害当权其轻重。日前派兵前往，曾谆嘱该文武和平解散，不得轻发。而事机之逼，不能尽如意料。倘如该匪徒之猖狂无忌，迫胁善良，而不稍加惩创，是不忍于匪徒，而特令各村绅民均受其屠毒，似亦断无此理。且远近闻风，纷纷效尤，则势成燎原，又将如何补救。古语有云：小不忍则乱大谋。微臣忝膺疆寄，断断不敢出此。惟查该县地方疾苦，自当督率印官绅士等，创兴农务，加意提倡，以兴实业，而裕民生。除将武树福聚众合同底稿、匪党传单并绅士密禀函稿抄送军机处备查外，所有文水匪徒滋事办理详细情形，理合恭折具奏，伏乞皇上圣鉴训示。谨奏。

宣统二年三月初五日，奉殊批：知道了。钦此。

《时报》宣统二年四月十六、十七日（1910 年 5 月 24、25 日）

蒙 古

钦差裕盛京将军增会奏陈讯结蒙古郡王被控各节暨蒙旗被匪情形及拟开垦章程折

奏为遵查蒙古郡王迭被参控各节讯明拟结，暨各蒙旗被匪情形，现拟严拿匪首，并酌拟蒙旗开垦章程，据实具陈，恭折仰祈圣鉴事。窃奴才等于光绪二十八年二月初九日承准军机大臣字寄，正月三十日奉上谕：理藩院奏台吉呈控盟长通匪，据情代奏一折，所控札萨克图郡王乌泰敛财虐众，不恤旗艰，通匪抢掠，致将札萨克印信不知去向。前后所报两歧，情节支离，亟应彻底根究。著裕德会同增祺确切查明，据实具奏。原呈著抄给阅看，将此各谕令知之。钦此。十八日。又准军机大臣字寄，初七日奉令上谕：理藩院奏科尔沁札萨克镇国公喇什敏珠尔等呈报，札萨克图王旗图古木地方，贼匪聚众，肆行抢夺，及派兵剿办情行，将原呈译汉呈览一折。卓索图土默特贝勒旗，乱匪滋事，致毙蒙员多命，自应迅速查办。著裕德会同增祺确切查明，归入前案，认真办理，据实复奏。原折呈均著钞给阅看，将此各谕八旗知之。钦此。二十七日。又准军机大臣字寄，十七日奉知上谕：萨保奏江省开复蒙王，无案可稽，请仍革任，不准再管旗务一折。札萨克图郡王乌泰前经参革，并无开复之案情节，种种支离。著裕德会同增祺，归并前案，认准查究，务期水落石出，据实具

奏，毋稍徇隐。原折著抄给阅看，将此谕令知之。钦此。奴才等
恭读迭次著谕旨，遵查前后案情详细，推寻其故，悉由札萨克图
郡王旗乱匪滋事而起。须将郡王乌济协理台吉巴图济尔噶勒传案
讯，方能水落石出。其科尔沁镇国公旗之札兰散巴拉克查典仪达
兰泰，亦应提传来省，查询该旗被匪情形，并行文黑龙江将军，
将一应卷宗咨送备查，始能彻底根究。奴才等一面遴派委员，分
往各旗提传人证，一面咨行黑龙江将军，调取卷宗，旋准署黑龙
江将军萨保将卷宗咨送前来，札萨克图旗郡王乌泰、协理台吉巴
图济尔噶勒、科尔沁镇国公旗札兰散巴拉克查典仪达兰泰等一干
人证，均随同传案委员先后报到。四月十一日，奴才裕德会同奴
才增祺率领随带司员，亲传郡王乌泰，当堂宣示查办谕旨。该郡
王乌泰伏地引咎，出于至诚。奴才增祺因地方公事繁剧，仍由奴
才裕德督饬司员，秉公审理，将传到人证隔别研讯，逐细推求，
究明各案确情，由奴才等复加详核。缘札萨克图郡王乌泰初因欠
债三万余两，无款筹还，始拟放荒招垦。而众台吉壮丁人等情愿
分摊银两，抵还该王欠债，求为尽逐荒户，该王亦曾允许。已革
协理台吉朋苏克巴勒珠尔因该郡王事后食言，不但旧日各荒户未
逐，而新增荒户又复纷添，曾在理藩院暨奉天省城盟长等处屡控
不已。至该郡王多招荒户之由，实因从前已放荒界，南北长三百
余里，东西宽一百余里，外来客民共有一千二百六十余户。该郡
王不谙放荒章程，每户不问垦地多寡，概令交押荒银二十两。以
致嗜利之徒，任意垦占，转相私售，以一户之名隐匿私租多户。
其报名领地之户，已一按长一里、宽四里章程。而外佃傍青之
户，尤不遵领地限制，每年仅纳租粮十石，即可尽力开垦。由是
青户愈多，占地愈广，户口实已暗增数千余家，致新开荒地又增
长三百余里。该郡王毫无觉察，任听梅楞齐莫特色楞、已革协理
台吉色楞汪保、已革管旗章京达瓦桑保、已革梅楞崔木丕勒、已
革兰丹森呢吗台吉旺霍尔等经理其事。而该梅楞等又受各揽头愚

弄，从未考究户口、地段之多少，徒有放荒虚名，转为揽头等添一利薮。该梅楞等复祖护荒户，不准台吉壮丁在彼游牧，该台吉壮丁等因荒户隐占腴户，反阻本旗游牧，愈为不平。而该郡王之左右蒙蔽招摇，足为酿祸之渐。光绪十七年，卓索图、昭乌达二盟土匪作乱，喀喇沁、敖汉、土默特蒙古锦旗等处人丁逃难外出，悉至札萨克图郡王旗陀喇河南北两岸居住。二十年曾由该郡王据情呈报，经理藩院奏明。事平之后，即行驱遣，各自回旗，毋得逗遛，行知在案。而刚保、桑保、萨那多尔济等皆非各该旗安分良民，乱萌即伏于此。

（续前稿）二十五年该郡王被人控告，经前任将军依克唐阿奏请暂行撤去札萨克印务，听候办理。嗣后奴才增祺查明，复由理藩院核议奏请查销，暂撤札萨克印务处分，革去副盟长职任。二十六年五月二十二日奉旨：依议。钦此。由院恭录行文该郡王遵照。其前署黑龙江将军寿山查请开复该郡王札萨克之案，系是年六月二十一日，距理藩院所查相去仅止一月。既经理藩院奏明奉旨在先，则予黑龙江将军奏请开复之案，似觉重复。惟自二十六年后该旗外来游民刚保、桑保、萨那多尔济等，业已勾引胡匪王洛虎等，乘间作乱，以该郡王旗图古木之地为老巢。于是科尔沁图什业图亲王旗、科尔沁镇国公旗、郭尔罗斯辅国公旗同时被其骚扰，驿站处处梗阻。事隔一年，理藩院印文尚未奉到，而黑龙江将军印文亦经年累月始达。该旗护理、该旗札萨克印务协理台吉巴图济尔噶勒奉到江省印文后，即将札萨克印信移送该郡王接收。而札萨特郡王等旗尚未接奉理藩院开复该郡王乌兰札萨克印务之文，所有应行扎萨克图旗文件，仍知照护印人员办理。巴图济尔噶勒心生疑惑，追思江省印文，或有舛误，转悔从前送还印信之非，显有朱墨不符，种种疑议，因胪列该郡王前后多款，呈由盟长札赍特郡王咨报理藩院，并行查黑龙江将军衙门。即经理藩院据情代奏，复经署黑龙江将军萨保咨据奏参，先后奉旨交奴才等查办。查前任将军依克唐阿查办该郡王之时，并未革其爵职。其开复之案，亦指查销暂撤札萨克处分而言。而盟长札赉特郡王咨查黑龙江将军，谓黑龙江缘何开复乌泰郡王原职，似系误会。至恩准开复之案，业准理藩院行知，奉旨前来，由奴才增祺恭录转行哲里木盟在案。所有印信，据巴图济尔噶勒呈称，遵谕送交，复加窃去字样，未免自相矛盾。至称该郡王通匪，与科尔沁镇国公喇什敏珠尔等呈报公旗被匪各节，查札萨克图郡王自遭匪乱，道路戒严。道员周冕由黑龙江路过该旗，即有被胡匪抢劫并枪毙兵役之事。兰古各旗匪踪出没靡常，抢掠之案层见叠出，亟宜剿抚并行，以安蒙业。二十七年七月叠经署黑龙江将军萨保出示，定限遴派员弁实力招抚，分别各旗一体遵办，以期永靖地方。其著名胡匪遵示缴械者，实繁有徒。该郡王自是年七月接印，深知该匪等器械坚利，剿不如抚，遂于十月赴图古木地方，亲自开导，赏以梅楞札兰顶戴，给以米石草料，以示羁縻。喇嘛沁色林保一并给以会首执照。该旗协理台吉巴图济尔噶勒等不知底蕴，遂疑该郡王与贼相通，大失所望。一面会同什业图亲王、科尔沁镇国公、鄂尔罗斯辅国公等旗官员，齐赴哈尔滨俄国伯里总督处，商求派兵剿匪。俄兵于十月初一日行抵该旗。刚保、桑保等因该郡王亲加抚恤，即未往该旗肆扰。科尔沁镇国公旗距图古木地方仅三十余里，从前屡被匪众抢牲口、财物，并杀伤达喇嘛什拉布温保等人。适该匪等恃有梅楞札兰职衔，就近前往该旗挟制需索。该镇国公派员查询，即为该匪等尽行拘拿。所拿之札兰阿玉勒乌贵与札萨克图郡王旗击毙之台吉阿玉勒乌贵，查明系属两人。该公旗协理台吉察克达尔色楞被执不屈，首先为匪用枪击毙。其余札兰散巴克君察等八名，方欲杀害，未及动手，适巴图济尔噶勒等邀请俄兵旋至。该匪刚保、桑保、萨那多尔济、王洛虎等抵御不住，溃败潜逃，匪踪稍靖。该郡王拟赴哈尔滨亲往致谢，而俄兵官伯里总督亦欲面见该王。该郡王报明盟长，始携印往见，非敢私携擅出。惟旗众甫定之后，阖旗人等正拟商办善后事，因未见该郡王之面，亦不知去向。先均质讯明确，该郡王自二十五年被控放荒之案查明奏结后，与该协理台吉巴图济尔噶勒尚未会同办事，以致宵小乘隙播弄，遂至彼此怀疑，互相诬捏。其巴图济尔噶勒谓该郡王客留匪类，罔恤旗艰；该郡王谓巴图济尔噶勒藉匪聚兵，勒索旗众。传闻似属有因，细按皆无实据。经奴才等亲自当堂剖悉宣导，该郡王、协理台吉等均各悔悟感激，情愿湔洗前愆，驱除谗慝，和同办理旗务，各具供结，恳求核办。

（续前稿）查该郡王旗以开荒启衅，缠讼多年。初信任非人，措施不善，渐至各怀私意，互立党援，几置旗务于不顾，而游民胡匪乘机勾结，浸成该旗之患，复贻邻壑之忧，皆不得谓之无咎。署黑龙江将军萨保谓乌泰不能和协统驭持平立议，固足折服其心。而巴图济尔噶勒怀疑呈控，亦非事所应为。即将其概加严谴，均属咎由自取。惟是该旗乱匪粗平，整饬地方，清查户口，在在均关紧要。若仅拟予寻常处分，不为筹一长治久安之策，恐数年之后，隐患潜滋，遗害匪浅，殊非仰体朝廷安抚外藩之意。奴才等悉心详酌，拟将札萨克职、台吉巴济图济尔噶勒之协理职，一并奏请暂行参革，仍准留任，勒限三年，饬令将阖旗事务，和衷共济，认真经理。三年限满，果能经理得宜，准阖旗台吉壮丁人等，联名公保，呈由盛京将军暨理藩院奏请开复暂革留任处分。倘仍各存意见，别滋事端，准其呈报查系何人之咎，即将何人永远革任，不准再管旗务，以示惩儆，而戒效尤。是否有当，伏候圣裁。至乌泰信用之梅楞齐莫特色楞、已革协理台吉色楞汪保、已革管旗章京达瓦桑保、已革梅楞崔木丕勒、已革札兰丹森呢吗台吉旺霍尔等，及巴图济尔噶勒信用之已革协理台吉朋苏克巴勒珠尔、台吉萨那舍利、梅楞哈斯、梅楞那逊拔都、梅楞温都儿虎等，应饬分别屏黜，不准妄行干预阖旗公务，庶足以平允。科尔沁镇国公旗协理台吉察克达尔巴干，实系遇贼被害，应否议恤之处，即由理藩院奏明请旨办理。查蒙古地面，游民胡匪勾通为害，已非一年。或明目张胆，或混迹潜踪，聚则为匪，散则为民，查拿殊为非易，屡经奴才增祺会同吉林、黑龙江各省将军，分饬旗属剿抚兼施，不遗余力，仍复不能净尽。况刚保、桑保、萨那多尔济、王洛虎等均为著名匪首，扰乱数旗，已成一方巨患。若不合力捕缉，尽法处治，不足以安民心。除由奴才裕德会商增祺，通饬严密查拿，毋令一名漏网外，仍请旨饬下吉林将军、黑龙江将军分饬所管各蒙旗，一体缉拿，务获惩办，以净根株；而保良善。案情既已查明，人证即行省释。至札萨克图郡王旗放开垦一事，行之二十余年，根株数千余户，势难中止。该旗各台吉壮丁深知耕种之益，亦思自行垦种。但膏腴之地早为外来荒户所占，欲驱不可，欲让不能，遂至忿争成隙，讦告不休。该协理台吉巴图济尔噶勒所呈各节，与面诉供词，皆请严查匪类，禁止私垦，并非腹诽荒务。若不妥为计议，实不足体恤蒙艰。且札赉特郡王旗放荒开垦，业经奏明，奉旨允准，由户部核定章程，饬令试办。该札萨克图旗事同一律，而水土丰润，倍胜他旗，亟宜援照办理。惟游牧事，蒙古本业，尤宜兼顾。总令农政与牧政相辅而行，俾主客两无偏倚。奴才裕德详稽成案，俯查舆情，与奴才增祺酌中定议，谨拟章程十条，缮具清单，恭呈御览。如蒙俞允，再由奴才增祺奏派廉干之员，往该旗周历巡视，讲求详细办法，禀请奏明文案。窃维查办蒙古事件，颇与内地不同。奴才等受恩深重，目击时艰。值此边际多事之秋，当以绥服藩疆为要。故一应事件，宽严互用，惩劝兼施，未敢稍存偏见。如经管旗产、安插客民等事，务求行诸久远，不敢苟且敷衍，专顾目前，惟期上为国家开浚利源，下为藩民筹谋生计。纵外招荒户，该旗或有畛域之分；而怀保惠鲜，在朝廷则均视如赤子。举凡兴利除弊，戢暴安良，必须实惠均沾，然后众心倾服。培蒙旗之根本，即所以固疆国之藩篱。果能乐利相安，当可仰纾宸虑。其善后事宜，随时体察情形，由奴才增祺详核办理。奴才裕德拜折后即率随带司员，仍遵前奏，乘坐大车起程回京，恭复思命。所有奴才等遵旨查办札萨克图郡王乌泰叠被参控各节，讯明拟结，暨该旗并科尔沁镇国公旗被匪情形，其著名匪首，拟由各该省将军通饬一体严拿，并将该旗开垦章程开单具拟各缘由，理合恭折据实复陈，伏乞皇太后、皇上圣鉴训示。谨奏请旨。

奉朱批：乌泰著革去札萨克职，台吉巴图济尔噶勒革去协理职，均暂行留任三年，以观后效。余著照所议办理。该衙门知道。单并发。钦此。

《中外日报》光绪二十八年五月十三、十七、十八日

（1902年6月18、22、23日）

查办惩治贻谷贪纵案上谕*

四月初二奉上谕：前因归化城副都统文哲珲奏参贻谷败坏边局、欺蒙收巧、蒙民怨恨各款，当经派令鹿传霖、绍英前往确查。嗣据贻谷奏参文哲珲等侵吞库款，亦即谕令鹿传霖一并查办。兹据查明复奏，贻谷督办垦务有二误四罪等语。朝廷放垦蒙地，意在开荒备边，并非攘地图利。乃贻谷不顾藩部边氓大局，只为一己图利起见，专用小人，苛索巧受，以官地垦局巧立公司名目，辗转渔利。定章每亩地价三钱，公司辄浮收八钱。垦熟之地，亦复勒缴地价。甚至房基、庐舍、铺面、街道，勒交租价，每亩竟多至三百数十两。且纵勇滥杀，烧死台吉丹丕尔一家五口命之多。复罗织成狱，辄将丹丕尔置诸重辟，尤属残酷无伦。所收地价，以八钱计算，约收银四百余万两。除支拨有案及代为约

计用款外，其查无用项者，犹有二百余万之多，显系贻谷及各局员等朋分谷饷。贻谷又需索蒙旗，扣留荒价，拣放官缺，批索银两，开设铺店，剥兵扣饷。似此贪残相济，扰害蒙民，败坏垦局，实属辜恩负国。绥远城将军贻谷著革职拿问，由山西巡抚派员押解来京，交法部审讯，监追治罪。文哲珲于库款亦有侵吞情事，且阿附贻谷，听其苛敛，随同画诺，并著交部严加议处。其随同婪虐蒙之山东候补道斌仪，聚敛附益，婪款不资；云南候补直隶州知州景福，苛暴险诈，商民共愤；五原厅同知姚学镜，心贪手辣，率定爱书，均著即行革职，交法部监追治罪。署东胜厅同知岳钟麟，奢蒙诬叛，几坏边局；山西候补知县吴棣棻，以兵压民，形同寇盗；分省补用府经历志良，逼迫地价，惨用非刑，均著革职，发往新疆効力赎罪。候补参将谭勇发虚报冒功，纵兵攫物，著革职发往军台効力赎罪。分省补用知府陈光远、直隶州知州黄桂棻、山西候补直隶州知州吕继纯、同知郝敬端、余实滋、知县郑天馥、林毓杜、乔樾荫、通泰，均属骄谄互用，迎合殃民，著一并革职。所有贻谷历年办垦保案，著该部查明，一并撤销。塔尔巴哈台参赞大臣荣昌，著解任，赴绥远交接，任将军，切实查办。余著照所议办理。至鹿传霖等条陈善后事宜，及请派员接办等语，著派信勤前往接充督办垦务大臣，暂行兼署绥远城将军，查照鹿传霖等各条陈办法，体察情形，妥筹办理。务期痛除积弊，既须振形垦务，尤须深恤蒙艰，以示朝廷抚绥藩部之至意。钦此。

《汇报》光绪三十四年四月七日（1908 年 5 月 6 日）

申斥御史秦望澜上谕*

八月五日奉上谕：御史秦望澜奏查办重案，不甚允协，请饬复行核议一折。已革绥远城将军贻谷被参，案情重大，特派大员驰往查办。据奏复，情节较重。当经谕令拿交法部审讯治罪，自应由法部彻底究办。乃该御史竟敢胪列多条，率为申辩，显系有意开脱，殊属冒昧，难胜风宪之任。原折掷还，秦望澜著回原衙门行走，以示薄惩。钦此。

《汇报》光绪三十四年八月十日（1908年9月5日）

蒙民蠢动之警闻

近闻与甘肃毗壤某蒙旗，日来愚民蠢动，并联合甘省饥民，聚众起事。日前与官兵开战，戕杀营官一人，哨官一人，兵丁死伤者数十人。乱党凶焰日张，刻已聚至数千余众，该旗各处皆有风声鹤唳之警闻。摄政王见此急告，异常焦灼，不胜西顾之忧云。

《时报》宣统元年七月十二日（1909年8月27日）

惩办绥远将军贻谷上谕*

正月廿六日内阁抄奉上谕：法部奏交审要案，查明款目，分别定拟缮单呈览一折。已革绥远城将军贻谷，前因办理垦务，攘地图利，纵勇滥杀，案情重大。当将贻谷及已革知府姚学镜等，拿交法部，严行审讯。并饬署绥远城将军信勤，就近确查其杀毙丹丕尔一案，业经查明。由法部先行定拟，将贻谷、姚学镜从重发往新疆效力赎罪。因款未查齐，谕令仍行监禁。兹据法部奏称，按照信勤查复各节，并所开表册，悉心钩算，该革员等侵冒各款，除融销、查封各款扣抵外，应追款项，尚有数万两之多。按律从重问，拟恭候钦定等语。已革绥远城将军贻谷，身为大臣，督办垦务，宜如何奉公洁己，惠民恤蒙，乃竟以设立公司为名，信任劣员姚学镜等，朋比欺蒙，侵蚀巨款，实属罪有应得。

该部拟以绞监候罪名，仍勒限监追。限内分别已未全完，再行核办，确系秉公科断。姑念该革员羁系至三年之久，前于丹丕尔一案，已经从重定拟，此次倘将款项依限如数缴清，即著仍发往新疆效力赎罪。已革知府姚学镜，厥罪惟均，著一并发往新疆效力赎罪。所有应缴款项，著即按照单开数目，勒限监追。已革道员斌宜、已革知州景提，既据讯无贪黩不法确情，业经革职，均准其援免。余著照所议办理。该部知道。钦此。军机大臣署名：奕劻（假）、毓朗、那桐、徐世昌。

《时报》宣统三年正月二十七日（1911 年 2 月 25 日）

河　南

锡良为全省筹议赔款布告[*]

昨抄得豫抚锡中丞布告通省各属筹议赔款公启，兹照录如下：

敬启者：豫省新摊赔款每年银九十万两，又准部文代为抵解漕折等项银三十六万八千余两，通共银一百二十六万余两。司库支绌异常，日与司道百计筹商，复遵照部章，凡盐厘房契征款议加裁兵节饷，出款议减，奈巨款期迫，即使办理顺手而不敷之数尚不下数十万之多。若刻意搜括，仅顾目前，未始不可勉强集事，但国计攸关，要以不病民亦不病官，并不失政体为上策。是以部指粮捐一项，姑存此说，但能另筹办法，不妨暂作缓图。弟才本迂疏，任事日浅，于通省地利民情尚未周知，自应集思广益，以匡不逮。凡我同寅熟悉情形，留心时事者，当不乏人。即就本省现在情形，通盘筹划，如稽征各款，某项可以创办，某项可以加增；支销各款，某项可以径裁，某项可以酌减，利之所在，弊亦因之，并即拟出办法，必如何始无流弊，必如何始易防弊，各抒所见，条分缕晰，务于半月内开具清折，飞速递送，以备采择。总期切实易行，安静不扰，质而不文，益而无害，勿徒托诸空言，是为至要。盼切，祷切。锡良顿首。十一月念七日。

清廷谕锡良处置泌阳教案 *

上谕：锡良电奏河南泌阳县高店等处乡民，因挟教堂赔款之恨，纠聚多人至楚洼地方，杀死教民叶姓一家四命；又至程店，杀害教民一名；又将桐柏县乌金沟教堂焚毁，烧毙教民四命，杀死五命，均无洋人。已派兵弹压严缉，并将泌阳县撤任查办等语。各省教堂教士及教民人等，朝廷一视同仁，迭经严谕各该督抚，通饬各属切实保护，并谕令随时开导百姓，务使民教相妥。此等诰诫不止三令五申，当如何仰体国家德意，实力遵行，无稍疏失。乃河南泌阳等属，竟有焚毁教堂并杀害教民等十四命重案，似此冥顽滋事，目无法纪，实堪痛恨。著锡良督饬该地方官，迅速将各凶犯悉数缉拿，务获讯明，即行就地正法。泌阳县知县费鸿年，著即革职，仍勒限缉犯。内有桐柏县属地方，该县亦难辞咎，著一并查参。该教民等被害多命，悯惜殊深，著该抚妥为抚恤，并将此案赶紧办结，毋稍延缓。钦此。

《中外日报》光绪等二十八年二月十八日（1902 年 3 月 27 日）

泌阳教案缘由 *

探浔河南泌阳教案，系因该县费大令勒派教堂赔款，将地方绅董站毙三人；又勒令本署著名富吏将家产充公，致动公愤，聚众围城，声言教士、教民及县令当一概杀尽。闻费大令已因惊残疾，语无伦次。湖北随、枣一带避乱者纷至。故地方官飞禀省台，请兵弹压。

《中外日报》光绪二十八年三月五日（1902 年 4 月 12 日）

泌阳教案详述

由豫省友人函中录出汇登。

泌阳县有匪徒抢掠教堂，并伤教民，该县费鸿年大令已撤省查办。

泌阳县聚众滋事，实因该县费鸿年催促教案赔款之故。闻费大令带勇往查，现在尚无下落。

泌阳赔款共一万余千，前任知县锡铎向民间摊派，已缴七千千，不知何以又滋事端。

南阳府向无电报，南汝光道闻警后即在信阳电告两湖总督，张宫保立派两道员带两营星夜前来弹压。

张宫保得信阳电，即电告外务部，外务部尚未得河南巡抚电，乃电责锡帅，有该抚于本省事置若罔闻之语。

抚帅查得泌阳县六百里告急公文，于十五日始到。叶县知县陶美中、襄城县知县孔繁洁两员，均将此项公文延搁六七小时之久，故即日撤任。此外有记大过三次者两处。尉氏县因迟延二时，故将马夫枷示院辕。盖中丞因被外部诘责，故咎及诸县。若南阳府先设电报局，则此事早已了结矣。益信电线之为用大也。

抚帅于十五日派马观察开玉驰往弹压，周大令云同行。又续派陈蔼如观察前往，贾统领福昌同行，并带马队一哨、步队两哨。

十七日，又派章直牧世恩率步队一营，星夜驰往桐柏。

抚帅飞饬南阳镇总兵，就近驰往泌阳、桐柏、唐县交界处弹压。闻泌阳县民于十二日围县城，以大雨而散。现尚聚集各乡村，或云三千余人，或云五六千人。

昨谣传泌阳共有洋人三名，二名已逃出，一名不知下落。

顷探得南阳镇总兵带勇截拿泌阳叛匪，格伤匪首张云卿未获。

二十二日，抚帅五百里密札各州县，内开：泌阳教案匪首张云卿、席小发等，向东北一带窜逸。该处地连江、皖，难免不越境潜踪，著沿途地方官严密兜拿，务获究办。

抚帅又悬赏格，通饬各属，如有拿获匪首张云卿、席小发两名者，赏银五百两，并准从优保奖，以示鼓励。其余从犯如有拿获者，酌量给奖。

桐柏县知县王庆垣奉上谕一并查参，藩台已委本任伊阳县知县胡昶英署理，传见面授委牌，命其速行，不必声言，约计到桐柏之日，再行悬牌。胡大令已星夜就道。

《中外日报》光绪二十八年三月十八日（1902 年 4 月 25 日）

拿获泌阳反教头目[*]

探得河南泌阳教案，匪首仅获第二头目席小发一名，其大头目张云卿已逃入夹子山。按：夹子山在舞阳、裕州、西平、泌阳之间，山岭崎岖，为群盗窟穴，土人名曰红胡子。

《中外日报》光绪二十八年三月二十九日（1902 年 5 月 6 日）

河南教案再探[*]

探及泌阳案起衅缘由，已详随州禀稿内。惟此禀于二月二十一日所发。嗣闻该处已获正犯席小发一名，村庄联合似解未解。南阳傅太守已因办理不善撤任。桐柏王大令庆垣于三月初二撤任交卸，继其任者为本任伊阳胡大令。鄂边谣言已息。鄂军驰豫境尚未撤防。

《中外日报》光绪二十八年四月四日（1902 年 5 月 11 日）

湖北随州禀报河南泌阳匪乱始末全稿

敬禀者：光绪二十八年二月十六日奉本府转奉江汉关道删电，内开：法领事接安全教电，河南桐柏、唐县、泌阳有匪徒闹教滋事，泌阳被围等语。随州与桐柏等处毗连，饬即会商姜参府于交界处妥为弹压防范，勿任勾结生事为要。并将豫境情形探明禀复等因。电知道府，饬将豫境闹教隔距远近一切情形，详细探明通禀等因排递下州。奉此。查此案□州于十四日风闻泌阳有一武举与教民兴讼不胜，纠众围城，并杀教民多人情事，当即致北乡文武六汛，就近确切查复，并督饬各围绅务将教民加意保护在案。接奉前因，立将风闻大概布置情形即日禀报本府查核，一面晤商德安营参将姜□□，分饬文武各汛，传知八镇九围各绅士，速将各处原有团练认真整顿，由各汛官督同梭巡，将由豫来随各路，扼要堵扎；一面由□□酌派亲信家丁，带同差役连夜乘马驰赴桐柏县，分途坐探；更由姜参将遵照宪台咸电，派出马队前赴豫境弹压去后，昨今两日迭据北乡汛官绅首禀报，查探此次泌阳闹教起衅缘由，核与□□差查情形大致相同。合亟禀报宪鉴，仰抒钧座顾念边境、关怀邻省之至意。

缘上年泌阳闹教，经前任泌阳县锡令派集赔款，业已收清大半。今春新任泌阳县费令饬差严催赔款尾欠，操之过蹙，差役七人被高城店百姓殴伤。即经费令添派差役数十人，严拿行凶之人，又被百姓聚众拒捕。费令亲带多人下乡，肩舆被毁，费令即督饬差役奋勇拿获七人，回署后严刑惩治，有毙命者。有武举杨华川，与教民兴讼有隙，乘众人不服之际，即于初八日与革书张永清纠众至泌、桐交界之乌金沟地方，折毁教堂房屋二十余间，并将教堂执事顾高顺一家七口，悉数杀毙，又杀毙教友王志成、黄蛮子二人。初八、九两日，乱民围攻泌城，幸是夜雨雪交加，即行解围。杨华川率众盘踞黄土岗邻近之大磨地方，张永清率众盘踞高城店地方。嗣由南阳派来马队三百名，桐柏县各乡团练驰到数百名，分驻泌城内外，因乱民人数较多，无从弹压，亦未曾开仗。乱民时增时减，闻已结有齐心会名色，以"顺清灭洋"为宗旨，遇有教民非劫掠财物，即毙其性命，被杀人数无从查悉，旅人不甚受害。近日襄防派出各军，已次第开入豫境。三日前乱民犹未解散，约数二三千左右，谣传之数骇人闻听。现与豫省官兵相持不下。近日未闻教民被杀之事。教民之逃来州境者，均在桑园教堂居住，州境教民均尚安谧，惟北乡逼近豫境，人心不免震动。如豫省官场不能解散乱民，纯用兵力压制，恐事端决裂，乱民奔窜，□州不免波及。查由豫入随，山径纷歧，防堵最宜周密。州城距交界处均在二百里外，泌阳聚众最近处距交界不及百里，马传消息亦须四日方得往还一次。应将各隘口查明道路，预先密防，方足以备不虞。业由□□函致各团绅，如或事机紧急，不得将堵口乡勇撤回自保，并须查明大小山路，派团扼扎，并谕各乡甲绅务将各本甲教堂教民认真保护，劝谕各教民勿自惊扰，不准平民谣煽非耸，致肇事端。除绕探豫省情形随时禀报外，所有□州布置情形暨查探豫省起衅缘由，理合禀祈大人，俯赐查核云云。

　　再，正发禀间，复得豫省确音，泌阳乱民因文武官许其不办，均已散归各村，约明如有兵差捕拿，即以信炮为号，群起抗拒，器械军装无不齐备。泌阳兵力已厚，县城已开一门，费令惊慌成病。桐柏空虚，民情尚属惊惶。合并陈明。

　　　　《中外日报》光绪二十八年四月四日（1902年5月11日）

记河南泌阳酿乱原委继之以论

　　本馆于泌阳乱事，日前已将湖北随州禀报全稿登之报端。顾仅述目前起乱之情形，而于其所以酿乱之原委，虽间述一二，而未能详尽。兹本馆访明其实在情节，乃叹从古祸乱之发，未有不由在上者之激成之也。呜呼！防乱者当知新鉴矣。兹约其大概如下：

泌阳教案，因庚子拳匪乱时，该处亦有劫掠教士物件之事，然并未戕害人命，焚毁教堂，事后议赔一万一千元了事，款由地方摊赔。前县锡大令颇知抱歉，觞绅士于署，励以毁家纾难之义。诸绅富立即捐集八千金，以给教士，其余未缴者仅二千余元而已。讵某教士忽函致省中当道，催索余款甚急。当道惧，以锡令为疲软无能，改派费大令接任，而许以如能缴清，当以优缺相酬。费大喜，到任后即提诸绅至署，勒限催收，并恐以如逾限不交，即当下狱。诸绅怒且惧，其时适有某某与教民涉讼不胜，遂相与纠众作乱，乘县令出城，即行闭城起事云云。

记者曰：果如所言，则是泌阳之乱，非泌民之有意仇教也，非泌民之有意抗官也，实由教士自取之祸，地方官与疆臣自酿之患也。何则？前年拳匪之变，猝不及防，乃泌阳仅遭劫掠细故，并无毁堂杀人情事，已属大幸；况仅止劫掠财物而赔至万余元，除已缴八千金外，所短有限，纵令余数无着，计其所得之款，当已逾于所失之数，即必欲收清余款，亦当和平商办。乃教士以权力胁制当道，当道即以权力胁制地方官，地方官亦即以权力胁制绅民，而乱萌炽矣。此教士之咎也。前令锡君于议赔集款，办理均臻妥洽，惟绅士既应毁家纾难，有司亦当捐廉为倡，以县官之缺，一二千金非所难措，即议赔时不愿认出，而当教士函索之时，亦应由县速先垫付，随后可向地方收回。乃计不出此，致以有限之款而酿莫大之祸，此费令之咎也。至某当道于办理交涉大事，不择人才之何如，而悬美缺以相诱，宜乎费令徒知希冀邀功，不顾干犯众怒，卒至祸发而不可收拾。则其识见庸瞀，办事荒谬，其人不足论，其罪尤不胜诛矣。总之，泌事已无论矣。方今棘手之事，未来之患其过于此者，奚啻万万。民教仇视，无日不可起衅；匪类隐藏，无处不可起事。吾愿嗣后疆臣于属僚才能，务须平时察访，勿致临时而委任非人，贻误地方。地方官之于教案，务须持平办理，勿囿锢蔽之习，迎合教士，致启外侮；勿徇偏执之见，抑制地方，致激内变，庶几乱其有豸乎！

《中外日报》光绪二十八年四月七日（1902 年 5 月 14 日）

鄂督派兵镇压泌阳等县教案*

探得河南省泌阳、桐柏、唐县教案，闻因惩办席小发后，地方不服，又复起事。或云三县被围，或云三县已失陷，皆由鄂边电信不通，以致消息互异。鄂督张少保闻报，于初八九两日先后派护军左旗并武建、武恺共拨十营，委姚参将广顺督带，由火车至广水，起早驰往，意在防剿兼施云。

张制军又札委电报局委员朱二尹文学，星夜赴随州、襄阳一带安设电线，限月内告成，以通军信。

又闻前月杪该处业已开仗，官军民匪各伤数百，汴抚已调马玉崑军至泌阳。

《中外日报》光绪二十八年四月十四日（1902 年 5 月 21 日）

泌阳教案事*

探得泌案复炽之由，闻系官军因搜拿拆毁教堂要犯，剿洗数村，人民房屋牲畜几无孑遗，以至触犯众怒，群起抗拒。又探得湖北派往随、枣一带防剿之兵，已开差者为武建四营、马队数十名，至护军左旗四营虽有派往之信，尚未起行。督带则姚广顺、王某皆愿往，亦未定议。

《中外日报》光绪二十八年四月十七日（1902 年 5 月 24 日）

湖北派兵防御泌阳百姓反教 *

探闻泌阳乱事近日颇甚，虽初六日擒获乱民数人，即行就地枭示，而匪踪出没无常，仍不可测。

又闻鄂省大吏已派马步队四营，于初八日渡江，乘火车至广水驿，分赴随、枣边境，扼要防御截拿。一面请邓军门督饬练军，并饬襄阳道分饬原有各营暨绅团严密防范弹压。又闻襄阳提督邓军门日内将至省，与当道会商防剿事宜。传闻建四营到随州后，日有逃亡。盖该营勇丁汴籍居多，又有戕害哨官之谣，未知确否。护军左旗四营本拟十四拔队，又未果行。

《中外日报》光绪二十八年四月二十二日（1902年5月29日）

湖北随州探报河南泌阳匪乱复起禀

敬禀者：窃□州前将探查泌阳等处匪徒闹教滋事情形，并布置大概缘由，禀陈钧鉴。嗣经□□会同姜参将，督饬沿边各汛派定金九、金十乡勇防堵界牌口大五，金八乡勇防堵罐子沟大三及桃花堰乡勇防堵四十里境会五，大四乡勇防堵忤水关，并在最紧要之新城镇驻扎马队，以壮声威而资联络。半月以来，□州谣风少息，惟侦探河南情形，乱民暂伏，实未解散，一经逼迫，立即蜂起。兹于本月初一日接准界牌汛外委孙弁文才暨防营哨官函称：二十五夕绅保面称，新城河西饭店中偶来河南匪徒十一人，俱带洋炮短刀，在店中吃茶，即带队勇缉查，该匪闻信潜逃。二十六日，始聆行路人转述该匪之言：都说马队今日俱回随州，我们捎信来抢洋教，不料还有马队在此驻扎，我们仍回泌阳，于二十八日竖旗起手等语。至二十九日，又据新城街贸易人自泌阳归，其云：昨日早饭后唐、桐、泌交界高城店地方，居民挟前日锁拿杨姓之仇，相聚众数百人，俱执刀枪大炮，意在报复。适遇泌阳派来练军数十名，意在捉拿匪首，彼此立时接斗，该民被伤数人。顷刻愈聚愈众，添至数千人，又将马队及练军拒伤数人，生死未辨。至午该众转至安栅镇，将奉谕调处教案之正绅陈大兴、姚玉振二家住宅烧毁，打抢一空，妇女受辱。又将不肯随众闹教之良民所住村庄，火烧数处，横直数里，烟气遮天，炮声震地，惨不堪言。至申刻，四处无知之徒，各执旗炮，不顾生死，向前追赶。可怜良善之家，各率内眷四路逃躲等语。一闻此警，即派勇丁侦探，回报该处练军与民接斗，互相受伤，烧毁房屋，果然是实。练军仍回泌境。该民忽聚忽散，尚无定局，保护弹压外，合肃飞禀等情。并据北乡团绅盛泽春报闻前情。复经详细访查，北方谣言骤起，一日数警，难民率眷来避，固难拒而不纳，匪徒随众潜入，亦属防不胜防。匪徒乱民如由闹事处所泛滥奔窜，□州适当其冲，与襄、枣情形尤形危紧。姜参将所带马队不过一百五十名，分布各处，甚形单薄；乡勇心志不齐，更属毫无把握。事关大局，未敢缄默，可否仰恳钧座俯念□州防营单薄，教堂过多，酌拨步队若干，协同分防，以杜巨患，出自逾格鸿慈。□□为事机紧急，关系地方起见，理合不揣冒昧，禀祈大人俯赐察核，迅示祗遵。再□州北乡已由□□示禁谣言，劝民安业，并即会督营团，务将教堂边界加意保护防守，如果危急，即行电禀。四月初二日。

附录界牌汛致随州函　四月七日

窃于初四日又探得匪首陈老十、罗老六，于初一日带所聚之众，自盘古山寨下来，直抵安栅北侧庙左右，派饭于富户郝某家。将近二更，统领马观察派马步队数百，直抵侧庙地方，将匪围住，互开枪炮，敌至天明，匪等火药用尽，官兵始能进步，放火烧屋，匪等不能容身，争向外逃，被官兵杀死二十五人，又捉获四十一人，捆解泌城。兵亦受重伤数十人，生死未详其数。在闹事之人，应该如此烧杀，惟该处良善之家，未暇逃躲者，被刁匪痞棍乘此机会烧毁抢劫，不可胜计。虽未遭入州境，而相距未及百里，日久难免不效此尤。况随北一带旧谣复起。某人遵谕保护，遂诬某人为洋教；某官保护，遂诬某官系洋官，谣言四起，日甚一日，虽未敢于动作，无知之徒信以为实，若不早为设法禁止，将来必酿巨衅云云。

《中外日报》光绪二十八年四月二十二日（1902年5月29日）

泌阳教案之起因 *

泌案匪首逃入角子山，非兵力所能及，恐难弋获。锡中丞甚为焦灼，已派撤任南阳府傅太守凤飑及徐大令寿兹等多员驰赴南阳，与总教士安西满君商议。

此次泌阳教案，推原祸始，实由前任南汝光道许星翼所致。盖去年清结教案时，各当道以南路距省窎远，故札饬河以南各州县，凡有教案之处，径禀观察汇结。观察赴汉口与领事议偿款十三万数千余金。其实彼时各州县皆已向教士认赔议结，只唐县等二县未议可，观察并不提及，仅将所许赔款由电致延方伯，星夜汇给各州县，允赔者则仍由教士催取，有由官自给者，有官民各出半者。泌阳赔一万五千余千，以缺瘠派诸民者多已缴万千左右，民怨实甚，去冬曾聚众一次，观察犹漫不加意。此次事起，飞禀到道，观察毫无布置，迨省中得信发兵，则已缓不济急，论者归咎锡中丞，非持平之论也。

有苑名臣者，自称教民，本月某日赴项城县喊控呈称：奉教士命，赴邑属师寨设堂传教，赁寨主师某屋数间，钱已付给，不料师忽不令搬入，并集多人，将教友张之昌攒殴致毙，将尸投入左近沙河内，求即昭雪云云。该邑魏大令象新，即签差往拘师某。师家本小康，有乡望。大令固奇贪，去冬因细事拘师，至费百余金始得释，邻里皆为不平。忽见县差至，又知以教案被诬，群起鼓噪，人聚益众，邻村亦回应，扬言往毁附近教堂。适府中委员田大令金声驰至，竭力开导，允不令师某入城，众稍稍散。即细询案情，据师某言：某日有似营勇者二人，其一似曾见过，行抵寨中，向言来传教，请让给屋数间。即答以此系住宅，只书屋两间可暂托足，并允另为赁房。二人同言可不必留其吃烟，不顾而去。不料其即入城捏控，大令饬人向沙河捞觅尸首，无所得，即入城会同魏大令差拘，原告已不知去向。函询水寨天主教士鲍鸿儒君，复称并未遣人赴师寨设堂，教友中亦无张、苑二人，请为澈究云云。现在闻已通禀各大吏，饬各州县一体严拿苑某究办。

前纪归德镇拿获混元会匪头目二人，现在归德城中搜查甚严，城门傍晚即闭，抚委审问之赵观察尔丰已星夜回省禀明核办。

日前芦汉铁路西人某某赴省谒见抚台及交涉局，欲办河以南矿务。各大吏以拟自设公司，已派专员办理答之。

昨又探得河南泌阳乱事已渐平靖，匪徒于初二、初四两日，经兵大加惩创，已潜伏如故。湖北武建、左旗四营已于十三、十四两日赶到随州，又有护军马队二十名亦已到随，统带官为候选同知刘承恩云。

《中外日报》光绪二十八年四月二十三日（1902 年 5 月 30 日）

泌阳教案之处置*

省台得南阳消息云：泌案已将与安西满议妥，由前任泌阳现调通许之锡大令铎赔银五千，费鸿年亦可开复，盖以闹事时费到任甫匝月也。

《中外日报》光绪二十八年四月二十四日（1902 年 5 月 31 日）

泌阳案赔偿情形 *

上月二十八日，官军与泌匪开仗时，杀伤平民多人，民大哗，群遁入角子山。现在道府等官皆在泌城，官兵驻扎山之左近，相顾束手。

初二日，南阳府飞禀到省云：二十八日，泌阳匪首张云卿在高店与贾管带福昌所带营勇开仗，官军获胜。闻初五日抚院接南阳府来禀云：泌阳民人与官兵开仗，自初一寅时至初二卯时止，人民死者四五十名，生擒三十余名，村内烧死十数名。

闻又得密禀言：初二开仗时，马统领开玉受伤，蒋营官额受枪子伤，官兵之器械被夺去者不少。

闻唐县百姓又另聚一股，已有五千人，地方官将为首者之幼孙拿去，匪追不及，获差役八人，脔割之，并有欲劫狱之意。

锡中丞以泌事棘手，且其中多平民，操之过蹙，激变更甚，故甚为焦急。外务部严伤速行了案，络绎不绝。

省台以豫正各营均已远调，因电调柴洪山两营到汴驻扎。锡中丞以派往办理泌案之马、陈二观察未能迅获匪首，已严札申斥，并有摘顶之说。又派赵观察尔丰赴泌、唐、桐三县公干。安西满因泌案先要索五款：一、赔偿教民银五千两。一、从速缉获匪首严办。一、令地方绅士具结担保，以后不再闹事。一、费令到任未久，于此案有功无过，即须开复；一、此案实由前泌令锡铎卧治不理所致，应革职。经南汝光道朱观察与之婉商，今锡出银五千免罪。其余闻可照办云。

《中外日报》光绪二十八年四月二十九日（1902 年 6 月 5 日）

锡良派营县拿缉混元会会首 *

归镇所获混元会匪首韩明义，即前年裕中丞长所招拳匪中之一，事后迄未离豫，致被诱入会者约万余人。支应局书办李某之子亦在会，已拿获重办，供出各署吏役同谋者甚多。锡中丞派营县严拿，满城惶惑，几致激变。现虽由首县出示，许其自首免罪，应者寥寥。至匪首张妙松，据韩匪供出该犯逃逸之处，经归镇韩总戎悬赏查缉。

韩明义、李文玉二名已奉文就地正法。韩籍隶山东城武，为会中头目；李籍隶杞县，系由韩勾结者。

初七日，抚台接曹州镇禀，拿获弥陀会匪张贯一，供认刀匪不讳，惟张贯一供非上蔡人，究不知即张妙松否，请示办法云云。闻已札饬淮宁县，提前次所获之程润安，细审张之形状、家事，速行禀复。

混元会一名会元堂，一名弥勒会，供出各县入会者甚多，锡中丞已委员十三人分投查禁。

《中外日报》光绪二十八年五月一日（1902 年 6 月 6 日）

锡良派兵防堵泌阳百姓反教等事 *

锡中丞以直省民变，河北各县戒严，除派营防堵外，续委谢大令盈淋驰往临漳一带侦探，随时飞禀。

河北镇周镇军督带右军中营、右营移驻彰德、临漳等处后，营马队仍驻滑、浚一带。

向来参缺应归外补，抚帅所参尉氏、商水、扶沟三缺忽亦由部扣选，官场咸莫明其故。

卸署淅川厅宋梧岗直刺，上年所收厘金有漏报情弊，锡中丞委员密查得实，奉饬补缴六千免究。各牧令及各局员因收解款项不符，揭出罚解者甚多。

归德镇韩镇军缉捕勤能，此次拿获弥陀会匪，尤为销患未萌，抚帅忽牌示调省，不知何故。

候补道韩观察国钧，初六日又赴道口与福公司会商矿务。候补府于太守沧澜同时赴禹州密县查矿，闻豫南公司即拟设在禹州。

抚帅委员赴各属劝和民教，每员由司发给盘费银三十两，沿途不准受人供应，到后会同地方官周历各乡村，取地方首事保教甘结而归，识者咸讥其无益。

《中外日报》光绪二十八年五月五日（1902 年 6 月 10 日）

开封有弥陀会聚会 *

西五月十号即四月初三日，河南太康县函云：昨日闻说因归德府获有拳匪头目二人，是以河南巡抚特派员分往凡有洋人处所，详查大刀会中人是否有谋叛之意。此间虽亦略有该会中人，然为数尚少，或尚不致生事也。况此间近又禾稼丰登，即此亦可保太平；而民心又较一千九百年团匪乱时为和平，故虽有将乱之说，实不足恃也。

西五月八号即四月初一日，接据开封府消息言，有弥陀会八百名，在该处聚会，欲图将该处洋人尽行戕害。事为豫抚锡中丞所闻，立刻派兵往擒，业已散去，故现已太平如常矣。译五月初四日《字林西报》。

《中外日报》光绪二十八年五月五日（1902 年 6 月 10 日）

泌阳乱事汇述

按此稿所据，非一人之言，故前后有不符处，阅者鉴之。

泌事复起，实出意外。旋经河南候补道马观察开玉督率豫正军暨南阳练军，一再痛剿，杀毙匪众二三千人，捉获四十余人，立时解至泌阳，就地正法，枭示于泌阳四关。匪党受此巨创，又复伏处如前。

湖北武建左旗四营，系候选同知刘司马承恩督带，于十三、十四等日次第到随州。又有护军马队二十名，由陆路来，亦于十四日到随。十六日，三、四两营与马队开往边界，一驻新城，一驻天河口。一、二两营分驻随城邻近之十方庵祖师庙，侦探情形，再定进止。

十五日，有河南南汝光道委员直州判俞宝琦到随，因泌匪头目张云卿、胡会南即胡二少，有潜匿北乡戴寡妇家之信，抚台锡中丞悬赏二千金拿此两匪。道札内有拿获之委员、地方官，均由本道详请河南抚宪破格保奖等语。访查数日，尚无音耗。查戴寡妇之君舅名戴耀堂，即戴老九，当发捻为患时，经其出资团练，捍卫鄂边，颇著勋劳。嗣因驰救随城，殁于王事，老于军务者无不知之。迨戴耀堂逝世之后，其子亦不久物化，现系媳孙当家。其媳即戴寡妇。其孙名戴泽深，家有山寨三处，初为避难而设，均踞深山之巅；又有佃户千人，军装甚多，随北团练犹以渠家为巨擘，声势甚大，声名因之而劣。随北一带无非崇山峻岭，匪类出没之区，河南委员之来，非无因也。

泌阳教案已经南汝光道朱观察寿镛、豫正军统领马观察开玉、抚台委令查办教案之候补道陈观察履成，与安主教议定赔修教堂，给银五千两，抚恤被杀教民，查明另议，已定草约矣。已革泌阳县费大令，与安主教甚契，交卸后，安主教尚周济之，并有函托抚台奏请开复之说。

随、枣设立电报事，十九日奉鄂督张制军札饬，先行晓谕，俟委员到州，即亲身督饬差保人等，妥为照料，勿任愚民阻挠滋事。一面札委试用县丞朱文学，拣带学生，酌带器具物料查勘，接展安设。

泌阳乱民均已伏处如前，如不再逼，可以无事，但恐安主教不肯干休耳。张云卿本是已革书办，为安主教必欲弋获之人，是以豫抚悬此重赏。惟张平日为人颇能笼络乡愚，泌人无不称之。事后匿处之家，亦情愿保护之，可称怪事。

襄阳防营管带刘丽生、李星斋，由南阳府防次驰禀襄阳道云：泌匪罗振杰一股，经南阳镇蓝镇军调马步练军次第扑灭。程老十一股，窜匿盘古山，后因罗匪扑灭，自知势不能支，概行漫散，程老十潜逃无踪。四月十三日，陈观察邀同南阳潘令、新野钱令，赴靳冈教堂，会晤主教安西满，开议全案赔款修造教堂、抚恤教民之被杀者，共给银二万五千两。在逃匪首张云卿等，嗣后无论何县缉获，即行就地正法。已面立和约，画押寝事。目下宛境平静，人心亦定，恳转电禀督帅，可否撤防等因。当经襄阳道电禀两院，旋奉两院电云：刘、李二将准其撤防，并查明现在随、枣是否无需留营，禀复后即将派往之武建四营回省云。又闻张云卿改换僧装，曾到随州，现复不知去向，或云已回山东原籍，或云已赴安徽颍、亳、寿一带隐匿，未知孰是。

《中外日报》光绪二十八年五月七日（1902年6月12日）

百姓反对天主教索赔 *

西五月二十三号襄阳函云：数礼拜前警信迭传，皆言河南土匪作乱情事。而此间提督则奉香帅电饬，率襄阳兵大半往剿，致襄阳各绅士大为惶惧，深恐此间兵力单薄，一旦有事，无可为计。已而该提督遄返，人心始定。乃该提督回后，复接电音，谓河南又有乱事，因复前往，至今尚未回转。而所闻消息亦殊不佳，有言某道台被戕者，有言官兵大败者，又有言乱民多有为兵击毙者。传说纷纷，竟至莫衷一是。

至河南民人作乱之由，则言人人殊，亦莫得其指归。惟人民所最信者，则由天主教民索赔所致。一言此间人民之意，虽皆与乱民相同，然以北京政府尚且受亏，区区小民，更有何力对垒。因此亦以该乱民等所为为不智，深虑将来不知如何了结。而据最近消息，则言已有洋兵五百名在安乐登岸，前往河南攻剿矣。

《中外日报》光绪二十八年五月十四日（1902 年 6 月 19 日）

泌阳百姓反对官吏勒索*

西六月二十号湖北函云：河南南阳府之乱，本不足奇，以巡抚锡良及该处藩台仇视外人之心，人固无不知之，而该二人于二年前袒庇团匪，仍能保其禄位，人亦无不知之也。此次倡乱之人，为泌阳县署文案及一武举。其起事之由，则因泌阳县因赔款事勒索过甚，致民间不能忍受，欲攻教民，以图移祸于官。于是遂将教民房屋焚烧一百六十间，教民之被焚及被戕杀共有十四人，无家可归者则有一百四十人。锡中丞亦并不将实情奏明，惟言因摊还赔款抽捐，百姓不服，以致作反。其言盖欲恐吓外人不敢索赔，以致为异日之累也。观近日情形，吾英商民似谓进口税既加至值百抽十五，内地厘卡即可一律裁去。殊不知华官在内地抽税之法，不知凡几。予犹忆前数年，有一俄商前往甘肃兰州贸易，已在肃州纳税矣，而购货之华人一二年后，忽有一委员至其店，令将帐簿呈阅，任意抽取其税。该店以仅令纳税而不罚其与外人交易，已是快足于心。故以后凡商民纳税，必向委员索取收据，则勒索之事自见矣。

《中外日报》光绪二十八年五月二十六日（1902 年 7 月 1 日）

西报论教祸必将复作

翻译各教之名目颇非易事，有时不能分别，以致误会之处甚多。

联军武员某曾云：中国两年内将复有乱事，其祸必由天主教民激怒华民而起。予等推议此事，不必分言曰某教某教，但详言之曰教会即可。至果为何教之过，人自知之，不待予明言也。联军武员某所云复有乱事一节，予等亦以为然，因民教龃龉，各处皆有，可知祸机已伏于此。一千九百年团匪之乱，虽不能归咎于传教之人，然以目下情形预测后来，不能不防教民之生事也。虽皇太后屡以荣衔移赠教士，欲求民教相安，然此事岂一日所能见效哉？

民教不能相安，半由教士干预词讼之故。平心而论，教士原应保护，教民不受官吏刻待。至华官办理寻常案件，有故意枉曲教民者，教士亦应代为伸理，然不能以教堂之权力助新入教之人，为之代理年久而与教事全不干涉之案件。至教士准教民持己名片至官署求情，此与置炸药一包于教堂何异。虽华官不谙外国事例，或袒民枉教情事，以致教士忿怒，亲自代为伸理。然细思之，教士之小心从事者，有时亦不免为教民所愚。予谓教士莫善于设立规条，凡遇案件与教务无涉者，概不理会，而华官即以极力保护教堂、学堂、医院、教民为报。各国公使亦应守此规条行事。近日中国政府时以官衔赐给教士，教士之心不免为其所动。所赐之衔有与道台等者，有与督抚等者，其荣幸为何？如譬一省中有三教士其衔与督抚相等，亦何怪百姓以为教士之权较华官为尤大哉。闻某省教士有为华官向大员代求差事者，将来各员报答之厚可知。故教士中文明达者，现均以昔时款待教士之法为然。昔之待教士者，初非视教士如官，不过视为游历及有学问之人，故彼此晤谈俱于民教有益。

更有一事可异，即教堂加增产业是也。教堂而有产业，实为大累，此已见于非律滨群岛。现非律滨教民与美政府尚未议妥此事。且教堂一有产业，实有碍于政府，故中国不可不留意于此。昔教士在内地增置产业，颇非易易，今则不然，教士所置产业，不仅在通商口岸，即各内地城镇亦均有之，华民田亩之押于教士者亦不少，房屋之在城邑者，虽册内未注明教堂之产，然为教堂之产实甚多。华官似无法能加阻止。至华政府又不明此事之关系，故未明立则例，声明教堂只能购地为建筑教堂之用。至购买物产以增广教堂基业，实宜限以定制。总而言之，教堂办理教中事务，须悉改旧习，否则民教断不能安也。至李提摩太君与樊君协商民教相安规条，所益甚巨，但不知李君等能否有权使各教士遵行耳！中国从前办理教案不善，以至为今日之尤，然欲求民教相安，务须教士同心，极力善待中国官民，无偏无倚，斯为益乃更大耳。以上译西七月十七号，即华六月十三日《文汇西报》。

《中外日报》光绪二十八年六月十五日（1902 年 7 月 19 日）

豫省教士保奖单

法主教司德望向在河北彰、卫、怀各属传教，此次复议武安教案，该主教等和衷商办，迅速了结。经锡中丞查，该主教司德望前已蒙恩赏给二品顶戴，拟请赏戴花翎；副主教梅占魁，教士高士廉、白玉华，拟请赏给四品顶戴，以资观感。

法主教安西满向在南阳府一带传教，上年蒙恩赏给二品顶戴，此次于泌阳教案商办甚为持平，经锡中丞奏请传旨嘉奖。又三品衔副主教何安业、倪三多，均奏请赏戴花翎五品军功。又教士时慎修，奏请赏给都司衔五品顶戴。司事刘宝森，请以从九品归部选用。

《中外日报》光绪二十八年六月二十三日（1902 年 7 月 26 日）

豫抚锡奏陈议结泌阳教案折

奏为教案议结，缮具清单，恭折仰祈圣鉴事。窃照泌阳教

案，前经奴才会督镇道等，拿获要犯，讯明惩办，暨两次剿扑刀
匪情形，均经奏明在案，并懔遵谕旨，敕将教案赶紧了结，迭札
候补道陈履成，会同南汝光道朱寿镛，督饬印委与该主教安西满
妥商去后。兹据该道等将泌阳各处教案一律议结，书约画押，先
后禀复前来。查泌阳匪徒张云卿等，因抗摊赔款，勾结刀匪滋
事，教堂教民一时同遭蹂躏，其房屋器物大半拆毁损失，至被难
教民虽经奴才妥饬抚恤，而扶老携幼逃避靳冈教堂者，亦复不
少，该主教安西满供给食用自属不资。此次商办赔修教堂及教民
房屋，以及添补一切器物各项费用，再三辩驳，始以共需银二万
六千两议定。唐、桐、泌三县素称刀匪出没之区，案若久悬，尤
恐群疑莫释，枝节横生，既经该道等议明完结，自应照准。当饬
藩司设法腾挪，依限清交。所需款项，伏乞圣恩俯念豫库支绌，
准其作正开销。仍一面督饬地方文武及防练各营，购线缉拿首要
各犯，务获究办，并妥抚善良，保护教堂教民，务使相安，以期
上纾宸廑。所有此次议结出力各员，除朱寿镛系本任南汝光道，
毋庸议叙。查候扑道陈履成、南阳县知县潘守廉、新野县知县钱
绳祖，顾全大局，劳瘁不辞，不无微劳足录。惟该道陈履成前已
保有二品顶戴，并蒙恩交军机处存记，应如何奖叙之处，奴才未
敢擅拟，伏候圣裁。其南阳县知县潘守廉、新野县知县钱绳祖，
拟请敕部从优议叙，以昭奖劝。除咨外务部查照外，谨将教案议
结条约，敬缮清单，恭折具陈；伏乞皇太后、皇上圣鉴训示。
谨奏。

奉朱批：陈履成等均著交部从优议叙，余依议。单并发。
钦此。

谨将泌阳县教案议结条约，敬缮清单，恭呈御览。

一、议首要各犯，除席小发等三名业经正法，两次开仗格杀
罗臭粪等多名，分别讯办外，所有张沄卿、程老十、罗振杰严
办，并杀死教民凶犯抵偿单内所开，分别轻重商办，其余胁从，

一概宽免，以安众心。

一、议逃往靳冈教民，由陈道委员分别送交唐、泌、桐县官，传各地方绅士首事出结保护，以期永远相安。如保护不力，惟该官绅营汛是问。设教民内而不愿归里者，由地方官协同教堂司事刘宝森等，将伊产业按公费变卖。

一、议泌阳县西关、桐柏西乌金沟、唐县东北乔庄三处教堂，全被扒毁，及堂内所失器物等件，并来往打电送信各项花费，以及唐、泌、桐三县各教民家被扒毁房屋，抢掠器物、牲口、粮食等，及抚恤被杀教民家属，总共议结赔款汴平银二万六千两。除收过银一千两，下余汴平银二万五千两，由陈道经手汇至汉口，五六两月汇交清楚。

一、议泌阳西关教堂既经被毁，应由地方官妥将泌阳城内另寻一宽大宅基，其价若干，由教堂发给。

一议泌阳肇衅，不知者佥称咎属教民，其实为愚民误会偿款之义，兼被张沄卿等从中造谣煽惑，鼓荡酿乱，请饬各地方官分别晓示，以析众惑，俾民教永远相安。

一、此次约定后，自本年二月初七日起，四月十五日止，所有唐、桐、泌三县民教纠葛之案，无论已控未控，一律清结。案内首要各犯，由安主教开单指拿，教民不得再行挟嫌指控，以免拖累，庶民教从此相安。

一、教民所失文约，补给印契，免出税赀。

奉朱批：览。钦此。

《中外日报》光绪二十八年六月二十三日（1902年7月27日）

论锡中丞力辞留豫事

自庚子拳匪肇乱后，教士之权力遂骤增。去年一岁中，朝廷所惩治诸人，除著名诸罪魁外，其余外省诸员率由教士禀诸各国公使，公使请诸朝廷，假如教士以为某官也确有主持乱事之实迹，非正法不足以申公忿，则朝廷即将其人正法矣。又如教士以为某官也实有保护不力束手坐视之咎，非予以充发革职处分不足以示惩儆，则朝廷即予以充发革职处分矣。夫就事理言之，当两宫至太原以后、和约未开议以前，朝廷早当取主持乱事诸重臣尽法惩治，不留一人，以示补救之意，以杜邻国之后言。乃政府诸臣计不出此，各省督抚虽有以是为言者，亦置之不省，即外省酿祸诸员，亦未闻饬令各疆臣先行惩治。由是外人指摘一人，则为之惩治一人，外人指摘多人，即为之惩治多人，徒有应付之策，并无占先之着，节节落后，事事失机。盖自是生杀予夺之大权，几几乎不在朝廷而在外人矣。其有并无罪名误被牵连者，亦必待教士为之声诉，公使为之闻脱，始有销去处分之望。

今年七月间，直督袁制军奏请将元城县王锦阳、武邑县石主坊二勇撤销处分，略言准外务部咨，以准法使鲍渥照称，前由各国惩办中国官员罪名清单内有直隶元城县王锦阳、武邑县石主坊，详查实无获罪确据，自应开复，已婉商各国详为剖述，各大臣均以为然，可于获罪名单内撤销等因。按二人之被惩处，如实情果属冤屈，则疆臣早当为之辨白，乃其始则但徇外人之请，含糊处分于先，其后则又徇外人之请，极力表白于后，是则二人之得以复官，不必感激疆臣之持平也，亦不必感激朝臣之恩典也，直感激法国公使可矣。夫官场中趋炎附势之习，据之流水，决诸东方则东流，决诸西方则西流。今朝廷于生杀人予人夺人之大权，一惟外人之言是听，则是朝臣无权，外人有权。彼为官吏者，亦自知得罪朝臣犹可挽回，得罪外人无可解免，则亦何怪其移其排外之习转为媚外之计哉！其尤黠者，则知我苟不得罪于外人，即可安于其位矣，我再能得外人之欢心，即可唯我所欲为矣。于是有欲得美缺优差而托教士为之阐说者，有署事期满而托外人为之保留者。五月间某中丞获膺边疆巡抚之任，论者颇有微词，谓某国公使实干涉其事，虽无实据可指，然识者见微知著，则窃恐某中丞所得者尚属有限，而某国所得者实为无穷也。前者河南巡抚锡中丞调任热河都统，而某教士特为之保留，执笔人不知教士此举果属何意，将谓因公起见，谓豫抚一任非锡中丞不可耶？抑谓锡中丞实有德于教会答特留之，以藉其庇荫耶？抑藉是以见好于锡中丞，而冀其日后之酬答也。夫巡抚统治全省，察吏安民，其责甚重。今朝廷若因其为教士保留之故而即令其留任，则非特黜陟大吏之权已授诸教士已也，并且令锡中丞终其身于教士掌握之中，一举一动悉不得自由，遇教士有所陈请，固将为所挟持不复能拒绝矣；遇民教有所龃龉，虽明知曲直有在，亦不复能主持矣。其所关系，实非浅鲜。夫部民不准保留地方官，中国之定例也。教士不得干预官事，中西之成约也。教士不足论，我国家当此政权坠失不绝如线之时，岂可不兢兢保持以为万一之补救。是则锡中丞之力辞留任，固万不可少之举，而亦足愧夫世之倚恃外人挟制朝廷者矣。

《中外日报》光绪二十八年八月一日（1902年9月2日）

孟县农民反抗征粮改用钱数[*]

河北怀庆府属各县向日征收地丁，均系银数，今春抚台张安帅因添练常备新军十营，饷项无从筹措，特仿山东奏定章程，征粮一概改用钱数，以大钱二千四百文合银一两。前月孟县征收上忙地丁，各农民均不愿照新章完纳，竟于二十六日聚众数千人至县署，将三堂放火焚烧。河北镇周受卿军门适在卫辉公干，闻信立即驰往该处弹压。

《中外日报》光绪二十九年四月三日（1903年4月29日）

河南民变详志

　　河南孟县以钱粮改征银为征钱，因县令某明府办理过于操切，以致百姓不服，聚众入署，声言仓库、监狱概不骚扰，惟必欲得某令而后甘心。署中勇役开枪相拒，伤毙民众数人。某令见已酿祸，即令纵火焚署，微服入省，极陈百姓抗粮围署情形。省台派两营前往，百姓聚集益众，定期十五日复仇，以与官兵力抗。现某令已撤任听候查办。

　　钱粮改章之故，实因筹饷练常备军而起。锡中丞在任时，曾有人条陈及此，中丞以恐扰民，批驳不准。嗣延方伯以款无可筹，遂请张安帅奏明办理。凡向来换银各户本已观望，孟县事一起，各县遂相继效之。按孟县为怀庆府属。

　　温县民围城入署，殴毙县勇一名。河内县苗某被百姓殴伤。密县民入署，逼县令陶某出据永不改征，并盐斤加价亦无豁免。按温县、河内县亦怀庆府属，密县系开封府属。

　　修武、浚县、滑县民遍布揭帖，欲杀铁路、矿务各两人，韩观察紫石适因公在省，得信星夜前往，拟令各西人至道口暂避。按修武县亦怀庆府属，浚、滑二县为卫辉府属。

　　外务部袁宫保于初九、十日相继来电询民变缘由，闻迟至十三四尚未发复电。

　　河南府合属百姓将钱粮一概停纳，惟尚无乱事。以上访稿。

　　《中外日报》光绪二十九年四月四日（1903 年 4 月 30 日）

汲县令受贿自尽*

　　卫辉府首县汲县知县郑令克昌，天津人，素奉西教，系捐纳出身。自前年到任后，所办之事多不理于人口。去腊有滑县盗案要犯七人收在汲县监内，当接奉豫抚钉封将七人尽行就地正法，郑令因受贿一千四百两将某释放，只将六人处斩。豫军炮队营官王金升查悉此事，立即禀知张安帅。当经安帅于正月初间调郑令晋省对质，查得确据。正在参劾之际，郑令之子某与法国教士白玉华素有交谊，遂冒该教士之名函致张安帅，请将郑令从宽办理。不料被该教士查悉，郑令自知难免严谴，遂于正月杪吞烟自尽。其灵柩现已运至道口河西某处埋葬矣。闻此案尚有许多情节云。录《天津日日新闻》。

《中外日报》光绪二十九年四月五日（1903年5月1日）

河北民变详述

河北怀庆属温、孟、河内等县，因加赋改征，纷纷滋闹，已见前报。兹续接豫函云：豫省此次加征，系延方伯为招新兵十营操演洋式枪炮经费之需，不意竟肇此乱，故刻下招兵一举，闻已暂从缓办。而孟县孙小秋大令已经方伯牌示撤省，另候查办。闻方伯之意，此次北祸皆由县令办理不善严追管押所致，迨哄闹衙署，孙令又令队勇放枪击杀六人，故有不止革职之说。目下省中抚标精锐等营渐有开差至河北一带弹压者。因闻河北闹事，各州县百姓尚聚集未散故也。至河南府陕州一带办理加赋，百姓亦均不肯照完，并有欲效河北举动围城者。幸各县亲赴四乡婉言劝慰，谓前完若干，今仍暂完若干，如各府县均加，尔等亦当补缴，倘或上台能以宽免，则决不多取分文云云。因此四境安贴如常。然收数不踊，恐终难有济也。

又西报接河南卫辉府上月十六日信云：距怀庆府五十里孟县民人焚劫衙署后，即窜至怀庆府，当时聚有数千人，分为两种：一为加赋激动之民人，一为乘机滋闹之小刀会，并揭帖定期先抢怀庆府后再灭洋。届期迫近城关，除民人各携扫帚外，小刀会则携刀枪，以致城中居民大乱。幸该府镇静，独骑出城御敌，相遇时极力劝令解散，略谓：尔等如有不平，本府尽可代为申详，如尔等有意闹事，则请杀本府，然究竟于事无益，且有后累云云。言时该府身已受砖石，但渐言渐退，迨退入城内，即饬令闭城，致被各人焚毁城门一段。至晚而散，后即无事。按该府此举颇具胆略，殊令人佩服，因此日该府如此行为，实免伤民命也。

至孟、温两县民人，仍稍闹事，惟无聚众起事之险。并闻孟县已拘戮小刀会匪数人云。录四月十二日《天津日日新闻》。

《中外日报》光绪二十九年四月十九日（1903 年 5 月 15 日）

纪河南民变缘委

昨得河南来函，言该处民变之事，实由升任贵西道河南府文太守所酿成。爰详记于下：

文太守自奉命调贵西道后，以道远缺瘠不欲往，适值洛中钱粮改章，遂电禀方伯，略云：洛民信某深，请得一手经理此事，无遽委人。方伯漫应之。不数日而部文到，遂委王太守继香往署，文太守闻之颇愤愤，见人即言洛中近来民鲜盖藏，岂能任意加赋。本府在必另有处置，今已将交卸，无能为力，然入省见上台，必竭力为民请命云云。

南乡各民闻之，首先聚老幼四五百人赴郡挽留，太守每人给钱五十、席一床，令住城隍庙听信；一面带印入省，以危言耸上台之听，谓必酿大事，非再去不可。王太守素以长厚称，迹近颟顸，不与文太守商即择吉赴任。文太守益惭怒，遣心腹高某扬言，王太守偕二洋人往，将建教堂。盖王太守须带黄色，人夙以二毛子呼之，故云。然洛中百姓遂愈聚愈众，王太守急闭城门不令入。十七日晚，省台连得洛阳三电，方伯颇慌遽，而文太守遂折回洛中，既不与王太守印，又复恫喝侮弄无所不至。闻其致王太守函有云：鄙人复入洛，百姓郊迎，呼青天大人者不绝于道，而不满于君则实甚。上宪实亦有知人之明，故第奉命复至，君一时得接任与否，非所敢知。末云：蒲留仙有言欲速反迟，此之谓也云云。王太守既不得受篆，又不能回省，颇为懊丧。延方伯亦无奈何，遂谓王为无能，欲其请病假，奏留文太守暂缓赴黔。张中丞未之允，而又无他办法。现在河南府合属除新安及某县外，余均相约不纳粮云。

本馆报：张中丞旋奏请以文太守与河南陕汝道崇太守对调，奉旨申斥，已见邸报矣。以上访稿。

《中外日报》光绪二十九年四月二十九日（1903 年 5 月 25 日）

郑州百姓反对门丁借案讹索*

郑州百姓聚众滋事，闻因县署门丁借案讹索某富户所致，已驰禀请兵，尚未派往，闻新郑、中牟亦蠢蠢欲动。

传闻河内温、孟等县遍出传单，定十五日集众会议。

河南府文太守悌，于钱粮改章并无善法处之，百姓以聚众之故，所费颇不赀，颇有怨太守者，云：彼自称系朝廷懿戚，故吾辈以为必可作主，若仍令我们照新章完纳，则王大人亦是一样，何必多此一举。故文太守现在颇有欲罢不能之势。

文太守初三出示云：现在钱粮必须照二千四百完纳，二三年后本府得升豫藩，必为改章。百姓遂益不信服。

文太守日前上禀，略云：王守前曾办洛属煤厘，以短数禀请撤委，今万不可复令预闻，已委三府谢某接办新安礦局、巩县煤厘局云云。并盛称谢通守系袁制军所赏识，只因淡于名利，故未前往，堪令暂属府篆。上台得之深怒其妄，然莫敢谁何。

日前有人禀请延方伯试办彩票，额设万张，每张售一千，头彩二千元，共七百二十彩，合洋一万二千余元。凡得彩者提二成作为报效，若票不售罄，头彩可临时酌减。其章程颇多疵病，闻已交捐输局核议。以上访稿。

《中外日报》光绪二十九年五月五日（1903 年 5 月 31 日）

新郑县令请更改车马局积弊 *

河南府王太守继香到洛已将两月，仍未得接篆，已决计请病假，而文太守悌忽出而挽留，谓十五六必可交印云。

文太守悌于初八九日上禀上台，请即交卸，以顾大局而遏习风云云。其本心实因知难而退也。

新郑县王大令溥因车马局积弊甚深，当即禀陈办法，请将章程更改，讵上禀后即被支应局批驳。大令复禀辨论，语颇倔强。支应局总办怒诉诸延方伯，允为周旋，于十八悬牌将王令撤省。闻者咸谓其冤。以上访稿。

《中外日报》光绪二十九年五月九日（1903 年 6 月 4 日）

志祥符东乡乡民聚众详情

祥符因办沙压，以致乡民聚众，已于初三日据专电登报。兹得开封来函云：探得东乡簿店、治台两村，聚有四万余人，陈小帅恐毁坏电杆，令常备军前往保护，不意乡民竟敢用武。常备军不得已与之对垒，彼此互有损伤，当获住六十余人，解送来省。其为首者，系回教中人，姓李名元庆，本系白莲教匪徒，治台村人。所捉六十余人之中，内有李元庆之侄。前月念九夜，祥符孔大令在抚署审问，据云均系良民，既不滋事，又不抗粮。询其何故聚众，据云有传单知会，如不到者即火焚其居，故不敢不去。严讯一夜，仍无确供。现孔大令出示悬赏，如有捉到李元庆者，赏银一千两，余人概免追究云。

闻东乡自茶冈至小黄铺、招讨营一带，约二十里之遥，所有电杆均被砍毁。大府当委陆直刺文治、张大令书绅并交涉局两员前往查看。陆、张二公闻均易服潜行，不敢公然前往云。

簿店、治台一带聚众，前月二十九日，闻仅有四万余人。初一日，探马回云，现约有六七万之多，并闻陈留县已闭城两日，考城县一带官兵业已与乡民对仗，胜负尚不得知。盖彼处有颍州、亳州两处匪徒从中煽惑之故。又闻陈小帅业已电调河南府驻扎之精锐营前往，大约须大相攻击也。

《中外日报》光绪三十年十月十一日（1904 年 11 月 17 日）

开封乱事详情（百姓反抗征收租税）

西十一月十号（即十月初四日），本馆河南太康县访事来函云：此处接有消息，言及开封府事。余闻该城几被围困，若无兵士护送，则不得擅在城内出入。村中人民半系乱党，又不将彼等之谷米运入城内。余闻此次激乱之故，实因该省藩台欲征数年前黄河淹没地方租税所致。彼谓此两年间收成甚佳，故须交纳地租，然农人不允，决意相抗。闻有人数千名，聚于城东二十里之地面，预备作乱。如此乱一起，其所最为可惧者，恐本省私会中人必将借此机会，到处煽乱也。传言有山东盗匪多名，已经阑入省境，若不能抗拒官兵，则定即自行解散。有来本城之商家，已有因途遇该盗而被劫夺其货者。凡带有贵重物件来往此间者，甚属危险也。译十月十二日《字林西报》。

《中外日报》光绪三十年十月十三日（1904 年 11 月 19 日）

豫抚陈奏陈乡民滋事电

豫省粮赋缺额，以祥符为最多，前经奏明遵旨设局清理，并责成地方官会同绅士周历查办，由县发给执照，谕令村民凡有已垦荒地，分别全熟、半熟、轻荒、重荒、废荒五等，开明亩数，自行填注照内，酌定年限纳税。上等每亩纳钱百文，中等递减，下等宽免，俟数年后再行升科，以示体恤。现虽据陆续开报，惟多年积弊，一旦切实清厘，乡愚未尽乐从。且光绪十年，鹿前抚曾饬清查，因民情不顺，事遂中止。诚恐狃于积习，群聚阻挠，前经附片陈明。乃多方劝导，竟有刁民造遥惑众，拦阻粮食、柴草入城。迳经出示晓谕，并饬该县亲赴各乡查看，近日粮食、柴草业已入城。该刁民计无所施，竟散布传单，纠集多人，将茶冈一带电杆砍断，实属目无法纪。现经访闻，系东乡李姓为首滋事，已派弁兵驰往查拿首要，务获惩办，并将附合之徒一律解散，倘敢抗拒，即行围捕，以遏乱萌。仍当督饬营县，分别良莠，妥慎办理，并保护铁路教堂，以靖地方。伏祈圣鉴。请代奏。奉旨：电奏已悉。著即遴派贤员，查拿首要，务当妥慎办理，分别解散，切勿操之过急，致酿事端。仍将铁路、教堂认真保护，毋稍疏虞，是为至要。

《中外日报》光绪三十年十月十八日（1904 年 11 月 24 日）

河南祥符乱事余闻

日前东乡乡民聚众四万余人，大府派常备军前往捉回六十余人一节，已志本报。兹悉该处乡民本系乌合之众，并有四万之多，并无法纪，闻大府欲行炮洗，遂悉皆逃窜。

日前茶冈、小黄铺、招讨营一带，电杆尽被砍毁，大府前委陆、张两君前往查看，现已探明回省。据云：电杆被毁一百零一根，该处乡民仍理旧业，若无其事。大府当委首道、首府、首县前往各处安抚云。

闻瑞方伯、钟廉访并开封府守、祥符县令于营务处亲审被捉之六十余人，无罪者均行释去。内有一乡民及某寺两僧不放，盖乡民系砍死常备军勇目者，僧人系撞钟聚众者，闻均欲重治其罪云。

首犯李元庆日前在某处自尽。兹探明李元庆本欲逃往山东，邀集匪徒前来恢复，只因年逾六十，无力奔逃，遂于陈留、杞县交界之某镇自缢。现某县于初七日将该尸解送来省，闻须戮尸，发往该处号令云。以上访稿。

《中外日报》光绪三十年十月十八日（1904 年 11 月 24 日）

豫抚陈奏报祥符乱匪业经平靖电

此案昨派营官杨荣泰带队驰往弹压解散，甫至治台村外，只见四面举火鸣钟，聚众猛扑，竟先将哨弁李玉林砍伤甚重，并伤护兵数人。各兵上前救护，辄敢开枪拒捕，致被登时格毙四五名，擒获五十余名，而为首之李元庆乘间逃脱。现饬营务处讯问，均称李元庆勾结匪徒，藉端滋事，业经悬赏购线严密缉捕。所获之犯内有李元庆弟、侄三人暨下手伤人之犯，当经暂禁讯办，余俱保释。一面出示谕令各安生业，勿为匪徒煽惑。遵旨派开归道曹福元、常备军翼长袁世廉，亲赴各乡安抚良民，饬将首犯缉获惩办，胁从一律解散。并饬各防营查缉匪徒，勿令潜匿，免滋事端。被毁电杆十余里，已饬勘修，铁路、教堂认真保护。现在地方安谧，堪慰宸廑。请代奏。

连日曹道等督同府县，驰赴各乡，分投抚谕，居民安堵如常，迁徙者一律来归。并据禀称匪首李元庆逃至陈留韩冈地方，畏罪自尽。当饬祥符、陈留二县，带领该匪之族邻地方人等驰往公同验视，确系正身无疑，竟伏冥诛，人心大定，不致再有他虞。除将现获之犯复讯确供、分别办理具奏外，请代奏。

《中外日报》光绪三十年十月十九日（1904 年 11 月 25 日）

新野县令勒捐激变

新野县叶大令因勒捐民间学堂经费，致激众怒，聚集多数之人围衙拆署，几酿大变。省吏闻报，当即派员前往，查得实因叶令办理不善所致，已由藩司牌示撤任，改委莆书岩大令前往署理。

《中外日报》光绪三十一年五月二十五日（1905 年 6 月 25 日）

河南潼关兵变阌乡失陷述闻

昨得六月初一日河南省城来函云：潼关之官兵忽于某日作乱，豫抚接到电报后，即派陆直刺文治往查。昨又接电报，知阌乡县已经失陷，又急调常备军两营前往收复。闻倡乱者以仇教为名，附和者数万人，不知能速平否。

《中外日报》光绪三十一年七月九日（1905 年 8 月 9 日）

西平匪乱续志

西平县会匪聚众，探悉周家口仁义会头目系西平人，以百姓受教民欺压，官不持平，大动公愤，角子山会匪亦其党羽，招之即至。邑令得信，先闭城门。该匪啸聚百姓，攻克城门，衙署被拆，教堂亦毁。遂平、郾城接近县境，居民迁避，车辆塞途。现在南镇练军及豫正营马步队抵该县，匪势从容布置，仍不畏惧，恐一时难扑灭也。

《时报》光绪三十二年三月十八日（1906 年 4 月 11 日）

泌阳县令以民教相仇案撤任

泌阳教民甚多，昨因百姓与教民小有龃龉，教民大肆其威，百姓痛恨，彼此争执，教民死三人。教士谓百姓仇教，函告交涉局，历诉赵令师萧办理不善。上宪以汝宁府属正在闹事，悬牌撤任，委林再欣往代，以为不善交涉者戒。

《时报》光绪三十二年三月二十八日（1906 年 4 月 21 日）

鄂督派兵剿办西平县仁义会

河南西平、遂平两邑间聚有匪徒七八十人，以扶清灭洋为旗帜，势甚汹汹。该地距汉口较近，鄂督闻警即派施鹤道桑观察带常备兵四营、炮马队各一营驰赴该地剿办。

《汇报》光绪三十二年四月一日（1906 年 4 月 24 日）

西平周家口仁义会揭竿起事

河南周家口有仁义会会匪，头目名吴太山，又有分头目二：一姓王，一即苗金生，自立旗帜揭竿起事。其党现有七八千人，吴头目自称天王龙德元年，其狂悖之情已堪想见。

《汇报》光绪三十二年四月五日（1906 年 4 月 28 日）

西平周家口仁义会与官军对峙

河南西平县周家口仁义会匪目联络角子山羽匪，其势汹汹。邑令得信，先闭城门。该匪啸聚百姓攻进城门，衙署、教堂均被拆毁。现在南镇练军及豫正营马步队均抵该县，而匪党亦从容布置，绝不慌张，恐骤难扑灭也。

　　《汇报》光绪三十二年四月五日（1906年4月28日）

新野匪警（西遂会匪抢掠厘税局）

　　新野民情强悍，素称难治。近闻西遂会匪窜入县境，勾串刀匪，煽惑百姓，已将厘税局抢掠，幸教堂尚未被毁。南汝道咨请南镇派队前往矣。

　　《时报》光绪三十二年四月二十三日（1906年5月16日）

乡民抗捐电请拨军弹压

　　前报曾志河南府之乡民聚众抗捐，兹悉刻下犹未能一律解散，该府之关林地方近更结连庄会，特抗花布等捐，势尤猖獗。太守刘以兵力不敷，深恐旷日持久益滋蔓延，日昨特电请抚宪酌派常备军若干，驰往弹压一切。

　　《时报》光绪三十二年九月二十日（1906年11月6日）

因捐聚众滋事

　　河南府关帝塚地方聚众滋事，已志各报。兹得确实消息，百姓痛恨各捐，大动公愤，势甚汹汹。郡守刘更寿请兵弹压，已于日昨派常备军两营前往矣。

　　《时报》光绪三十二年九月二十六日（1906年11月12日）

河南吏治腐败[*]

　　归德界连山东曹州各属，邻境盗匪之横亚于两粤，其捉人勒赎动辄数千金。合计今岁两省约得十余万金购买快枪，惟曰不足。两省官军非猫鼠同眠，即闻风远避，言之可为寒心。若仅仅派勇驻防，不事剿捕，捻匪前车大为可虑矣。豫中吏治腐败，幕学荒落，积案数百，有拖延至二十余年者。近来州县无一久任，通省一百零七，在本任者仅三十七人，调署者二十余人，署理者十余人，代理者亦三十余人。当道以州县为情面应酬之地，吏治又安有起色。

《时报》光绪三十二年十月二十三日（1906 年 12 月 8 日）

请看四五名学生之学堂（开封）

汴省学界办理之敷衍，久著于世。刻经开封府石太守调查所属各小学堂情形，汇订成册，上禀学司，内开：每学堂学生仅多不满四五名者。学司批词一道，颇能将该守禀中情形提要钩元，今节录如下：

表折均悉。该郡阖属各学堂办理多不合法，该守禀中声叙指摘各节，毫无疑义。学生名额，每一师范传习所至少必须四五十名乃足一班，高等小学如之，每一初等小学至少必须三四十名乃足一班。查各属学堂表，陈留之师范生竟止七名，中牟黄店高等小学生竟止五名，祥符蒋公祠高等小学生亦止十名。至阖属初等小学生各堂不及十名者，尤占最多数，中牟且多止四名、五名者，密县公立小学二十九堂，共止学生百三十二名，则每堂皆不及五名矣。以四五名或七八名学生谓之办一学堂，得乎？仰该守仍分别悉心考核，极力督饬，以图学界进步，为各郡之表率。本司有厚望焉。此缴。

《时报》光绪三十二年十月二十七日（1906 年 12 月 12 日）

汲县毁学纪闻

卫辉府汲县小学堂，现任学务公所议长李敏修比部所设立也，左邻某庙，而右邻教堂。该堂地基狭隘，苦无体操处所，当事以密迩庙院也，爰假为操场，为日已久。乃某日学生才在操场拟习体操，有某生昌言泥塑木雕踞坐大殿，而众生参拜之迷信孰甚，此中国不振之大原因也，非去此物不可。少年鼓气，一唱百和，立将泥像移置诸河。众心大愤，乃举代表绅士数人，于十一月初一日县令行香城隍庙时，于庙之大殿中晋谒致词曰：神究可敬耶不可敬耶？县令身当此际，只得应之曰唯。乃遂以学生移某庙像事告，要求以应曰该堂另行塑建并演剧致歉，县令允作中人调停，商之该堂。该堂知众心难犯，允其请，惟塑像改为致送木主，众亦认可，约期演剧。不料该堂中途反复，届期只送木主一具，并不演剧。是时该庙聚待观剧之人甚多，难免无一二败类好事之人，遂大言该堂为洋人设立，将害中国，非思所以对待之，难洗前日毁神之羞。喧哗之际，即有一二奔赴学堂问罪者，众咸尾徙。该堂闻信，师生各逾垣而逃，校舍一空。众人见寂无一人，遂将堂舍、器具、书籍、仪器并捣毁。既毕，以为学堂为李敏修所创，难以饶恕，又赴李家抢打半晌，回首又向教堂而来。幸县令已到，督同勇役，竭力弹压，众气始衰散去。现方拟拿办首要，而苦无所知。刻河北省道冯已据情上禀抚院，请亲往巡查云云。亦可见此乱之非轻矣。

《时报》光绪三十二年十二月十五日（1907 年 1 月 28 日）

豫东灾荒确情

昨有在豫东襄办赈务之友人来省，据言豫东灾荒以永城、夏邑、虞城、商丘为重，而永、夏尤觉不堪。计调查商丘一千八百余村，内被灾者一千二百有余，每村人口死亡枕籍，平均计之，十人中约毙其四，而垂毙者亦四焉。又另有十余村，竟靡有孑遗，某四十余村人口只得十余至五六十人。商丘如此，永、夏可知矣。

《时报》光绪三十三年四月七日（1907 年 5 月 18 日）

邻封匪警（开封饬镇压大刀会）

日前官场接陈州消息，据云皖北颍、亳一带饥民，因有大刀会匪徒从中煽惑，聚众蠢动，四出抢劫。省宪当电饬陈州、归德二府转饬柘城、鹿邑及沿边一带州县，严加防守，勿俾窜入。

《时报》光绪三十三年四月七日（1907 年 5 月 18 日）

河南孟县知县田务本

田务本本无赖公子，席乃父之余荫，夤缘而得一官。到孟后，民间疾苦毫不关心，日惟纵容署勇四处行劫，反百端袒护，归咎巡警，酷肆观剧，不顾羞辱，署内昼夜流连，无异戏园。其所成之戏，外人称为老田箱。孟县完粮向有定额，田乃每百两私加三两。官立高等小学堂一所，系前任建设，田到任力主破坏，与司事刘某狼狈为奸，侵蚀公款六百余金。又于讼案内以办学堂为名，罚款至三千余金，系劣绅张某与门丁张某经手，而学堂并未沾余泽。甚且仇视教员学生，必欲尽行破坏而始快。邑绅杨君、李君以司事吞公项、阻学务，禀请究办，田某置之不问，反将数年前刀匪焚署一事，诬二人倡首，冀陷以大辟。尔时正值大比，杨、李二君在京会试，鬼蜮之谋令人发指，而司事又欲将全学堂学生尽行革退。呜呼！学堂者，全国存亡安危之所系也，而田某如此仇视，致使君子道消，小人道长，吾国学界将永沦于黑暗乡，不至为亡国奴而不止也。

《时报》光绪三十三年五月十四日（1907 年 6 月 24 日）

林县土税局被毁

汴省自土税局设立以来，各属州县均设有分局一所。日前闻林县土税分局以查获一项私土办理过于激烈，致触众怒，而该局委员素以操急之故，与民间积不相能。此次匪徒从中煽惑，乡愚竟尔啸聚多人，将局打毁。该地方官现方查拿首要，一面飞禀上峰，请求办矣。

《时报》光绪三十三年六月六日（1907 年 7 月 15 日）

汴省不靖之消息（新乡等地百姓反对征收赋税）

《字林报》得十九日开封府信云：汴省近多不靖，因卫辉府之新乡县令征收赋税甚严，而人民以旱灾不能担荷，致起冲突，已于十六日由省中派兵一千名前往弹压。卢氏县与鲁山县境并有匪类暴动，亦经派兵驰往汝州剿办。归德府亦有乱象，良因天气亢旱，人心危迫之故。又闻新乡县令已被戕害，此说则恐不确云。

《时报》光绪三十三年六月二十五日（1907 年 8 月 3 日）

在元会蠢动消息（新乡）

新乡县因韩令不理政事，在元会煽惑百姓，结〔揭〕竿起事。该境有教堂，上宪得信，飞札铁路巡警杨荣泰，豫正营田、赵二统领，拔队前往。闻田统领拿获革命党郭某后，其党为之复仇云。

《时报》光绪三十三年六月二十六日（1907 年 8 月 4 日）

新乡匪乱再志

新乡滨临铁路，此次匪乱原因，闻系民人咸以旱荒，人心不固，遂有大力会匪从中煽惑。某县令深恐事出意外，故尔遽禀抚院请兵弹压矣。

又一函云：新乡民乱，查系地方官张大其词，不过百姓凶斗，官兵到后即平靖矣。按新乡前报误作新郑，合行更正。

《时报》光绪三十三年七月一日（1907年8月9日）

汝州匪乱请兵 （百姓聚众抗纳租税）

汝州近日以收成不丰，当事催纳租税过急，乡民聚众抗上。该州牧急报请兵弹压，由上峰以自省调兵赴汝需时，电饬驻许州防营就近星夜前往，更自汴省派兵一营赴许暂驻。

《时报》光绪三十三年七月十一日（1907年8月19日）

考城匪耗 （乡民反抗兴办杂捐）

昨闻当道得有考城县急报，以该县兴办各村杂捐之故，乡民聚众相抗，势甚汹汹，更杂有曹匪混迹其间，无知愚民遂更受其煽惑。当道以该县兵力薄弱，诚恐遗养痈之患，因即派兵二营，星夜开赴该处驻扎，以防意外云。

《时报》光绪三十三年十月六日（1907年11月11日）

开封高等学堂学生停课*

郑州电云：开封府高等学堂学生因攻教习，全堂停课。

《汇报》光绪三十四年四月十四日（1908年5月13日）

邓州双龙会定期起事 *

郑州电云：邓州双龙会聚众二千余人，定期起事。州官侦知，拿获匪首王庚先一人。

《汇报》光绪三十四年七月十二日（1908 年 8 月 8 日）

邓州双龙会毁署劫狱 *

郑州电云：被拘王庚先系学会会员，学界大哗罢课，会匪乘间起事，毁署劫狱。王现已解省候讯。

《汇报》光绪三十四年七月十二日（1908 年 8 月 8 日）

汴省加抽临捐

汴省盐价向系四十三文，嗣于六月初一日加路税四文，改为四十七文。现复于七月初一日更加四文，为五十一文。其名为加抽土税，若以烟禁渐严，土税将日益加绌，一时库款骤失此巨项，无计筹补，因加抽盐斤，藉以挹彼注兹。

《时报》光绪三十四年八月六日（1908 年 9 月 1 日）

邓州民变续闻

邓州牧温绍梁电告，民变经林抚委南阳府袁太守往查。兹闻此次暴动，实因温刺史在邓新开捐税，每田一亩收钱四十余文，每骡马一头收钱三百至七百不等，每年所入不下六七万金，悉以肥己。去冬曾有人匿名将温劣迹禀控抚院，禀上假托为师范生某某。此事为温所知，遂将师范教务长王庚先传至，逼其查明谁为此事。王庚先未便诬指，延久不复，温遂下之狱。此六月间事也。王在州素负时望，被逮之信一出，四乡震动，小民无知，复有加捐宿怨，遂群起暴动，先攻州署，继劫监狱，意欲抢出王绅。不图温反以此事重王之罪，电禀抚宪，竟谓王庚先党羽起事，且不惜民命，当场任意开枪，统计毙民二十余人，伤者百数十人。郑自谦一乡曲愚民，温谓其鼓吹此事，亦被株连。现王、郑二人均由袁太尊带府详讯。

《汇报》光绪三十四年八月七日（1908 年 9 月 2 日）

开封愚民哄闹盐局

河南省垣左近向为出产硝盐之区，销路颇盛，长芦驻汴盐局以其有碍官销，屡经出示严禁，并会同豫省地方官查平盐池，乃旋平旋筑，依然奸法私熬。昨局员又复从严平毁。该盐户迫于失业，由急生愤，于二十三日有盐户老幼妇女多人群聚盐局门首吵闹，要求收回前令。人声一片，几酿大变。幸当事妥为劝慰，方行解散。尚不知作何了结也。

《时报》宣统元年十一月四日（1909 年 12 月 16 日）

河南长葛民变详记

豫属长葛县署于十五日为乡民所毁，当经该县江大令飞电来省告急，由抚宪电饬徐统带迅往弹压。闻起事之由，系因该县有信加征地丁，以致县民聚众齐哄至县署询问，时有一二不逞之徒意欲乘机劫物，乃争先倡首捣毁大堂，并及内宅。江令眷属以见机先避，幸未殃及。十七日，防营马步两棚赶到，许州徐直刺亦亲往弹压，民众当即解散。现在该县各堡首事虽尚传单会议，惟决不再作暴动。至防营到长后，以聚众已经解散，对于民人亦未以武力相向，大约必可和平了结，不可不谓官界之大慈悲，人民之大幸福也。又此事日前风闻系因学生与县令龃龉，曾志本报，前闻实系误传，合亟更正。

《时报》宣统二年六月二十八日（1910年8月3日）

豫省饥荒纪略

粮贵原因　豫省去岁收成并未减收，乃粮价奇昂，实因邻省粮贵受其牵涉所致。又省垣粮价特昂，盖因向例省内全赖他县接济，现今饥民载道，运粮者均有戒心，故咸不敢转输。闻省宪已设法巡防粮道，以便存粮者敢于至省。

饥民抢粮　豫省近来米价飞涨，久经当道禁止火车运米在案。乃商贩谋利心切，多有将米麦运至境外再装火车者。日前有彰德大批米贩又复运米向北，行至中途被抢，计掠去小麦千石之谱。当场虽拿获饥民数十人，然亦无可如何也。

饥民粮户大激战　豫省旧日面价每斤不过二十余文，近来飞涨至七八十，豫东尤甚。兰封县东有屯户赵二麻子者，屯粮甚多，日前有饥民叩门借粮，匪徒乘之欲肆劫掠，该屯主因令庄丁执械力拒，伤人数十名之多，更有旋即毙命者。事后调查，马刀砍折四柄，足征伤人之多。不知将如何了结也。

劫案大流行　豫民粮价日贵，因饥为匪日见其多。近来省城东关距城不过里许，于傍晚竟出劫案。又东乡治台一带尤甚，十数里内曾于一夜之间被劫十三家。现乡村均出夫巡夜，仅乃免盗，然亦不胜其扰矣。

有粮分食　省垣左近地瘠人稠，乡间十九面有菜色。闻经当道劝谕乡间绅董存粮多者，及早分给同村贫民，免得酿成意外。于今西乡瓦坡一带已经实行，盖几于均贫富之主义矣。

要吃强米性命休　省垣近日开办平粜，购者拥挤，日前武庙枭厂竟挤毙妇女一名。当道深恐更酿事端，特添枭厂三处，合旧厂一共六处，然仍购者常满。闻丰备仓每月辄发小米二万石至四五万石，此可见贫民之众也。

永城饥民数　永城水灾以来，洪水泛滥，虽有一二顷之户亦不免啼饥号寒。现经该处赈局调查，饥民数目约有四万余人。该县会同各绅在东关外崇法寺开放枭票，每日领票者不下七八千人。

设立灾赈公会　筹办永夏水灾赈济事宜，同人刻特组织公会，附设于马府矿务研究所内，以便乐助诸君随时缴款云。

教会施赈记　闻英教会以永夏灾重，募赈捐巨款交付抚院，请代赈发，中丞婉谢，该教会将自运粮前往施放。

洪水滔天祸　豫东永夏一带水灾至今未已，东来者云，该处水深辄四五尺，两县数百里，户无贫富，无一瓦全者。即以来省逃荒者论，时有衣服楚楚而露宿街巷者，问之家均有田数顷，惟悉成泽国，立锥之地亦无云。

　　　　《时报》宣统三年四月十二日（1911 年 5 月 10 日）

开封饥民聚众抢麦记　铤而走险

豫省粮价日昂，小民无以为生，当道前曾劝令西乡各富户开仓放麦，赈济贫民。惟东乡一带贫民较少，未如此办。不图日前扫街（庄名，城东四十五里）贫民竟至聚众，立集数千人，有董德门好事二人为首，竖旗演说，【请】富户开仓济贫，随即向各处抢麦，各庄响应，几酿大事。幸上宪立派陆军两营前往，将董德门二人逮案，将治以聚众之罪，余众立即解散云。

　　　　《时报》宣统三年四月二十一日（1911 年 5 月 19 日）

河南盗侠别记

报载河南新捉获革命党数人，并捉得外国人一名。嗣复有报谓：捉得外国人者非实，然党人被捕之事则实不虚。宝湘石人尚谨厚得耗后颇踌躇曰：要是真革命党如何办法。河南伏莽甚多，中尤以王天纵者最为著，屯聚嵩县城外之嵩山，聚众至万余人，其通声气、列名籍、散在河南各处者，不计其数。要之，今已成为河南之梁山泊而已。王本椎搏无赖，尝为长葛县某县令之小队队兵者数年，既郁郁不自得乃去而为盗，掠劫遍各州县，凡巨案无不有王之名，以赀雄势厚乃啸聚于嵩山。嵩山知县不得出城外一步，出城则必先告王得许可，既得许则安然无事，否则变生不测。即征收钱粮，亦必王先出示晓其所制之乡人，而后踊跃输纳，否则分文不得取也。王本勇悍不文，其参谋则其妻主之，其妻则上海女学生也。先是王以假名报捐候补道，捏造采办军火，凭札径赴上海采办火药枪弹等等。时有女学生某之父，以宦事失意，落职监追，王乃出资为之赎金，其父感激殊甚，乃以女妻之。未几，王事毕携眷欲归，女父乃令其子送其女弟偕行。王至汉口，乃以计赚其女弟折回，径携女回嵩。女到嵩始知其夫盗也，身将为压寨夫人，颇为惊惧惶恐，继以无法，乃相安焉。女本通文墨，乃劝王勿劫掠，勿诱令所属抗租，谓如是事且立败。于其所制之地遍出示，甚为明畅。且开小学堂数处，延山下文人往为教习，河南之师范毕业生无所事事者多往归之，款礼殊甚。云河南先有三大盗，一王、一张黑子、一余。二凶虎张黑子死，余为镇总兵著名某公所歼，二人之众皆往归王，故王势极大，现已自号为王，尊其妻为福晋矣。总兵率兵往剿，王与之约谓：君手执鞭直立，我能射中君鞭第几节，果中，诸君退而勿战，否则我将束手就缚。总兵许之，枪发果中其鞭第几节，总兵骇而止师焉。王手下有十八骁盗，曰十八悍将，皆巨盗往归者，今亦不事劫掠矣。去年河南谘议局有议员某将提议剿办，尚未提出议案，而议长之家所用厨役家丁神色顿异，议长觉之，乃罢其议案勿提。而嵩县某议员方回县，王已令人致书谓：君此后不许至议局，但不听将有不便。此议员于今不敢出大门一步，盖异闻也。（以上为河南某官所述，其言颇似可信）

《时报》宣统三年七月八日（1911 年 8 月 31 日）

豫省罢市之风潮

七月初一日，河南省城忽演出罢市之风潮，盖纯粹为抗教养局捐而起也。先是豫省各街闻均有太平会，由各商店捐赀给地保，遇有路毙贫人及乞丐讹诈等事，咸有地保照料。新抚袁行帅在豫藩任时，因筹办教养局无款，爱饬各街将太平会会款移作局用，原声明局成广收乞丐，自不至有路毙讹诈之事。不图设局以来，不能遍收贫人，而街上乞丐如故，路有毙人仍须由地保移葬。因之商店啧有烦言，以为徒增一局捐无裨实际也。适近来自治局成立，各商店请由自治局转禀藩署等处，请免此捐。时值王方伯到任未久，情形未悉，置禀未批，而各商店遂传禀已批准，相率停捐者数月。嗣当道以此捐仍须照收，遂于月前知照各街董事在二曾祠夹议此事。首府县俱各莅场，藩司亦委员与会，大抵声明此后仍须抽捐，惟必将教养局扩充办理，决不至再有乞丐骚扰，定于七月初一日仍照旧例抽收。时自治局亦到会声明前禀未准。当时官商两面亦均唯唯否否。遂即散会。而日来乞丐仍如故。瞬届七月初一抽捐之期，忽有传单出现，略称：教养局为收养乞丐而捐，今乞丐不绝，断不认捐，宜于七月初一日罢市相抗。单内又称：商会不为商界作主，并约另捐钱组织商会，酌定对待路毙贫人之法，咸由会中办理，以免地保讹索。单下仅署同人公具。系依次传观而来，人心遂为所动。百忙中乃适有一丐毙于商务总会门前，往返报馆请验，半日方行移葬。众议遂以为商会且如此，更征局捐无益，二曾祠官场所言决免丐扰之事，难望有效。七月初一日晨起，遂无一开门交易者，偶有一二启门者，亦均为邻右所阻。惟各街罢市，不过彼此观望，并无所以然之手续。试看传单无名，足征无敢任事之人，恐一经官吏干涉，代表无人，亦终成梦幻泡影耳。姑志之以观其后。

《时报》宣统三年七月八日（1911 年 8 月 31 日）

开封罢市风潮续志

河南省垣因教养局捐罢市情形，已详志前函。此次罢市风潮之解散其速，盖各商店于初一日晨未肯开门，当为官署所知，即饬巡警沿街劝令开门，并声明暂不收捐，各街遂于午刻一律开市。惟当罢市时，当道以近来迭获革党，深恐匪徒藉端生事，异常戒备，将派防营巡勇荷枪遍寻各街，以免意外。至午后两点钟，巡警、劝业两道及省县等复齐集商会，约集各商董会议。警道等以设教养局原为教养乞丐，免去各商骚扰起见，既各商不愿捐款，即行作罢，劝令此后各安生业，勿再为浮言所动。会谭约一句钟，遂散。官界此举可谓纯粹之消极主义矣。

《时报》宣统三年七月九日（1911 年 9 月 1 日）

山　东

馆陶县盗贼猖獗 *

馆陶县境近亦盗贼披猖，地方不甚安静。凡往该处者，每被贼匪拘去勒赎，其钱数少至五元，多至五百元不等，老穉被拘者尤多。闻所得资财，该处官吏均可分肥。故凡遭勒赎之人，从无敢有放胆控告者。译三月十四日《字林西报》。

《中外日报》光绪二十八年三月十五日（1902年4月22日）

记山东匪警

山东东昌、兖州、曹州一带土匪自春夏经官兵搜捕，已稍敛迹。讵七月十二日上午，忽有寿张县清水河匪首武廷均，系前南阳镇总兵武朝聘侄孙，结党三百余人，窜至观城县东关，先将驻防营园围攻一阵，闯入城内，将东街挨户劫抢，势甚凶猛。县官只得保守衙门。捕厅景大启集团击贼至两点钟，始将该匪攻退，计毙贼三名，伤八九名。而绅商王宾农和盛号、济义永、万寿堂、中义号、三聚公，已均被抢。匪徒退至距城二十里之集村。团长张同阶截击，又毙贼二名，伤三名。迨十四五两日，濮州王家埚堆、直隶属开州文留集防营又相继被劫。曹州镇龙殿扬闻信，先拨勇一哨，保护观城，拟亲率兵剿办。录八月二十四日

《天津日日新闻》。

《中外日报》光绪二十八年八月三十日（1902 年 9 月 11 日）

山东日照教案始末记

沂州府属日照县境土山民人殴辱意国神甫薛田资，此案在二十四年秋间已经议结，归入日照教案，统共赔京钱二万串完案。惟约文内有随后惩办庄长一语。事过以后，地方官未行惩办，神甫亦未催促，去秋为人唆挑，以庄长丁鸿吉、厉用九讫未拿办，向官询问。复由省洋务局委员前往办理。凡三四次，未能就绪。今春三月间，丁鸿吉经委员反复开导，与神甫相见服礼作为无事。而厉用九坚执不肯，地方官往为劝谕，藏匿不见，又差传勒令出而服礼。乃属平日在乡为人悦服，故四月杪聚众二三千人闹事。玉帅闻电，即派队前往弹压，意以一吓即可了事。不意厉等愚悍异常，兵到仍复不散，竟先开炮轰击兵队，伤十余名。而闹事士民亦毙十余名，生擒二十余名。厉刻尚脱逃云。录闰五月初五日《天津日日新闻》。

《中外日报》光绪二十九年闰五月十三日（1903 年 7 月 7 日）

济南府土匪掠劫旅客 *

东抚周玉山中丞来电，该省济南府属东南一带，现有土匪掠劫旅客，沾化县尤甚。此由人民困苦所致，已发银二千两赈恤。一面派兵前往镇压云云。

《中外日报》光绪二十九年八月六日（1903 年 9 月 26 日）

屯田肇祸（济宁屯民抗官）

屯田缴价，各省皆然，济宁州姚直牧尤为认真查办。不意乡民借端生事，正月间聚众哄入州署，将上房打毁二十余间，经抚台派往三营弹压，即行解散。今复揭竿起事，势甚汹汹。鲁抚又札委臬司尚廉访带马队两营，并派先锋官张总戎奉光，带令督队前往弹压。

《中外日报》光绪三十年三月四日（1904年4月19日）

济宁息事

尚臬台于月之初七日抵省，济宁之事业已说和。闻系有陈姓绅民从中讲和，言明垫赔京钱二千吊文，作为修补衙署之款；湖田之价改为七年，限内垫清，济宁州之事业已了结。

四境告警　日前济宁变乱，经臬台尚廉访驰往弹压。奈济乱方平，而郓城一带又复蠢动。尚廉访随赴该县，会同曹州镇龙军门觐臣，带兵弹压。尚臬初意以为开诚劝谕，当可瓦解，因请该地方董事、附贡生任清合来营面谕。旋因该董言词激烈，致触其怒，遂于初七日夜间密带省垣交押。济南府发审官毛大令幼农当堂责讯，杖二百板。该县士庶探知其故，遂聚众围城，枪官劫狱，势甚汹汹，大有不可遏止之虑。邻邑居民皆甚惶恐。初九日晚间，连接金乡、鱼台、定陶、巨野各县来电告急。据闻省垣复电，第以保护教堂为第一要务云。

《中外日报》光绪三十年三月二十四日（1904年5月9日）

济宁民变事结　郓城仇教毁署 *

济宁民变一事，道路纷传，皆以为署济宁某刺史操切所致。山东京官先拟联名在都察院递呈，现闻山东来人言，此事业已大致平妥。缘民变之因，起于屯田缴价。地方官初令屯田一亩缴价五千文，按田之上下，酌量增减。然此项屯田，在今日久已寖为民业，令其缴价已不近情；所定之价又复过大，百姓乃聚众赴州请命。州官不纳，众乃越后墙而入。其时官已脱逃，百姓拥至上房，将所有衣物悉取而付之火，至帐房及二堂以外，均丝毫未犯。官兵来时，百姓亦不抗拒，但相约不售食物耳。东抚知此事不可过激，一面饬臬台带炮队三营，声言弹压；一面将屯价大加裁减，酌定每亩千文上下，分五年或七年带缴，于是济宁事结。而郓城又接踵而起。郓城之乱与济宁不同，为首者任青合，以仇教为名，纠众数千，入城毁署。顷闻任已被获正法，余人均散，一律安定矣。以上访稿。

《中外日报》光绪三十年四月六日（1904 年 5 月 20 日）

济宁乱事公电二则

东抚周中丞电请军机处代奏稿。军机王大臣钧鉴：济宁屯民案，前月底已了，当电请代奏。臬司尚其亨以济宁无事，遂往嘉祥、巨野、郓城察看地方应办各事，并未催缴屯价。乃有郓城屯民任清合者，暗纠各县屯民一二千人，先藏郓城城外，意图挟制免价。迨臬司进城，任清合率二十余人求见。经尚其亨详加开导，他人皆首服无词。乃任清合咆哮顶撞，竟造谣惑众，谓屯价系为赔款而起，且谓如有缴田价者，即有人杀其全家。并据他人供任犯逼胁各情。臬司以其存心险恶，恐留后患，遂星夜押解进省。其时城外屯民不知也。次日各屯民疑任犯被官拘押，乃纠众围城索犯，且用土炮轰城。彼时曹州镇龙殿扬适在城中，未敢用兵，因谕以任犯业已解省，屯众始散。此初五、六日事也。兖沂道张莲芬即带队前往各属弹压。据十三日来电，初十抵郓，沿途无阻。郓城各屯经曹镇龙殿扬、曹州府丁镗等解散，深知畏惧，再三求恩，从宽免究。此次聚众，濮、范、汶、寿、东平屯户确来相助，至赵二、王景贺二巨盗，是否暗助，尚未探实。拟暂留二营在郓，以镇人心云。馥查屯价本未催收，任清合本系义和团余孽，意在造谣惑众，敛钱闹教，屯价其借端也。现饬两司研讯，即谕该犯函告各屯，勿再聚闹，仍一面责成该管镇道府县，严办匪宽待民，安缉解散，请先代奏。三月十五日发。

兖沂道张观察电稿。济南章介翁方伯、廉访同鉴：真电悉。郓屯聚众解围后，仍聚附近，濮、范、寿、汶、东各屯确来多人。王匪本任戚，难保不助。叠经镇府县派人开导，又闻芬带大兵抵拒，至初十始渐散尽。郓屯因围城甚惧，芬饬杨令传集各屯长来城，同府县面加训饬，象潜亦来帮劝。十三晚，已当堂取具永不滋事，并遵照济屯办法，秋间缴价切结。察其词意，乡屯似无后患，即上会禀。惟因屯众滋事，菏、郓抢掳杀勇，盗火猖獗，昨获掳犯四名，起出被掳四人，枪械多件，由府县讯明，即令正法三犯。杨令禀郓狱应斩盗犯十数名，已札派省委赵令炯会同复审，拟择情实，先饬正法，以遏盗风。乞代禀帅座。余容另函。莲芬。删。印。

《中外日报》光绪三十年四月六日（1904年5月20日）

山东巡抚周馥奏禀济宁民变折[*]

头品顶戴兵部尚书衔山东巡抚臣周馥跪奏，为济宁州屯民聚众滋事，现已妥为办结，地方一律安静，恭折仰祈圣鉴事。窃查各省卫屯田价，按照言官原奏，肥瘠牵算，每亩应征银五钱余。臣因山东省四卫一所，屯田、军田坐落德州等三十州县，瘠地居多，肥田甚少，酌量减价。军田分为两等，每亩制钱自三千文至二千文；屯田三等，自二千文、一千五至一千文。内有斥卤不毛，水冲沙压，迷失缺额，剔除免缴之外，各分五限，合两年半一律交清。嗣因屯田灾歉各区，民情困苦，查系被灾轻重，准予展缓一限，灾重展缓两限，如果接连三年被灾者，概免缴价。臣于光绪二十八年九月暨十一月间先后奏明，通饬遵办。复据藩司胡廷幹、督粮道达斌会详，以各属屯长禀陈，民力拮据，拟将屯地较多之德州等十八州县，原定缴价半年一限，改为一年一限，分作五年。其邹县等十二州县，屯地较少，分作三年完缴，亦经臣批准晓谕各在案。计自开办以来，北路德州各屯户，类多依限缴价，惟济宁、巨野、郓城等处屯民，观望迁延，交价无几。乃本年正月二十日，据署济宁直隶州知州姚联奎禀报，州属马房屯民人戈惟仁，因三里屯首事牛兆骧同地保徐长贵敛钱构讼，冀免缴价，被屯民李兆征等控州讯押，戈惟仁起意，纠邀李小二三十人，于正月十六日黄昏时分进城，偕至州署，恳将牛兆骧开释。时值灯节，观者如墙，以致拥挤门窗，碰翻灯烛，遗火烧毁衣物。适该州与同城文武均在城厢，分路巡查，闻信回署，立即将火扑灭，尚未延烧，官民房屋、仓库、监狱俱未损失。查拿戈惟仁等，业已逃走，牛兆骧等亦乘变逸出等情。臣因济宁现无防营，虑有匪徒勾结为患，当酌派马步营队前往该州各近驻扎，仍听兖沂曹济道张莲芬调度妥办；一面檄饬该道督同该州姚联奎出示晓谕，只拿首要，免究胁从。该道等先经传集各屯长剀切开导，民情安帖如常，差拘戈惟仁等，逃逸无获。旋据屯民李广新等自行赴案投首，讯系被逼勉从，并无帮同滋闹，照例责斥保释。该道等当将办理缘由于二月十八日禀报到臣。正在核案具奏间，次日接该道来电，以戈惟仁逃后，因闻屯长张鉴堂等情愿劝谕屯户交价，后聚众持械，扬言与屯长为难，并有兖曹著名巨匪赵二等乘间煽惑愚民，希图滋事等语。臣以现当多事之秋，尤应严拿匪徒，弹压地面，当饬臬司尚其亨并派马步二营前往，会同该道张莲芬等妥办去后。迨该司尚其亨行抵州境，戈惟仁等与赵二等闻风远飏，各屯民遂托屯长李朴庵等呈缴屯价，并称一时无力措备，仍恳宽限完缴，禀经该司道等集讯属实。察看地方，均已安静，会衔具禀前来。臣查该屯民戈惟仁，因牛兆骧等敛钱，被控管押，胆敢纠人赴州，恳求保释，挟制官长，复因屯长张鉴堂等劝谕缴价，辄又聚众持械，并有匪徒赵二等从中煽惑，几滋事端，殊属目无法纪。戈惟仁系案内首恶，与赵二等均先逃逸，应仍严拿，务获究办。其自首之李广新等业经兖沂道等讯系被逼勉从，照例责斥，发落屯外。随从附和观看之人，亦经出示，概免深究，均应毋庸置议。州署当人众拥挤之时，遗火烧毁衣物，并无损坏衙署、仓库、官物，亦毋庸置议。惟州民应交地价，既据屯长李朴庵等禀恳宽展限期，臣已檄行司道，饬将济宁长价于续定五年之外，再展两限，都为七年，是下等地亩每年缴钱不过一百四十余文，凡有可以体恤之处，无不格外从宽。臣未敢以奏报定限在先，稍存成见，其余各属屯价由该管道府州察酌民情，禀报核办，至此案始终未用一兵，拘传一户，悉就范围。该臬司尚其亨等办理尚属妥速。现在民情地方照常安静，堪以仰慰慈廑。除仍饬缉戈惟仁等并逸盗赵二等获日另结外，理合恭折具奏，伏乞皇太后、皇上圣鉴训示。谨奏。

奉朱批：该部知道。钦此。

《中外日报》光绪三十年五月四日（1904 年 6 月 17 日）

周馥上济宁民变片[*]

再，臬司尚其亨于济宁屯民滋事一案办结后，就近赴嘉祥、巨野、郓城一带察看地方情形，并未催办屯价。讵郓城县屯民任青合造谣惑众，煽乱人心，该府县正在访拿。迨该臬司于三月初四日行抵郓城，任青合暗纠二千余人藏匿城外，自与屯长十余人进见。当经该臬司将屯田缴价一案原委，及历次加恩体恤之语剀切开导。各屯长悔悟，心服无词，惟任青合妄言屯价系为赔教而起，并向其余屯长吓称，倘有认缴田价者，将来全家性命被杀莫悔，更有闹教泄忿之言，肆口咆哮。该臬司以其凶狡异常，必有异谋，遂将任青合押解回省，禀经臣发委济南府审办。该臬司离郓城后，屯民二千余人持械围城，尚疑任青合被押，逼官释放，且有开放枪炮，薄城而上者、失足跌毙之人。适曹州镇总兵龙殿扬、曹州府知府丁锴在郓，督同该县杨耀林，谕以任青合业经解省，屯众始渐散归，不敢复聚。兖沂道张莲芬闻信，即带队至境，传见各屯长，详加谕诫。俱各畏法感恩，并称各屯民因畏任青合凶横，均系被胁勉从，并非甘心滋闹，出具永不滋事甘结，屯价概允照济宁州一律办理。张莲芬驻郓数日，派员四出访察，地方平靖无事，民情安堵。此三月初五日郓城屯民聚众滋事，旋即解散之实在情形也。兹据代理济南府知府黄雨中等提犯任青合，又名任建杰，据供年四十八岁，原有屯田五十余亩，陆续典出，现剩十亩，平日横行乡里，人皆侧目。光绪二十六年间，曾入大刀会，即义和团，本年二月伊因闻济宁屯案了结，心怀不甘，起意藉抗缴屯价为由，逼胁本境二十四屯，敛钱二百四十千文入手。又令按亩出丁出枪，不出者必诛戮之，归伊一人调度，编送传单，招聚二千余人，挟制官长，希图倡乱等语。开具供折，由臬审明转请核办前来，臣亲提任青合研讯，据供前情不讳。查验传单，语多狂悖。查该犯任青和，即任青合，又名任建杰，系拳匪余孽，妄称屯价系为赔教，辄敢敛钱聚众，希图倡乱，实属不法已极。臣当于讯明后，饬将该犯即行正法，传首犯事地方，悬杆示众，以昭炯戒。其余被胁勉从之人从宽，均免查究，如再有犯，从严惩办。并经出示晓谕，妥为安抚在案。现在各该处一律安靖，谣言顿息，仍责成该镇道府县认真巡缉，以期盗贼敛迹，良善安业。理合附片具陈，伏乞圣鉴训示。谨奏。

　　奉朱批：知道了。钦此。

《中外日报》光绪三十年五月三、四日（1904年6月16、17日）

潍县抗捐滋事

西正月五号（即中十一月三十日），本馆山东潍县访事人来函云：今日有抗捐之乱事，以致地方官颇以为忧。潍县乃产烟叶之地，数月前华官欲征收此项货物之特别税，以期补益政府，但种烟之人不愿，彼等情愿仍旧征抽各项货物之税，不愿将此税加多四倍，是以不允，地方官置若罔闻，于是彼等乃群起相抗。礼拜日，潍县以东三市镇之人民焚烧税关，税关执事人员均奋力逃避。是日乱事遂起，有华兵三十名，即往滋事之处弹压，但不敢干预此事，立即退回。虽其附近驻有华兵三千名，然亦未将犯人拘去。译十二月初六日《字林西报》。

《中外日报》光绪三十年十二月七日（1905年1月12日）

潍县烟捐滋事 *

潍县为烟叶出产之所，自定新章，卖烟一斤，捐制钱三文，即于城内立烟叶捐总局一所，各市镇亦偏立分局。去岁十一月中，在城南凤凰山庄之局勇格外需索，乡民愤甚，遂将捐局焚毁。吴仲霖大令闻信，饬把总刘登鳌赴局勘验，乡民误将刘把总辱殴。吴令乃禀明李总戎安堂派武卫军三十名驰往弹压，而众已解散。官民相持数日。李总戎令邑绅召乡民年老者入城，将和平了结。乃乡民入城时，吴令复饬差役查拿首事。乡民惧罪，匿邑绅张徽家一昼夜，始行回乡。后以邑绅调处，始将首犯交出，惩办了事。越十余日，复有乡民将立于辛东社之捐局焚毁，至今尚未了结也。

《中外日报》光绪三十一年正月五日（1905年2月8日）

山东曹属屯户传单

曹州府属自抗违屯田租之任清和正法后，出殡之日，屯户出殡者数百人；另有传单布告十一州县屯户，此后不准完纳屯田价银，如有首先完纳者，公同议罚。该府已将情形具禀上台请示办理矣。

《中外日报》光绪三十一年二月九日（1905 年 3 月 14 日）

盐金累民

莱州之掖县、平度，胶州之即墨，以及登州各属，本无盐商，皆民间自相贩卖，盐税即摊于钱粮内，按征收之银数完纳。旧每银一两完盐金四十文或五十文不等，今则一律加至八十文，甚有至一百二十文者。旧盐金一项皆民人自封投柜，今则一律不许民间自封，皆令各地保包兑。官先收地保之盐金，地保再收民间之盐金，出入之间苛索殊甚。该地保所收民间盐金，每银一两加至大钱一百五十文，或二百文，或三百文不等。民间怨愤，多有因此争讼，而地保等又以所索盐金虽多，系进城下乡，一切办公等费为辞，以此控告卒不得直。

《中外日报》光绪三十一年五月三日（1905 年 6 月 5 日）

乡民以纸钱饯别旧令　（曲阜）

新授曲阜县杨大令晋庚已奉委到任。现署曲阜县文大令焕亭奉檄饬赴昌邑新任，于上月十四日交卸，念四起行。是日竟有乡民百数十人烧纸钱以为饯别者。盖文大令年老气衰，一切词讼未免有草草了结之处。且尤有令人不平者，则护庇盐商出票一事。

盐商孟厚庵者，系租杨恒升之引名，该商性情豪侈，开设半年，资本渐罄，乃出票买银，借资周转。盖曲阜盐商每月例缴县署规礼钱三百三十千，该商资本渐罄，规礼遂不能缴。文大令恐失此款，乃迭次出示晓谕：有持杨恒升钱票者，暂且存放，不必支兑，俟一月后令其如数支发。彼系业商，万不至坑害尔等；如有坑害，惟本县是问等语。一面饬催该商速缴规礼，以便晋省。存票之人，虽不以为然，而迫于官权，亦无可如何。今大令临行，觉碍难移。文后任乃托邑绅刘春浦等调停，以五折支发，坑骗之钱共一万余千。贫民愤恨甚深，故有此纸钱饯别之事也。

《中外日报》光绪三十一年六月七日（1905年7月9日）

矿务罢工（潍县）

潍县坊子矿务公司石总办性情暴躁，矿工小不如意，即肆行殴打。日前各工人又以无端被打约齐罢工。经委办矿务吴明府再三劝解，各工人至今尚未到工。不知如何了结也。

《中外日报》光绪三十一年九月十九日（1905年10月17日）

搜查私硝致动公愤（潍县）

潍绅直隶候补道张幼安观察同候选郎中陈孝笙等承办官硝局，日前带领多人赴城南胡朱庄搜查私硝，被庄人殴打。次日，复有附近三四百人至官硝局理论。局中人又不能善言慰解，各庄人遂将局中器物捣毁一空。并闻各庄人已遣代表赴抚院控告，尚不知如何了结也。

《中外日报》光绪三十一年十一月十五日（1905年12月11日）

范县王颂明聚众起事 *

德署使于初二日向外部声称：山东范县近有匪首王颂明聚众千余人，约期揭竿起事，请电东抚派兵剿办。

《汇报》光绪三十二年闰四月八日（1906 年 5 月 30 日）

汶上县知县借地丁折色搜刮

山东兖州府汶上县黄令经藻，颇有聚敛才，借筹款之名，为饱囊之计。该省州县凡地丁折色者，经前抚李秉衡奏准，每两折京钱四千八百文。乃黄令私加四百文，合共京钱五千二百文，迫令如数交纳，不准抗阻。如用铜元完粮，复加二成结算，是每两地丁竟加至京钱六千二百文。乡民不堪其苦，会同绅董赴省上控。杨莲帅大怒，当即密派委员往查，事皆属实，现已撤任。候补知县吴以培署理，并闻决议将黄令参奏，以警贪婪云。

《汇报》光绪三十二年五月九日（1906 年 6 月 30 日）

山东军米被抢

山东采办军米委员韦大令宗，谓在扬州氾水米行定购米三千石。因连日阴雨，到数不多，仅有一千五百余石。欲往他处添够足数，先将氾水之米遣勇分运至刘家堡。忽有地保指称冒充官米，聚众数十人，不准开放，并将护勇殴打，凫水而逃。报由该委函知。宝应县令请得保护告示，带至氾水张贴。讵街中有人犹不知实是军米，反谓与米行通同作弊等语。旋即鸣锣自东至南聚众千人，先抢米行，后即到船将米抢掠。当由该委

据情禀请刘延帅，蒙饬宝应令至氾水勘验失米若干，一面严拿
棍徒惩办矣。

《汇报》光绪三十二年六月二十六日（1906 年 8 月 15 日）

济南粮价腾贵　灾民抢米[*]

济南一带天气亢旱，灾象已成，粮价极为昂贵。本月十三
日，省城内外米面、馍馍等铺，意图涨价，一律不肯出卖。本日
午间，在离城十二里之洛口地方，饥民又将米船抢夺一空。当经
东北乡警局拿获一人，余均逃散。

《时报》光绪三十三年六月十九日（1907 年 7 月 28 日）

潍县收粮不用铜元之苛政

鲁省自铜元畅行后，银价飞涨。各州县盈余无着，大半变肥
为瘠。潍县知县宋朝桢有鉴于此，数年以来，勒令商民不准以铜
元完粮。故省中银价每两京钱三吊六七百文，而该县银价止二吊
三四百文。商民以制钱短少，无从觅得，不忍受此苛政，屡次援
引部章，赴省控告。省宪每谓该县非铜元通用之处，概行批驳。
刻下各商民受制之情，殊为愤愤云。

《时报》光绪三十三年十一月二十日（1907 年 12 月 24 日）

山东农林学堂风潮

山东农林学堂于上月廿一日大起风潮。闻其原因为领操衣事
与收支委员冲突。监督听收支之言，禀告提学使。学使到堂演
说，痛斥诸生，并由监督悬牌斥退三人。全体不服，大肆咆哮堂
中，门窗板壁全行打毁。监督恐酿大事，不得已将斥退之生开

复。然各学生仍有忿忿不平之气，拟将禀见抚院云。

　　《时报》光绪三十三年十二月八日（1908 年 1 月 11 日）

烟台酒馆因捐罢市[*]

　　本埠酒馆现因捐款歇业。从前酒捐合摊，共抽七百五十金。嗣增至一千五百金，后又增至二千二百余金。今又每斤增价五文，以充兵费、学费，酒行不胜惊惶。比年末该行生意皆无起色，又加如此重捐，无怪相率罢市也。

　　《汇报》光绪三十四年二月二十三日（1908 年 3 月 25 日）

潍县商民罢市[*]

　　前任潍县宋朝桢以商民停用铜元，缺必大坏，以致万分抑勒，群情汹汹，赴省控告之案，时有所闻，而上台亦往往以潍县非停用铜元地方为词，置诸不理。自实缺潍县曹偘到任后，压制尤甚于前，且所有一切案件，亦皆任用压力。乡民蠢蠢欲动，早有端倪。三月二十五左右，该令以禁止买空卖空为名，无端将银行体面商人三人拘禁，并各笞五百板，枷号游街。各商以无辜受辱，且当此改免刑讯时代，不应有此举动，遂至大动公愤，相率罢市。各乡民见此情形，纷纷持取钱票，向各钱铺支钱。钱铺以存钱无多，仓卒之间又不能照发，不逞之辈，遂群起而哗，逞势抢掠，遍地皆然。自三月二十六日起，城厢内外，扰乱万分，大有草木皆兵光景。曹令恐肇祸端，邀同邑绅陆姓赴驻潍陆军第九协借兵弹压。适值凤制军到济，该协官长均已赴省，无人作主，恐不免酿成民变云。

　　《时报》光绪三十四年四月六日（1908 年 5 月 5 日）

兴学之阻力

唐邑学界于去岁五月禀县令赵帅蕭组织师范传习所，赵以无的款辞。嗣学界公议以已裁教谕学署作为校舍，所有经费就斗捐、契捐、呈捐项下酌提，每年可获五千金，遂禀准开办。乃赵令仍事延宕，至今年三月始行开学，一切经费均由署内经管，涂壁油门费竟报销数百串。又派其侄赵贞元为管理。上月初二日午后，学生等以斋房湫隘，求其修葺，贞元不理。学生又恳教习向贞元关说，贞元不特不理，反谓学生要挟，当面詈骂。于是全堂大愤，将贞元逐出，诉之赵令。赵令遂于次日带领差役至传习所，意欲拘索学生。幸教习群起争辩，词屈而去。现教习业已告退，学生亦全堂解散云。

《汇报》光绪三十四年五月五日（1908年6月3日）

山东亩捐骇闻

来函云：某县连年饥馑，民不聊生。有团总张某，串通县署，藉办新政为名，多方苛敛。又创收亩捐，每亩八文，必先交清，方收钱漕。日事追呼，几酿民变。事为上宪所闻，当将某令撤任。该民人又连名上控，闻已饬下该管知府查明惩办矣。

《汇报》光绪三十四年五月十二日（1908年6月10日）

山东勒捐激变

宁海州生员孙万春因设立学堂，勒令阖邑庙宇将庙产一半充作经费，又向婚妇之家索取红事捐，并按家收索人口、鸡犬等捐，致干众怒。某日，乡民聚集二三千人，拥至县署鸣冤。该县令初欲假警察力压制众民。民愈不服，夺巡兵枪械，拔巡官翎枝，复将孙万春扭至县署，请从严惩办。县令知众怒难犯，遂将孙收押，并劝谕众民静候办理，始各散归。

《汇报》光绪三十四年六月三日（1908年7月1日）

山东匪乱汇记

夏津县时有匪徒滋事，警报迭闻。现由抚标前军方统领派兵剿办。

七月初旬，有游匪二百余名，携带快枪百余杆，在茌平县西乡丁家庄大肆劫掠，惟盐店尤甚。幸县队与防营协力会剿，稍觉安静。

博平县地方游匪四处冲突，颇形猖獗，现由方心斋军门派兵严缉矣。

《时报》光绪三十四年七月二十二日（1908年8月18日）

宁海州查办学务之风潮

宁海州绅民僧道聚众抗捐学堂经费，嗣派杜观察秉寅协同张司马前往查办。观察抵宁后，即往官立学堂后院，连日接见绅董商办，甫将就绪，不意州绅东恺言，道士首领张希选藉端煽惑，以致各乡民坚不承认，抗捐依然。当经杜观察将东、张二人拿获，严押州署，意待众民具结认捐后即行释放。讵料该乡民又复聚众千余人，突至州署，将东、张二人一并劫出，并赴学堂，将门虎头牌全行打碎，搜觅查学委员，势极汹汹。当经护兵鸣枪威吓，致伤乡民数名，并拿获二十余名，随将东、张二人夺回。东海关道徐观察闻信，亦即携带员弁警兵驰往该州弹压。现徐、杜两观察均回烟台，张、东两犯亦已解埠质讯，正不知如何了结也。

《时报》光绪三十四年八月二日（1908 年 8 月 28 日）

青岛华商各业抗捐罢市

青岛胶澳总督加抽华商货捐，各业停止装卸货物，要求核减，不允，遂一律罢市。

《汇报》光绪三十四年八月二十一日（1908 年 9 月 16 日）

青岛木工罢市

工厂木工于上月领工价时，被管理木工事德人头态哈根将工人五名，每名扣工价三元。该工人等以未尝欠工，何故被扣，乃举王君向头态哈根询问。头态哈根不理，且口出不逊。王谓之曰："我辈作工，以人力与汝之金钱相交换，汝无骂我权，且我辈虽工人，亦稍知礼义，岂能甘为汝骂？汝辈素以文明国人自居，胡竟野蛮至此？"头态哈根怒欲用武，王与之抗，不相下，当经多人劝散。各木工以头态哈根无理，又举沈君帮同王君诉诸老总。老总曰："汝辈误工，故扣工价。"沈曰："我辈作工有定时，误时必挂牌；受罚告假，亦有假簿可稽。今既未误时，又未告假，强诬为误工，此等不合公理之举，断难令我辈心服。"老总曰："再多言，即下黑屋子。"沈曰："若专用强权，我辈宁下黑屋子，亦决不甘受此无理之欺辱。"木工所工人遂一律罢工。

《汇报》光绪三十四年十二月十五日（1909 年 1 月 6 日）

兖沂曹济饥馑之可虑哀鸿遍野

兖沂曹济各府土地肥沃，号称上腴。农人大半种麦，每年四五月间，旧谷既没，乃新麦登场，以资接济．农食不匮。今春自除夕大雪后，阴雨连绵，水势汪洋，附近麦田多被淹没。至阳、寿、邹、峄等县，下年之麦地，亦半成泽国，麦苗未及尺，遭此巨浸，淹者已矣，淹未尽者，根多枯死，将来麦收无望。故近日粮价异常昂贵。前月有饥民十余，在金、嘉、鱼等处沿村掠食。经州牧收养习艺所，地方赖以安谧。刻又有饥民不下四五千，在兖沂一带争觅衣食。曹民素称桀骜不驯，此次饥民曹属居其大半，若不设法赈抚，恐日聚日夥，不无民变可虞云。

《时报》宣统三年四月二十六日（1911 年 5 月 24 日）

上　海

染坊停工续述[*]

本邑各染司听信张顺卿唆使停工，经各坊主协同董事石时济到县控告，奉汪大令将张提案候讯在案。兹悉各染坊以各司至今停工，难以营生，因即一律改挂洋商字样，另雇别帮染司工作。

《中外日报》光绪二十八年一月二十五日（1902 年 3 月 4 日）

米价日增

本埠日来米价飞昂，自五元八角涨至昨日，已每石需洋六元八角。推原其故，出口虽禁，仍属具文，奸商将米杂于糯米小麦之中，蒙打墨头，混运出口；兼之前、昨两日，朱家角、同里、无锡等处之米商皆来沪购米，囤积栈房，以待善价，是以日来米价反较未禁时为昂。

《中外日报》光绪二十八年二月十六日（1902 年 3 月 25 日）

奉贤、南汇饥民索食[*]

敬启者：奉贤、南汇一带上年棉稻歉收，二麦菜豆等物又以久旱，播种鲜出，兼之粮食大贵，小民觅食维艰，相率望门索食，愈聚愈多，始仅在南汇之大团、新场、航头等处，既而奉贤之青村港、南桥、泰日桥等处，云集响应，声势愈大，每至一家，打门毁物，勒索多钱，有不愿出钱者，被胁相随，无赖游匪益复随声附和。现虽由各处绅董公禀县令，请发积谷安抚饥民，以免骚扰，果能邀准与否，刻尚未知，而贫农待食甚殷，恐更别肇事端。杞人之忧，曷其有既。乞将以上所述登入贵报来函一门，藉为当道者告焉。

《中外日报》光绪二十八年四月十二日（1902 年 5 月 19 日）

罢工拘究（新租界）

裕源纱厂小工赵洪生、王松林因将机器碰坏，当经该厂勒令赔洋八元，赵等以每日只得工资两角，无力赔偿，昨日纷纷罢工，以致不能开车。经该厂报由捕房饬探张全林将赵、王二人拘入捕房，押候核办。

《中外日报》光绪二十八年四月十九日（1902 年 5 月 26 日）

讯究停工（英租界）

裕源纱厂工人纠众停工一节，略志本报。昨由包探张全林将王松林、张阿桂送案，裕源延律师费烈泼申诉罢工情由，工头王松林供在厂工作八年，并未停工一日，此次总办勒令小工庄阿桂赔修机器洋八元，以致众情不洽，不愿作工。张司马商之迪翻译官，判将王松林交保，仍著督率各小工照常工作，如违，重办不贷。

《中外日报》光绪二十八年四月二十日（1902 年 5 月 27 日）

吴淞枭匪详述[*]

外洋枭匪近甚猖狂，屡有伤毙捕勇、哨弁并劫掠军火、巡船等情。月前，林田港大帮私船百余号经缉私陈邱波统领率勇痛剿，该匪抗拒，互相攻击至一昼夜，始扬长而去。因有一船落后，当即擒获张标、何金标等五犯，解省究办。惟闻该匪皆系巢湖帮、洪帮及哥老会、光蛋等，约共数千人，各驾一小舟。贩户雇船装盐，托若辈代为保护至长江等处，保费则视盐船多寡为准，多至千元，少至数百元。每六七人有一头目，军火俱备，常往来江阴一带，名曰领帮。如有盐船托保者，由头目扬旗号召派若干船，附护盐船两旁同驶，遇有捕剿，即持械对敌，盐船仍在江中驶行，俟盐船过净，彼即罢敌，仍随盐船后保至所到之处乃已。现经江督刘制军派拨陆军数营协力剿捕，陈邱波军门亦乘轮率所部巡船百余号竭力兜拿，未识能得手否。

《中外日报》光绪二十八年四月二十四日（1902 年 5 月 31 日）

议加工资

本埠城厢内外漆匠同业，近因米价昂贵，集众于昨日在锡弄底公所议加工资，滋闹不休。总巡朱森庭明府、本县汪大令各派差役赶往弹压，拿获十七人，押候讯究。

《中外日报》光绪二十八年五月一日（1902 年 6 月 6 日）

无干省释

昨报记议加工资一则，兹悉总巡朱明府拘获肇事漆匠十七名后，当送上海县讯办。经汪大令查得，陈阿三等十一名系属误拘，即命省释。其为首之张胜全、顾阿泉、顾新荣、尤阿根、薛生荣、莫和和等六犯，谕饬收押候讯。

《中外日报》光绪二十八年五月二日（1902 年 6 月 7 日）

行凶枷责（法租界）

漆匠张胜泉纠众将店主陈仕孝拔入城中，探捕向阻，反敢行凶，当时拘得张及同党张全元、陈仁生、何四标、李启癸等四人，昨日解堂请办。陈林投禀求究，张等一味求恩，杜直刺商之费翻译，判张胜泉枷号两月，责五百板，张全元等四人枷半月，责五百板，具改过切结开释。

《中外日报》光绪二十八年五月三日（1902 年 6 月 8 日）

斥退候示

各漆匠聚众滋扰图加工资一案，据由总巡局解县之尤阿根供：向章漆匠工价每日二百二十四文，嗣加六文，今由张胜荣、莫和和为首，先在英界香粉弄集众聚议，后至城内漆业公所，拟与董事为难，勒加工价，共有三四十人，行至法界，被巡捕拘去四人。张胜荣供是本帮，莫和和供是甬帮，俱为漆匠，实因柴米价昂，工资不敷度日，各匠咸欲加价，并非小的二人为首。顾阿全、顾生荣等供是本帮，由张、莫二人邀往茶馆，不敢滋事。大令核供，判为首之张、莫二人各责二百板收押，余均斥退候示。

《中外日报》光绪二十八年五月三日（1902 年 6 月 8 日）

环求开释

漆匠张胜泉、莫和和等因加价启衅，聚众拔人滋事，由本县汪大令提案研讯判押在案。昨日午后，复有漆匠数十人环聚县中，求将张、莫二人开释，并请移咨法捕房，将在押四人一并省释。大令著静候核办，毋得集众生事云。

《中外日报》光绪二十八年五月四日（1902年6月9日）

一律停工

本埠漆匠聚众加价停工一事，迭志本报。昨又有漆匠大帮逼令城乡内外各漆匠店停工三天，如果抗违贸易，定与之为难云云。于是各漆匠店咸一律闭门，暂停交易。

《中外日报》光绪二十八年五月七日（1902年6月12日）

递解船户（英租界）

驳船户陈小满因纠众罢市，在外捏名揭帖，妄称驳船现须加价，各船户切勿装货云云。当由包探倪顺泉将陈拘案请办，诘之，陈供词含糊，官判责二百板，枷示一月递解。

《中外日报》光绪二十八年五月五日（1902年6月10日）

居民抢米（南市）

浙江粮米船户至无锡装粮来沪，甫经解缆，被该处居民所见，以无锡米粮缺乏，浙粮不应到此购运，纷纷上船，将米一抢而空。该船户无奈，已回禀总办傅太守核办。

《中外日报》光绪二十八年五月六日（1902年6月11日）

勒停工作

日前有漆匠吴云卿、沈三庆见城内鸿常盛漆店仍在工作，吴即入内毁物勒停。店主禀由总巡朱森庭明府，将两人拘解到县，由汪大令升讯。吴、沈金供，勒令停工者系漆匠某某等，小的等只为解劝被获。大令申斥，喝令笞责，因沈求称有病，判吴责二百板，沈责一百板交保，再犯严办。

《中外日报》光绪二十八年五月八日（1902年6月13日）

扭请究办

本埠漆匠加价停工，并纠众滋事，当经上海县汪大令及法廨各派差拘获莫和和等，分别讯供收押在案。前日又据漆匠公所董事将为首停工之柳根大扭县请办，上灯时又有陈仕孝将喝众拔伊入城之毛咸寿即罗来顺及童阿宝二名扭送到县，禀求究办，大令著分别收押候讯。

《中外日报》光绪二十八年五月九日（1902年6月14日）

讯有不合

昨报纪扭请究办一则，当汪大令讯究时，据柳根大供是本帮□匠，向来工价二百文，念四年分加钱三十文，今因米价奇贵，故□业工人又拟加价。念九日起停工之事，出于众人之意，并非小的唆使所致。陈士孝供是宁波人，开设漆作，念九日各工人停工，勒加工价，邀小的入城到公所议事，小的却之，各人即持蛮强拖，行经法界，被巡捕拘去四人。柳根大昨日唆众向各漆店滋闹，故由董扭解到案。是日拖拉小的之童阿宝、毛咸寿两人，扭求严究。大令谕陈退去，诘之童、毛两人，同供均宁波人，做漆匠，我等宁帮与本帮一律，刻下加价之事，直至前、昨两日起始由人邀往茶馆，又被陈诬陷。大令核得各有不合，喝责二百板，与童、毛两人申斥外，判均交保，惟陈士孝多讼，申斥外叱退。

《中外日报》光绪二十八年五月十日（1902 年 6 月 15 日）

派差催捐（南市）

南市四月分房捐，仍由上海县著十六铺地甲按户收取，讵有丰顺公、老泳隆、泰顺等十六户，抗不肯付，由地甲禀明汪大令，于前日派差薛贵前往催缴，如再延宕，定即提案究办云。

《中外日报》光绪二十八年五月十一日（1902 年 6 月 16 日）

不准居奇（南市）

本埠米价前因奇贵，曾经地方官与米业董事商诸各铺，于十二日起每担减价三角，所发碾熟漕米，每担由各铺缴洋六元四角，零售只准加一角，并拟续议平价，至便民而后止。日前南市某米行违谕，每石竟售洋九元一角，经嘉谷堂投县禀控，故由汪大令禀明道台，至商务局会齐米业董事询查之下。据董禀：米行同业近日奉谕以来，纯白米始售八元六角一石，寻常米每石只售八元一二角。大令即著传谕各米行，以后顶高白米只准售洋八元二三角，白破只准售洋八元，只许渐跌，不准居奇，如违，察出干咎云云。

《中外日报》光绪二十八年五月二十日（1902 年 6 月 25 日）

扛夫停工（美租界）

浦东礼和洋行扬子栈房扛夫头目陈阿大，昨早九点钟时，喝令各扛夫一律停工，欲加工资。经该栈经理西人备函，著管门印人将陈解至美捕房，禀明捕头，饬押候究。

《中外日报》光绪二十八年八月十日（1902年9月11日）

录《万国公报》所载惩儆教友事并系以跋

昨见七月份本埠《万国公报》登有步惠廉君所述惩儆教友事文一篇，其略言客秋余有孤岭之游，濒行时，教友朱其文来晤称，有家产正事须至嘉定县面官禀白，欲乞余名片以为介绍。察其情词，似颇属实，然仍恐有弊，特倩华友于片上注明该教友因事面禀，借片进谒，并非使其倚势行事，故与教会无涉等语授渠而去。余遂径往孤岭。逮月余返沪，风闻朱在嘉定受张姓之贿托，捏名假信，投见邑令，揽讼招摇。余不胜诧异，即函问邑令章公，请将假信寄示。旋奉复函，附有余之西文名片及中西合璧禀信，其名片系笔写而非铅印，盖前取之中文名片已有注语，不能他用，故易之也。其信中所禀则因张姓买地之事，请办顾姓一人，居然似余为张姓出首者。惟西文字迹绝不类余，且句法舛误，明系未通西文者所作。观其中文则尤鄙陋不成文字，其与西文或出一手，或即朱所自作，皆未可知。余维此事既碍教会之大局，亦犯中国之王章，讵可容此败类，故于堂会时声明其事，先行革出，拟即送官究办。乃本堂某牧师力为劝阻，且愿往朱处善言抚导，予以自新之路。余姑从之，后某牧师屡至其家，竟未一面，招之亦不来。某牧师卒无如何。余知其怙恶不悛，难以理喻，若置不问，恐效尤者接踵而起，关系于各公会诚非浅鲜，不得不禀明领事，请由会审公堂提究。当朱逮案时，余亲诣公堂以备质讯，并恳谳员毋庸过宽，亦毋过严，但能惩一儆百足矣。于是华官张司马讯实情形，判笞五百、禁改过所二年。余复恳领事咨请道台通饬各属，凡有以教士名片信函干预词讼者，概行究治，业经道台通行札饬，此后或可弥息刁风。然余于此事本非所乐为，特欲明耶稣教会务期导人去恶，并非助人兴讼，设有招摇情事，必非教士之意。近由诸教士特就沪上集议，将此事转辗传述，以免他人效尤，各公会悉以为例。倘本会教友逃入他会，亦必援照此例云。

记者曰：读此知耶稣教之教士心无庇护莠民与平民为难之理。惟华民之入耶稣教者，虽训谨居多，而亦难保无不安分之人混迹教中，为倚势凌人之事，朱某之事即其证也。故欲弥民教相争之衅，为永远相安之计，一当由教士随时留心，平日严加约束，遇有事故，或自恃其为教民，与平民无理取闹，或倚恃教士之声望，或捏造教士之信函，强令官长袒教民而抑平民。即当如步惠廉君之请官惩治，不为偏袒，则教外之民既咸服教士之公正，无复有所愤怨，即教中之民亦咸知教士虽以传教为心，而必不庇护入教之莠民为之渊薮。二当由官长遇事秉公办理，但分良莠，不分民教，遇有词讼案件，但当论其理之曲直，不必问其人之是否入教。查教士未有不得干预官事之例，故非特教士之信函防有伪冒，不容轻信也，即实系亲笔书写，或当面嘱托，亦当考其实情，据实相告，既以免是非之颠倒，并可免彼此之意见，斯为上策。盖教士纵极公正，然或听教民一面之词，或误信教民肤受之诉，皆贤者所不能免。官苟能开诚布公，明为保全平民，免其受屈，实即保全教会免其结怨，则耶稣教士究多明白之人，必不致不信官长而信教民，此又可考而知者也。

《中外日报》光绪二十八年八月三十日（1902 年 10 月 1 日）

记本埠乡民与洋人龃龉事

龙华巡防局委员沈上江海关道禀。敬禀者：窃卑防念六保十四图地方离局二里之遥，本月初八日有洋人在该处打鸟，居民潘根荣畜有一犬，被洋人枪毙，因之构衅，致有斗殴情事。卑职闻信，即往弹压，其时洋人已去，初无照会，亦不知其为何人，惟尚留所落毡帽一顶。查据该处乡民禀称，实系潘根荣与洋人互殴，别无他情，惟伊素无恒业，又无妻室，若不立即拘住，恐一经远逸，有难追拿。卑职因即获住潘根荣，并将洋人毡帽一顶禀送总巡朱令查核办理，合行禀陈云云。

江海关道袁批：此案洋人与乡民互殴事，由毙犬而起，在洋人因打鸟而枪毙人犬，固属孟浪，偶尔误伤，亦当善为理喻。在乡民潘根荣因此与洋人争执，几酿事端，实属不合。案经获送过局，仰总巡朱令讯明，酌予惩处，以儆将来，仍分饬各图保传谕乡民，勿得因此小事而生枝节，是为至要。此次打猎洋人所遗毡帽，已函请租界领袖美国总领事查明转饬该洋人赴局领取。函稿抄发，并即转行沈委员知照。此缴。

江海关道袁致租界领袖总领事函。启者：据龙华巡防局委员禀称，本月初八日，二十六保十四图地方有不知姓名之洋人在该处打鸟，枪毙潘姓所畜之犬，以致居民潘根荣与洋人争执，已由该局将潘根荣拘住，并洋人所留毡帽一顶，送交总巡局究办等情。洋人游历打猎，本属藉以消遣，若因之损人物类，深恐乡愚无知，万一或因之生衅。拟请贵领袖总领事出示，晓谕各国寓沪洋人，以后如在中国境内打猎，勿得伤损华人物产及自养生畜，以免别生事端。至此次潘根荣因犬被枪毙，并不禀报地方官核办，辄与洋人争执，殊属不合，已饬总巡局员提案酌惩，以戒将来。所留毡帽一顶，并祈贵领袖总领事查明该洋人下落，饬令速赴总巡局领取为荷。

《中外日报》光绪二十八年十一月十八日（1902年12月17日）

西报志华工被杀详情

沈家浜（译音）路有一华人为葡萄牙人名疏萨者所刺毙。

查该葡萄牙人系在大英自来火公司充当写字。昨日十二点半钟，有小工四名归家午膳，经过沈家浜，四人中有一人以木匠为业，在吴淞路十三号某西人处佣工，彼正在穿衣，适与葡萄牙人相碰，是时该葡萄牙人立在己家之门首，该葡萄牙人即追此数人。据数名证人之口供谓，疏萨用一刀以击木匠，一击之后，彼即奔回家中，将门关闭。此事为六百四十八号华捕及其余三人之所见。木匠被击以后，即有多人聚集于凶手之门口。虹口捕房包探铿司顿君及零西君接到得律风，即驰往滋事之处。滋事之处为包探零西君之所管，彼到该处之时，见有西人一名，观其情色甚为张皇，察其面貌与所报凶手相类，坐东洋车经过彼旁，零西君回首一看，即系凶手，于是将彼拘获，交与铿司顿君拘入虹口捕房。有证人数名，见该凶手用刀在木匠背后左肩之下刺入，木匠一受刺后，即倒于地，旋起奔数码之远，又倒地而毙。死者之伤已由中西医二人验过，均称系用甚利之器所伤，伤口约深二寸，略宽一寸，直透至心。此医生验伤之故，系葡萄牙领事之所请也。

包探铿司顿君在凶手家中搜检，不见有刀，凶手被拘时，身上亦复无刀，大约彼已将凶刀弃入浜中，亦未可定。据该凶手云：彼在家中午膳，有人在门首拉彼家中之钟，彼闻声即携一棍而出，见有一人前奔，彼即追上，被追之人于未追及以前，已跌倒在地。彼见此人跌倒，心中畏惧，于是奔回家中，遂有多人围绕彼家。凶手击木匠之时，有六人亲见，其中有华捕一名，彼相隔不过三十码之远。现在葡萄牙领事未定日期审该凶手，尚须俟上海县先将木匠之尸身莅验，然后定期审讯也。现在死者之尸在汉璧礼路某空地上，用篷遮盖之。译四月二十七日《上海泰晤士报》。

《中外日报》光绪二十九年四月二十八日（1903 年 5 月 24 日）

奉贤南桥帮横行 *

敬启者：奉贤南桥镇土棍充斥，为首四人名为三刀一篙子，按四人中一篙子尤为著名，即摇船小阿妹，又名南桥小阿妹，故该党即名南桥帮，初只四五百人，近已有五六千人。且该帮有恃无恐，抢孀逼醮，掳人勒赎，无恶不作，腰缠数周白带为记号，招摇过市，横行于浦南、浦东各镇，如奉贤之庄行、何家桥，华亭之亭林、叶榭，南汇之太平桥等镇。初与向居松江之北帮枭目邓海音同恶相济，近不知何故结仇，屡次在下沙等处约期械斗，子弹乱飞，伤毙多命。该帮声言如有告发者，势必灭其家族，故各镇董保畏之如虎，地方官亦置之不问。闻初入帮时，须焚香关帝前，杀鸡为誓书，云进帮之后有福同享，有难同当，永无翻变，否则愿受三刀一篙子云云。为首者即予以进帮证据，系红纸、墨印，填入姓名、年貌、籍贯，并印一钤记曰"替天行道"。此等情形殊为可虑，请登入贵报来函一门，俾有地方之责者，幸勿养痈贻患，庚子京津之祸可为车之鉴也。

《中外日报》光绪二十九年五月二日（1903 年 5 月 28 日）

菜蔬罢市

警察局近出示，各摊即须迁至官造之市亭，至挑担行卖之货物，又须按收捐费。小本贸易者以无力认捐，城市菜蔬今已一律罢业。

《中外日报》光绪二十九年五月二日（1903 年 5 月 28 日）

上海道致葡萄牙总领事公文
（为葡人杀毙华民事）

为照会事：照得贵国人沙若刃毙华民沈福生一案，据上海县汪令照会贵总领事，带同西医验讯，该华民因披衣误碰，被沙若用刀戳伤身死，查验尸衣，有刀戳损破洞数处血迹。该犯供词狡展，博总领事拟解澳门审办等情禀报前来。查此案该犯既在上海地界犯案，理应就上海讯断，以便见证人等易于到堂。且两国合约第四十八款内，载大西洋国人如有欺凌扰害大清国人者，由大西洋国领事官按大西洋国律例惩办等语。是贵总领事驻沪办理交涉事件，遇有人命词讼，照约本有讯办之权。今沙若一案，贵总领事拟解送澳门按察司审办，核与条约不符。应请贵总领事在沪会讯，查照条约，按贵国律例，治以应得之罪，庶足以昭折服而儆将来。相应备文照会。为此照会贵总领事，请烦查照核办，见复施行。

《中外日报》光绪二十九年五月二十五日（1903 年 6 月 20 日）

南桥帮掳民索洋 *

敬启者：仆于日前贵报南市新闻中，所登盐捕营吴福海驾率炮船六十号开驶往南，而南桥光耆小阿妹等见势难敌，已资给同党每名洋一元，分别逃散云云。仆信以为实，偶在茶肆中与友谈论此事，讵烟茶肆布满该帮，仆不知也，即有十余人一哄而前，问仆曰：汝言南桥帮逃散，汝曾亲见之乎？声色俱厉，不由分说，即将仆与友拔至奉贤之邬家桥镇，始知该帮近已有九千余，并未逃散一人。据闻俟军饷充足，即行举事。近恐营兵来南桥，故派头目等率领同帮三千余，驻扎邬家桥、萧塘等处，以备营兵来南，作为数面夹攻之计。

吴福海亦并未来过，日前只命手下二人到南桥一行而已。至其进帮证据，实系白竹布墨印所印钤记，系"扫清灭洋"四字。

仆与友被掳后，两家惧甚，次日即挽人至邬家桥，由该镇某君出为调停，令仆家出洋百二十元，友家出洋三百元，名充军饷，始得释回。其时仆等被闭暗室中，初不知也，临行又要之以出结，不准告发，否则愿灭家族云云。是日由奉贤之何家桥，华亭之亭林、叶榭，南汇之太平桥，金山之张堰等镇掳来者，共有七人。仆一介寒儒，经此横祸，已破家荡产矣。而该帮横行如此，在上者未必深知，请登贵报来函一门为幸。

《中外日报》光绪二十九年五月二十七日（1903年6月22日）

为查拿爱国会社上谕*

□月□□日奉旨：外务部呈递魏光焘电，据称查有上海创立爱国会社，招集群不逞之徒，倡演革命诸邪说，已饬查禁密拿等语。朝廷锐意兴学，方期造就通才，储为国用，乃近来各省学生潜心肄业者，固不乏人，而沾染习气，肆行无忌，止复不免，似此猖狂悖谬，形同叛逆，将为风俗人心之害。著沿海、沿江各省督抚，务将此等败类严密查拿，随时惩办，所有学堂条规，并著督饬认真整顿，力挽浇风，以期经正民兴，勿误歧趋，是为至要。钦此。

《中外日报》光绪二十九年闰五月三日（1903年6月27日）

兵横罢市（松江）

正营兵丁多人初六日在郡南门外十图地方，因赌启衅，遂纠众肆横。一时店铺罢市，城门关闭，地保及居民受重伤者，不一而足。扭获九人，拟绕城进郡西门，赴娄署喊控，而副营兵丁在城上瞥见，均即从城跃下，半路要劫。及绕至娄署，适届大令因公晋省，将司阍皂隶一并劫去。中营张参戎饬丁送回，该司阍亦身受重伤，发辫扭脱。该处店铺迄今未开市，不知若何了结也。

《中外日报》光绪三十年一月十四日（1904年2月29日）

女工索款（美租界）

里虹口勤昌丝厂于去年积欠各女工工资若干元，因各女工屡次索取无著，至昨日，有该女工戴王氏，纠同伴二十余人，至该厂索款不得，即恣意行凶，并将门首所悬招牌敲毁。该司事人奔赴捕房控诉，捕头饬探往查候核。

《中外日报》光绪三十年一月十六日（1904 年 3 月 2 日）

松江枭匪滋事述函

前月二十日后，松郡枭匪有与官兵鏖战之事，本馆已为略记报端。昨得松郡来函，述当时兵匪互战之情状甚详，急为登诸报端，以供众览。

来函云：月之十四五日，泖湾某甲与胥浦某乙各欲惩治其族中匪类丙、丁等，禀之金山县，请飞划营掩捕不获，仅获施阿美等二人。丙、丁等恨甲、乙刺骨，日思报复，于是有二十日之役。

二十日晨，有匪党放哨者五六人，于吕巷西三里许三官塘渡口修筑旧有之泥城，为对河泖湾（按：泖湾至吕巷三里，中隔三官塘河）民团所见，急放枪相御。吕巷之头目邱四弟、孙美臣，千巷头目陶子亮，遍告各路枭匪羽党，相率偕来，集有数百人，后膛洋枪不计其数，弹子皆用袋箱装储，其中大头目各坐绿呢大轿而来。乡团人数较少，见之色沮。胥浦某乙在洙泾设法，泖湾某甲即在本镇督率，求援于金属兴塔某戊，派丁来援，不满十人。又求援于平湖界龙头地方（在三官塘之西北六里许）毛团董，派来团勇、器械甚多。且函告浙属新堰镇（泖湾至新堰六里）总董陆少村及驻镇二尹徐德彰，除鸣锣号召泖河十四坊农团并起而赴助外，立即飞禀平湖县何大令，电禀嘉兴府，会调嘉防吴统领福海，拨陆队百名，用轮船拖带水师炮船及驻防新仓之周领哨、驻新埭之盐捕炮船五只，水陆各兵，星夜起行，于二十一日晨赶到战地，计官兵七百余人，浙之团民亦七八百人。

二十一日，匪首小全根，人最凶狠，奋勇当先，中枪而毙。吕巷存有旧炮，被匪装放，旋即炸裂，伤五六人，蒋春波伤一指。各处匪目来助者，有张堰之长脚徐阿小（名片为徐贵臣），钱圩之徐阿照、〇〇阿毛、大鼻头阿照（钱圩共有五头目），松隐之小来生，后岗之沈云如，七保十图之沈子祥等，各派其羽党三四十人不等。小来生之羽党姚祥芝（帮中推为前辈，有刑部大堂字样官衔），驻于五龙庙，防官兵之抄其后也。匪党向五龙庙求签者，俱得下下，竟有因此一枪不放而去者。二十二日午后，匪皆退去。

当二十日地保入城禀报时，金山县蒋大令即片请飞划营往剿，哨弁以统领不在为词，促之再三，多方推诿。大令愤甚，乃由汪委员往见帮带陈长春，晓以利害，迟至三下钟，始拨队而往（是日吴江调去四只）。大令恨其畏缩不前也，乃亲自督率，带同新招小队二十名及壮役随从，合飞划兵五十名，共百名，至洙泾南晒花埭，而渡船已被匪收去，天色已晚，哨队以夜不行兵为藉口，大令乃懊恨而回。

二十一日侵晨，大令又往，飞划营兵随之，并有盐捕哨官李顺兴亦集数十人随行。飞划营最为无用，相持未久即退去，且向空放枪，捉鸡摘菜，滋扰异常，乡人群噪逐之。午后大令回署，委员代往。

二十二日上午，匪无枪声，平湖兵团即登岸，抄至金山界吕巷镇、太平寺等处，越界八九里，捉两匪去。大令探知匪之退去而东也，乃乘舆于黄昏至吕巷镇搜查一周，捉新入党之著名土匪陆耕和等二人。乡人取浙军所枭之首来献，闻系新仓人。

二十四日夜，林得胜致函县署称，祸首黄子平刻已著张复元（即小来生）拿解，望派人至松应提解。遂派汪少岩委员去，至二十六日晨始回，闻由南桥拿到也。羽党集于千巷，吊小全根之丧。近日揭帖甚多，有"钦命平天王"字样，又欲向各衙门、各绅董借数万元云。

前函录竟，又别前来函二则，并录于下：

去年枭匪曾入新仓镇，由何大令剿办肃清。本月二十日，该匪勾结东方各股千余人，持快枪、大炮，将过三官塘，泖湾乡人鸣锣告惊，于是平属泖河十四坊团丁齐出协助，徐二尹飞禀上台，电请水陆各军于二十一日冒弹前进。枭匪枪弹如雨，兵团亦枪炮齐施，计战两日夜，声闻十余里，旋以悍贼首小全根中枪倒毙，且伤匪甚重，贼势渐衰。是夜正鼓，浙军渡河，分南北两路包抄，贼知机遁散。二十二日侵晨，追过金属吕巷镇，至逼近千巷镇，不便深入而止。是役也，拿回匪徒两人，斩枭一人，夺炮一尊，匪首蒋春波伤其手，陈六镇中击毙，重伤者五十余人，浙军旗牌一人伤足，乡团数人皆轻伤。当匪弹如雨，而我兵一无损失，人以为神助也。又闻飞划船迁延不进金山，蒋大令竭力督催，仅向空发数枪，即退去。

浙之官军于二十日夜到镇，先来者水师营官吴有发，前旗管带吴金元。二十一日夜，到者左旗管带董道腾，右旗管带陈嘉玉，缉捕营官方士斯，统领则嘉防营务处吴福海也。当日官兵总数约七百左右，即用小火轮拖带，星夜驰至。当开仗时，乡民以身家性命尽在于此，不得不拼命一战。而匪亦念到此，江苏各官长若不趁此机会，节节搜捕尽净，则后患正未可料。日内黄匪已经获到，系彼中巨奎所解来者，现在金山欲掩饰拒敌官军之名，真狡猾哉！

《中外日报》光绪三十年三月五日（1904年4月20日）

乡民毁局

上海县境西乡北桥镇乡人，近日纠募巨资，扎就龙灯，拟于日内举赛。该处巡局委员罗秋阜二尹，恐肇事端，谕饬停赛，乡民不服，胆敢于昨拥至局中，将房屋杂物一并揭毁，并将局员之器皿，携至空地焚毁。当经十八保十七图地保张清源，偕图董投县，报求莅勘。本县汪大令因于午刻带同通班差役下乡查勘。

《中外日报》光绪三十年三月八日（1904 年 4 月 23 日）

札县查复乡民毁局事*

乡民毁局一案，两纪本报。兹悉北桥巡局员罗秋阜二尹，在道辕具禀称，尚遭各土棍攫去英洋一千数百元，赤金十余两，衣箱四只，以及零星衣饰各物。观察以所禀与董保所禀事出两歧，札饬本县查复。

《中外日报》光绪三十年三月九日（1904 年 4 月 24 日）

松属枭匪始末记

三月初二日，某报刊登苏州访事人来函，盛陈飞划营某某等之功，历叙衔名，捏造战状，适以自发其复，三镇乡之人见者，无不哗然。厚颜如此，不知尚有肺肠否。或曰：浙省兵团亦未免张扬，不可尽信此说。固然，然而不分畛域，力助泗团，为蒋令之臂助，击倒帮匪之锐气，使余匪垂头丧气，从此易于扫除。以视飞划营受蒋令之豢养，洎乎一有事及，或以统领不在为辞，或以枪力不及为辞，或竟有声称每日只得钱一百四十文，不值与匪拼命者。而二十日，则迟至三点钟始成行，以日暮不克渡河而回。二十一日跟随蒋令出阵，则遇匪即首先退回。以彼例，此去之远矣。我故下一言以断之曰：在松属为蒋令及乡团之功，在嘉属为何令及浙军团之功，而江苏军营无功焉，可也。更为近一解曰：当时若请浙兵团乘胜而东，歼尽渠魁，解散余孽，计不过旬日，必能奏功。惜江苏人民虽有求助之意，终以格于例而止，殊可惜也。至于飞划营，亦自有可原者。按飞划营约有船十只，兵五十人，除去每船二人驾舟外，不过三十人耳。松郡现有五营之兵，无一人到者，则此区区三十人，何能与帮匪数百人相敌乎！

飞划营初到洙泾时，欲肉食，蒋令乃宰猪犒之；欲著新鞋，蒋令即人给洋一元，待之可谓不薄矣。故此次该营不力战，舆论为之哗然。

李仁育、李仁兰因事在押，其兄仁兴愿带众报效，请释其弟，蒋令许之。现在两李即作蒋令之护卫，蒋令出，即为之前导。

有客自丹阳来者，言其乡今年亦有红帮，每村约五六人，滋扰情形与松略同。众民恨之，乃密禀县官，暗约于各祠堂放炮三声为号，旋于某日夜半，炮声陡发，群起歼戮，杀一百六十五人，匪遂止。

以两者相比较，浙省文武尽力治匪，而苏松文武不尽力，一也；平湖乡团实事求是，金山乡团止有毛庄、沭湾，余皆具文，二也；浙军团闻召，虽路隔百数十里，不一日即至，松军闻耗，路程三十余里，五日始到，三也；浙军团专以剿匪为事，苏松军乃志在掳劫，四也；苏松养匪有年，不忍加一矢，浙军团首挫凶锋，五也；苏松军不能自缉其匪，安问邻境，浙军团则反是，六也；浙军团功成身退而不矜功，自有公论，苏松军乃登报冒功，不畏人言，七也。然则苏松之督兵者，亟宜自反，毋空蚀饷糈，增田产，肥子孙，上负国恩，下害斯民也。

驻松老营有中左城守等营，额兵每营五百名，及粤寇既平，留驻练军正、副两营，亦每营五百，由此计之，松城兵额虽分布各汛约当有三千名，然逢大阅时，到校场者即正副两营，亦不过四百名。无论令何营操演，皆由此四百名轮流转换，其法即俟老营操毕后，令就蓝布，城内换着新营号衣，再行上场听点，于是向为老营之兵者，旋又为新营之兵矣。或言，设俟老营之兵操毕后，令各营兵站立一处，不许远离，然后再调新营操演，则新营竟可无一兵，不知当局者何以处之？然即此四百人中，亦尚有临期雇用曾经入营之乡人者，其数何止百名？自年来节次裁兵，则松城之兵殆不满二百人，今年又奉文添募，因入帮者多，应招殊少，至以老叟幼童充数。故此次调兵，号曰剿匪，实不适用，闻营官先令所属挑老练者前往，计副营调去十棚，每棚十名，然闻实到战地者，则止有八棚，想必系七拼八凑，始有此数。不知现在松城营中，所剩几何也。初七日，因娄境天马山地方有客帮拔去教民两名，又拨出四棚前往弹压，捉船装去，计程止十八里，亦非船不行矣。又正副两营初设时，例于朔望清晨站墙，放枪三响，放枪时全城震动，窗棂格格作声。自李质堂军门去后，年不如年，每逢朔望微闻悉率之声。近日之兵调出既多，此声几寂寂无闻矣。此等苦情，殆非局外人所能知也。

（续前稿）某邑令于战后至南乡询地保曰：尔图中地方有土匪否？地保曰：已悉散矣。邑令曰：如此，则我地方可算安靖矣。去年乡董有到县禀控土匪者，该邑令说之曰：我尚且无可如何，你们将就些罢。及至南乡于公座中，大声问乡董曰：你们地方上如有土匪，尽管说出来，看我办理。于是无人敢开口。土匪闻之大喜曰：此好官也。此皆自彼处来之人所言，以为南境帮匪之炽，皆由此县令纵之也。

闻奉贤令因土匪滋事，上游文武各官置之不闻不问，不得已而建招抚之策，此又是一种办法。其不肯用峻法办理之故，亦因恐闹出事来。文上司不肯办，武上司无劲兵不能办，而自己反遭咎戾也。

据苏友信言，有人向苏抚言剿贼事者，则抚台摇手曰：不可，不可。因之下属承旨媚上，以自保利权者有之，别为设法，使官民匪三面光鲜者有之。

青浦县闻亦从严惩办十余人，故匪势不致蔓延。南汇典当被劫者三家，因之报停者遂有十七家，此据善堂董事而言，其境内匪踪可知矣。办法则无所闻。予尝面询娄县屈大令曰：南匪被挫，全赖浙省军团协助泖湾团民之力已，而人皆言飞划营放朝天枪，奈何？屈公答曰：黄一桂所招，都恐非好人。予又曰：现在全借浙兵之助，挫匪凶锋，千吕巷匪踪已敛，尚余金山境张堰、钱家圩等处，可以乘此逐节搜捕，求目前之清净。以外接近华亭境地，可由华亭自办。尚有南、奉等处，奈何？屈公曰：这事只须多派水陆军兵在四面河道阨要把守，逐处搜捕，不难一鼓平之。予曰：年余以来，松属文武上司不闻不问，奈何？屈大令不答。

松属南境，民气本属不靖，粤寇以后，同治七八年间，亭林张泽有杨阿妹之乱，时驻松者尚属劲旅，上有李质堂提督，其余营官皆曾经战阵，精神未至大坏，且战事初定，兵少缺额，人多当兵，流氓亦少，故杨阿妹之党未及蔓延，如今日充斥郡城市镇之甚。然当时人到彼镇者，亦已不敢言及匪事，因如为彼听闻，必定毙命也。其敲诈等事，亦与今相同，然尚无快枪，亦无掳赎富户，逼令出资赎回，及拒敌官军之种种狂妄也。时华亭县万大令学潮密禀李军门：随带兵卒托言到亭林张泽办理征漕公事，至半夜猝然掩捕，就地立斩十七名，匪势顷刻而平（计杨阿妹之肆横不过半年耳）。郡绅张椒岩撰记立碑于衙署，事载《华亭县志》。昨与某人谈及之，以今之匪事较前之匪事，以今之县令提督较前之县令提督，其相去不知几何。浙军代剿松匪，而江苏官受其成，且欲掩其拒捕官军之名，以包庇匪类，而自脱考成，则此匪者，皆江苏文武之子民也。将来欲使各处流氓不复相聚为匪，也得乎！

《中外日报》光绪三十年三月二十九日、四月二日

（1904 年 5 月 14、16 日）

英租界女工罚洋

缫湖丝女子张陈氏、张胡氏、陆陈氏等，因永泰丝厂图赖工资洋元，纠众吵闹，打毁帐房什物，报探顾阿六送案请究。质之氏等，供称三月份工洋各十二元，向索只允付洋两元，小妇人等不允，向论有之，不敢吵闹、毁物，求察。襄漱王刺史，以该氏等不应纠众争吵，从宽，商之美白翻译，判各罚洋两元，充公所，欠工洋自行往取，不准争闹干咎。

《中外日报》光绪三十年四月十三日（1904 年 5 月 27 日）

查禁新书

上海县汪瑶庭大令，接奉江督魏午帅札文，内开：准北洋大臣袁咨称：目下沪上有种新书，如《中国魂》、《自由血》、《革命史》、《新小说》、《新民丛报》、《西太后》等名目，实属惑乱人心，应即查禁云云。本县汪大令遵于昨日派差赴各书坊，详查以上违禁各书。

《中外日报》光绪三十年五月八日（1904 年 6 月 21 日）

免捐开市（松江）

松郡肉业因捐罢市一节，两志本报。缘该业向有大小猪捐，每只捐钱若干，迄今多年，皆系董事收取，然未见有开除何项经

费，不能征信。致此次派捐，各不承认，自十文减至两文，犹不应允，相率罢市，已有多日。现闻有县谕，一律免捐，故定于七月初二日照常开市。

《中外日报》光绪三十年七月三日（1904年8月13日）

厂匠停工（南市）

制造局水雷厂李委员锡年，日前查有工匠陆云生进厂太迟，因向论不服，掌颊二下，该厂工匠等挟众抵制停工。由提调李明府将情禀知总办，大为震怒，以该厂本应裁撤，既经罢工，听候禀请督帅核办。昨日各匠自知不合，恳求提调自愿工作，李明府将自愿赴工之匠十余人，开明姓名，呈请总办核示。适有江阴来电，著造绿绒电头四十余支，故即饬令愿做之各匠，先行兴造，其余不愿者，听候督示核办。

《中外日报》光绪三十年七月九日（1904年8月19日）

罚办工匠（南市）

制造局水雷厂各工匠挟众罢工等情，已详前报。兹悉昨日该厂工头自知不合，即向提调李明府处，由李明府恳求禀请总办魏观察，将滋扰各匠罚去工资五天，具改过切结，饬令一律工作。惟为首之罗应龙，并罢工之陈宝荣、陈季林、邓毛等六名，均由总办著交发审处讯明重办。

《中外日报》光绪三十年七月十一日（1904年8月21日）

勒捐罢市（宝山）

宝邑高桥镇，近因举办冬防团练，该镇董孙尔枚等藉此为名，勒派各业户认捐。内有鲜肉铺十五家，月须认捐钱七十二千文，求请减免，讵被分防唐二尹驳斥。内有顾源泰，系教民所开，知不能欺，函商艾神甫，除教民肉庄免捐，其余稍有迟疑，辄行强勒，以致各肉庄群抱不平，于念七日相约罢市，集赴宝山县联名喊禀。适王大令因公在沪，其词由捕厅罗少尉代收云。

《中外日报》光绪三十年十二月二十一日（1905年1月26日）

女工索取工资（闸北）

闸北震泰织布厂于日前闭歇后，有女工多人聚集该厂门前索取工资，由该厂司事投巡局请为派保弹压，昨日已将各女工工资付给云。

《中外日报》光绪三十一年二月三十日（1905年4月4日）

工人照常入厂工作（美租界）

杨树浦增裕面粉公司日前以某处调来之西人为该公司监工，当入厂堪阅时，无端将工人某甲乱殴。各工人见之不服，一律停工。旋由总经理西人闻之，向工人等善言劝慰，并将行凶西人歇出，至昨日，众工人等始入厂工作。

《中外日报》光绪三十一年三月十四日（1905年4月18日）

记上海绅商会议事　附录电稿（华工禁约）

昨日午后两点钟，沪上各帮绅董群聚商会，公议华工禁约事。曾少卿观察首先演说，苏君继之。大旨谓，美如必立续约，我商人当相戒不办美货，以为抵制。各人赞成后，即发电致外部及各省口岸商务局。兹将电稿录下：

拟致外务部电稿。外务部王爷大人钧鉴：美例虐待华旅，由工及商，梁使不肯签约，闻美直向大部交涉，事关国体民生，吁恳峻拒画押，以伸国权，而保商利。并告美使以舆情不服，众商拟相戒不用美货，暗相抵制。美念通商利益，必能就我范围，务乞坚持，大局幸甚。

拟致各埠商务局电稿。商务局鉴：美例苛禁华工，波及士商游历，现梁使不肯签约，闻美直向外部交涉。现沪商已合词吁恳外部，暂缓签押，并拟相戒不用美货，暗相抵制。祈传谕各商知之。

《中外日报》光绪三十一年四月八日（1905年5月11日）

记广肇公所会议事（华工禁约）

上海广肇公所，于昨日一点半钟聚集同人演说，抵制美国限禁华工条约事。先由凌潜夫（广东人，曾任美国海关写字之职）、方守大（徽州人，去年充圣路易茶磁赛会公司副总理）二君登坛演说，将在美时亲见美国苛待华人情形详细陈述。且方君去年往美赛会时，曾受美国官吏百方留难，兹亦一并述及。当拟就抵制之法五条，即由方君电致美国各大报馆，请为登录。其文如下：

一、拟停办美国各进口货物。一、拟请美所延之翻译、写字等人，悉行辞职。一、拟通知各人，凡美国货船进口货物，一概不准代为起卸。一、拟合全埠之广帮商人致电梁星使，请为力拒美约，不得签字。一、拟合群力拒。

当凌、方两君演说时，有郑希甫君亦在台上帮同宣达各种情形，并有黄巽卿、黄履之数君逐一演说，词意略同。

当即拟定电稿，如广帮中人有愿附名者，可致函广永亨黄巽卿君处，或交广肇公所亦可，一切事故俱由黄君担承。并拟致电外务部、商部、驻美梁星使、广东各大善堂、各埠广帮会馆。惟因电稿尚须斟酌妥贴方能详发，故尚未能登出。闻公所本拟于礼拜日开会演说，因事机紧急，故改于昨日集议，以非星期，广帮诸人有暇者少，故到者止三四百人云。

《中外日报》光绪三十一年四月十日（1905年5月13日）

枷示滋事工人（英租界）

集成纱厂工人，于上月念五日散工不做，纠众打毁场内什物，报捕拿获吴阿唐等究办在案。兹经包探刘森堂将当日掷石之吴林续获，解究襄谳。孙大令商之德麦翻译，判责二百板，枷号一月，发犯事处示儆。

《中外日报》光绪三十一年四月十一日（1905年5月14日）

记清心书院全堂师生散学事

本邑南门外清心书院，系美国牧师薛思培君所创，共有学生六十余人，授以英国文字，其程度与高等小学相仿佛。平时教习与生徒团体甚坚，其思想亦甚高。此次美修苛例，该生徒等为他日赴美游学计，曾屡向薛君询问，薛君总言本国待华人甚优，此等均系谣言，不可深信，即偶有其事，亦系下等人所为云云。

礼拜日沪南商学会演说抵制美国苛例之事，各教习、生徒等咸欲往听，薛君婉言劝阻，众力争之，始皆往听。因闻留学生关闭木屋之说，无不发指眦裂。听毕，携有传单数纸回院，贴于墙壁之上，以冀薛君一览。

附近培植学堂教习张某，系兼充清心体操教习者，适来院中，瞥见壁上传单，即不问情由，尽行揭去。各教习阻之不及，互相冲突。张见形势不佳，当时逸去。

众遂请于薛君，要索三条：一、令张教习认过；二、须将此事详登中西各报；三、如上两条不允，则教习学生尽行散去。

薛君以为事属两难，未经允许。故昨日清晨，全院教习、学生七十余人，已同时散去，不留一人。

又闻清心书院散学之全体学生及教习等，定于今日即二十日午后两点钟，在白大桥塸公园演说，并筹善后事宜。

《中外日报》光绪三十一年四月二十日（1905 年 5 月 23 日）

续志清心书院全体师生散学事

沪南清心书院师生全体散学一节，已登昨日报。兹闻当散去时，薛牧师在内未出，只在施牧师处辞行，施君亦无可置辞。

及该师生等收拾行李，捆载而出，薛牧师念及诸生学诣将次成就，且又相处多年，今忽半途而废，意良不忍。

该书院教习、学生本定于昨日午后二点钟，在白大桥塸华人公家花园集议善后事宜，嗣教习赵君与戈君云朋以该园向归工部局节制，恐有未便，乃议借董家渡沪学会会堂集议。钟鸣三下一刻，清心教习与学生六十余人，均已全集演坛，而各学堂之闻风而来者，亦趾踵相接。先由戈君演说，大旨于激厉之中，寓固结之意。继由清心教习余君国桢（即贴传单致起冲突者）演说，后相继演说者约七人，或以团结为勖，或以始终一致为勖，合座均为之鼓掌。旋苏君云裳及商学会员某君，亦相继莅止，均谓今日演说固不可少，然仅于演说亦属无补，为今之计，宜亟筹善后办法，使已散之学生，不致毫无归束为第一要议云。钟鸣五下，尚与教习赵君等会商办法。

又闻清心书院教习、学生现由商学会招待，以免涣散。

又闻□□书院亦以美约事，有散学之说，签名者已有四十人云。

《中外日报》光绪三十一年四月二十一日（1905 年 5 月 24 日）

清心书院散学后余闻

清心书院散学后各生，昨日咸至民立上海中学堂考试，合格者照插各班。间有不合格者数人，诸生不忍分离，商由该学堂总理苏君筠尚特别许可，作为旁听生，均不收取修金。并另租房屋一所，为寄宿舍，如学生有不能出膳宿费者听。各生录取后，由监院苏君颖杰演说，略谓：本学堂平时本不收取学生，此系破例收取，并加优待。然诸生亦须禀明父兄，然后来学，庶尽子弟之道云云。

《中外日报》光绪三十一年四月二十二日（1905 年 5 月 25 日）

清心书院学生散学缘由[*]

读二十日贵报，载有南门外清心书院学生退学一则，其中未免有以讹传讹、不尽实处。兹将确实之颠末，录奉众览。盖此书院已创垂四十八余载，非自予薛某始也。其间学程，不过教人从善受训，冀成大器，而循理爱国，非徒恃血气也。前日诸学生有退学者，固恃血气，以为爱国之举。本院之某教习，于礼拜日早晨见贴有传单于是日下午集议美国禁约华工之事，随手揭去，以为于礼拜日不当集议此事。缘是遂不合诸学生之意，而冲突所由起。诸学生即挟制本监院，欲定某教习之非，第予素以道自守，岂能背道而循诸学生之愤，以定某教习之非。盖某教习不合诸生之意者，系欲彼循理守道，非不许集议其事也。本监院若随诸学生血气之汹汹，以定某教习之非，则亦为枉道以从人，而弃中国之善教也。为是，稍伸鄙意，质诸明理君子以为然乎？清心书院监院薛思培白。

《中外日报》光绪三十一年四月二十三日（1905 年 5 月 26 日）

记沪学会邀集学生会议事（抵制美货）

沪南董家渡沪学会，以抵制美约，自以不用美货为最要。惟空言搪塞，必无补救，故拟联络商会，实行抵制之策。谨于念五日下午五点钟开特别谈话会，并欲邀集学界中人与于斯会，因请各学堂各举代表人一位到会，商酌一切办法云。

《中外日报》光绪三十一年四月二十四日（1905年5月27日）

漆匠集议加资

本埠南北市漆匠，工资本非一律，北市每日工资二百六十文，南市只有二百三十文。近来北市各漆匠集众加至三百文，故南市各匠特于前日一律停工，约集百余人，欲图集议，照北市加足三百文云。

《中外日报》光绪三十一年五月十三日（1905年6月15日）

请禁工人停工

何明生、顾阿来、何和尚、王燕荣在德商洋人谋得利洋行为小工头，不知因何停工，经洋人报由包探倪顺泉将何等拘解请究。俄而原告称，众工七八十人，约齐停做，请为亦禁。大令判何等交保出外，赶紧督率工作，于礼拜五投讯。

《中外日报》光绪三十一年五月二十日（1905年6月22日）

豆腐店停工聚议

昨报豆腐司议增工价一节，兹悉南市城内外各店司欲每天议加工资二十文，各店主均未应允，故昨日城内外三十余家一律停工，相约聚议矣。

《中外日报》光绪三十一年六月四日（1905 年 7 月 6 日）

扭控把持加工（豆腐司议增工价）

本报两纪城内外豆腐店司罢市一节，兹悉各店主仍未允照各司勒加薪水，故仍大半停止。前日，南市豆腐店主乔姓出外，将把持加工之唐阿妹扭县请究。

《中外日报》光绪三十一年六月五日（1905 年 7 月 7 日）

豆腐司停工被惩

城内南市各豆腐店工匠停工加价，前日由各店主顾少云等扭为首四人到县，当经汪大令讯究，顾供由蒋阿咸、唐阿妹、孙大发、顾阿相纠众停工，蒋供由乔正芳之弟乔全福起意。大令判蒋责五百板，唐责三百板，以双连枷枷示；孙、顾各责二百板，交保。

《中外日报》光绪三十一年六月六日（1905 年 7 月 8 日）

豆腐店司集众理论（南市）

前因本邑城内外豆腐店司集众加工一事，经南市乔姓豆腐店主嘱托汪讼棍之子，将为首之唐、蒋诸人扭县控责省释后，唐等以加工不遂，反被扭责，心甚不服，乃于前日纠集各司前往向论间，致相争执，毁物不少，故即鸣由工程局巡捕将唐洪卿等三人拘局控究。

《中外日报》光绪三十一年六月二十五日（1905 年 7 月 27 日）

两造均愿销案（南市）

昨纪豆腐司康洪卿等纠众往南市乔姓店阻闹毁物一节，兹悉两造均已商妥，康等愿赔毁物，乔愿酌加工资，投局禀请销案，总办准之。

《中外日报》光绪三十一年六月二十六日（1905年7月28日）

屠夫因苛章停工（法租界）

昨有屠夫五十余人，同至捕房禀称：小的等均在宰牲公司为屠夫，公司中管宰牲西人擅出苛章，凡挂肉铁钩不敷、将肉暂放桌上者，轻则私殴，重则私押私罚。如器皿用旧损坏，或小便不慎，亦遭押罚。今日因电灯钥匙损坏，该西人冤小的等不慎所致，由头目劝赔洋八元，已允后，忽反悔，随手拖得七人私押，宰就之猪不准挑出。至九点钟始准释放，将肉挑送各店，讵早市已过，以致售剩不少，各店定欲小的等赔偿。如此受累难堪，故相率停工，求恩咨照该西人，改去苛章，再行工作。各肉店主亦禀：猪只宰毕，该西人不肯随时盖印，须一并宰毕，方始盖印，如欲添宰一猪，亦不准行。现在各屠夫一并停工，以致租界各店，均无肉出售。求恩咨照该西人，嗣后须随宰随即盖印，以免耽误早市生意等情。法总巡克君当将公禀人等移送打样西人邵禄君处，请该邵君向众人详问之，下谕各屠夫于今日仍旧照常宰杀，管牲西人之苛章，听候商明再行核夺，各□遵谕□退。

《中外日报》光绪三十一年七月六日（1905年8月6日）

法租界肉铺照常售卖

昨载宰牲公司各屠夫因管牲西人擅自殴人押罚，相率停工，致各肉铺无肉出售，会同公禀法总巡，移请打样邵禄君核办。奉谕照常工作，再行议核。前晨各屠夫奉谕后，以谕不可违，至晚间均各到公司中将猪宰剥，故昨日各肉铺皆照常交易售卖矣。

《中外日报》光绪三十一年七月七日（1905 年 8 月 7 日）

记报关行罢市事（英法美租界）

昨日英法美租界各报关行之出店，均一律罢市，以致出口货物无人装运。查其起事之原因，系为上礼拜五（即本月初四日）午后，卢阳、公怡、顺昌报关行，在虹口怡和码头将货装船，先将该货暂置码头岸上，美捕房某号印捕见之，上前驱逐。该行出店人等因正在忙碌之时，置之不顾。印捕怒其不遵，不无过分之举。事后即经行主具禀捕头，请为查办，昨日遂酿成罢市之举。并闻昨日该同业等在盆汤弄和记报关行议事云。

《中外日报》光绪三十一年七月十日（1905 年 8 月 10 日）

贩商集众请减苛敛（南市）

前晚，鸡鸭众贩商聚集数十人，执香至淞沪捐局①禀称：小的等各贩户，仍被收捐者，每千抽取六十文，核之缴认之捐，已逾多倍，似此苛敛，求请饬减等情。督办陈观察谕令各贩静候核夺。

《中外日报》光绪三十一年七月二十二日（1905 年 8 月 22 日）

---

①　原文为"淞沪捐局"，疑为"松沪捐局"。

板箱作因加价停工

又有板箱作工人，亦因聚议加价，前、昨等日已有停工不做者，须俟叙议定妥，再行工作云。

《中外日报》光绪三十一年十月八日（1905年11月4日）

上海罢市纪事

今者不幸，忽亲见上海有罢市之事，合英美两租界之市肆，无一有启门交易者，合英美两租界之居民，无一不为之震动者，较诸戊戌四明公所之役，殆有甚焉。此吾人所不及料，而亦吾人所未尝不料及者也。使其初无哄闹公堂之举，何致有此事？使哄闹公堂后而仍能平心调处，合乎公理，顺乎人心，亦奚至有此事？今既不幸而有此，则夫防遏之法，消弭之策，与夫善后之计，固不容不计及矣。兹为详记如下，而以上海道及会审委员告示附焉。又殿之以公共租界工部局告示，亦以见罢市之举，无间中外，均不乐吾身亲见之也。

罢市第一　前晚有人遍发传单，约于二十二日罢市。商会闻之，立即告知各帮，切勿罢市，并亦刊发传单，禁阻各店铺罢市。讵仍无效，昨晨公共租界各店铺，竟至悉停交易。一时人心惶乱，警变迭传。上海道袁观察、谳员关司马、帮审金大令均在马路步行弹压，并各出示晓谕，以安民心，且劝商民速行开市。

巡捕房火第二　昨晨，英租界大马路新巡捕房于九点钟时，有人拥挤，不知何故。捕头先饬用皮带套在自来水龙头放水灌逐，众仍不退。未几忽报新巡捕房火起，由救火会帮同救息，所毁无多，惟押犯逃出者，共有三十余名。关、金二委员闻之，并步行至捕房，竭力劝解众人。

德领受惊第三　昨日午前十旬钟，德国代总领事硕尔资君与翻译师谋君，行经大马路，被众人所辱，译员告以系德国总领事官，众始散。道台闻之，已派员往德领事署道歉抚慰。

附录德国署总领事致上海道照会

照会事。本署总领事今早带同本署翻译官师谋，在大马路即南京路安静行走，忽无故有极众华人喧嚷，甚为汹汹，口中乱嚷"打""打"，本署总领事与翻译官师谋即被攻打，并将坚硬之物掷于本署总领事等身上，且用足踢。本署总领事见机迫万状，若非赶紧急走回署，致有性命之忧。本署总领事查此事到此地步，足见系唆使百姓之不好人等，地方官未预先设法严禁，免此哄闹所致也。今亟照会，为此照会贵道查照办理。须至照会者。

伤人第四　大马路铁房菜市击毙二人。大马路盆汤弄口鹤园烟馆前及抛球埸各击毙一人。

昨投英公廨喊冤送医者（甬人韩阿荣被用枪头刀刺伤面部，张阿宝、曹顺卿被枪轰伤，张友财被枪弹伤足骨），皆奉部司马送至同仁医院医治。

投县喊冤者，侍者曹仁宝被刀戳伤，腊膃船上小孩王巧良刀伤。

洋兵弹压第五　闻上海道昨接领袖总领事照会，谓因保护租界西人身家起见，不得不令团练兵出队，水兵上岸。

午前十点钟，警钟既鸣，各国团练兵皆出队，水兵亦上岸。

各领事署、各银行、各捕房、新关提篮桥，均有洋兵驻扎，并彻夜不归。

华官防范第六　沪南总工程局总董与正裁判孙明府已饬三等教习另派巡士十二人到十六铺桥常川照料，并饬里街驻防各巡士亦一律照料，落差后亦不得出外，仍旧在局伺候。

昨晚，沿浦渡船只准载客赴浦东，不准由浦东载客来沪，税务司已嘱水巡捕往来梭巡。

南市天主堂各处教堂，均已派兵保护。

午后四下钟，浦东陆家嘴各洋栈及烂泥渡等处，经总巡谢明府立即函请本县汪大令亲率通班差役渡浦前往，善言开导，幸无滋闹情事。

沪南沪军营管带龙葆珊总戎，已奉道台派赴浦东。留防四队官昨晨奉道台袁观察飞饬，亲往北洋务局及天后宫侧考察政治各大臣行辕驻防。

杂志第七　凡罢市之事，每有莠民附和。其间昨晨虹口及大马路等处，皆有西人被殴受伤者。凡乘汽车、脚踏车经过大马路，皆被众将其人驱下。有焚毁者，计毁去汽车二辆、脚车七辆。而泥城桥之金隆饭店、大马路快利脚车行，皆被众攻击。如此暴动，大概皆莠民所为。

上海道告示　为严禁事。哄闹公堂一案，正在与各国领事筹商办法，尔等忽然暴动，实出意料之外。当经本道会同绅董亲往弹压解散。如再聚众无理滋闹，即是目无法纪，非我良民。本道有地方之责，惟有严拿按律究治，其各凛遵毋违。切切。特示。

上海道告示　为出示晓谕事。此次英陪审官嗾捕哄闹公堂一案，迭经本道照会各国领事理论，并将案情详禀南洋大臣及外部，即与驻京英公使交涉。现在案虽未结，然各领事中亦颇有主持公道者，且更换副领事及革惩西捕头，须由英公使转商及外部商办，非仓卒数日间所能即定，曾经本道迭谕商董转行分告。今晨忽闻英界有罢市之举，在尔等诚亦激于公愤，惟案尚未定，自应静候外部磋商核办。若因罢市而后酿成别项暴动，不特本道一片血心付之流水，即尔等合群爱国之热诚，亦将不能人人体谅，有理转为无理，且恐有无赖匪徒藉此滋闹，重为尔等之累。本道待罪此间，奉职无状，自问于政治不能有所裨益，然平日办事，未尝有一语欺我父老子弟，当为尔等所共谅。自示之后，其各仍安生业，并相戒勿听无稽之言，勿为非礼之举，以顾大局而保国体。倘再有无赖匪徒寻衅生事，是为破坏国民全体之蟊贼，本道惟有执法严惩，其各凛遵毋违。切切。特示。

上海道示　公堂哄闹一案，正在争执未结。各处遽行罢市，应候请示遵办。巡捕吊回车照，已请领事饬还。一切本道担任，切勿任性野蛮。若敢仍前抗违，定行拿办不宽。

会审委员示　凡吾同胞，均属文明。公堂一事，上宪调停。如果野蛮，转为人轻。各家小孩，父母宜禁。务宜守分，切勿自惊。谆谆告诫，望尔切听。

会审委员告示　劝吾百姓，各听吾言。日间之事，不可再连。工业人等，手艺径营。时已夜深，务各早眠。幸勿轻出，好坏莫辨。保尔性命，切勿直前。事关利害，其各静眠。悉候宪示，告吾良民。

会审公廨传单　今早罢市，皆因哄闹公廨而起。现奉道宪出示晓谕，并督同绅董沿路劝令开市，一面再行与各国领事商办。尔等商人俱系安分良民，须知市面稍有扰乱，均与商业有碍。务各自安生业，照常交易，立即开市为要。幸勿误听人言，再行聚众滋扰，有碍商务，致干严饬拿办，勿自误也。

商务总会传单　启者：租界为华商荟萃处所，不幸今晨骤然罢市，有损治安。现在各帮董事禀商道宪妥筹办法，必能使同胞满意。为特传单奉告，请各安分营生，晚间尤宜各自归家，不必在街闲走，免致自蹈危机。至要！至要！商务总会谨启。

工部局示　为出示晓谕事。照得现因租界以内不法之徒甚多，专为滋生事端，并有无知之人，误信各种谣言，故本局不得不设法保护一切安分之居民、商人，及拿办滋事之人。现特示，仰租界以内诸色居民人等，一体知悉。现在各人切勿到路上观看，且夜间更宜在家内，不宜外出到路上，因不能分辨故也。如有无知之人明知故违，倘遇不测，则是自贻伊戚也。总之，现在本局已设法保护居民、商人之身家性命及拿办滋事之人，故尔界内诸色居民铺户人，应即开市，照常贸易，切勿误信谣言，各宜遵照毋违。特示。

记者曰：上海道及会审委员之告示如此，窃谓主权不可不保，国体不可不遵，公愤不可不有，而全境之治安亦不可不顾。今官长既谆谆告诫，吾商民亦姑平心静气，相与静观，其后使外人于此知吾民蓄愤虽深，而犹能听受官长之告诫，以徐待事机自转，则彼之所以处我者，当亦有道矣。而既贸易如常，则凡缘罢市而有之事，皆可消纳于无形，不使外人有所藉口，培其实力于先，蓄其远势于后。今日自处之策，殆亦无逾与此欤！

《中外日报》光绪三十一年十一月二十三日（1905 年 12 月 19 日）

附录江督致上海道电

德为门违章殴差一案，我所索撤副领、惩西捕、交女眷三事，已电部转商英使，并无据词。德决不再会审，希转告大众，静候商办。无理者是德为门一人，与英国邦交无涉，与各国商民更无涉，务须保我文明，慎勿暴动，别滋事端是要。馥。养。

属稿既竟，旋得江督致上海道电文一通，特附缀于此。

《中外日报》光绪三十一年十一月二十三日（1905 年 12 月 19 日）

上海罢市纪事（第二篇）

上海租界各市肆，自经前日关道及会审委员出示晓谕后，昨早已一律开市。旋有不以为然者，一时风声鹤唳，全市皆惊，复又罢市。关道闻之，急率亲兵，巡行各马路，慰劝各市肆，兼以备御不虞，于是开市如故，竟日平靖如常。时记者于此：一、以见华人蓄忿虽深，犹能听受长官之教戒，力顾大局，不为外人所藉口。一、以见华人之于华官，关系至深，故一经关道亲自巡行，各肆即翕然听命。一、以见华人虽有不平之意，实无与外人为难之事，其有缘是而起者，皆别有一等人为之，不得概以相施，诬华人以不文明之号，此则断断然者也。故罢市之举，至于昨日，有如满天云雾，顷刻消散，红日一出，气象光昌，而华人之意向，藉是可以表见，中外不协之端，当可缘是而从容商办矣。兹特将昨日关道告示及所见所闻，详列于下，亦聊以志滋事之始末云尔。

开市第一　昨晨，公共租界各马路各店铺本已开市，八点余钟后，忽又有六七十人蜂拥至各店铺，迫令闭门，如或不允，辄遭殴辱，故各店畏其诘责，仍旧收市。九点半钟，道台袁观察在洋务局钦使行辕，得悉各店仍然罢市，遂率同本县汪瑶庭大令、英谳员关炯之司马、襄谳员金巩伯大令、商务总董曾少卿观察，督率差役至南京路、福州路、广西路、福建路等处，挨家劝谕照常贸易，弗为浮言所惑。俄顷有开市者，有仍旧闭门者。道台袁观察回洋务局后，复发出告示多道。

午后，道台与本县及关谳员复至各马路劝谕开市。

午后四下钟，道台袁观察见各店铺仍有闭门者，查知系畏人扰累所致，故特派亲兵四十名往来弹压，因各华捕仍未能全行上差也。

昨晚，公共公廨谳员关司马亦率同差役兵丁及中西探捕，荷枪策骑巡行各马路，以防匪徒。

华官开导第二　前晚江督已电饬候补道许苓西、观察炳榛唐子中、观察郁华厉瑞书、观察玉麒等，亲向各业众商切实开导，劝令及早开市，勿得听信浮言云。

洋兵弹压第三　驻沪英总领事前一礼拜已预先知照停泊浦江之英国军舰爱司脱礼亚号、保纳凡查尔号及克黎奥号，遇有事故，即派水兵上岸保护西商。上岸时并无抵抗者。其时大马路之老闸巡捕房及金隆客寓之弹子房正在起火，故水兵上岸后，立派一小支队驰赴肇事之处。意大利巡洋舰马可普罗号亦派水兵上岸，随英国水兵驰往大马路。意国水兵且携有旻维子炮一尊，以助团练兵驱逐滋事之人。各要道皆有水兵把守，然英国水兵大都驻守英领事署之空地中，并架就格林炮，以防不测，然后又派出一队驰往新关，会同团练兵保护。未几德军舰维特尔兰号亦派兵一小队上岸，保护德国行商。

本埠各处之礼拜堂总会及办公之处，于二十二日皆有西兵驻守，以防不测。斜桥总会驻有团练兵一中队，日夜防守不离，且携有麦西姆炮一尊。意大利领事署驻有意大利水兵一队，意大利人有逃入该署者。夜间意大利水兵又在静安路寺一带荷枪巡行。工部局之电器灯公司亦驻有水兵三十五名。

洋官调兵第四　驻沪德总领事已由小吕宋调舰队至沪，另有青岛派陆兵一队来申，约于二十四日可到。

德国炮舰台格号于二十三日午间抵沪。日本炮舰宇治号已离长崎，二十四日可到；巡洋舰对马号亦于二十四日可到上海。奥国亦由日本派巡洋舰两艘来申。美国巡洋舰包提摩尔号因镇江不靖，未便来申，其余美舰悉来上海。

拘人第五　昨查捕头查有郑子明党羽在租借横行不法，特命西探头率全班包探在交界各处分头搜捕。

郑子明之羽党葛性卿，手下羽党颇多，自罢市后，滋扰殊甚。昨晨，葛在大马路口被焚之玉壶春茶肆内攫物，为英捕房包探赵银河、王宝生拘获，解押捕房候办。

昨早，江连宝、王裕卿、谢阿桂等三人在蓬路小菜场向各摊户阻止贸易，由顾包探将江等三人一并拘入捕房，押候送讯。

西人受伤第六　前日，卜内门有限公司行东李德立君与其夫人共乘马车过大马路，为倒翻路中之东洋车所阻，马车被毁，幸得逃回家内。又有西医数人出行治病，亦受惊而归。百医生乘电车而过大马路，为人拦阻，亦稍受微伤，闻至麦家圈就医时，又被枪伤，幸无大碍。

英副领事慈必祐君亦稍受惊，尚有数西人为刀所伤。

代理德国总领事硕尔资君及其副领事二人，亦在南京路之东头为人所攻，避入德国书店恒璧洋行。

美国副领事阿娜尔亦在跑马场附近受惊，衣服被滋事者拉破。

向充领港之安得仙君乘轿车过百老汇路，车为滋事者所毁，人亦为碎玻璃所伤。

比国领事前日亦在龙飞马房左近受惊，大帽击落，幸有良善华人排解，仍坐马车而归。

查受伤之西人，最重者为司徒哇君，但其伤处业已调理妥帖，不致大碍。西人之中并无致命者。

华人受害第七　二十三日上午十点半钟以前，外国团练兵在云南路开枪击毙华人六名，其尸首由印捕拽入大马路议事厅。

二十二日，新巡捕房及金隆饭店两处经团练兵、水兵及西人用枪轰击，伤毙华人七名，随由人将死者之尸抬至老巡捕房。又查念二日团练兵由大马路而过，及至三十四五号门牌源和洋行之前，击毙华人一名。

大马路快利洋行门前，因存有军装子药甚多，有流氓欲图劫夺行凶，为该行西人以枪击毙一人。

同仁医院共有受伤之华人十三名，其中亦有身死者，亦有为其友人领去者，统共念二日所有伤毙华人，共有二十五至三十人之多。

三洋泾桥同茂昌报关行伙陈德桂，前晨行经南京路菜市，并不闹事，讵遭枪弹击伤，头顶流血不止。昨日陈投英公廨喊冤，奉关司马谕，差送入仁济医院医治。

前日，有送至医院医治无效身死者，计苏州人戴和尚，年十五岁，为茶食生意；又应纪鲁，年二十岁，为洋货生意；又四十八号巡捕送三千五百九十六号东洋车夫，不知名姓。以上三尸首送至虹口斐伦路验尸所。

昨日午后，念五保二图地保投县报称，图中共有无名死尸七名，现在验尸所，查无尸属，报明请示。又三图地保亦到县报称，图中共有死尸五名，亦在该所，均无尸属。余外有二人受伤，尚在医院。

法租界华界防范第八　城内庙东天主堂、董家渡天主堂，由汪大令饬差会同巡士及念三七铺保甲局勇，分投保护。

浦东张家楼天主堂及沿浦滩各洋栈，则由总巡谢岳松明府率勇亲往照料，并由水师总统萨军门饬各兵舰竭力保护浦东。

南市制造局由总办魏观察谕饬巡警兵来往梭巡，十六铺内各公馆及各钱庄门前以及陆家石桥十六铺等处，由总工程局饬派巡士每处二名，持械保护。

本邑参府周子安参戎亦谕饬各城门武员，于即夜起八下钟，必须闭门落锁，若非紧要公文进出，一概不准开放。道台袁观察亦调炮队营兵四十名，连夜到署保护。昨日十一下钟，观察带同该营兵往洋务局同候，大令亦带通班差役诣该局照料。法公董局于前夜饬派通班探捕，由捕头督令赴新老租界巡缉，并邀齐各商家团练兵，均集大自鸣钟捕房内，以防缓急。现在法界居民并无惊动，店铺照常交易，安谧如故。

辨诬第九　昨有某西报登载：前日罢市，有中国兵一千五百名受某官之命，不著号衣，在租界强迫各店罢市等语。此等污蔑华官、激怒华人之言，望该西报弗再捏造，以免滋生事端。

昨报载江督致上海道电报一则，系据传稿录登，旋查得此电不足为据，特行更正。

上海道示第十　匪徒藉名滋事，迭经出示严禁。顷闻早市已开，现又勒闭生衅。势与强盗相同，王法断难容忍。委员带差协捕，分段周游巡警。倘敢抢劫拒捕，照例格杀勿论。

上海道告示第十一　为出示严禁事。照得昨日匪徒藉哄闹公堂一案，托名公愤，强迫各店关门，殊属目无法纪。查哄闹公堂之案，本道业经据约力争，英总领事自有公道办法，尔等何得暴动，明系匪徒藉端煽惑，扰乱市面。本道身任地方，第一以安静为主，不忍尔等无知良民为人所愚，致罹重咎。今特再行示谕尔等，务须各安生业，恪守王章，毋得轻听浮言，自取罪戾。倘匪徒仍敢聚众滋事，则是甘为乱民，本道惟有按律严惩，勿谓言之不早也。

附录上海道照复德总领事公文

为照复事。顷准来文，具悉一一。本道前因公堂起事，人心愤激，议论纷纷，数日以来，皆驻宿洋务局，随时接待绅董，筹商排解之法。不意昨晚回署后，忽传有今日罢市之信，料是流氓匪徒之所为。惟事在租界，势难保护，谅各捕房早已得信，已早防范未然。特恐百密一疏，本早会同绅董劝阻解散，乃人心愤激，劝解难散，愈聚愈众，势难遍谕。而工部局又从而开枪，击毙华人四名，竟不料扰及贵总领事及翻译官，实非本道意料之所及，深抱不安。除严拿为首滋事之人，按律严惩外，为此照复云云。

《中外日报》光绪三十一年十一月二十四日（1905 年 12 月 20 日）

上海罢市余闻

上海租界至于昨日，已一律平静如常。时执笔人驱车过大马路，见惟小菜场之窗门已毁坏殆尽，窗上玻璃无一完全者。快利脚踏车行则临街窗门殆破碎不可耐，行内残败各物纵横零乱，几于不可收拾。又泥城桥东块之西国酒肆；则门窗已尽毁，门内寂无人踪，其西块之金隆酒肆，则完善如故。彼处之警察厅即俗所称新巡捕房者，观其表面，尚与平日无大殊异，或言其内已有所毁损，未之详也。其余则情状如故。盖凄风雨苦，一变而为和风丽日矣。此次仓卒肇事，实为人所不及料，而亦未尝不在人之意中。盖上海租界为五方杂处之区，游手好闲之人甚多，凶悍成性之辈尤不少，平时犹且遇事生风，藉端敲诈，一声号召，万众麇集，一旦有事，则相与因风纵火，推波助澜，固其所也。故有识者甚不愿地方或有事故，以致和平之局为所扰乱，而尤甚愿自此以后明达之西人咸与华官和衷共济，毋使全境之华人或有不平之意，以致幸灾乐祸之徒乘之而变生意外，则大局之幸也。兹将昨日所见所闻附缀于后，亦犹前例云尔。

开市第一　前日，因关道发出告谕多道，谳员亲与各绅商等到处晓谕，因之前日下午，英租界已大半开市，至昨日早上，英美各租界早已一律开市矣。

中国大员举动第二　昨日，泽公由印度马兵一队护送出门，游行租界，一边保持治安，故马车缓辔而行，并有灯示劝谕。

闻罢市一案，业经外务部电奏，奉旨派江督至沪查办。前日又有人发电阻止，但闻周玉帅已乘江宽轮船，于前日开驶来沪矣。

华官保护第三　闻昨晚道台仍饬亲兵四十名，荷械至租界随同巡逻。

前晚十点钟，上海道督率下属来往于黄浦滩，并往虹口，以保租界之治安。

缉犯第四　公共租界捕房鲍总巡闻有匪党在沪，昨特传谕探捕人等严密巡查，如有形迹可疑者，即行拿捕。

大约因疑被捕之人，如有店铺具保，即可释出。

前晚，道台谕委续备沪军营管带龙葆珊镇军，筹防局委员魏纯坞明府，及把总钟铭齐把戎，会同英谳员关炯之司马、襄谳员金巩伯大令，督率差役与英国练兵中西巡捕策骑查夜。殆至夜半时，查至西新桥，拘获身带铁尺之流氓金七弟等二人。继至正丰街西德人里口，又获某丙一名。殆至新闸，又拿获身藏凶刀之曹荣堂、朱心泉、许德祥、金顺卿四人。共计拿获七人，就近解寄新闸捕房收押。各员直至天明始返。

道台闻之，并拟亲在租界开堂审讯所获七犯。

西兵驻守第五　本埠英领事署已为水师兵驻扎之所，各大门均有护兵，并安有机器炮，德意两国之领事署亦有水师兵为之保护。日本领事之大门亦有水师兵一名，为苏米达炮舰十二名兵士之一。该舰正在浦东建造，礼拜一日此十二名兵即调来上海，保护日美两领事署，因本埠未有美国炮舰之故。昨日闻得在浦东之苏米达舰甚为危险，故此十二名之兵调回数名，又有前往江南制造局护卫该处之日本工程师者。

昨日，意大利巡洋舰之兵四十名在百老汇路保护虹桥浜，因该处乃最险之处也。各处桥梁均有护兵，大桥之上则有华捕一人、印捕六人来往该处。

英国邮船舟山之海军预备兵一队于礼拜一、二两日保护维多利亚医院。该院悬有长梯一条，以致院内之人甚为惊惧。礼拜一日，炮兵取用之绳索已不知何往，遂以他绳代之。炮兵多住于兵房，仅派出数名巡查而已。

礼拜一日护兵调出以后，徐巡捕房与衙署外德律风行亦有护兵看守。该行之人甚为忙碌，如遇要事，全赖此行传递消息。上海自来水行亦有护兵看守。在杨树浦路卑茨君之房屋，则为水师兵一队暂居。

昨日，外国团练兵头颁发告命，预备兵准于今晨七点钟穿着戎服，在大马路洋房操演。

闻今日均有英兵四百名来沪，驻扎跑马场。

西官调兵第六　美国战舰包尔提摩及维拉罗波司两艘，于昨日午前七点钟从长江行抵吴淞，维拉罗波司舰立即泊于包尔提摩之旁，并将该舰之水师兵带至上海。水师兵一经登岸以后，即向虹口进发。维拉罗波舰已泊于河中，包尔提摩舰一俟潮至以后，即可入港。瑞记洋行则将瑞记纱厂为美兵所用，任由美国海军官员用该厂之无线电机，以便传递上海至吴淞之消息也。

据某西官谓，断不派德国或英国之兵前来，又不以陆军占领此处，但不过多派战舰至此，在黄浦江下碇，各水师兵须俟两礼拜后方可撤退也。

华人受害第七　二十二、二十三两日，所有被西人枪伤送入仁济医院医治者列后：

镇海人李金妹，年二十五岁，在某洋行为出店，被弹伤右臀，至昨日身死。南京路何瑞丰洋货号伙钟洪塘，年十七岁，弹伤右腰。又江友清，甬江人，年二十二岁，亦弹伤腰际。盐城人胡少兰，三十六岁，向为小工，弹伤右背。通州人陆阿福，年四十岁，弹伤左手。奉化人蒋建能，年十八岁，天津路生茂铁店学徒，伤左脚。老闸捕房三百十五号华捕邵锦山，被刀尖伤头。苏州人戴桂生，为清音业，昨午因伤势甚重，由家属抬回自行医治。

前、昨两日被西人枪毙之华人，除异送验尸所外，所有菜市内及会香里、汕头路三处之伤尸，除有尸属认殓外，其无尸属者，由善堂备棺收殓。

华界防范第八　沪南总工程局正裁判孙耳山明府，前日因租界罢市，向沪军营借兵念名，各执军械，每夜带同巡查。并传谕境内各客栈，不准客留来历不明之人，逐晚将住客登记号簿，呈局查核。又片请念三七铺局员，会同查夜。前晚偕副裁判陈二尹，局员杨聘侯、朱峒仙两二尹，行至董家渡天主堂冬防局会哨后，分别梭巡，天明始散。

制造局总办魏观察连日闻北市流氓有借军火之谣，因即饬令炮队营巡警处加派兵勇，携带枪械分守各要道，彻夜不息。

杂志第九　闻外人已允此后女犯概由华官管押，不再干预，未知确否。

近日西人店中凡有军装子药者，莫不利市三倍，盖以寓沪西人皆恐有变，群相争购，以作防御之用也。但华人之往购者，概不出售云。

念三夜半之际，里虹桥有西人放枪数响，于是遍传有大队匪人在公济医院地方来攻。驻扎各处之水兵及团练兵，皆纷向浦滩排队，并派侦探兵往探，但据其回报，并无动静。

《中外日报》光绪三十一年十一月二十五日（1905 年 12 月 21 日）

上海罢市余闻（第二篇）

江督来沪第一　昨日下午一点，两江总督周玉帅乘江宽轮抵沪，沪军营各勇丁由管带龙镇军督队，在江干擎枪迎接。道台袁观察、参府周参戎等均登舟禀见。法翻译官苏烈君亦至码头谒见。玉帅接见后，遂于二点时随带督辕亲兵三十名登岸，先导有帅字旗一面，弋什哈二十余名在马车前后护送，诣池浜桥新洋务局行辕暂行驻节。又闻江督定于礼拜夜附搭江宽轮船，复返南京。

江督周玉帅既抵行辕后，即接见吕尚书海寰、吴侍郎重熹、尚大臣其亨等。闻玉帅之意谓，此行系为弹压乱民而来，现在仍须据理议结，一面谕关漅员开呈罢市后中西受伤各人名单。闻关道袁观察等今晚即住新洋务局，以备玉帅随时传询要公。

闻周制军到洋务局后，袁观察谒见之下，即将哄闹公堂一案与领袖领事及英总领事并各领事往来公文，一并呈送玉帅察阅。

又闻周玉帅以此次各商罢市，虽皆出于公愤，但不应匪徒从中抢劫，似此目无法纪，与无辜洋人为难，殊可痛恨。是以密谕袁观察，迅速札行英法两公廨及上海县，密饬差捕严拿滋事各匪徒到案，先行从严究办，再行撤究首先起事之人，访获严究云。

又闻周玉帅定于今晨拟往领袖俄总领事处及英领事署拜会，商办哄闹公堂一案。

又闻苏抚陆春帅昨日由苏起节，今晨到申，驻节天后宫侧出使行辕，与江督筹商闹事后办法。

中西各官会议善后第二　驻沪各国总领事昨请沪道袁观察在领事公会会议罢市后善后之策，并议定租界无电汽灯之处，华人夜行须持灯火。议定，遂由各国领事与袁观察会衔出示。

拘人第三　闻捕房各捕头派通班华探，各给手枪，在租界偏僻之处搜拿匪类踪迹。并闻已在法界拘获郑子明党羽二十七人，暂押捕房，听候解办。

前晚廨差顾昌及差伙王杏金等，随关司马在新闸等处拘获匪徒七名。昨日，司马以该差等奉公勤劳，各赏给洋元，以咨体恤。

补述华人受害第四　二十二、二十三之役，华人受西人枪伤，死于医院，未经尸属认领者，其年岁、服色并受伤之处开列于后：

四百四十二号无名男子，年约三十，身穿元色布棉袍，蓝布单裤，元色布套裤，白袜，布鞋，秃头。在大马路快利洋行前弹伤右乳边而死。

四百四十三号无名男子，年约三旬，身穿潮蓝布对襟棉袄，蓝布单袴，白袜，无鞋，秃头。在小菜场刀伤右眉身死。

四百四十四号无名男子，年约四十左右，身穿蓝布棉袄短衫，白布裤子，蓝布套裤，白布肚兜，白袜，蓝布鞋，秃头。亦在菜市弹伤右乳而死。

四百四十五号无名男子，年约三十，身穿元布夹袄、裤、鞋，白袜，身上有红纸二小张，秃头。在菜市刀伤头面而死。

四百四十七号无名男子，年约念余岁，身穿元布破棉袄马甲，蓝布作裙夹裤，圆头鞋，白袜，秃头。在菜市弹伤右眼身死。

另有英公廨送入同仁医院医治弹伤之江北人童仁堂，昨亦身死。院中报知公廨，奉关司马饬差至天保里念一号门牌，知照尸亲前往收殓矣。

各国兵舰来沪第五　日本派遣宇治、对马二舰来沪保护居留商民，其对马号先于昨晚驶抵吴淞，拟于当夜进口。今晨派遣海军陆战队约百余名登岸，分驻日本领事署、本愿寺、日本人俱乐部、上海日商实业俱乐部各处，每处三四十名不等。

英国头等巡洋舰安得米罗达号（载重一万一千吨，舰长乌曼尼）业于念四日速离香港，向上海进发。

补述吴淞防范情形第六　淞口新关税务司因见申埠莠民肇事，传谕本关理船厅洋员亨君，通告在淞办事各员，如遇英美各兵舰抵淞，赶令入口。倘值潮水下顺，先发水兵数队，由火车赴申保卫租界各洋商住宅。铁路火车经理洋员日来传谕司机人，所有各机汽车头无论昼夜不得息火，并派值事各洋人分班预防，倘闻警信，一面载运租界各国绅商妇孺，一面在吴淞备载调抵淞口之各西舰水兵赴沪。

吴淞第八标新军统领奉江南提督杨军门、上海道袁观察电饬，抽调新军留防等兵数中队分驻嘉定县辖境之南翔、宝山县之真如两镇，及沪北各车站铁路附近有教堂之处，一律派兵驻扎，盖讹传南翔地方到有光置匪船故也。

补述松江防范情形第七　松江商会总理奉本府面商，以上海公共租界缘闹公堂激成罢市，以致流氓乘机哄闹，现已照常贸易。查松江地近沪滨，深恐流氓混迹来松，谣惑人心，希图扰乱，除由府县官会同营汛饬役严查外，凡我商民，幸勿受其播弄，自干咎戾等谕。即经印发传单，劝谕商民安居乐业，共保治安。

何雪门参戎奉提台电饬，以上海因大闹公堂激成罢市，松城地接沪江，深恐莠民乘机滋事，饬即不动声色，加意密防等语。是以四城门于九时后一律封锁，何参戎以下彻夜巡查，并多派弁兵在教堂等处加意防守。

杂志第八　有某君自称目击当时情形者，谓彼曾见团练兵扯去上海道所出之告示晓谕人民安居，不可扰乱。旁观之华人见团练兵如此蔑视华官，故甚为不悦。此等之事，殊属不幸。

闻各领事曾面商袁观察，以各西兵登岸，无从觅食，请为设法。观察不得已，因即答以各西兵可自行就餐，其费用当另行措款代付等语，故日来各西兵就食于（金隆）、（礼查）各食肆者，皆有饮啖自如之致。

《中外日报》光绪三十一年十一月二十六日（1905 年 12 月 22 日）

上海罢市余闻（第三篇）

江督行辕纪事第一　江督周玉帅来沪时，曾约驻宁德领事同来，江宁洋务局总办罗叔羹观察、张云山翻译亦随节来沪。

许苓西观察炳榛自周玉帅抵岸时，即面禀劝导开市情形，玉帅甚为欣悦，旋拟就目前救急十策呈览，中有出告示以安人心、惩匪类以遏乱萌、辟吴淞自营商埠、请外□力挽主权、开公堂以便判断、保印委以顺舆情、派重兵以镇浦东等七条，玉帅允为次第推行。

闻玉帅此次接奉廷寄来沪，系专为弹压乱民、镇定地方起见，至毁坏公堂暨二十二日暴举各项情节，仍须沪道袁观察一手经理，玉帅不过综核其成，并不加以干涉。盖政府及玉帅对于此事之宗旨，均以救遏乱情为一事，对付交涉为一事也。周玉帅已谕饬上海县汪大令，将此次被西人枪伤人民查明造册禀报，大令即饬各图地保详查造报矣。

公廨开审第二　公共公廨谳员关司马已奉谕饬今日照常开

讯。惟因停讯日久，积案已多，恐明日早堂难以讯完，现拟分两堂讯理，大约德国陪审官师谋君、麦令豪君与关、金两谳员分堂开审。

缉犯第三　前日，道台袁海观察函致英工部局各西董，略谓：自即日起，公共捕房所派出之中西探捕，如在途拘获不法棍徒及攫物匪党，请就近解送洋务局，以便本道亲自提讯，按律惩办。

上海道函致关谳员，略谓：此次匪徒乘间滋事，有害治安，业经出示严禁，分投弹压，并查拿为首滋事之人究办在案。连日密加查访，其为首之犯系郑子明，平日结党横行，无恶不作，此次竟敢乘机聚众，胁迫罢市，累及中外良民，败坏市面，实堪痛恨。除函请租界领袖俄总领事转饬工部局派捕严拿，并分别函致外，用特奉布。即希执事选派干练线勇，一体严密查拿，务获究办，毋任漏网为要。

关谳员得函，已派差头李元、捕役头凌振会同捕房包探，分头查拿。

英捕房捕头因此次商民罢市，皆已故恶丐郑子明之羽党胁迫所致，特饬八十一号、十五号两西探与华探赵银河、米顺分赴英法美三界各客栈查拿，并无所获。至昨报所登法界拿获匪党二十七名，系属传误，即前报所言郑子明党首领葛信卿已获之说，兹悉所获者实名孙玉成，山东人。

英新巡捕房副捕头惠尔生君前晚会同二十七西探与华探窦如海、刘光震、石金荣、沈阿炳，分赴客栈稽查。迨至宝善街月桂里八十号门牌小客栈内，查获身带凶刃二柄之周德金一名，送押捕房听候解办。

法租界缉犯第四　念二日公共租界闭市时，有匪徒抢夺扰事。法代总巡除分饬拿办外，深恐长江匪徒乘机混迹，故于招商、太古各长江轮船抵埠时，密饬包探查拿形迹可疑者，随时拘办。

上海县缉犯第五　本县汪大令因此次沪北罢市，所有滋事匪徒恐其托足城内，昨日发出信票多张，饬差严密查拿，并向各客栈搜查。

昨日午后四下钟，本县汪大令饬传皂快头全顺、薛贵带同通班伙役赴浦东弹压滋事匪徒，捉拿郑子明党羽。

各国兵船来沪第六　租界各国官商电调之本国兵舰，于念四、念五、念六三日陆续抵淞，或径驶进口，或泊淞口，派兵由陆来沪。其首先来沪者，美舰二艘（由长江来），次日本舰（泊淞）、意大利舰（进沪）、奥国兵舰（泊淞），其余英、法、德等国之兵舰，约于今日下午始可抵淞。《文汇报》云：日本巡洋舰对马号于二十六日晨驶进浦江，现已停泊法界浦滩。至十一点四十五钟，该舰派水兵二百四十名上岸，分驻日本领事署及总会等处。奥国巡洋舰佛伦雪斯约瑟夫号亦于是日晨抵淞，旋派兵官三员及水兵二十八名上岸，驻守奥领事署。该舰亦将于下礼拜二乘潮驶进浦江。中国海圻兵轮亦于二十六日下午来沪，现泊沪南制造局附近。

闻领事公会已照会江督周玉帅，谓现在派驻各处之水兵，系为防守起见，俟事平后再行除撤云。

华界防范第七　上海道袁观察深恐内地巢匪、盐枭潜踪来沪，故于念五日电调淞口第八标第二营管带曹润生游戎，督率全营三中队、留防一中队计兵四百名，分驻沪南白莲泾、日晖港等处，择要驻守。故曹游戎即于是晨在淞镇雇封民船十数艘，用小轮拖驶至各该要区，分投驻扎。

附录上海道照复比总领事

为照复事。念三日接准来文，具悉一一。此次匪徒乘间滋事，殊出意料之外。本道督同县委分投弹压解散，并再三出示，剀切谕禁，心力交瘁。（中略）事在租界，又为平时权力所限，以致防护不周，累及贵总领事，大受惊恐，闻之深为不安。幸有公廨帮审委员金令及华人孔少宝，立时排解，得出危险，此心藉以少慰。惟照料保护，本有应尽之义务，此次防范有疏，负歉已深，何足言谢，来文所云，益滋愧矣。先经派翻译代达一切，因日来忙碌，奉答有稽，容俟稍暇，再当亲诣道歉。除查拿为首滋事之犯，按律究办外，相应备文，照复贵总领事，请烦查照施行。

附录商务总会传单

商务总会昨发传单云：顷奉道宪面传玉帅钧谕，饬即照会领事并札廨员，于念七日照常会审，一面传谕商民安分营生，听候照约办理等因。谨刊单奉布，伏希遵照办理为荷。

《中外日报》光绪三十一年十一月二十七日（1905 年 12 月 23 日）

上海罢市余闻（第四篇）

政府办法第一　政府得闻上海罢市之讯，当即奉谕电饬苏抚陆中丞，速派官兵赴沪弹压，免致匪徒乘机抢掠，滋生事端。

外务部以上海会审公堂事，曾照会英国公使，请从速办理。昨二十六日，英公使照复，允即饬提此次哄闹公堂全案至京会商查办。

善后办法第二　闻大闹公堂一案，交涉渐有眉目。

英副领事德为门君下礼拜三仍须到堂会审，以后如何，未能悬揣，大约驻京英使自有公平之办法。

惩捕诚乃工部局权限以内之事，工部局自必查明办理。

工部局所设女西牢已议定废弃，惟公廨应设完善之女押所、男西牢，当以案情轻重为断。

华董之说为另一问题，大约已有中外巨商组织一商会。

赔款之说尚未议定。

闻虞洽卿观察于此事甚为出力，并奉有苏抚密札办理此案。

公堂开审情形第三　昨为公共公堂哄闹后开审之第一日，午前九点钟时，各捕房将应讯人犯概行解堂，而令西捕、印捕荷枪押送，以防意外。

德国副领事师谋君与麦令豪君乘车莅廨时，有洋兵百余人荷枪护卫，旋即在公廨前后左右驻扎。

案犯既多，不得不分两堂会讯，于是关炯之司马与麦令豪君在下堂会讯，金巩伯大令与师谋君在上堂会讯。

其时公廨外观者如堵，关司马及工部局均出有告示，不准闲杂人等入内观审，并有洋兵把守大门，故始终安静如常。

其洋兵及荷枪之西捕等，则于会判事毕后即行撤去。

江督周谕拿滋事匪徒并分明权限告示　为剀切示谕事。照得上海公堂一案，本大臣钦奉谕旨查办，即日抵沪，接见官绅，详询起衅缘由及事后扰乱情状，知此次并非商民有意罢市，乃系匪徒聚众逼勒关门，旋经袁道与绅董等弹压，商民听从，旋即开门，照常贸易，匪徒亦经逃散。本大臣此来，首以保全地方治安为重，所有华洋官商士民身家财产，均应妥为保护。业已分饬各路营官调遣兵队扼守水陆要隘，不使一匪窜入，如有怀挟凶器藉端劫夺以及造谣传单生事酿祸者，应由地方文武及各路防营督率兵役严密访查讯明，即行正法。有拒捕者，照例格杀勿论。至商民为西牢误押黎黄氏一案，众心不服，恐以后再有似此情事，本大臣已饬沪道与各领事官秉公计议，务期准情酌理，各得其平，分明权限，力顾邦交，以期中外乂安，永免嫌隙。尔绅商士民人等，务宜体此至意，各安职业，照常营业，慎勿误信浮言，怀疑观望。为此示谕，各宜知悉毋违。特示。

江督批职董施则敬等禀　上海公堂经中国与各国公订会审章程，原为裁判华洋商民曲直起见。黎黄氏误押西牢，现已释放。

复经沪道与工部局董事商允，将前押西牢女犯按名送回公堂，当日凶殴之捕头亦允查明办理。欲图地方治安，须保主权、国法始能安国治暴。既据该职董等公禀，请早开会审公堂，自应允准，照常开审，俾无辜者早开释，滋事者严拿惩办。仰上海道即照会各国领事一体知照。此批。

　　江督批上海绅董姚文枏等禀　　上海公堂案，本大臣钦奉旨来沪查办，迭经延接绅商，询明起衅根由，核与来禀相符。英副领事违章强押无罪官眷，已由本大臣据情电请外务部核办。至乘机滋事之乱民，业经地方文武一体严拿，务获惩办。所有沪上商民，务宜安分营生，照常贸易。公堂亦即开办，以安中外人心。切勿误听谣言，别生枝节。此批。

　　会审委员示　　为出示晓谕事。照得本廨停讯多日，现奉上宪与各国领事磋商一切，已有端绪。本分府奉谕定于本月二十七日起，照常会讯。查捕房案件积压甚多，在案人等必形拥挤，除案内关涉应行到堂人证外，其余一切闲杂人等，概不准任意混入，致滋纷扰。为此示仰诸色人等知悉，尔等各宜凛遵。倘敢故违，仍行混入拥挤，有紊堂规，定行惩办不贷。切切。

　　工部局示　　为出示晓谕事。照得会审公堂开审一事，现与地方官议定，于念七日即行照常审讯各案件。现特示仰界内诸色人等知悉，除案内关涉有事到堂者，此外各人切勿到公堂观看，而体面华人尤不宜去，免与匪人混杂。业已谕饬巡捕禁止无知之人成群结队或到堂观审，以免滋生事端。自示之后，如有不法之徒仍敢违犯，准由巡捕拘究不贷，各宜遵照毋违。特示。

　　补录上海道致领袖领事照常会讯照会　　为照会事。本国南洋大臣奉旨来沪，弹压地方，查办匪类，已于本日到沪。本道禀陈公堂一案，当奉面谕：本大臣查西十二月九号会审公堂委员与英陪审官及工部局捕头龃龉，至于哄堂，实属不成体统，因此地方官与英总领事屡次会议，未能就绪，遂至会审公堂停办多日。本大臣以为公堂司法系王章所在，地方一日无公堂，即一日无王法，且前案一犯已照章归廨管押，西捕已允详查严办。至英陪审官德为门办理不善一节，如何处置之处，应候外务部与驻京英公使查办。现在应早日将会审公堂仍照旧章开审。惟此后被捕华人，无论值何西官陪审，皆须迅解公堂，捕房不得任意迟延等因。本道奉此面谕，已遵饬廨员于二十七日即礼拜六照常开审矣。合即照会等因。希贵领袖总领事查照。须至照会者。

《中外日报》光绪三十一年十一月二十八日（1905年12月24日）

八纪公共租界罢市事

其一、沪道照会租界领袖领事文　为照会事。本年十一月二十七日，奉南洋大臣周札：上海哄闹公堂一案，系因英副领事德为门将黎黄氏误押西牢，众心不平，拟与西官理论，尚不失文明举动。二十二日忽有传单，勒令众商罢市，聚集多人，沿街滋闹。各铺店恐人多被抢，纷纷关门，是自图保卫，并非罢市。旋经该道督同绅董劝导，一律开市。惟当时闹事匪徒虽经弹压解救，究不出租界内外。本大臣明查暗访，询以初此传单罢市究是何人，学界商界均不知情。此等匪徒传单惑众，勒逼罢市，意图乘机抢劫，居心实不可问。除调水陆各营分扼各要隘，一体严拿外，应由该道督饬文武密访主谋起事之人，及持单勒令闭门、逞凶殴人、聚众抢夺各要犯，悬赏购线，务获到案讯明，从严迅速惩办等因。并发粘单到道。奉此，除分别移行营县并英法会审委员，一体密拿首要各犯，务获到案，从严究办外，合行照会贵领袖领事，请烦查照云云。

《时报》光绪三十一年十二月一日（1905年12月26日）

九纪公共租界罢市事

其一、允交女犯归华官管押　　此次租界闹事原因，实由女犯押入西牢而起。现已由工部局允将女西牢撤销，凡有女犯，概归华官管押，惟须准工部局医生随时查察。

其二、候查严办哄堂西捕　　闻当日闹公堂之西捕，工部允俟查明之后，从严惩办。

其三、允准华商设立商政公会　　闻工部局允准上海殷实公正华商设立一商政公会，调查公共租界一应事务，如遇与华人不便之处，应由商政公会各董请工部局改良。

其四、江督行辕纪事　　昨日上午，江督周玉帅接见工部局西董及虞洽卿、周金箴二观察后，于下午往太仆寺裕府行吊，随往拜谒考察政治之泽、尚、李三大臣。闻此次寓沪大小各官绅董等至江督行辕晋谒者，玉帅均命差帖答拜。因玉帅在病假期内，又兼磋商交涉事件，终日函电交驰，故未能一一亲往答拜也。

其五、工部局董谒谢关、金二谳员　　工部局董谒见江督后，又诣新署会晤关、金二谳员，盖以连日弹压莠民，借伸谢悃也。

其六、英外部对于此案之意见　　捷报云：探闻英国外部大臣爱德华格雷对于上海公堂之事，持意甚坚。

其七、比总领事致金谳员函　　启者：顷接沪道复文，藉悉礼拜一本月二十二日，本总领事曾被华人攻打一节，即系贵谳员前来帮同劝解，得以出此危险。本总领事聆悉之余，曷胜感谢。惟此等为首滋事之人，务宜查拿惩办，倘贵谳员业经查出数犯，即祈按律严办为要。合行奉布，藉达竭忱，并希查照办理为荷。此颂日祉。

其八、金谳员复比总领事函　　启者：昨接来函，聆悉种种。二十二日匪徒借端肆闹，震惊铺户，诚恐扰累平民。即经关分府协同本谳员亲临各处弹压，适途遇贵总领事被围窘迫，幸即如愿一一解散。为蒙来函谢及，益深感愧。嗣复连日劝谕各铺，一体开市。再，当初滋事之人尚在严拿，一俟获到，当予重惩，以儆凶顽。用特奉复，即希贵总领事查照为荷。此颂日祉。

其九、译工部局总董致虞洽卿观察函　洽卿先生阁下：上礼拜一租界闹事，承我公大力维持，得以转危为安，公堂复开。执事及各会馆董事热心为善，愚与敝局各董，感忭之私，实无既极。爰寄时表一枚，以志大德，即希哂纳是幸。工部局总董恩纳生谨启。西历十二月二十三日。

其十、录虞洽卿观察复工部局总董函　恩纳生先生阁下：径复者。顷奉二十三日手书，辱承厚贶，眤悉一切。此次租界扰事，全仗执事及局中诸董与中国官绅和衷维持，得以转危为安。鄙人奉抚宪委办此案，因人成事，聊竭愚忱，大局所关，何足以当奖借。乃蒙惠赐金表一枚，却之不恭，敬当什袭珍藏，以志纫佩。手此鸣谢，并请转致各董均此，不另肃复。祗颂日祉。虞和德洽卿顿首。中历十一月二十九日，西历十二月二十五号。

十一、苏抚发兵赴沪巡防　苏抚陆春帅以上海租界闹事后，恐外来匪徒乘间滋事，不得不严密防范，借安民心，特饬管带水师飞划左营钟尧阶大令，酌调飞划船一哨，前往上海一带驻扎巡缉，并饬管带飞划副左旗沈葆义，管带副右旗凌秉忠，各率所部飞划船前往浦东一带巡缉。钟大令奉文后，即派前哨一哨飞划船，沈、凌二弁亦各率所部师船，均于前日禀辞就道。

十二、西兵已不拥护会审　某日公共租界公堂开讯时，捕房所解各案虽较平日为多，而各西捕既未策枪拥护，亦无西兵持械到廨排列。

十三、英水兵来沪　《文汇报》云：有英国水兵约三百名，于初一日来沪，旋即派往大马路菜市附近。各兵系由英国兵舰恩特鲁米大号载来者，该舰现泊吴淞。

十四、苏抚陆致镇江关道电（为派员密查内匪事）　　镇江郭道台：玉帅养电谅邀览，沪道萨提督所请密查内匪以杜勾结，自是要着，望即速派员弁密查防备为盼。鼎。印。

十五、派差查询　　公共公廨关司马昨日上灯时访闻，吴淞到有类似工匠之人约计千余，深恐匪棍混杂其间来沪，滋生事端。故特饬皂役头李元速赴宝山县询查，并至吴淞查明此项工人究从何处而来，计数若干，作何事干，迅即禀复，以凭核办。

十六、惩获各犯　　流氓龚杉重、王才宝、陆金发等纠党，乘罢市时先后攫取石路同兴衣庄及刘善初衣庄内衣服，并周荣生肉庄上鲜肉、肉刀等物，由探王长桂先后解办，中西官判带回捕房，俟禀明道宪，于礼拜四复讯。

前日罢市时，在虹口一带分发沪商具名传单徐阿生，由探倪顺泉解办，判押候礼拜二复讯。

流氓花十景（即花似锦），于二十二晚乘罢市之际，攫取财物，由新闸巡局获送到县。前晚经汪大令提讯，花狡赖不认，大令命鞭背二百下，始认纠众至新闸万生酱园攫物，并供出党羽多人。大令判钉镣收押候究。昨又饬差捕拿党羽。

前、昨总工程局探捕在聚顺客栈内，拘获恶丐郑子明余党马阿四、蔡义生、陈阿毛、王锡荣等四人，解请正裁判孙明府提讯之下，判责陈手心一百下，送县核办。

有不知名姓人投函于新巡捕房，控韩者贤系郑子明党羽，请为拘办。由捕头派探窦如海解办，判押候再讯。

十七、南市行赏　　南市总工程局总董，因各巡士巡长日前北市罢市后，查缉颇为得力，特于前日每名赏给小洋四角，以示鼓励。

十八、日人声明诬蔑　　《文汇报》云：二十九日，本埠日人在公会集议。伦敦《太晤士报》上海访员所发诬蔑日人之电文后，拟定一电稿，送发该报馆，略谓：余等详细查察后，不认日人有与闻乱事，及与乱党交好之事，又力驳其不应造此谣言云。

十九、为镇江税司天主教士辨谣 上海大闹公堂一案，实缘镇江有人误疑黎黄氏为拐匪，电请工部局提究所致。因此镇江纷纷谣传此电系镇关税司义里迩君所发，亦有谓系天主堂神甫施方礼君所发者。其实税司、神甫并不知有黎黄氏过境，安有疑为拐匪之理？又安有遽行发电之理？是案与镇江税司、神甫及镇江租界各洋商毫无关涉。诚恐无知之徒，一唱百和，爰为辨正，以免误会，而靖浮言。

《时报》光绪三十一年十二月二日（1905年12月27日）

上海道查办发罢市传单人告示

为出示晓谕事。照得东西各国实业教育之发达，皆借开会演说为联合研究之资。上海交通较便，近日文明输入，风气渐开，商学界时有在租界内仿开演说、谈话、恳亲、欢迎等会。言论自由，固东西各国之公例。本道随时访察，因其论说大抵本于各国政学家之学说，敷陈国民公理，并无妨害治安。此次英租界罢市之前夕，闻有人遍发传单，本道当即传谕商会绅董赶发传单，劝勿罢市。次晨市面如常，忽有流氓聚众胁迫，煽成暴动。检阅原单，虽无煽乱字样，而罢市非商民公意，暴动适因罢市而成。根究发单之人，遍采多数之论，金谓出于戈忠、严承业所立之公忠演说会，人言啧啧，未必无因。此等无意识之举动，大失文明开会之旨，恶莠乱苗，尤是妨碍国民实业教育前途。此次所发罢市传单，如果出于戈、严之手，自应传案讯明究惩。除分行县廨传提，并先将该会停闭外，合行出示晓谕，凡尔军民人等当互相诰勉，求为文明国民，以后遇有开会听人演说，务须分别是非，毋得轻听莠言，自贻伊戚。切切。特示。

《时报》光绪三十一年十二月五日（1905年12月30日）

新署禀沪道文 （为株连印刷传单事）

敬禀者：窃据捕房请传解讯印发传单之大经书局股东周维庆到案，当经卑职会讯得传单是大经书局所印，惟核阅传单，并无罢市字样。卑职伏查该书局股东周维庆若果系印发罢市传单为首肇祸之人，自应尽法严惩，方足以戢乱荫而靖地方。今查所印传单，并无劝人罢市字样，则情形似有不同。窃以为此次风潮之起，哄堂为一案，罢市又为一案，其势虽相因而及，其情实迥不相联。哄堂一案之人，系激于公愤，为自保身家起见，情有可原；罢市一案之人，系乘机滋事，为扰乱治安起见，法无可贷。惟界线之必明，庶罪人之斯得，否则株连所及，忧累何堪。

今周维庆所印传单，既无劝人罢市字样，则是闹堂案内之人，而非罢市案内之人，似未使遽行科罪。德麦副领事坚请定判，卑职为慎重起见，未敢擅判，商俟禀请宪示遵办。除将周维庆暂行交保候示外，理合将捕房所呈传单禀呈，仰乞大人鉴核示遵，恭请云云。

计呈传单一纸。

议辱我华官事

大闹公堂一节，辱我全体国民，宜急行设法对付，不然日后租界居民，无一能自保。定十四（即今晚八句钟）老闸徐园外十二楼开议，请合埠绅商士民贯临。

公忠演说会合各团体白

《时报》光绪三十二年一月十三日 （1906 年 2 月 6 日）

抵制禁约之影响

某西报云：华盛顿工商部所派往中国查察抵制禁约情形之委

员楷尔斯剖立尔报称，中国政府力不能压制此举，各学堂中亦在竭力提倡，而以广州为最盛。目下广州及香港两处，有许多美国商货储积栈房，未能脱售。广州有面粉二十万包，无人过问，恐以后亦难销脱。西三月二十九号华盛顿下议院掌理外务议董提议修改禁约时所呈进之单纸中，谓面粉及煤油两项受害最巨。据美孚油行报告谓，一千九百零五年冬季总算，是年销数较上年减销一千二百万箱，上海几无销路。

《时报》光绪三十二年四月二十五日（1906年5月18日）

成衣匠增价停工之扰扰（英租界）

本帮裁缝叶忠璜等，因向各衣庄每两加工一百文，各衣庄已允加五十文，叶等不肯，相率停工，不准工作。前日，有城内裁缝周子琴送衣至棋盘街，被叶等将衣攫去，扭住殴打，由印捕拘入捕房。各停工裁缝相约往各店滋扰，并于昨晨至公廨同求昭雪。中西官判叶等各罚洋二元，各成衣匠数十人执香环绕，孙大令一再开导，并谕令不准妄动。旋据合丰等十家执事联名投案公禀，以若辈停工已经五天，请饬捕房派捕保护。大令著自投捕房声请，并候出示晓谕。午后发出六言告示一道，以示劝谕云。

《时报》光绪三十二年闰四月十六日（1906年6月7日）

续志成衣匠停工增价之扰扰·（英租界）

成衣匠王兴德等率众停工，勒加工资，经合丰等各衣庄执事禀奉关司马出示劝谕各情，已纪前报。昨早堂王兴德等投案，请示停工，各成衣百余人咸至公堂门外，声请作主。孙大令离座劝谕，至公堂判案毕，升坐二堂，先传合丰等十家执事至案前开导，判令嗣后成衣工资每两加钱七十文，店东并不扣除饭资，著各具遵断切结，并饬差率同成衣匠至各衣庄服礼，照常开工。谕毕，各成衣匠欢谢而散。

《时报》光绪三十二年闰四月十六日（1906 年 6 月 7 日）

染司纠众停工（南市）

绍兴帮染司向各布店加取酒资不允被控，上海县署批饬行头理劝。讵该司等迁怒于行头，昨日聚集二百余人，在杨家渡万和楼茶馆向行头滋闹，并分布传单，相约今日停工云。

《时报》光绪三十二年闰四月十七日（1906 年 6 月 8 日）

女工罢市即平

《文汇报》云：虹口密勒路瑞纶丝厂十七日有一女工在厂滋闹，该厂总理托乃其之夫人，欲将该妇工资扣去。此信一布，合厂女工千人立时罢工，坚求交出工资。旋报知捕房后，由捕劝令将工资照给，始得了事。至傍晚时，又有女工五六百人至捕房察看动静，逾时经人劝散。

《时报》光绪三十二年闰四月十九日（1906 年 6 月 10 日）

续记染司霸持停工

染青蓝小布之工匠，前因硬向各布号索加酒资，已停工两月，由布业董禀请县尊，提行头劳契梅责惩递籍，判以钱码易洋码，照常开工在案。讵有业中无赖十数人，唆使各工匠蛮抗不遵，日在万和茶楼叙众。经巡士禀知总工程局派捕驱散。该工匠仍叙集三百余人在城内彩衣街晋升茶楼。刻经布业董赴县面禀汪大令，请为提究，大令准予饬提为首之人到县讯究。

《时报》光绪三十二年五月六日（1906 年 6 月 27 日）

英工部局越界收捐[*]

沪道瑞观察昨据天通庵巡局员禀称：英工部局昨日派人至租界外来安里向居民收捐，居民以地属华界抗拒，收捐人谓明日再来，如敢抗违，定行拘究。深恐激成事端，请核办等语。观察据禀后，除饬该员戒民勿滋事端外，并照请比总领事，略谓工部局一再越界侵权，设竟激成暴动，应由工部局担其责任云。

《汇报》光绪三十二年五月六日（1906 年 6 月 27 日）

崇明捣毁学堂

苏属崇明县地处滨海，民情梗顽。近日兴办学堂，将关帝庙改作学舍，神像拟迁往他处，先由某绅董等出而阻挠，不能如愿。至上月初五日，乡民集众数千，将某学堂恣意捣毁。其时营县极力弹压，反遭窘辱。至初七日，将学董某君之屋放火焚烧。民风锢蔽，实为办学者一大障碍。现闻营县已电禀上台请示办理。

《汇报》光绪三十二年八月五日（1906 年 9 月 22 日）

瑞观察再禀江督苏抚电（为请拨款购米事）

鱼电敬悉。昨午又有老妇女百余人，至洋泾镇潘董家渡求食吵闹。塘桥、六里桥亦有妇女拥至米店、酒坊，掠取米麦。幸经职道预饬各处防范，谕以各处办米将到，善言劝慰而散。一面饬县暂拨积谷典息，赶紧分办平粜，以救燃眉。惟贫民实繁，息款有限，转瞬即罄，而沪市又异常萧索，劝捐无从，各处谣言不免纷起。虽经职道切商总会，并出示晓谕，皖赣等省米贱，禀准出口，令其领照采运，既可得利，而又便民食，然尚无应者。若非由官速拨巨款，自行购办，早为布置，万一各处饥民四出求食，流氓附和，扰及租界，职道获咎不足惜，如大局何！务求宪台察照职道微电核夺施行，嘉惠穷黎，即保全地方。职道非情形迫切，不敢再三琐渎，伏乞垂亮。澂。阳。

《时报》光绪三十二年八月八日（1906 年 9 月 25 日）

浦东灾民抢大户 *

浦东各乡镇因米价飞翔，贫民艰于饘粥，相率聚众逼董报荒。前日杨思桥、三林塘、圣堂等处，灾民七八百人拥至图董汤□蕴、周锦溪各家，逼令带同到县报荒，各董不允，遂将食米、衣饰、杂物任意攫取。周等拦阻，被殴受伤，立时饬丁到县具报。王大令委帮汛员洪明府带差下乡察勘。闻此外因米贵肇事者，尚不一而足。观此则去今岁底春初奏米弛禁出口各大员，与禀请奏开米禁各商董，得毋翻悔其失策否？

《汇报》光绪三十二年八月十六日（1906 年 10 月 3 日）

木工停工记（英租界）

木作朱方根前以要加工资，聚众停工，并邀集同业四五百人在大观楼等各茶馆聚议，由捕房查知，饬探王长桂、陈金标、李星福往查，知系作头欲扣各工预支洋元所激成。旋由该业董事严懋堂禀准公廨出票提案。昨晨由探将朱拘获解讯，关司马判朱押捕房一月，著原告具不扣预支工洋切结，仍捕提为首各人究办。

《时报》光绪三十二年八月十八日（1906 年 10 月 5 日）

论银漕抑勒洋价之弊 （松江）

松属各县，征收银漕向系钱洋并用，是以洋价照市，无甚参差。自有铜元后，而民间完赋只准搭用三成，于是各县抑勒洋价之弊起。三十一年春，经言官奏奉部议，颁发誊黄，通饬各省县柜洋价一律就近查照，各典铺不准稍有高抬抑勒。自此以来，小民受惠匪浅。迨至去冬，郡城华、娄两县首先抑勒，于是金山、青浦等县相率效尤，每洋一元仅作钱九百九十文，而各典铺洋价均作一千四十文，相悬至五十文之巨。查其时沪市铜元钱串一百四十一千数百文，洋厘每元七钱四分左右，松郡各钱庄向视沪市为涨落，是以门兑洋价每元作钱一千三十五文至一千四十文不等，此系去腊松郡洋价实在情形也。最可骇者，上年十二月初，奉藩宪陈查案通饬，内开：县柜洋价照典系奉奏案办理，不准再有抑勒。乃宪示虽张而抑勒更甚，（盖柜价初作一千文，乃出示后反跌十文，作九百九十文）且遇乡民完漕，不准分文搭用铜元，甚至每户完钱数百文者，必须纳洋一元，反由柜核找铜元结算，以致民怨沸腾。后经华、娄绅民刘烺、张功懋等电禀各大宪，求饬照典一律，奈因为时过迫，转瞬岁除，虽蒙藩宪陈方伯电严饬遵，而视若具文，迟延不复。直至二十九日，每元仅涨钱十文，作一千文，照典尚距四十文。而金、青两县有跌无涨，至除夕仍作九百九十文。民间缘年外漕粮例须加价，故皆赶先完纳，兼之四乡分局大半于二十八日收柜，是以涨亦无济，开岁以来，迄无声息。近日风闻省宪将派员密查，则两县柜价忽于本月十六日上午骤加钱三十文，下午又加钱十文，作一千四十文，始与典价一律。仅此一日之中，连涨两次，风闻之说未必无因。然而年已过关，漕已收关，即使委员来查，势必藉词蒙蔽，且恐稍延数月，依然故智复萌。呜呼！小民何辜，遭此朘削。况值米珠薪桂，必得各大宪善体民艰，将此奏案妥筹一善后之策，令各州县永远遵守，如勒□永禁之类，并将铜元通饬一律行用，则抑勒之弊不禁自绝，凡我小民均沾实惠矣。

《时报》光绪三十三年一月二十九日（1907年3月13日）

泗泾抢米案又见（松江）

松江府县营各衙署于昨晚接到泗泾商会文报，距泗泾镇之五六里，有孟杨二富户，于初二日忽来上海土匪多人，纠同乡民共四五千人，将所囤之白米五百数十石抢劫一空，而泗镇某米行有乡民多人各携饭箩硬攫。一时人心惶惶，市面颇为危急。戚太尊得信后，已请提宪刘华轩军门派兵弹压，娄县何秋坪大令亦亲往泗泾矣。

《时报》光绪三十三年二月六日（1907年3月19日）

松属抢米案汇志

沪埠迤西迭出抢米案，已志前报。兹悉本邑廿八保头图虹桥地方有计元和、杨三友等，合股在西乡泗泾等处贩运白米八九十石来申，于初三日上灯时，行经虹桥地方，忽来饥民数十人，上船抢劫一空，当场扭获俞才明一名，现已解县请办。

本月初四日，又有贫民数千人拥至七宝镇西首管家村管某家抢米。管某以四乡屡出抢案，先期已请防兵数十名防卫，讵各贫民毫不畏却，反将各兵号衣撕碎，所携枪械、弹药亦尽被劫去。时适青浦县张蓬仙大令到乡勘盗，闻信即带差勇前往，冀可遣散。各贫民恃众不服，又将张令肩舆捣毁，张令竟束手无策，只得任其所为。于是管姓家所囤白米抢劫无遗。有后至贫民数百人，见仓米已无，遂拥入内室，抢劫衣饰等物云。

又初二日离泗泾五六里有孟、杨二富户，囤有米五百数十石，为四乡匪类所知，因于是日纠合贫民数千人，分往两家抢劫，顷刻而尽。

又日前有一蚬船载有白米一百四十余石至沪销售，行经野鸡墩地方（在周太仆庙附近），被该处流氓所见，胁众截住，金称商借饭米，纷纷上船抢攫，因人数过多，致将该船踏沉。所有之米半被劫去，半归沉溺。并闻有船户子，年仅五龄，因此灭顶。吁，亦惨矣！

初五日，有船户季坤林装米二百八十石，曹永亭装米二百十石，王福根装米一百廿二石，吴金福装米一百七十石，唐锡香装米一百八十石，均由常熟转运来沪，驰至上海县境庄家泾，时已薄暮，因系缆停泊，讵突来男妇数百人，将李、曹、王、吴四船之米劫掠一空，唐船之米仅留强半。现各船户已到县报案矣。

浦东六里桥地方有夏姓家，囤积米至二三千担，日前乡民前往籴取，每石愿出洋七元五角，夏某坚索至八元外，贫民以贪利不仁，激成众怒，遂一哄入内，将所存之米抢劫无存云。

　　　　　　　《汇报》光绪三十三年二月十日（1907年3月23日）

七宝镇抢米颠末记

七宝镇系娄、上、青三邑交界，四达通衢，屏蔽上洋西北要区。风俗人情，娄、青尚见敦厚，惟上界三十保各图村落，耕织素不究心，各结党羽，互相联络，拆梢械斗，习为故常。祸实肇于光绪二十四年六月间，抢米焚堂，酿成巨衅，事后各邑提究，只及于被害者之素所认识，远处上界，苦于姓氏莫知，概行漏网，用是若辈益无法纪。今正米粮昂贵，其中桀黠者流以为有隙可乘，于二月初一日各纠党羽，齐集于张方庙内，议以借米为名，群向青境富户肆攫，彻夜鸣锣，号召至二三百人之多。初二日早，杜家行孟姓两家抢去米粮二百五六十石，并及蔡家湾小涞桥十数小户，劫略一空。河泾潘姓，素有富名，紧邻上界，始以有备，未遂其奸。初四、初五两日，会集最悍戾之陈师桥、小梁山、王家寺、徐家宅等各帮，猛力扑攻，搭盖浮桥，从后河而进，先行纵火示威，立将室中金银首饰、米粮、牲畜、台椅劫尽，仍复敢搜索妇女之匿于竹园中者，横攫首饰，兼剥衣服，青天白日，真足令人发指。正抢劫时，值青令张公踏勘孟姓，闻报驰至，潘姓扭解一匪，押在飞划船内，该匪竟率死党硬行劫回，拒伤勇丁，毁夺枪炮。张公以未奉有格杀勿论之文，任其徜徉而去。该匪真以官军无如我何，益行猖獗，闻风附和，蚁集蜂屯，一时小渡船管家新旧两宅、九里庵夏姓五家、赵庄张福山家，一抢不尽，竟至于再，至于三。然彼犹曰租米囤积，致惹馋涎，至青境三十一图张、叶等十余家，二、三两图之萧、卢、郑二十余家，日足自给，别无存储，亦被肆行劫夺，碗缶蔬菜，净绝靡遗，啼饥号寒，路人且为伤心。幸大宪函电交驰，调兵四集，娄、青两邑令督队下乡，竭力弹压，择要驻扎，府尊亲临开导，道委莅镇调查，而青令张公复为之铲除巢穴，地方似觉稍靖。总计受害者，青为最巨，华娄只张、夏两姓，要以距离上界分轻重耳。独是七宝为上海陆道咽喉，附近贫民经匪党煽诱，嚣然不靖，四乡购米，均往泗泾一埠，若一朝告罄，米源已绝，细民升合难求，虽欲已乱，其可得乎。现青邑城绅议以钱贴籴，绝不筹集巨金，由远处运米赈粜，死灰复燃，计日可待，是用杞忧。务望当局诸大宪俯念地方紧要，民瘼关心，妥筹遏乱之方，赶办米粮，刻日运进，分别户口，或按人给赈，或减价平售。民以食为天，有食自能安静，纵有奸徒煽惑，当亦无如之何。

《时报》光绪三十三年二月十三日（1907年3月26日）

米乱未平（松江）

松属青浦白鹤江镇，有富户陶、戴、杨等姓十家，前数日被乡民纠众抢米，现仍纷扰不休。又珠街阁有小轮拖带之米船，亦被该乡饥民自桥上掷石拦截去路，船中之米抢掠一空。此外有尚达桥米船过镇，米既抢尽，船又踏沉，幸有黄渡营兵赶到，始各星散。日昨闻邑令张蓬仙会营至被抢各家勘验。

《汇报》光绪三十三年二月二十四日（1907 年 4 月 6 日）

总管事虐待女工（英租界）

英租界西新桥北埭瑞顺丝厂女工百余人赴公廨控称：该厂总管事沈福泉与念六号车头女工阿英有暧昧事，平日虐待女工，不一而足。前日因沈将女工阿玉用水烫伤，尤敢拳殴足踢，以致众女工俱不愿工作，向领工资，反遭鲸吞。正在争吵间，讵沈听信阿英指使，辄赴捕房诬控勒加工钱，纠众罢工等情。已奉捕头饬探刘光震将陈福妹拘押，指为起意。众女工心实不甘，是以环求伸冤谳员。关太守谕饬退下，着值日役传谕补禀候核，一面用电话知照该厂主立即劝散，而众女工要求厂主将沈歇出，否则誓不进厂工作云。

《时报》光绪三十三年七月十六日（1907 年 8 月 24 日）

赛会辱官（上海西乡）

上海西乡北新泾土棍秦建生等，纠众定期迎赛刘公，会经李大令访悉，派差前往禁阻。秦等抗不遵命，仍于前月三十日在乡迎赛。该役等竟藉端前往索贿，致激成众怒，将各役用绳捆缚打吊，一面仍照常迎赛。该处保甲局员吴二尹闻悉，于本月初一日晨亲往弹压，亦被殴辱，并用棒香乱刺二尹头面、手足，然后押同各役及二尹，在该镇一带游行示众。乡董潘懋闻警前往力劝，各地棍逼令二尹亲书"月后县中不办一人"笔据，方肯释放。二尹不得已，照书付之，始得释出。二尹于释出后，急赴道辕禀陈一切，差役亦先后逸出。其时绅董沈绍刚亦到县禀陈滋事情形。李大令立饬干役会同沪军营兵前往查办矣。噫！迷信，罪也。因迷信而辱及地方官，其罪更不能赦也。明察之，李大令当不轻纵此棍徒。

《汇报》光绪三十三年八月十一日（1907 年 9 月 18 日）

震旦学院解散缘由

　　本学院系巨绅张、曾、李、姚、张、夏诸公与徐汇院长合议创成，两载以来，诸事循顺，学生颇有进境，头二班学业程度已高。约章有不涉宗教一条，诸教员遵守不违，学生亦向无异说，每年逢孔子诞日，按例放假一日，相安如素。突于本年八月廿三日，数生创议廿七日悬灯张彩，为谒孔子之举，并未告总理员，辄自悬挂告白，意在必行。但此事与教例不符，并显违约章，故院长阻之。学生中有为首者，牵制全体学生，强其退学，遂致欲留者不能自主，卒于初三日早大半散去。但本院教育之心依然热切，诸生中有愿回院者，可迅速来函，俟本院发函招致，订期开课，愿学生父兄知之。

震旦学院　谨启。

《汇报》光绪三十三年九月六日（1907 年 10 月 12 日）

初记浦东乡民勾通土棍大闹渡捐事

　　浦东开办路政，筹加渡资钱五文，屡经绅商学界集议，以三文为路工之需，以二文为修葺渡船之用，又经各渡口夫头认充，藉此整顿渡章，裨益路政。由各局董潘绅、刘绅等禀请办理，由县照会塘工局董等议，复详报道宪立案，迭经出示晓谕。嗣通详各宪于本月十二日开所，十五日起收，沿浦各码头渡夫咸知此举□系公益，一律遵章办理，逐日由各处图董督率收储。不料乡民罔知公益，南码头突有严吉甫等四人，硬欲趁渡，不出钱文起衅，勾通六里桥土棍朱七宝等，鸣锣聚众滋事。昨晨聚众数千人之众，蜂来拥去，当经二路巡警分局员沈明府潮、塘桥巡局员何明府绍先先后驰往弹压。乡民愈聚愈众，不服弹压，即将十五图内董事高大英、图保高大年新造之房屋，尽行打毁，并用绳索将栋梁拉倒，拆为平地，又将路政收钱处打毁，局差、局勇亦遭殴伤，器械被夺，一时之间闹成纷乱，局官之轿旋亦被毁。沈、何两明府即偕路政公所董事谢源深、朱日宣并高董等赴县禀报。朱大令即飞禀道宪，一面带同通班差役，亲诣渡浦弹压。既至南码头，由役禀报浦东各处人情汹汹，非可理喻，大令旋即折回县，差伙勋发等工人亦被殴伤。旋由木作董事杨斯盛君向众宣言，速即解散。午后，李大令商由巡警局派巡士多名，道宪梁观察亦派侦探长杨金山，渡浦前往伺察，并将情电禀督抚云。

《时报》光绪三十三年十一月二十一日（1907 年 12 月 25 日）

三记浦东乡民勾土棍大闹渡捐事

浦东塘桥乡民因不服加收渡资，聚众闹事，已纪前报。兹探得此事原委实情，缘浦东拟筹辟路费，经塘二局董朱日宣等准加收浦江渡资五文充用，即以一律允从，由县转详各宪立案，而沪道梁观察批示，本有饬令补结，以免悔议之语。乃各董定十五日起加，黎明即有众民鸣锣，集在塘桥一带滋闹，愈聚愈多，竟至七千余人。总巡沈明府、局员何二尹带同勇役弹压，竟遭殴辱。

图商盛、沈等姓房屋亦被打毁，势甚汹汹，其间难免不有流氓随声附和怂恿。而实情因过渡乡民贫苦居多，日以篮监匹布来沪求售，获资数十文，以谋一饱，渡资而取十文，遇有不敷，各船因有义渡局约束，不敢十分顶真。今局董拟加之费，责船户包收，若辈自皆允从。适渡船常例冬至节后倍收渡费之时，今加费每人往返须上四十余文，贫民确属难堪，故群情若此反对。当哄闹时，群聚不散。地方官在浦西弹压，未敢渡浦，各兵遽放空枪示威，乡民愈忿怒，致有拆屋殴官之事，并将兼充船埠顾县差金顺之子兴发及伙役阿狗殴伤，乡民中受伤者亦有多人。拥至傍晚，幸学董杨君斯盛到场，向众劝导，并言愿捐添义渡船，以利行人。众乡民闻之，咸高声谓杨董事热心地方公益，皆捐自产举办，未若他人专事苛刻贫民，沽名利己，吾等甘服，于是渐渐散归。至前、昨两日，仍未散尽如常，而渡资现暂照旧未加。此次乡民胆敢聚众殴打局员，地方官自必查实为首之人，治以应得之罪。惟闻已有刁狡之人及受亏董保差役藉此罗帜，或图吓诈，或报私仇，已安排设计，该处乡民不知须倾若干之家产血汗，得了公案矣。各乡民虽属自贻伊戚，所望贤父母之郑重其事，必使无枉无纵，岂徒造福一方已哉。闻此事发见后，即有董事运动，避己名指犯名匿人数。又有南市流氓，欲硬指人名讹诈，被打之差竟自己宣言，打他之人认得出，不可禀官办他，大有利可图云云。其事可知无知愚民其情可悯，故秉公直书，揭破其奸也。

《汇报》光绪三十三年十一月二十三日（1907年12月27日）

浦东乱象

黄浦江东岸南北数渡口，近因增加渡资，开辟马路，地方莠民假此闹事，拆毁绅富房屋，已志前报。讵上月廿二日，各莠民又至南汇县境张江栅附近滋事，因该处总董教民钱君子荫创议开浚马家浜，抽取捐费，各莠民遂怂动邻近乡民，拥入钱家，立将前后住宅拆毁无遗。钱君闻声躲避，幸未及难。南汇县王少谷大令闻警，派差乘舟驰往弹压，各莠民即将该差扭殴，并将差船两艘付之一炬。现在严家桥、六里桥、洋泾桥一带，均由道宪梁观察所派巡防队、沪军营各兵持械梭巡，地方稍得安静。

《汇报》光绪三十三年十二月一日（1908 年 1 月 4 日）

浦东乡民闹事*

廿三日浦东乡民又集二千人，先将金家桥相近河工局拆毁，又将金家桥及南洋泾桥等处所筑开浚华漕泼、马家浜等之巨坝扒平，其余小坝亦一律拆毁。至夜又执稻草、火把，拥至高庙附近，将图董陈洪昌及杨姓等四家住宅拆毁。噫！星火燎原，能不戒哉！

《汇报》光绪三十三年十二月一日（1908 年 1 月 4 日）

枭踪飘忽（松江）

闻枭首余孟庭、夏竹林等率枪船六十余只，十四日在昆、青交界之陆家桥与官军接仗，败后逃过白鹤港、黄渡等处。十八日下午，该枭等又率枭船六十余艘、匪七百余人，由浦江进叶谢塘，往南至严家桥、庄龙桥镇登岸，在某茶肆分赃。据该处乡人传述，夏竹林身穿紫色花缎皮袍，身怀快枪两杆，各羽党均执快枪，赃物甚多，洋用天秤，珠用杯量，彼此瓜分。旋有盐捕前营王士志及徐锦堂统领等各带师船追至，飞划船亦到，船上头尾均有快炮。徐统领短服捆头，执枪两杆，足穿草履，会齐各军驰往庄龙桥，讵该枭已闻风窜入吕港矣。

《汇报》光绪三十四年二月二日（1908 年 3 月 4 日）

切面司同盟罢工（英租界）

切面司王桂宝、矮脚山子、长脚居子、牛皮老许等，曾在苏州聚众把持，勒加工价，几酿祸端，即经长州县访拿未获，旋即潜逃来沪。近又纠集无业切面司数十人，齐集于六马路小茶馆聚议，拟向南北两市各面馆勒加工资，否则定期今日在三马路祥春园会同停工。捕房访悉，以聚众把持有碍治安，立饬中西包探严密禁止，倘敢故违，即着将滋事为首各人按名拿办。各馆主亦已据情报捕请究矣。

《时报》光绪三十四年八月二十五日（1908 年 9 月 20 日）

邑尊示禁各项工司不准聚众加价

迩来百物昂贵，贫民生计维艰，各项工司均思加价，遂有不逞之徒，从中煽惑，假立行头为名，冀图渔利，聚众要求，殊为恶习，曾经上海县李大令出示禁止在案。兹又由面司受人煽惑之事，经面馆同业四如春、鸿云楼等具禀到上海县，李大令昨日发出批示云：小工藉词加价，几成恶习，据称王桂宝等藉图把持，本冀另立名目，硬欲勒令安业各司停工加价，混称行头，殊为可恶。此等无赖之徒煽弄正经工人，滋生事端，一为所愚，同声附和，坐受其害，尤为可悯。应候示谕禁止，违必提究，非徒备案已也云云。

《时报》光绪三十四年八月二十七日（1908 年 9 月 22 日）

县示严禁切面工司同盟加工资事

面馆切面工司听唆停工一事，昨日上海县李大令发出告示略谓：据面馆同业联禀称，每店雇用切面司务一人，其工资按照各店生意大小，并衡量其工师技艺为定，每月工钱四五千文不等，此系同业在城内薛弄底设立钧德堂公所所定。各司工价，历久相安无异。讵近有无赖王桂宝等多人，先在苏州唆使同业停工挟制，为长洲县拿办，复又逃至上海，仍敢出头私立行头名目，藉端要挟，每日在各茶肆集议，唆令切面各司停工，勒加每月工资一千文。刻值市面清淡，百物昂贵，沾利甚难，何堪任令若辈硬加工资等情。除批示外，合行出示晓谕，如该无赖等再敢唆令停工，定即严拿究办。尔等各工司务各安分，照常工作，切勿听信王桂宝等馋言，致干未便云。

《时报》光绪三十四年九月四日（1908 年 9 月 28 日）

续志染业工司同盟罢工

衣着染业各工司前因用物昂贵，铜元价贱，聚众罢工，曾经染坊同业禀明上海县饬提首倡之行头陈继堂讯饬交差补禀，一面吊照在案。近日失业之工各纷纷仍至陈处商议，即被该差恐有肇事，入禀内署，李大令饬将陈收押待质所，听候核夺。

《时报》光绪三十四年九月八日（1908 年 10 月 2 日）

面司同盟解散（英租界）

切面司王桂宝、长脚居子、矮脚山子、牛皮老许等，因聚众把持、勒加工价一案，被四如春等各面馆主控经县廨及各捕房各局查办在案。兹悉该面司等已知悔悟，各息安业，特挽各馆经理向馆主商恳酌加工资，不敢再有把持，请为将案求销等情。闻各馆主均已允许，即更和平了结矣。

《时报》光绪三十四年九月十一日（1908 年 10 月 5 日）

彩票店因遭苛虐罢市

前日，法界老北门外景春茶楼内，有彩票店同业集议，以彩票认捐公所总办、粤人郑殿勋即业臣苛罚同业，不堪扰累，以致大动公愤，发有传单。内云：今因承捐彩票公所迭次苛虐同业，强取帐簿，意外恶索，无所不为，如此绝人咽喉，岂能再做生意。况官办两月，有上海县告示，外埠并不加捐，即使苛罚，从未有充公之外，照本重罚数倍，形同盗劫云云。现邀各同业至景春楼公议办法，现已议定除禀请道县核示外，于昨日起彩票店各同业一百六十余户一律闭门罢市，未识若何了结。

《时报》光绪三十四年九月十七日（1908 年 10 月 11 日）

彩票店已用工程局董劝谕开市

彩票店同业前因办理彩票认捐公所之郑殿勋苛罚扰累，故在法界景春楼公议罢市一则，已志前报。现经道宪蔡观察允准照六月份向章办理，下月另换妥人接办认捐之事，由总工程局董李平书明府出为劝谕开市。现今各票店刊发传单，知各同业于昨日一律照常开市。

《时报》光绪三十四年九月十九日（1910 年 10 月 13 日）

南市水卡抽捐闹事

昨日，南市各马头水卡分设巡丁，密布各马头，专查各处航船上装运棉花，抽收厘捐。向例乡民所携之花，每小包捐钱七八文，并不出票，凭委员司事之意堪报。昨日上午，各马头司事每件勒捐大洋一角五分，乡民不服，聚众反对，扭一司事王某至总工程局。移至上海县，乡民仍不散，经上海县劝谕解散，并允面商货捐局妥议章程，以纾民困。惟傍晚浦滩上仍有勒捐情事，各船户及众乡民纷纷扰扰，恐将激成大变云。

《时报》光绪三十四年九月二十九日（1908年10月23日）

汇志闵行厘卡苛捐售花小民

闵行厘卡司事黄敬承追至油车马头，扣留贩花乡人所挑花衣，强加花捐每包一百五十文。乡民以向章三十文，相去太远，均不服加，集众数十人将黄扭至南区，经区长预饬巡士阻护，不许哄闹，将黄送至总工程局。孙明府谕探传知各乡贩，赴货捐局禀明，讵均不允，仍将该司事扭县请究云。

昨晨有航船户顾永林、沈阿妹、胡永生、何阿生等及售卖棉花乡人七八十人，投上海县署执香喊称：小的等住西南乡闵行等处，均以轧花售卖为生，向来捐卡每担收钱三十文，今忽欲每担收钱一百五十文，现值百物昂贵，糊口尚难，岂堪加此重赋。讵被卡将货及船一并扣住不放，为此情急投求作主。李大令谕候静示，不准恃众胡闹。午后卡员到县拜会李大令，面述一切，当经大令传兵房书吏入内，著缮各示晓谕云。

《时报》光绪三十四年九月二十九日（1908年10月23日）

县批闵行厘卡苛捐售花小民案

售卖棉花乡人及船户因被旱卡中加捐扣船，以致群情不服，聚众投县喊控一事，已纪昨报。昨日，上海县李大令发出船户沈阿妹等禀批，照录如下：乡民自轧花衣，装运小包来沪销售，向来如何收捐，应有一定章程。据称该司巡等每包初收三四文至十文，现竟逐渐加增至一百五十文之多，追索加不遂，遂将尔等花衣船二十二只全行扣留，所称是否实情，候移请闵行厘局查明彻究；一面将所扣之船先行照章收捐，饬令放行。仍即查照捐章，明定数目，出示晓谕可也。尔等务须静候核示，不准恃众生事，自干重咎云云。

《时报》光绪三十四年九月三十日（1908年10月24日）

闵行厘卡苛捐殴民

闵行厘卡司事因向贩花乡民勒捐争执一案，已纪前报。昨有潘兰生贩花来沪，被分卡司事勒捐，起衅争闹，又经卡勇吴宝田恃蛮殴人。众乡民不服，群聚百余人，将该勇扭至南区送工程局。当以事关勒捐行凶，立将该勇送县请究，后由该乡民等将司事胡锡华扭县矣。

《时报》光绪三十四年十月一日（1908年10月25日）

松沪捐局以木棉花捐务照章征收

上月二十八日，浦东售花乡民以水卡忽然加捐，苛勒把持，以致聚众滋闹，几至酿成巨祸，幸由道宪蔡观察访闻，特饬上海县劝导解散；一面移文松沪厘局查询因何加捐，请仍照旧章征收在案。兹悉松沪捐局以木棉一项自二十一年钦奉上谕将土产改为统捐征收之后，曾经议定白花衣每担捐钱六百文，白子花捐钱一百八十文，黄花衣二百四十文，黄子花捐钱一百二十文，一捐之后，通省照免。只因近年以来，每届新花上市，各水卡司巡各顾门面，互相私自减折招徕，厘务因此不旺。是以由局切实严禁，由各厘卡此次重申旧章，劝谕各商按则照完。乃该乡民等竟以偶尔私见，视为永减，以致误会加捐，胆敢聚众滋闹，殊为不法，除移复沪道知照并饬各厘卡查明旧章征收外，一面札行上海县迅即示谕各乡民，须知此次所收之捐，系照定章征收，并非加捐，务各照完，不得误会，聚众滋扰，致干提究云云。

《时报》光绪三十四年十月十四日（1908 年 11 月 7 日）

染坊未入同行（法租界）

新租界平济利路法商大盛印花染坊，昨晨有同行各工匠二百余人，以该店未入同行，有违同业章程等情，蜂拥入内，将各物悉数捣毁，并将银洋信件及把作司某甲，一并劫掠而去。经理人适不在店，即由店伙飞报捕房，立派中西包探前往拘拿，已各鸟兽散矣。当奉捕头谕饬开明失单，呈候核办。

《时报》宣统元年二月十七日（1909 年 3 月 8 日）

闸北粪夫拦舆递禀

闸北巡警局新充粪头与各乡民争挑，屡起冲突。前日又有上、宝二邑乡民数十人执香到道，伺蔡观察回辕时，拦舆递禀。据称，伊等共有七十余处村庄、千余家户口，均在闸北地面挑粪灌溉度日，近被土棍王阿九与杨涛之、周锦堂、顾聘臣四人，串出王金成禀请巡警总局捐充粪头，包揽独挑，阻绝万民生计。即经各乡人赴辕禀求挽回，蒙观察会局晓谕，凡有乡民种菜为业者，仍准照常挑回灌溉在案。不料该粪头等抗不遵谕，依归把持独挑，又于前日至虹口北首宝山县境虹江桥、天通庵、邢家宅一带争挑，将各乡村民地坑填塞，坑缸打破，见有乡人沿途挑粪者，仍然拦夺，扰害不堪。乡民有妨农务，为敢环求恩准将粪头斥革，仍准乡人照常承挑等词。观察阅禀后，即面谕各乡民，谓此案已据宝山县面禀情形，听候本道另筹办法，尔等亦不得胡闹。各乡民均遵谕而退。

《时报》宣统元年二月十八日（1908 年 3 月 9 日）

缫丝女工拥至公廨

昨有缫丝女工五百余人，因向新拉圾桥北裕慎丝厂索取工资。该厂见人众恐肇祸端，当即报请捕房派捕弹压，以致众女工大为不服，均各拥至英公廨喊冤。驻廨五十八号西捕，即电汇四捕房立饬中西探捕来廨照料，本廨值役亦即禀官请示，旋奉谢襄谳出为开导，谕候派差传谕该厂，照发工资，切勿滋扰，各女工始各遵谕而退。

《时报》宣统元年三月十八日（1909 年 5 月 7 日）

亭林、叶榭铜元罢市专电*

浦南亭林镇因铜元折扣行用闹事，以致各店肆一律罢市。初二日申刻松江专电。

本日申刻，叶榭镇亦因铜元折用，毁店罢市。初二日亥刻松江专电。

《时报》宣统元年四月三日（1909 年 5 月 21 日）

详记亭林、叶榭罢市风潮

华邑浦南亭林、叶榭两镇，因铜元折用，连日罢市，已志昨电。先是该两镇各商家，因铜元充斥，洋价飞涨，拟筹抵制之策，议决于本月初一日起，铜元每枚折当制钱八文，遍发传单，乡民见而大哗。亭林镇地保恐酿事端，即于初一日清晨，赴县禀报，张大令饬其速回，传谕各商家照常使用，应否抑折须俟郡城商会议决，再定行止。讵该地保回镇，而万顺昌酱园已被乡民捣毁一空，因而罢市。复经地保于初二日禀县，张大令立即驰往弹压。乃大令甫经命驾，而叶榭镇地保亦于昨晡来城，禀报该镇亦因铜元折用，致聚源、陈同泰两南货店，聚泰京货店，德源泰、隆发酱园，曾隆茂面粉店，均遭乡民捣毁，亦即罢市。县署收发闻报，因大令未回，即著该地保迎往禀报，以便绕道到镇弹压。

当此百物昂腾，嗟彼小民，已不聊生，复遭抑折，其何以堪！惟辄事暴动，亦有不是耳。

《时报》宣统元年四月四日（1909 年 5 月 22 日）

再志亭林、叶榭铜元罢市事

前报迭载浦南亭林、叶榭两镇，因折用铜元，毁店罢市等情。兹复详查得亭林镇所毁者，只一万顺昌酱园，半由恶少某氏子弟唆怂而成。业由华亭张大令履勘，劝谕各商开市；一面将为首滋事之小阿根，重责千板，枷号游图示众，风潮渐平。叶榭镇亦由该乡恶少某姓同族，雇人鸣锣，约同四十余人，每人给洋一元，先后打毁聚源、同泰、德源泰三南货店，隆发酱园，瑞泰京货，隆茂面坊，共六店。张大令于初三日履勘后，即将鸣锣之阿荣带回押办。初六日讯据供称某姓所雇，得洋三角。旋即禀奉府尊戚太守，拨派盐捕营船两号，驰驻该镇弹压。初七日又访提是日滋事之王祥等十余人。讵该恶少竟敢迁怒于盐捕营船，即将舱长及巡街两兵打伤，闻伤势甚重，恐有性命之虞。旋经该镇公愤，群起抵敌，始各鸟兽散。

初八日午后，又起风潮。适钱太守自闵行回经叶榭港口，闻信震怒，就近密饬拿办；一面先由杨镇董以铜元流弊，迭起风潮，亟应妥筹善后之策，恐非一纸文告所能弭患，面请张大令转禀太尊，应即分别核办云云。

噫！铜元之害，竟至于此！而受害最酷者，尚不在商家，而仍在小民；且不在区埠，而实在乡镇。嗟彼蚩蚩无知，贪利受愚，作此无意识之暴动，驱鱼驱雀，凡恃铜元之为利害者，将窃笑其旁矣。然为民上者，亦曾将鲁抚袁海帅奏陈之铜元十弊、治标三策而一研究之乎？否则，小民之脂膏有限，恐不及十年，必已民穷财尽，虽欲谋补救而无从矣。

《时报》宣统元年四月十二日（1909 年 5 月 30 日）

续志亭林镇为铜元罢市事

亭林镇因折用铜元，致酿罢市风潮，已迭记前报。兹得详细原因，实以正茂烟纸店主刘怡汀及其子子怡，父子二人发起运动，希图肥己，不顾大局所致。盖现值百物昂贵之时，薪桂米珠，穷黎已不堪其苦，加以时当播种，乡民日用所需，在在烦费。其间或以典质之铜元，或以粜花米之铜元而购买货物者，来自十文，而去折为八，一转移间，每铜元一枚，暗亏钱二文，积少成多，小民来路艰难，如许吃亏，其何以堪。故该镇稍顾大局者，铜元出入均照常行用，如典当花米行各巨店，概不从减折之议。而刘父子不知小民困苦，因图利己损人，听从地痞胡瑞第唆使，遂怂恿各奸商筹集款项，预备与乡民构讼地步。于上月二十八日，在关帝庙集议筹捐，发出福禄寿三号捐，一视资本之盈绌，定捐数之多寡。资本盈者，列福字号，认捐最多；其次列禄字号，捐亦次之；末次列寿字号，捐最少。议决于初一日实行减折。乡民因苦成愤，因愤成殴，万顺昌酱园遂首罹其难。平心而论，彼暴动之乡民固属野蛮，然罪魁祸首，究在刘怡汀父子三人。

《时报》宣统元年四月十四日（1909 年 6 月 1 日）

三志叶榭、亭林铜元风潮

前报详载浦南叶榭镇因铜元折价，毁店罢市等情。兹悉所毁六店，迄今尚未开市，松府戚太守因命华亭张大令，偕同盐捕中营帮带张寿椿大令，于十三日晨到叶，谆谆劝谕六家开市，并借座该镇公立学堂，传各图保谕话，令拿办两次滋事各犯，先将获到之盛阿正一犯，重责千板，枷号游图示众。又集商学界开会演说，大致谓此次滋事各犯，必非良民。至所驻之盐捕营两号，系奉府尊之命派来，恐再有暴动情事，即请其切实弹压，何得误会，竟将舱长等三人重伤，目无王法，一至于此。故府尊甚为震怒，必欲将两次滋事各犯，严行提办。至于铜元之应折与否，本县已详请各上宪核示遵行，如必不可折，即请移交浙省，须一体禁止云云。

次由某君演说铜元之害受之最酷者，究在百工技艺之小民，若不早行想法，必蹈高丽覆辙。此次反对共分两派，一为收租赈房，一为各医生，然皆为自私自利，不然，因彼等之有小益，而俟大众受其害。至于乡愚贪利受愚，实可怜悯云云。

次由张帮带演说盐浦营船来镇之缘由，并盐捕营近年来所担之责任，不止在缉私一部分。次更详说铜元充斥之害，亟当其筹善后之法。说得详明剀切，使闻者感动。末由某君代表六店，感谢两大令亲降至趾之劳，次说两次滋事，均有主使，并非动众，若不切实惩办，养痈遗患，后祸不堪设想云云。时已五点半钟，遂鸣钟散会。两大令又至商会及启秀小学校略一瞻视，即登舟回郡。

《时报》宣统元年四月十七日（1909 年 6 月 4 日）

铜元减折之办法（华亭）

华亭县之亭林镇万顺昌酱园，本月初二日，因铜元改作八折，致被无赖顾愚庚、张小阿根等二十余人，捣毁钱柜物件，抢携银洋，该镇各店因此罢市。旋由该县张大令访闻，驰往弹压，谕令开张。兹悉张大令以苏省各属行使铜元，均以十文作用，岂容私自更章，致民借为口实，乃顾庚愚等既非买物被抑之人，不应滋扰，应即提案讯办。惟现查浙省嘉善、枫泾等镇，每元兑钱一千一百一二十文，现亦减作八折，而亭林、叶榭等镇，同为黄浦流域，每元可兑铜元一千三百七八十文，咫尺之间，相悬如是，风气所趋，恐难禁遏减折。况铜元为圜法所必需，各处划一，方能流行无弊。因特禀明督抚各宪，请咨浙抚照会苏浙商会，照目前情形通盘筹划，如以铜元，不妨暂时通融，仿照银角贴水办法，咨部立案，将来银币造成，再定永久章程；否则，请由浙抚严饬各属，统作十文行用，庶免借口。一面札行江海关各厘卡，禁止私铸进口，以期来源稍杀，不再增长云云。

《时报》宣统元年四月十九日（1909年6月6日）

仍拟停工（金箔业）

前报记沪上金箔业小行工司共一百六七十人，为因工资向例钱码，现因钱价日长，前月把持停工。而大行各店主深恐人众易于肇事，爰于前日邀集同业商议，每价每贴打工钱一千七百文者，今拟加钱二百文，均已允给。何如各工司心未满足，仍旧相约停工不做。因此各店主恐肇衅端，昨拟具禀投县请示矣。

《时报》宣统元年五月八日（1909年6月25日）

聚众罢工（美租界）

昨晨梧州路勤昌丝厂门前，有女工百余，群集空地上，因该厂议加作工钟点，以致同盟罢工，不肯入内。巡捕恐肇事端，上前驱散，归禀捕头核夺。

《时报》宣统元年六月二十一日（1909年8月6日）

丝厂女工要求增加工资

昨午，密勒路瑞纶丝厂女工百余口，因要求加增工资，同盟罢工。该厂经理人不允，遂纷纷至账房支领所存之工账。该账房不肯发给，各女工群投捕房控告。捕头见人数甚众，善言抚慰，令自向该厂商议办法，否则赴廨禀控，静候批核。众皆遵谕而退。

《时报》宣统元年六月二十八日（1909年8月13日）

丝厂女工聚众（英租界）

昨午后一句钟，有乾康丝厂女工数百人，至公共公廨喊控该厂不发工钱等情。廨员以人多口杂，即用好音开导，令开去候示。

《时报》宣统元年七月二十七日（1909年9月11日）

研讯印花坊工人闹事案（法租界）

瞎目蒋子春，自称为印花染坊董事，及行头劳文荣、徐如龙等，于二月间，纠同印花坊同业及流氓等数百人，各持器械，同至法新租界倪顺发所开印花坊中，将器具一并打毁，并将坊内把作工人孙祖富殴伤手足，倪幸不在，未遭毒害。又将孙拖入印花坊公所，由蒋喝令众人私刑吊打一案。现令田大令查知情由，饬差将蒋及劳拘获，解回法公堂，于前日由聂司马会同顾副领事诘讯。蒋供为印花坊董事已有十多年，因同业倪顺发不守行规，用别帮工人，强扣酒钱，故此同业各工人不服，先由小的等向倪理论不答，以致各工人大动公愤，聚集数百人至倪坊中，将物打毁。此乃出于众人之愤，小的并无唆使及在场帮打情事。迨至事后劳来通知始悉，当即扶同出外，至西门外向众人劝散，孙祖富已轧在华界，故未扭送到案，就近送至县中。小的身为董事，不能约束，咎实难辞，求请恩典。劳文荣供亦相同。聂司马商之顾副领事，判蒋、劳管押，候传原告倪顺发到案，再行讯办。

《时报》宣统元年九月七日（1909年10月20日）

不究败坏行规（法租界）

倪顺发印花坊于二月间，被印花坊董事行头、盲目蒋子春及劳文荣等，纠同同业工人流氓等二百多人，打毁什物，蒋、劳由县送案讯供一则，详志前报。前日，有法商麦得意投案禀称，坊系商人所设，倪顺发为经理，蒋、劳于二月十六日，纠同二百多人前来将各物打毁，越界拔人，有违章程，求请重办。倪称是日商人幸得出门未回，至翌日回坊始知，检视被毁印花板子一百三十付，每付计洋一元，又被抢去洋布五十二匹，两共值洋三百余元。被毁后，有半月之久不能做生意，求恩追赔毁物，及赔偿损失洋两。把作伙孙祖富称：见有二百多人执械到来，急即将门关闭，人匿楼上，被伊等搜出，轧往方浜桥地方，见蒋、劳二人与众人同在一处，又复拔入印花公所内，私自殴打，足骨受伤，医治至今未痊，求思验究。蒋供于六月间将董事辞去，此事因倪强扣各工人酒钱，败坏行规，致同业工人公愤，致有打毁情事；小的身为董事，不能事前约束，咎实难辞，惟倪败坏行规，亦求讯究。劳供所做行头亦与蒋同时辞退，余供与前相同。聂司马商诸顾副领事，判蒋押三月，劳押两月，赔还毁物洋二百五十元结案。

《时报》宣统元年九月九日（1909年10月22日）

缫丝女工投控丝厂主不付工资

缫丝女工李陈氏、姜陈氏等二十余人昨投公廨控称：虹口胡家木桥勤昌丝厂主汤心源不付工资，请追等情。李襄谳得禀，商之宝副领事，谕令各女工退去，当即派差知照该厂从速照给，以免肇讼。

《时报》宣统元年九月十七日（1909 年 10 月 30 日）

小贩聚众至英廨喊控

昨晨英公廨谳员宝大令，与德师副领事讯办捕房锁案时，突来小贩四百余人，各捧香喊称：伊等均在租界肩挑菜蔬水果各物贩卖，借资养家糊口。讵被新闸捕房屡以违章，迭遭拘罚，不能安业，生机将绝，是以环求作主，以全蚁命等情。大令得悉前情，即婉谕众贩散去，不得聚众肇事，候与英美工部局磋商办法，再行示遵。

《时报》宣统元年九月十八日（1909 年 10 月 31 日）

示谕钉书工匠毋许停工要挟

本埠南北钉书同业，共有七十八家，所雇工匠均系江浙两省人居多。近为米珠薪桂，相约停工，希图挟制。当时有人劝散，和平了事。前日该业公所董事赵荣熙等拟定章程，邀集各作主联名环禀到县，请为出示晓谕等情。县主田大令准如所请，批饬妥为安业，毋得再行停工要挟云。

《时报》宣统元年九月二十三日（1909 年 11 月 5 日）

女工投控丝厂主仍未给工资

杨树浦勤昌丝厂主汤星源，因不付女工辛资，被女工李张氏等控，由英公廨派差知照该厂照付去后。讵该厂延不付给，昨经各女工投案求催。宝潊员谕令各女工退去，候传汤到案再核。

《时报》宣统元年九月二十四日（1909 年 11 月 6 日）

女工聚众至公堂喊控

昨晨有缫丝女工数十人，群至公共公堂喊称，均在新闸路协盛丝厂做工，因被克扣工洋，并不付每月例赏三天工资，环求究追等情。据该厂经理奚露生供称，并不扣付，情愿照给等语。李襄潊会商英廓翻译官，谕奚将工资照给，并谕各女工不得聚众滋事。两造遵谕而退。

《时报》宣统元年十一月九日（1909 年 12 月 21 日）

女工聚众投案请追工资

元丰丝厂徐鲤庭，前控夏叔瑾用空巨款，奉判先由徐鲤庭将所欠各女工工资洋□千六百八十二元三角给发再核。昨晨各女工百余人，又投案请追，徐鲤庭亦投案候质。宝潊员会同英布副领事，判徐交人银并保具结，限礼拜五缴洋，准礼拜六下午二点钟发给工资。如延，由廨筹发，将厂基拍卖备抵。

《时报》宣统元年十二月十日（1910 年 1 月 20 日）

押候赶措女工工资

元丰丝厂徐鲤庭控帐房夏叔瑾亏空逃逸，积欠缫丝女工资洋一千余元一案，迭经讯判筹资给发在案。昨又由捕房解请复讯，官判一并押候，赶速将所欠女工洋措齐，于礼拜六午后发给，以免缠扰。

《时报》宣统元年十二月十六日（1910 年 1 月 26 日）

丝厂女工聚众

客腊二十七日午后，老闸捕房惠捕头得有报告，知云南路瑞顺丝厂因不发缫丝工资，并有克扣情事，致各女工聚集百余人，群至该厂索取，恐肇事端。除饬中西探驰往向各女工劝谕外，并谕该厂限于二十八日将各女工工资一并照发，众始散。

《时报》宣统二年一月四日（1910年2月13日）

女工聚众投控丝厂经理

前日下午，有协和丝厂女工潘壬氏等二百余人，同投四路一区，喊控该厂经理吕和生克扣工资逾期不发等情。当经黄正巡官饬传数人至案，略讯一过，饬令退去静候。传到该经理，再行核夺。

《时报》宣统二年一月二十六日（1910年3月7日）

控欠工资（英租界）

前天九点余钟，有缫丝女工百余人群至公共公廨喊称：伊等均在北河路美纶丝厂做工，被欠工资二月，向索不服，环求饬追。奉谕著各退去，静候派差前往知照该厂一律发给，不得聚众滋闹，众始散去。

《时报》宣统二年四月十五日（1910年5月23日）

嘉定北乡调查户口之风潮

本月中旬，城北陆渡桥厂为调查户口事，乡民误为人丁捐，又谓为某处外人造桥，将人名刻于桥足上，则桥能坚固。一时议论纷纷，以致该厂董事及各图经董住宅，均遭捣毁，一夜计毁七家，人心慌恐，几如乱象。明日，县令委捕厅游击二人往瞰，竟被乡民围住，不能脱身。游击见势不佳，许其此事不办，得以乘间逃脱。越二日，城北娄塘镇为捕盐事，乡民又误为厂董调兵拿人，以致兵民互斗，民伤五六人，死二人，兵死一人。县令出洋五十元，交尸族收领，以为了事。近闻陆渡桥厂有管阿荣者，自命为扫帚星，集党多人，拟欲捣毁附近之学堂及教堂，不知地方官以何法善其后也。

《时报》宣统二年四月二十四日（1910年6月1日）

呐呐闵行罢市

玫瑰花案 本邑西乡闵行镇，土妓玫瑰花，素性轻浮，日前往街游玩，竟以手连拍站岗某巡士之肩。该巡士向来安分，当以正言斥之。不料店铺中人目击其情，误认为巡士调戏妇女，哄至警局，请诘该巡士应得之罪。巡官以该巡士素不轻浮，询之有冤累之事，不忍加之以罪。由是，各铺商人咸谓警局取缔悬挂招牌、装置栏杆，其事甚为严厉，何于此事乃尔！其厚责于人，而袒护于己，殊大不服，爰相率罢市，以为敌制。该镇董事恐酿祸端，速即投县禀报。本县田大令据禀，立即电禀上峰，一面即命该董回乡劝令先行开市，静候明日莅镇理结云。

记者按：罢市者，为商民对于上官不得已而用之之手段也，乃竟为土妓而用之。牛刀割鸡，何太不自重尔尔耶！或者别有故欤？

《时报》宣统二年五月一日（1910年6月7日）

闵行罢市再纪

官绅惊惶 本邑西乡闵行镇各商店反对巡警，相率罢市各情，已载本报。兹悉该镇四处贴有匿名揭帖，并订定日期，集众拆毁警局及自治会、善堂等语。该镇黄浦司巡检闻耗之下，恐酿巨祸，立即飞禀道县，请饬派兵弹压。而松府太守自接得上海县电禀后，亦已札饬飞划营管带沈葆义，率领所部营勇，前赴该镇镇慑，以防肇事。上海县田大令亦定今晨乘坐小轮前往，拟会同该镇商会分所董事，向各商店劝令息事，以冀和平了结，而保治安。

文章平和　本县田大令昨午后三时一刻钟，因闵行镇谣言四起，立出四言告示，飞饬干差冒雨下乡粘贴，以安国民之心。其文曰：

> 乡镇巡警，关乎宪政；保卫治安，地方绥靖。
> 奉宪饬办，局设该镇；清理街道，菜场宜定。
> 警章所在，各宜遵循；既关自治，亦为便民。
> 设有窒碍，随时呈禀；磋商公所，改良进行。
> 安分商民，是必乐遵；共相劝导，谣言勿听。
> 流氓地痞，阻挠事竟；定干提办，照律重惩。

巡官真相　闵行区官金鑑，遇事敷衍，理路不明，属下长警均多不服。近来因事开革及自行告退者，已有十余名之多。前日闹事，该区官飞报总局。昨晨由总局长姚太守委卫生课员王文昭，带同巡逻队陈、王二巡长，率领巡士二十名，乘小火轮前往弹压矣。

《时报》宣统二年五月二日（1910年6月8日）

公共租界罢市风潮记

罢市之原动　本埠商民求减房租，日久无效，由长兴面馆主刘保昌分布传单，拟暂缓付，被传到廨，官判取保各节，已纪昨报。兹悉刘以目的未达，不愿觅保，经捕房将刘带回。各商民因动公愤，于前晚十一句钟时发传单，略谓减租无效，房主反用压力，以故公议明日（即初七日）一律暂停交易，俟达到目的再行开市，务望始终坚持云云。是以英美租界各铺户于昨一律罢市。

捕房之戒严　公共总巡捕房总巡捕罗斯君因英美租界各商民为求减房租罢市，深恐匪徒乘其煽众肇事，特饬英美各捕房捕头转饬通班中西探捕分段梭巡弹压，以资镇慑。法捕房捕头亦饬中西各探捕、马差、捕头及安南巡捕等，分往界内各处严行巡察。

官场之维持　自罢市风潮发生后，宝谳员深恐酿成意外事变，故即知照捕房，立将拘留之刘保昌带至公堂，经襄谳孙明府谕谓：尔已老迈，毋须多事，况减租一事，中西官已再三向华洋各房主劝导，务须静候示遵，切戒暴动。谕毕，即商之德师副领事，判将刘开释；一面电禀南洋商督宪张制军及沪道刘观察，请核示办法。至昨午后五句钟，上海县田大令会同宝谳员暨商会各业董至南京路一带，劝谕各商号照常开市，减租一层，允切实再向华洋各房主劝减。又公共公廨宝谳员致商务总会函，原文录下：

昨日捕房解到刘保昌刊发传单，劝大众停付房租，经敝廨孙大令切商领事，将刘交保。讵刘不愿交保，致由捕房带回。本日租界南京路及浙江路等处店铺，相率闭门，由小门交易。除由敝处设法分投劝谕照常开门，并由捕房派遣通班探捕出外弹压，以防流氓乘机滋事；一面切商领事，先将刘保昌开释，以顺舆情。查市面凋敝，房客求减房租，原属不得已之举。迭经道宪暨贵会及敝廨分别劝谕房东，酌量减租。敝廨向章，欠租控案须期满三月者，始准发封，发封之时，如能于五句钟内照付租洋，仍准免封。昨准英副领事来函，据各洋商禀请，三月改为一月，五钟改为两钟，经敝廨切实驳复。鄙人忝官斯土，无不竭力保护华民，惟总须范围与情理之中，不能僭越于情理之外。减租与否，权在房东，停租不付，未免迹近措勒，且刊发传单，尤为不合。孙大令商准领事，将刘保昌交保，已属煞费苦心，格外体恤。刘保昌自不愿保，致由捕房带回，于人何尤，乃各铺户相率闭门，殊非请商减租之道。据刘保昌供称，从前房东有权加租，现在房客亦有权减租等语。鄙人有最近之比例，譬如刘保昌开设馒首店铺，从前馒首每只售钱三四文，现在每只售五文、八文、十文不等，如刘保昌所云，则店主有权加价，买客亦有权减价，倘有买客前赴该店，以每只三四文之价抢购馒首，试问于情理合乎？否乎？刘保昌能承认而甘受乎？推之各业，无不皆然。各商铺但一味要求减租，并未设身易地，返躬猛省，此端不戢，事变未已，鄙人实引为深忧。商界不少明哲，当能见及于此。查现在闭门各店铺，约分三种性质：一种为实系欠租之户；一种为并未欠租，随同附和，希冀减租之户；一种为殷实商铺，深恐流氓乘机滋事，因而闭门之户。大约南京路一带店铺，殷实者居其多数，其随众一体闭门，半因防流氓滋事起见，并非为要求减租起见。理合专函奉致，敬希贵会转请各业商董，切实分投劝谕各店铺一律照常开门。即欲要求减租，亦须向房东婉转请商，不得过于激烈，别酿事端。其恐流氓滋扰、随众闭门之户，亦请告以已派通班探捕出外弹压，如有滋闹情事，由敝处及捕房担任保护，切勿惊惶，自致纷扰。种费清神，具纫公谊。十二月初七日。

又道署内谕：诚恐匪徒乘间滋事，特饬一路巡局德正巡官加派警长，并工程局亦饬多派巡士，不分日夜班梭巡；一面又饬本县田大令派添差役，分所协查，以防不测云。

又工部局昨出诰诫示云：大众不得听信唆使，不付租金，亦不得信从此等传单，已经出示劝谕。住户如欲减租，即从问房主婉商。捕房已妥为预防，于马路保卫治安，以免扰乱，而维住户生业。查关闭铺门实属无用，应即照常营业，切切毋违。特示。

洋行之同情　昨日系星期六，各洋行照例封关，适有罢市风潮发生，各马路中商店一律闭门，益觉清淡。惟法商柏德洋行买办李君，素称热心，为减租问题，曾竭力劝有租界房产之各洋行，酌量核减，以维市面而恤商艰。昨柏德洋行门前悬有字牌一块，上书谓：因求减房租而华商大众罢市，系为公益起见。本行虽外人所开，深敬公众之热心、毅力，谨表同情云云。

市中之真相　昨晨罢市风潮尚未发生，至九时许有已开而复闭门者，至午后福州路、南京路及北四川路、浙江路各处，莫不一律闭门。即有杂货商店未便闭门，而不售日用货物者，亦只洞启小门，以资交易而已。惟市中肃静，无斯须紊乱之状也。

另一友函云：昨晨英美两界各店铺一律罢市，时英大马路三阳南货店已然开市，旋恐贻华人心志不一之诮，亦遂闭门。至新闸浜南一带商店，上午尚有开门贸易者，旋得英美两界一律罢市消息，遂于下午闭门。

又云：华人各房东之有势力者，固未始不知市面之日即清淡，房金太贵，然若辈所有房产，大半皆押于洋商，以所收房租为押款，利息尚虞不足，又以平日广通声气，所交者皆极有势力之人，故虽有多数人请减房租，若辈心意中以为此皆并无声望之人，有始未必其有终也，故迄今坚持不减云。

《时报》宣统二年十二月八日（1911 年 1 月 8 日）

公共租界罢市风潮续记

官绅之防维种种　英美租界各商民因求减房租无效，酿成罢市风潮，经上海县田大令、公廨谳员宝大令会同商董亲莅南京路一带，挨户劝谕照常开市各情，已纪本报。兹悉昨晨南京路、浙江路等处，各铺户仍一律闭门，停止交易。故宝谳员闻信，即赴洋务局恭候沪道刘观察返沪，面禀情形，候示遵行。嗣刘观察由宁乘火车来申，驾莅洋务局，邀集各业商董，并饬传上海县田大令、公共公廨谳员宝大令、法公堂谳员聂司马到局面询一切；一面照会租界领袖领事，转劝华洋各房主将房租略减，以平市面，而全两美，再行订期集议。并谕田大令等分往各路，劝谕各商店速行开市，照常贸易，以免匪人滋事云。

公共总巡捕房卜总巡因租界各商店昨复一律闭门，停止贸易，故即饬令各捕房分头劝谕照常开市，并饬各探捕严防匪徒乘机闹事，以保治安。

本城自治公所警务长现以英美租界各店商因减租问题大众罢市，尤恐风潮流及南市，故添派岗巡于紧要各段，严密梭巡，其巡逻队暂交两班昼夜巡逻，以防匪徒乘机滋事。

刘保昌之再被拘　求减房租代表刘保昌于昨傍晚时，因知道宪刘观察已由宁返申驾莅洋务局，邀集各业商董会议减租问题，故用白布大书"房租已蒙宪准劝减，务请各宝号速速开市"云云，乘坐人力车由福州路、南京路一带大声疾呼，劝各商号照常营业。一时观者麇集，经一百六十九号华捕查见，恐酿事故，当将刘带入捕房，禀奉卜总巡谕饬暂留候核。当时有无赖高阿五、林楚金、冯宝卿、何福宝及四次过犯荣海宝，因在山东路一带喝众闭门，当经包探戚金福、严阿庆及五十号、二百十三号印华各捕先后拘入捕房，押候解究。

市场之现象片片　新租界之新闸路、派克路、白克路、蔓盘路等处，昨日亦有十分之六七停止交易，然举动文明，并无扰乱景象。南市自闻英美租界罢市消息后，闻有好事之徒，于初七日晚向各铺户劝告罢市，幸各铺户不为所愚，故得无恙。法租界闻亦有闭门者。

《时报》宣统二年十二月九日（1911 年 1 月 9 日）

公共租界罢市风潮三志

会议无结果　公共租界请减房租无效罢市各情，选详前报。

兹悉初八日上海道刘观察、上海县田大令及各官在洋务局邀集各房东会议减租问题，不意房东到者只有代表两人，一系周湘云所委任，一系叶树德堂之账房，道县以人数太少，无可与议，随乘马车而返。

各店铺开市　公共租界各店铺于初七日罢市两日，初八日午后经官绅劝导开市，并料此事总有办法，若长此罢市，先自受损，殊不合算，遂于初九日一律开市，照常营业。

被拘人之来踪去迹　刘保昌昨在马路大声疾呼、被捕拘去一节，兹悉刘业已释□，盖捕房恐激动人心，致酿异变也。惟前日在山东路一带随声附和，经探捕拘提高阿五、林楚金、冯宝卿、何福宝及过犯荣海宝等，昨晨由捕房将该犯装入香港马车，押解公廨。旋因琐案纷繁，由捕房代表侃克律师声请订期讯夺，奉孙襄谳商之英康副领事，谕令还押，候礼拜三解讯核夺。又小贩徐毛水、邹阿金于前日罢市风潮时，因向夏心福所开之水果店滋闹，喝令开门，当经复控，由捕房于昨由汇四捕房包探一并拘获，押送公廨请讯。中西官判令还押，礼拜三再讯察办。

又初九日城内庙前街有人喝令罢市，亦被东二区拘住数人，若辈始各散去，后被拘各人旋即释放。

法界无恙　前晚法捕房侦知法界内亦有人刊发传单，唆各店号闭户情事，深恐煽惑，立饬中西包探向各店号传谕云：此系流氓煽惑，希图扰害治安，切勿听信谣言轻举罢市，现已特派中西探捕、马差捕、安南捕等严行查察，决无意外之事，著即照常营业。故法界内安静如常。（记者闻友人所述，法界有闭门附和者）

风潮南矣　田大令昨据九铺地甲徐春发禀报到县，略谓：有人在小北门内九亩地上聚众演说，立饬通班差捕会同巡警前往解散，若辈早已出城。昨晨复有形似学生者数十人及随众附和者数十人进新北门（在城内东北半城）分发传单，大旨减租一事，商董首未允减，禀官长出示，我等似应一律罢市，以达目的云云。是以新北门内老街、新街、老北门大街、穿心街以及福佑路、旧校场街、张家路、罗家弄、邑庙花园、东辕门街、庙东街、庙西街一直至小东门大街城门止，并沿新老北门城根等处，一律停止交易。田大令据报，立即偕同一路德正巡官，并率同皂头倪耀、快头沈翔、捕头徐文及通班差捕，各带伙役，亲自到沉香阁（即现设北五区巡警局）驻，详询闭市情形，旋复谕令各差，协同该区彭副巡官、巡弁朱砚章前往各处，劝令照常开市贸易，静候商减。惟新北门新街有徐志诚香店、项正兴顾绣店两家未闭。即有该处红木器物店内之朱梅卿即朱牛郎向之理论：请求减房租，系尔二家发起，今大众已闭，尔何独开，殊出情理之外。其时观者甚众，随声附和，忽被旁人将徐志诚香店抱柱招牌击毁，并将项正兴顾绣店捣毁什物数件，该两店始行闭门，由该店伙将朱扭控北五区，经彭副巡官略讯一过，判送一路分局，即行移县，请田大令讯究。朱到县后，即奉谕收押，候讯核办外，其时四铺段董毛子坚、九铺赵尔孙、十铺顾益之、十二铺杨栋生等，分往各商店劝令开市，谓年关将届，全恃多做生意，以资挹注，若因求减房租不遂，遽尔罢市，则生意减少，倒是眼前吃亏云云。直至午后，各商店有开市者，有仍未开市者。各差役巡警到区禀报，县尊田大令偕同德正巡官立即到道辕面禀道宪请示办理。午后三时，田大令偕同总工程局董向外滩马路各店铺劝导开市，至四时许，该处店铺业均开市交易矣。

又一访友函云：南市各商减租未遂罢市，十六铺盐码头、三和米行仍开市交易，一时人声汹涌，由岗巡飞报自治公所知照商务分会商董，迅速劝解开市。当由警务长立率巡员、巡长及通班巡士前往弹压。大东门外大街自十六铺迤南老马路至关桥一带各店铺，诚恐人众喧闹，因即闭市。未几，王家码头等处店家亦即停止交易，相率闭门。自治公所董事与商董等飞禀沪道请示，刘观察行禀后即派委收发员金明府彝至所调查闭市情形，回辕禀复。既于午后札饬上海县田大令，亲诣商务分会会同商董及自治公所各董，冒雨步至各处，向各店家开导，令众照常交易。田大令谕饬十六铺地甲立传为首之沈旭初，送至自治公所管押，迨众商开市后，始请自治公所董将其申斥数语，以后不准唆众罢市，如违，立提送县严惩，遂即释回。

自治公所董事昨因东区境各店铺罢市风潮起后，并闻西区境亦有听唆罢市者，因特立发电话通告西区长，赶派巡员率同马巡及巡长、侦探人等，按段防范，实力保护，如遇不法之徒煽乱众心者，立即拘究，或驱逐解散，斟酌办理。并知照南区长一体照办，令将所发示谕在各要道遍贴，以安众心。

官场之设备　昨日午后，提右营周参戎亲自率同勇丁游巡各街，以资镇慑。沪城体操会各会员均各荷枪巡视各街，以免匪徒滋扰。又城内一路各区警局奉县主田大令并道宪刘观察饬知加意防护后，均分派巡长率同巡士数名，分往各街弹压，见有罢市之家，劝谕开市。

官样文章　上海道示（昨日午刻发出）：为出示晓谕事。照得上海银根紧急，市面艰难，迭经本道照会西官，并移请商务总会劝导华洋各房主酌减房租在案。今初日本道复邀集中国绅商之置有房产者，在洋务局剀切商劝，佥允各自登报广告，如房客以为租价太贵，均可径赴各房东处直接请商，其有已经陆续减让者，亦一并登报声明。总之，求减必出和平，断非要挟所能办到。诚恐尔等商民受人之愚惑，损失贸易之利益，较之不减房租，所损更巨，合亟出示，晓谕城厢内外诸色人等一体知悉，务各安分营生，保全商业，勿再误听谣言，自贻伊戚。自示之后，如有托各代表开会演说，惑众敛钱，以及痞棍流氓造言生事，一经拿获到案，定予从严惩办，决不宽贷。除分行总工程局、上海县外，其各禀遵毋违。切切。特示。

上海县六言告示（昨上午十一点半钟发贴新旧各城门、各街巷）：照得减租问题，本应两方协议；商铺生意艰难，减租为轻用费；事须和平商办，纷扰徒然无济。本县禀定章程，晓谕南市内地；正经安分铺户，必能遵照办理；房主置产收租，亦必乐从无异。宾主自相磋商，不必再结团体；剀切各安生业，勿得徒逞血气。如有棍徒造谣，藉端聚众滋事；惟有提案严办，决不稍宽惩治。

一路巡警分局德正巡官六言告示（昨日下午四点十分钟发出）：照得商减房租，应即和平进行。商店现已开市，务各照常经营。勿再听唆罢市，自致扰乱纷纷。本局全班长士，实力轮流梭巡。如有鼓众生事，定即拘拿严惩。小孩若分传单，严究该管父兄。为此出示晓谕，仰各商民禀遵。

自治公所商务分会通告　城自治公所通告：照得年近岁逼，店铺生意加多。房客如欲减租，自向房东商妥。有人唆众停市，吃亏还在店户。谆劝照旧开张，各安生业事务。倘使被人逼迫，加派巡警保护。尔等仔细自思，切勿听人自误。

沪南商务分会致各业董函：飞启者：有人唆使城厢内外各商店闭户，但年近岁暮，各业收账之际，关系甚重。至减租一节，曾经本会业董议决声明，各业中如欲减租，可直接与房东妥商，或请业董来会，从长计议。现应请贵董迅即咨照贵同业照常营业，切勿轻听浮言，以免损失；一面已由城自治公所出示通告，并派巡警保护矣。专此飞启，祗请公鉴。沪南商务分会谨启。十二月初九下午。

飞来之传单　初八晚十点钟，城内有一传单，其文如左：商董自倡不减，蒙禀县尊出示，只得照从北市，一律停止交易，准初九日实行，不减租不开门，务各坚持到底。全体商人公启。

　　　　　　《时报》宣统二年十二月十日（1911 年 1 月 10 日）

公共租界罢市风潮四志

刘保昌之近状　请减房租代表刘保昌被拘一节，详记本报。兹悉刘当时被留于捕房写字间内，昨晨捕房将刘解案。捕房代表侃克律师上堂详称：刘保昌于礼拜日因在城内聚众演说、硬劝减租后，又蜂拥出城，故被西捕查见拘留，但捕房并不要办他，此亦不便拘留，今将他留在写字间者，恐他出外后依旧胡闹。因现在道宪正在商劝房租，故今将他解案，应请解送道辕请鉴。孙襄谳谓刘曰：前日格外从宽，将尔开释，故嘱不必多事，何以出外之后，仍聚众演说？刘大声对谓：商人乃为公益，并非一己私见等语。孙襄谳以刘指手画足，大声挺撞，遂勃然大怒，当堂申斥，并商之美海副领事，饬令捕房带回候核。旋于下午捕房用电话知照公廨，并请派差前往，将刘解送道辕，奉刘观察谕令收押候核。

过去之设备　上海县田大令、周参戎等设备各节，曾纪昨报。兹悉田大令前晚曾亲自率同通班差捕练勇，均各持械，分向各街巷严密梭巡，至天明返署。又闸北巡警总局特派巡逻队，均各荷枪，至城内帮同巡缉。并一路分局德正巡官谕令一区、二区、五区站岗巡警，亦均荷枪巡缉，以保治安。沪军营管带王云华、帮带蔡肇春、前哨哨官何笃臣、后哨杨国方、左哨邹文彪、右哨王锡均等，均奉刘观察谕，率同勇兵分投各处巡逻，并道辕卫队亦皆荷枪在署前严密查察，至天明始止。小北门、小西门守城巡警奉德正巡官谕饬，谨慎启闭，严行守护，不得疏忽。沪城体操会各会员前晚均皆荷枪，分至各街巷查察，至天明始回该会操场散队。

未来之设备　上海县田大令奉道宪刘观察面谕：以城厢内外各商店虽已一律开市，深恐复有好事之徒密行开会，再酿风潮。

际此年关伊迩，端藉推广生资，以资弥补，尚虞不足，奚堪受愚闭市，停止贸易，以有形之吃亏，作无形之抵制，实为无意识举动。亟应密查，妥为禁止等因。大令奉谕，即饬干差严密查访，如有集众演说情事，查明为首之人，立即报告，以凭提究不贷云云。

愚民悔气　前日，上海县田大令在十六铺桥老马路一带劝令各商市开市时，突有俞家鹤上前诘称：劝人开店，想已有减租之实际，否则未便遽令开市。大令闻言之下，略话数语，遂大怒向俞曰：尔既非开店之人，于求减房租，与尔毫无干涉，竟敢在本县面前滋生事端，煽惑众人，希图乘间闹事，于中取利，扰害治安，显见决非安分之人。即命差役将俞带回署收押，候讯究办。至昨日午后三钟时，上海县田大令升座二堂，命提在押人朱牛郎至案严讯。朱供称靖江县人，年廿三岁，在新北门内张家路某红木作为伙，素来安分。前日小的在作内吃过早膳，因悉各街店铺罢市，小的出外行至新街徐志诚香店、项正兴顾绣店门前，有多人胡闹，小的立在路旁观看，被拘到案，不敢滋事，求恩明鉴。大令即传该两店伙杜如之、翁德兴对质，即据杜、翁二人同供，是日商人见各店先后关门，正欲随同收市，讵忽有匪人多人拥入店内，将杂物捣毁，致被损失。大令即指朱牛郎谓杜、翁曰：此人曾否在场滋闹？杜、翁答称见朱将板门掷进店中等语。大令得供，喝将朱重责二百五十板，判钉镣收押，候详上宪核示。又提俞家鹤至案研讯。俞供称浦东高桥镇人，来申多年，前在南市为南货店生意，现因失业，住在租界马立师路。前日无事，闻悉南市亦有罢市之举，因至十六铺南游玩。小的不合多言，致犯宪怒，叩求恩典。大令怒谓：尔无恒业，又无恒产，系一无赖之人，尔可知惑众滋事，有干大清律例，显见尔为流氓。喝令重责一千板，藤条五百下，判令钉镣，装入站笼，发头门示众，候禀上宪核示。

强制解散事务所　南市请求减租发起人沈旭初被拘后，原拟即释回，嗣奉刘观察谕，以沈旭初唆众罢市，著即会同自治公所，将其所设十六铺大成里四十二号门牌屋内之请减房租事务所立时解散，并取销一切簿据等因。大令遵即饬派干差传沈至商务分会，由商董谕令将事务所内簿据、禀单等物一律缴进，即命具呈，以后不准再事干预减租问题，以及唆使众商罢市，如违重惩切结，然后由商董一并呈送县署存查，沈得免究云。

《时报》宣统二年十二月十一日（1911 年 1 月 11 日）

公共租界罢市风潮五志

刘保昌无恙焉　英美租界商民求减房租无效，激成罢市风潮，代表人刘保昌被拘解道各节，已纪本报。兹悉刘解送到辕后，刘观察饬令带至签押房，略诘之下，亦以刘年老，再三谕令不必多事，旋即饬令送回公廨开释。

愚民得罪记　星期日（即初八日），被拘之林楚金、何福宝、冯宝卿、高阿五及过犯荣海宝等五人，昨晨由捕解案。先据捕房代表侃克律师详称：林等与星期日跟随刘保昌在城内九亩地营基内演说后，即有多人同林等蜂拥出老北门，经过法租界，由打狗桥、山东路朝北，喝令各铺户闭门，故由五十号西探目带同探捕将林等五人拘获，并在林身畔搜出上书"请减房租"之白布一方，但林等如此胡闹，现虽无危险，然如任其胡闹，难免不酿成事端，且刘保昌等因租界内不能聚众演说，故移至城内，应请华官设法保持和平，并请将林等严惩，以保治安。并据五十号西探目阿姆斯脱邱君及华探殷玉鼎、严阿庆等上堂作证，并经殷探将在堂观审之海宁路仁和馆饭店主虞诒等带案禀称，当时在城内演说时，虞亦在场，应请讯核质之。虞供称开饭店已历八年，房金自十二元起，每年递加，今已达二十二元，故减租之事颇为注意，至于在城内演说，小的并不知情。讯之林，供在新记浜开京货店已届四年，房租本每月十一元，自去年已承房主减至八元五角，减租之事并不预问。冯宝卿、何福宝二人同供住二马路兴申里，均在洋行充当西崽，减租一事并未干预，实被误拘求鉴。高阿五供称在山东路某薙发店为伙，是日因罢市空闲，至二马路寄带家信，不意被拘求察。荣海宝供称，向住法租界穿心街，今因病至租界内就医，不敢胡闹求鉴。谳员宝大令核供即谕曰：减租一事，本分府前已劝谕各商自向房主缓商，且迭经道宪会同英总领事邀集各商董向华洋各业主切实劝导。今尔等既均供称不涉减租之事，何以又有马敦和帽铺等联合为林楚金公保，显见所供各有不实。因即商之英康副领事，判林等四人著各押两礼拜；荣海宝迭次犯案，今复混入胡闹，实属不法，著押三个月，期满逐出租界；虞邵芳从宽斥释；又徐毛水、邬阿金因于前星期六乘求减房租罢市时，勒令夏心福之水果店停止交易，并攫取铜元，判各押一个月。

田春霖大发雷霆　上海县田大令昨怒将俞家鹤等阻挠开市之犯本县当场讯问：铺户称非店之人，带回讯供，不特不在南市开店，其非南市之人，又非南市居住，与房租毫不相关，乃敢大声疾呼，出头阻挠，希图破坏治安，不法已极，为此严行惩办。尔等安分良民，其各安守本业，勿再集众滋扰，以身试法云。

沪道不以为然　沪道刘观察闻俞家鹤因挺撞被拘到案，讯责站笼示众一节，大不以为然，立即饬传田大令到辕面询一切，以其办理未免过于严厉，因特谕饬将俞改为押办。大令唯唯称是，遵即回县升堂，命站笼抬至堂上，著将俞家鹤开出，判收押自新所中，听候拟办云。

官绅之会议　南市减租一节，午后三时由商董王一亭君等会同自治公所董事，邀集法租界南市城内各业主，至商务分会筹商善后办法，到者计南市久大号主李泳裳等、城内业户顾静川、法租界教帮董事张治熙等数人。先由总理王君宣布减租一事，上月本会原议应由租户自向房主直接商减，或请业董来会从长计议，早经发表。第念房东与房客谊属宾主，痛痒相关，今值市面艰难，应请各房主酌量减让。并由田邑尊劝谕，此案应就地比较，凡租价昂贵者，自宜酌减，以维市面。各房主佥称，南市租屋系契约性质，且有中证，租户果嫌价贵，尽可邀同中证直接妥商，乃计不出此，徒以恃众扰攘，于事无济，恐非租户本心。今日集议，应就房主一方面各有意见，并各有苦衷，分别声请布告租户，其详如下：

世泽堂张君称：敝处租出房十，租价本属不贵，且房东并房客谊属宾主，如租价果贵，事有为难，不妨到敝处酌量。

业成公司沈君称：公司产业，租地造屋者居多，租价既未昂贵，且历年有减无增，敝公司系营业性质，兼之地价难减，出入相抵，尚形不足。

泉漳会馆童君称：既蒙田邑尊暨贵商会劝减，查敝会馆近五年加过租者，当邀集司帮商议，于明年正月起减少一成，以维大局。

颐寿堂潘君称：敝处房屋借款兴造，以租抵息尚然不足，且地处冷僻，租价本廉，可请调查。

惇元堂李君称：南市房租系契约性质，且以全年定价，不能半途请减，且租价比之左近，并不昂贵。近年市面艰难，早已有减无增，此后涨落，随市酌量。

大达公司陈君称：敝公司系公司性质，且地处繁盛，成本较贵，所得租息核之甚薄，应减与否，随时议定。

三兴公司张君称：敝公司之房租已经减过，所以敝处房客并不请减。

戴元茂代表戴君称：如有敝处房客嫌租价贵者，可来面商。

正谊堂汪君称：敝房屋年来并未加租，且租价本廉。

商船□馆沈君称：敝处房租历年递减，各房客皆知房租便宜，所以并无有人请减之事。

西报纪言　昨晨因减租事，捕送七人至署。又据两包探言，城内开会，彼等曾经观看，见是日两钟开会，刘保昌与余人均在议应递禀洋务局，有谓须用旗者，刘保昌遂出一旧面粉袋为之。刘言当往租界，众伸手附和。刘又言真正有胆者立在北面，随口附和者立在南边，到后南北面各立一半。刘随率北立之人群赴租界。包探亦即回来，并有西探阿姆斯德郎等为证。嗣询所获之五人，均不承认。其捐旗者谓在山东路拾得。询以房租，据称从前每月十一元，现已减至八元，亦有一人住九江路，从前每月八元，现在加至十三元。问官谓：此系沙逊之产，曾经询过该行，据称每年允减一月或二月之房租云云。问官旋言：此次开会所说之语，尚非激烈，旗上所书语气，极为和平，曰"请减房租"。旋又对案下各犯言：道台与我均无权可以减租，即道台所住之洋务局，亦须付租，不曾打过折头。倘使我能勉强各房东使之减租，我亦可博好官之名，无如势有不能。新年将近，南京路一带有已经减租者，有将欲减租者，然此种行为，反使彼等畏惧耳。刘保昌在旁，手执禀帖，时欲上前结案，后见其愁眉双锁云。

《时报》宣统二年十二月十二日（1911 年 1 月 12 日）

松江千蒲、新桥罢市捣局志详

华邑北乡千蒲泾镇（属梵修庄）庄董即开肉店主胡人杰与其子小相，因新十车梵区乡自治议事会议决抽收猪、茶捐，充作自治经费，即于前日主动抗捐，激众罢市，致牵动新桥镇市。当经该区正副议长等迭次函禀署县沈联棣大令，并面请维持。大令茫无办法，置不答复，延至二十五日，始传梵庄地保蒋应忠到案问话，至晚升讯。据该保供出胡人杰父子主使各店商抗捐罢市等情，大令谕令回去劝导开市。迨二十六日，该保回至千蒲镇，不料胡人杰父子已嗾使马阿桃率领镇民蜂拥至新桥镇，向各店铺硬赊物件，不允则勒令停闭，全镇被其强勒罢市。旋拥至自治局强索食物，一时人多手杂，敲台拍桌，并将板壁、床帐什物肆意捣毁。局内各职员见众举动野蛮，无可理喻，只得任其所为。约历一小时间，各乡民遂散，临行声言，明日再来说话。立由所长人等来城，赴县禀请沈大令下乡勘验。大令业于今晨（二十七日）乘坐头班火车驰往查勘，未知将如何办理也。

《时报》宣统三年一月二十九日（1911年2月27日）

松江千蒲、新桥捣毁自治公所 *

　　二十六日，千蒲泾庄董即胡长源、肉店主胡人杰父子，嗾使马海桃率众拥至新桥，向各店铺赊逼罢市，复捣自治公所。翌日，华邑沈大令赴新查勘，众人复蜂拥而来，沈令茫无办法，反对众宣言自治抽捐尚未核准，众遂不散。迨沈令回后，即有素不安分之已革武生屠某言，议会私捐，不妨拆毁公所。于是众人拥入自治公所，直上楼梯，扰及议场，台桌、什物、门窗、楼板均被拆毁一空，并入文牍、会计、职员室，任意蹂躏，所有铺陈钱洋及禁烟分公所烟照等类，均被毁靡遗，仅余屋面数椽而已。是役该所损失颇巨，其原因系胡人杰父子与马海桃挟夺权之嫌，遂借捐务煽众肇衅。当千蒲泾前数日闭市时，议长、乡董等选禀邑宰防护，沈令竟置若罔闻，及新桥事出，沈令莅勘时，又将谕行议案一笔抹煞，当众委罪公所，致复肇此祸事。后续经议长、乡董等禀报，沈令乃出四言韵示曰：自治抽捐，尚待核准；凡尔商民，岂容轻信。匪徒谣惑，生非肇衅；敢有附和，从重严做。噫！玩其示首语意，与莅勘时词出一辙，吾不知前此谕交该区乡董执行议案，果孰谕之执行也？抑何前后矛盾乃尔！

乡董议长等电禀筹办处文　苏州筹办处宪鉴：敝区议案，禀奉监督核谕执行。乃千蒲泾胡人杰等，二十二日挟嫌罢市，波及新桥，迭禀防护。二十六日已蜂来新镇，强逼停市，复捣自治所。翌日，县主莅勘，茫无办法，致续被捣毁一空，声欲攻扰学堂。情形危迫，皆将辞职，求速维持。华亭新十车梵乡董杨俊、议长钱庆斌等叩。

《时报》宣统三年一月三十日（1911 年 2 月 28 日）

华邑新十车梵联区乡自治公所被毁始末记

自治之敌　该区成立较他区独先，进行亦速。当初，因陈沙区与该区为划区争执，相持不下。去秋，赵故侯豹文下车伊始，即折衷定断，而新十车梵联区问题以解决，筹备期内，着着争先，自治公所即于上年十二月初九日成立。十一日开第一届补行冬季常会，决定议案十七件，抽收猪、茶捐亦即议案中之一端也。二十七日将该议案呈县查核。二十八日赵故侯豹文弃世。二十九日沈令接篆，即将筹办处议决方法案四条谕行各区。本年正月初三日，该区议事会遵照第一条方法办理，先行将议决案移交乡董执行。至十四日，该议案十七件经沈令一一核准，谕交乡董查照，分别执行。二十二日即有千蒲泾镇罢市风潮。先是，该镇胡长源肉店主即梵修庄庄董胡人杰父子与马海桃等，因选举夺权，挟嫌怀恨，而某某绅董之与该区有恶感者，至是遂因势利导，为之暗助。胡等即借捐务为名，煽众罢市，势将波及新桥。说者谓：使赵故候在，当此之时，不待议长等再四请求，一闻报告，必有维持方法，预为防护。沈令不然，迭接函禀，置若罔闻，遂构成二十六日新桥镇被千蒲泾人众赊逼罢市，捣毁公所门栅之衅。二十七日沈令莅勘时，新镇商家启新典当等十七家均递禀陈明被勒罢市情形，不料沈令对众宣言，捐未核准，于是该公所遂尽丧诸沈令之口矣。业经该区议长人等电禀苏垣筹办核示办理。此事发现后，微特该所损失甚巨，即别区办理，势必多所窒碍，自治前途，万分可危。在愚者犹能知之，乃沈令对于此事，不甚注意，一若无足重轻者，且听某绅之进言，甚嫌该所不待示谕，遽行通告抽捐，而筹办处之议决方法与伊自己之谕行，竟推说不知，可哂孰甚！且颇怪报纸之揭载其非，昨晨所出四言告示，仍不以抽捐为然。午后在禁烟分所内与城绅提议此事，颇不直该议会所为，言谈之间，有勒令解散之意，词颇激烈，不知其恃何权力。娄县刘宣甫大令见其执拗，恐起冲突，即邀往娄署忠言劝告。二十九日晨，该区乡董、议长、议员人等全体辞职，禀中有"某等不能先事弭祸，奉职无状"等语。若嘲若讽，颇耐玩味。现在沈令若已悔悟，改变方针，接禀即批示慰留，略谓：千蒲泾无知乡愚信匪谣惑，暴动生非，致越境肆扰，殃及池鱼。该乡董等并无不合，何必纷纷辞职，转使暗与寻仇者潜长骄气。禀请退避，殊欠裁酌，应毋庸议。至首祸之人，法所不宥，惟未得主名，猝虽拿办，本县正在访查，必不容其幸逃法网也。统著知照，其各少安毋躁云云。并请乡董进署，面商办法，温语慰藉，谓公所被毁，必责令祸首赔偿；议决捐款照准抽收，甚有央肯乡董等代兄弟帮忙之语。且云胡某现在有人担保，其他闹事之人请开名单，按名提办。与昨午在禁烟分所内所言，若出两人之口。该乡董等执意辞退，不允开送名单，出署后，仍将乡董及议事会图记各一方缴县，呈请照章另行召集选举贤能，以维地方而重宪政。当经沈令暂将图记收存，听候禀请上峰核办，结果若何，尚难逆料。刻闻沈令又饬传新桥镇各肉商到案谕话，而置千蒲泾为首滋事之胡人杰于不问。吁！可异矣！

《时报》宣统三年二月二日（1911年3月2日）

川沙大闹自治之真相一

吃素党丁家娘娘之势力　松江属川沙城乡自治提前办理，故上年十月，全境六区一体成立。长人乡为川沙之西南区，划区之时，以十七条三图二十保七图隶焉，自西南孙小桥至东北小湾，约距离十五里。当城乡自治筹备之时，投票开票暂借唐墓桥民房，迨成立之日，预算全年经费，入不敷出，几及十倍。且查照城镇乡地方自治章程第十四条，自治公所可酌就本地公产房屋及庙宇为之，而俞公庙坐落长人乡全区适中之处，其西侧厅余屋可作议事会及乡董办事之地，遂决议舍唐墓桥，而借俞公庙。十一月照章开冬季议事会，二十二三两日，全体议员及乡董均到。虽有一二浮言，俱出诸下流社会之口，不足凭信，议事两日，尚称安静。议决事件，照章程报监督谕交乡董执行。乡董为吴应卿先生，名大本，向不干预民间各事，自经川沙厅成司马委以自治筹备员，又经所长黄韧之君之敦促，始出担任，而长人乡除吴君外，实鲜堪胜乡董任者，其于禁赌、禁烟较为严厉，下流社会之抱怨，殆自此始。正月初九日，为选举厅自治议员之期，照章在各自治公所投票，由乡董监督。长人乡即就俞公庙自治公所投票，乃有吃素党女头目丁家娘娘，即丁费氏，约同流氓张阿希、潘阿荣、朱阿勋、曹阿四等及女素党数十人，借烧香为名，占去投票处房屋。张阿希又将自治公所木牌拆毁，关去大门数次。各职员以自治关于钦定宪政，凡事逆来顺受，不与计论。彼党声称今日人未齐集，俟明日必咬去吴董耳朵等言，故初十日赶早开票，未致出事。厅自治筹备公所据情呈报监督，请封庙宇，严办为首滋事之人。成司马即日下乡，将地保曹阿四打五十下，复将丁费氏带城交差看管。成司马则于是晚晋省贺各大宪年禧，顺道至松郡，十余日而回。此十余日中，丁费氏贿差出外，四处求拜，而于邻境南邑六图各人，尤为恳切，盖非厅官权力所能及，犯事之后可以逍遥法外也。俞公庙为不入祀典之私祀庙，旁有屋三间，为丁费氏敛财所造，乃吃素党聚会之处，每至二八两月开莲船会，举凡素党男女，聚集于此，五日、十日、半月不等，而其所做之事，非局外人所得而知。厅官批筹备所呈文，有不封庙宇，但封素党三间，可谓曲顺舆情矣。不料南邑六图龚卧江等，受丁费氏之贿托，于二月初一日下午二时，鸣锣聚众，竟将吴乡董之住宅全行拆毁，器具什物尽捣无遗，如昔年南邑为开马家浜事拆毁钱董子荫住宅，丝毫无二；继又至议员孙佰勋家，打毁一光，并伤及伯勋夫人；再至议长陈吉人家，则为时已晚，未及动手。声言议员十二人尽将波及，并必得吴乡董而甘心。噫！光天化日之下，预备立宪时代，乡董议员竟为社会毁家，自治前途不亦危乎！

　　按此次被毁乡董房屋原因，除严禁烟赌外，别无他故。在厅尊则交差看管之女巫，游行自在至十余日，任其贿结党羽，阻碍自治前途。川沙地狭人稀，自治诸公又以缩短立宪年期已明奉上谕，故厅自治继城乡之后赶紧成立，邻境上、南二邑则仍照省筹备处期限，按部就班，因之川沙各乡严禁烟赌，而南邑则否，此次打毁乡董议员住宅，实南邑人之主动力，川沙求速效，故首当其冲，致酿成此次之恶果。立宪变立险，自治成自乱，可不惧乎！

　　《时报》宣统三年二月五日（1911 年 3 月 5 日）

川沙大闹自治之真相二

　　学堂同遭浩劫　川沙自治区域共一城五乡区，办理选举事宜业经完竣。乃本月初一日，长人乡区有吃素党丁费氏等数人，借烧香为名，至俞公庙内，悍然首与该区自治公所反对，拆毁所屋。初二日，孙伯勋家被害，当由厅尊成司马下乡踏勘，捉获丁费氏。该党大怒，竟打毁官舆，要求释放。成司马见势不佳，遂如其请，旋徒步返署。不料该党要挟既遂，气焰益张，而八九团土匪即乘势纷起，鸣锣聚众，于初二、三连日烧毁各乡区学堂、议绅住房，都已片瓦不存（详单列后）。孩啼妇哭，损失甚巨。现在官绅气沮，几于束手。闻沪道已派兵四十名赴川镇压，会同查勘，而各议员有受伤者，闻以徐北屏为最烈。现在自治职员以势不可当，遂各避其锋，以致地方糜烂如此，卒无一人出而调停。闻若辈声称，初五日入城。惟有友自川城来者，谓午前十时尚未有动静。各校教员亦均停课他避。盖此次该党反对自治外，又以学堂为与自治联为一气，故同遭浩劫，惟抢劫之事尚未发见。被毁之家，亦皆与自治有关系者。又闻此次祸端最发源于吃素党，其蔓延北带而附和者，又都烟赌中人，因川境禁止烟赌较严，若辈颇怀恨焉。兹将各城乡被毁情形调查列表于左。

初一　长人乡吴应卿（乡董）、孙伯勋（议员）、奚念修（议员）、张立斋（禁烟公所调查员）、施素汀（议员）、三王庙学堂、小湾学堂。

初三　高昌乡王一清（乡董）、陈久余（乡佐）、张禹德（议员）、陈雅楼、明强学堂、文明学堂、杨园学堂；九团乡徐北屏（乡董）、陆逸如（议员）、张庆候（乡佐）（家店均被毁）、顾星辉（议员）、大湾学堂、新港学堂；八团乡包菊泉（乡董）、合庆小学、青墩小学。

《时报》宣统三年二月五日（1911 年 3 月 5 日）

川沙大闹自治之真相三

川沙大闹自治，详志昨报。昨乱势更烈，匪党按户裹胁，迫令每家出壮丁一人入伙，其稍有积蓄，勒令出洋数百元、千元不等，以充食用，无论与自治有无关系。凡向日出捐稍与闻地方事者，家宅、店铺悉被焚毁，火光漫天，日夜不断。初四日只以八九团论，已焚毁十七家。现又通同枭党，枪刀俱备，道府所派之兵，势孤不足弹压。成司马养疽贻患，地方绅民同遭浩劫。

长人乡	乡董吴大本	房屋器具打毁	初一日下午二时
	议员孙文彬	同上	同日
	三王庙小学堂	毁校具	同日
	议长陈惟善	毁屋一角	初二日
	议员施　惠	房屋器具打毁	同日
	议员奚　焘	同上	同日
	厅自治议员张守礼	同上	同日
	小湾小学堂	毁校具	同日
	普明小学堂	校具全焚	初三日上午九时
高昌乡	刘公祠内小学堂	校具全焚	初一日下午三时
	自治公所	器具杂物全焚	初三日上午
	乡董王文澄	房屋器具全焚	周日上午七时三十分
	明强小学堂	房屋校具全焚	同日同时
	文明小学堂	教具全焚	同日
	通明小学堂	同上	同日下午
	杨园小学堂	房屋校具全焚	同日
	乡佐陈有恒	房屋器具全焚	同日
	议员陆秉忠	同上	同日
	议员张奏韶	商店内货物及住宅房屋全焚	同日
	议员顾乃璜	同上	同日夜二更
	地保朱伯达	房屋器具全焚	同日
	选民朱舜卿	同上	同日

	选民朱顺生	同上	初四日
	曹思廉改良学塾	同上	同日
	议长尤桂芬	同上	同日
	选民陈元炳	同上	同日
	议员陈朝贵	同上	同日
	议员王承埙	同上	同日
	选民张文卿	同上	同日
九团乡	自治公所	房屋器具全焚	初三日上午
	乡董徐宗美	身被掳殴，受伤甚重，房屋器具全焚	同日
	育英小学堂	房屋校具全焚	同日
	新港小学堂	校具全焚	同日
	厅自治议员陆家骥	房屋器具打毁	同日
	乡佐张文明	店房货物及住宅屋具两次毁焚	同日晚并初四日上午
	议员顾　良	房屋器具全焚	同日
	议员黄上达	同上	同日
	厅自治议员张志鹤	同上	初四日
	议员黄家骏	同上	同日
	议员扬振镛	同上	同日
	选择民黄叙山	同上	同日
八团乡	自治公所	房屋器具全焚	初三日下午
	乡董包乙清	同上	同日
	青墩小学堂房屋校具全焚	同上	同日
	合庆小学堂	同上	同日

仁育小学堂	同上	同日
经正改良学塾	同上	同日
厅自治议员丁也仁	房屋器具全焚	同日
议员顾成圃	同上	同日
议员薛继翰	同上并染坊	初四日
厅自治议员顾懿渊	同上及南货店、 京货店均毁	同日
商民顾守光	同上	同日

《时报》宣统二年二月六日（1911年3月6日）

川沙大闹自治之真相四

川沙长人乡自闹事后，成司马当即下乡察勘，笞责地保，拿到丁费氏，交差自管，此时彼辈咸畏官将究办，帖然敛迹矣。乃成司马并不讯问，即行到省，丁费氏遂贿差吴全洋三十元，私释回家，逐日到各自治职员家辱骂，声称官不要办，多系绅董欺压之故，暗中煽诱无赖，以备对抗。成司马至开印时回署，仍不提究，旋又赴省，至二十八日回署，二十九日饬差提丁费氏及张阿希、张南。匪人用川南会衔牌，于三十日在南境张江栅镇拿获，行至唐墓桥镇，被其同党鸣锣聚众，拒差劫去，扬言前年拆毁南邑总董钱子萌房屋尚无要紧，明日往拆吴应卿等房屋。吴等闻之，驰赴川城面禀情形，请兵弹压，成司马置之不睬。翌日（即二月初一日），果将吴应卿、孙伯勋房屋拆毁。即往禀报请兵，仍置之不睬。初二日，成司马下乡勘验被围，打毁官舆，仓皇遁跃捻泥小船，渡河雇车回城。是时张阿希党麇集俞公庙内，厅署经书李松平前往演说，谓尔等应遍打某家某家。于是匪民胆状，四处响应。各绅董异常惶恐，纷纷告急二小时之顷，四时晋署，面乞电禀大宪迅速派兵弹压，成司马仍支吾以对。初三日，全境同起焚掠，徐董受伤垂毙，始发急电禀报抚道，而松江府于夜半始接电告，因循误事，不问可知。初四日下午，道府委员及所派之兵到境，在城绅士略述情形，委员欲迅速到乡，成司马谓姑俟明日再说。旋接合庆等处告警，欲往弹压，出东门即折回。是夜遂至火光烛天，焚毁更烈，城乡居民纷纷逃避。成司马亦已收拾行李，预备遁逃。各绅董电告抚宪困迫情形，奉派大兵，于今日（即初六日）乘火车到沪，渡浦前往矣。是役也，成司马早一日电请派兵，则少一日糜烂，若初一日发电，则只闹长人乡一区，而其余可不波及；若初二日发电，则亦可免初四日之随处焚掠。呜呼！一星之火，竟至燎原，因循之为害也。

《时报》宣统三年二月七日（1911 年 3 月 7 日）

川沙大闹自治之真相五

乱民之猖獗　川沙自治风潮发生已及一礼拜，种切情形三纪本报。兹悉此事由于地方官一味颟顸，致乱党愈纵愈骄。又有自川沙来者，据述所见，初三日成司马知乱党屯在龚家路，率兵队前往，欲以好言劝散。讵相见之下，非惟不畏，反迫令兵将枪上刺刀卸下，兵不得已，从之。其时乱党汹汹，成司马无奈，连连唱喏而退。又以北乡有黄某者，旧时董事也，因嗜烟不入自治团体，司马此次乃请其到场解劝。黄对众言曰：吾旧党也，盍听吾言。乱党哗然，曰：即是旧党，可偕吾去打学堂。纷纷挟之以去，不知所之。南汇某董前向劝阻，谓此举动实非得计，若辈哗然不纳。某董知未可以理喻，故不得已而退。

乱民之内容　又一函云：此次暴动，五日之内，焚拆士绅住宅、学堂、公所九八十起，损失三四十万金（按：恐不止此数）。乱民大抵为南邑三、六图无赖，北蔡猎户，海滩渔户，荡户，骆家帮，东沟、八埭头流氓帮等，兼有土匪、盐枭，相助为虐，故初仅焚拆者，今则掳劫并行；初无军火者，今则刀枪俱备，到处裹胁，按户抽丁，富户店铺勒供饭食、钱财，不从即焚，故愈聚愈多。奚家码头某糟坊被若辈拥入，除乱党数百人外，旁观者亦间入大嚼，甚将肉铺鲜猪六七只一食而尽。其余零星小店，亦皆遭其饱食矣。

民食之难题　乡村米铺大都屯米不多，见势不佳，且遭若辈迫令平粜，固各店实行平粜，每斤仅售钱三十文，一哄而尽。现在各店已无粒米，即使就静民食问题殊难解决矣。

侦探之报告　据特派侦探员之报告云：初四日焚击最烈，初五因雨阻未焚击，初六日未闻有如何大举动。现在若辈之势，较前已稍退云。

官兵之设备　沪军营初五日下乡，飞划三营初六日由管带沈葆义带领下乡，苏抚已将此事委全权于戚太守扬。戚太守闻已离郡，惟邑绅尚未接见，诸事全待戚守到场，方可筹画办法。大约非用兵力镇压不可。如果顽抗，准予格杀勿论，庶几得荡平耳。现在龙王庙已驻有重兵三百余，六里桥亦有兵八十名，东沟亦已派兵镇守，以防浦西匪往东窜，而地方绅士都集南市信成银行楼上。浦东同人会手足无措，共待戚守之示以机宜耳。

匿名揭帖　各乡镇由乱党遍布匿名揭帖，声称何日打何家，焚何处，故人心摇动，几几不可镇压，而未被焚之家，亦栗栗危惧。以上皆系初七日午后三时，由乡友报告之确实情形也。

官绅之电文　川沙自治绅学界全体公电苏抚云：川沙长人乡区被邻境南邑三、六两图为争庙屋，仇视自治，煽及川境，匪徒麇聚千人，到处捣毁焚烧公所及绅士房屋、学堂至二十余处。厅勘被击，绅商垂毙，且暮入城，势危已极。除禀道府外，求迅饬派大兵救护全境。

苏抚致电沪道刘观察、川沙厅成丞电云：江电悉。昨已电饬戚守酌派师船解散，并将因何起衅及现在情形查明呈复。今接川沙自治绅学界电谓：因南邑争执庙产，仇视自治，煽及川境，聚众捣毁焚烧公所、绅屋、学堂二十余处，官绅被击受伤等语。似此披猖，实属目无法纪。即由该印委会营严拿首要，解散胁从，已电饬戚守亲督师船，驰往弹压。抚院。

保护教堂之计画 昨晚七时得最确之消息，林开武氏带府标三百来沪，于昨午后三时开往浦东，原拟驻扎龙王庙、杨家镇各处，嗣由龚绅晓江以此次祸端发于俞公庙，该处距唐墓桥近，唐墓桥有教堂，宜预为保护，否则牵及教堂，酿成交涉，更属不堪设想云云。林以为然，遂决计昨晚暂驻龙王庙，今日开往唐墓桥，由龚绅具函绍介当地绅士招待。龚绅亦定今日返乡，调度一切云。

记者按：驻兵唐墓桥，洵为至急要务，惟若辈如有通泉情事，则龙王庙亦不可听其空虚，当局宜熟筹之也。

又据政界中人云：川沙大势现就平静，王管带云华有电禀沪道，经刘观察饬令回沪，兵归戚太守扬调遣云云。戚太守于昨午后六时到川，现驻厅署。各绅士亦准备下乡，面商戚太守，以定善后办法云。

《时报》宣统三年二月八日（1911年3月8日）

川沙大闹自治之真相六

北段之调查报告 川沙乱民大闹自治各节，四〔五〕志本报。昨又得特别访员就肇事附近地方探得确实消息云：川沙莠民启衅，捣毁绅董房屋，自初一日滋事后，自南而北蔓延甚广。距川境路口相近之高行镇，为川上交界，风声尤为紧急。初三日莠民顺势而下，波及堪虞。当由高陆行工巡局严述齐二尹，驰诣道辕，面陈一切。一面由驻扎东沟镇淞沪巡防第五营章管带豹文，加派中哨哨官赵振邦、左哨哨长汪占林，率带兵勇四棚，驰往高行，会同原驻该镇之右哨哨官廖守忠，妥为防护。迨初四日，紧报迭至，有翌日十句钟，拆毁顾、孙两董住宅之信，而高行上境绅董孙镜蓉、川境绅董顾昌齐，以及天主教堂等神父，均投局告急。当复由章管带亲督援兵，星夜驰往镇慑，严二尹亦带领差勇，昼夜梭巡。是以初四日下午，莠民已聚集在该镇一里许，焚毁王嘉祥、尤芹香两宅，而幸未殃及高行南北镇者，未始非预备得法之效也。初五日，沪道刘观察札委浦东总巡游别驾酌带沪军营两棚，下乡弹击，即会同章管带、严二尹，巡视一周，并以莠民在顾家路口负隅不散，当会衔出示安抚，以期解散。初七日，抚委太湖水师刘统领荣盛率带师船六艘，驶至东沟驻扎，而淞沪巡防营统领梁炼百太守复亲自带弁往勘，另派四营董哨长带兵四十，各会合防护。现在高行镇兵力已厚，可无虞及之虑矣。闻章管带原拟请刘统领所辖之兵驰往高行，而将原驻东沟之兵调回，嗣刘以水师初到，于内地情形生疏，故商将淞沪防兵驻高行，而水师炮船驻东沟，较为两便，章管带遂照此办理云。

又乡人之匿名揭帖，廖廖数字，大致谓：定于初八来打塘工局，真实不过恫吓之词，知该处已有设备，决不敢轻于尝试，昨初八日，固安静如常，高行地方亦不见若辈踪迹矣。据云该党已向东南而去，然此亦不过揣度之辞也。

南段之调查报告　得川沙友人最近之报告云：戚太守于初七日下午四时自南汇到川，定于初八日下乡，察勘一周。现乡间见有兵来，不便焚毁，故表面尚觉平静，兵力未到之处，强挟勒索之事，亦所不免。如八团顾云门、邬鹤云等，均向该党说项出洋了事。该党又向合庆北首医生顾舜钦家索洋四百元，必照付方可免焚拆云云。至龙王庙六里桥一带，现在谣言亦渐息矣。

函电告示片片　川沙被难旅沪绅民公电苏抚电。苏州抚宪钧鉴：巫倡胥煽匪棍蜂起聚众，自三十日始，成丞延不请兵，致公所、学堂、宅店焚掠一空，公私净尽。宗美重伤垂毙，得救负遁，求电道府剿凶。现无家可归，食用不继，妻孥在乡流离尤惨，恳恩悯救，并严饬成丞赔恤。

苏抚致沪道及松江府电。据上海县田令电禀称：川沙乡民连日闹市，拆毁房屋多处，并伤人命。谣言四起，将入上海境滋闹。绅董惶恐求策，事既多日，非派营严防拿办不可。若待蔓延，恐难收拾。驰禀请示。并据川沙厅成丞电称：衅由争庙而起。淞沪兵均到，惟拆毁未已，解散为难各等情。查此事昨由刘道及绅电，已电饬戚守亲率师船往办在案。乡民聚众滋事，拆毁房屋不已，并伤人命，实属目无法纪，自非严拿首要，不足解散胁从。除饬巡防营务处酌派飞划队伍克日驰往，会同相机办理外，希即严饬淞沪各军相机拿办，以免滋蔓，并由戚守速将前往查办情形禀复。暨传谕田令、成丞，仍添派干役，协同防捕，勿稍懈忽。

捐务之释疑　川沙此次闹事，庙宇、烟赌为其总因，而莠民藉口则为捐款，甚至成司马禀程抚电中，有谓绅士勒捐激变字样。现在实地探听，川境并无因自治而办之捐款，即猪、茶两项捐款，早均成立，且因民力维艰，亦任各店量力捐认，至鸡、鸭、牛、羊各捐，并无其事。而护塘上晒布，路狭曾有限制，只许日晒一机，否则须另觅晒布场，嗣因议未决故寝。而莠民闹事时，见织妇曰：将征汝脚车捐矣；见渔夫曰：将征汝渔捐矣。是以为所哄动者，有如是之多也。

《时报》宣统三年二月九日（1911年3月9日）

川沙大闹自治之真相七

大势平静　川沙乱民大闹自治，现势已平，谣诼亦息。惟无赖之辈仍向人称，须得未被祸诸人而甘心。城中匿名揭帖甚多。初八日午后，戚太守与成司马下乡踏勘，先抵奚念修家，后抵小湾等处。而九团帮有请包聘卿君出为说和之说。林开武氏抵唐墓桥后，令其径往龚家路口云。

肇祸原因　此次肇祸虽发于俞公庙，然丁费氏不过一愚无知识之妇，其所以敢如是奔走呼说，且有条不紊者，良由衙役之煽惑，与夫土匪之乘势。故起事虽在初一、二，其实初一以前，实有传单散布，是以俞公庙与八、九团相距数十里，而影响之捷，竟与寻常不同。当衙役李松平煽众后，内有击毁蔡松甫家屋之说。蔡闻警即驰禀成司马，并请拿李以擒贼王，讵成司马以李为署中胥役，不肯拿办。蔡请曰：不拿亦可，但如某家屋如有损害，当惟李是问云云。李兄小莲闻讯，一面即向蔡拍胸力保，一面驰告该党，勿毁蔡宅，故蔡宅幸免此事，不知底蕴者，大奇蔡松甫之竟不波及，讵知其中有曲折也。至烟赌之禁虽严，良民固额手相庆者，决不致酿成如此巨祸也。

勒索传闻　此次西帮尚未有抢物情事，至东帮则勒索之事如九团黄颂清、孙洪荃，匪徒向索洋七百元，顾成圃六百元（闻已付洋八十元），顾舜钦四百元，邬岳云六十元，丁子乾四千元云。

《时报》宣统三年二月十日（1911年3月10日）

松江新十车梵自治所被毁后余谈

该区自治所被千蒲泾肉店主胡人杰父子与马海桃等，挟嫌肇祸，煽众罢市，一再拆毁。后议长钱庆斌、副议长吴江春、乡董杨俊、乡佐蒲谷绍暨各议员等于二十九日全体辞职后，即预备手续，于本月初一日出发，驰赴苏垣，呈请筹办处宪核夺办理。华邑沈署令先于三十日饬传新桥镇各肉店主，旋又饬传胡人杰之子小相、马海桃一并到案。至初二日，方始传齐。沈署令即谒见府尊戚太守请示办法。前晚升讯，新桥各肉店主供明被勒罢市情形，而胡小相、马海桃则一味抵赖。沈署令谕谓，胡人杰已在府署迭次上控，非主动构衅而谁？遂判将胡、马二人发交捕厅管押，听候府示核办，其余令出结省释。此外附和闹事之徒，著由地保查开姓名，正在按名提办。昨沈署令又将前日暂收之乡董、议会图记二方发还执存，谕令照常办事。而该乡董等赴苏未回，无人承受，仍旧带回县署。现该区各学堂自该所被毁后，均以无款办学，一律暂闭，劝学员亦已陈请辞职矣。日来该区各处，赌害烟毒流行，渐复炽盛，缘自治职员均已辞退，莫或查禁，地保又不敢过问，故一般无赖者流，均利用此机会公然聚赌、卖烟云。

　　　　　　《时报》宣统三年二月六日（1911 年 3 月 6 日）

丝厂女工同盟罢工记（闸北）

　　昨晨闸北协和丝厂女工三百余人，因该厂减发工资同盟罢工，麇聚厂前，人声喧杂。四路分局正、副巡官及巡逻队队官，各率长警到场弹压。当有女工陈招弟、王周氏、徐王氏、周陈氏等，不服谕阻，抛掷泥块，由巡士拘局暂押；一面饬传该厂经理人吕和声到局，听候谕遵核夺。

　　　　　　《时报》宣统三年二月九日（1911 年 3 月 9 日）

丝厂女工同盟罢工再记（资本家胜矣）

　　协和丝厂女工三百余人同盟罢工一节，已记昨报。兹悉当时不服谕阻之女工陈招弟、王周氏、徐王氏、周陈氏四人拘局后，经黄正巡官讯判，招弟戒责一百下，王周氏等各责五十下，一并交保开释，静候核示，不准再行滋闹。

　　　　　　《时报》宣统三年二月十日（1911 年 3 月 10 日）

川沙劫火之零星

陆书之笑里刀　初二日，各绅士纷纷入厅署告急请兵，奸书陆锡荣在旁大笑不置，盖陆者，匪党中之主唆也。

乡可闹城不可闹　初三夜，成司马传厅书陆锡荣及李松平之兄小莲入署，饬令翌晨下乡开导。陆等出署，述称官意，告各匪徒，尔等欲拆焚乡间公所、学堂及绅董房屋，尽逞意拆焚之可也，惟切不可入城，若入城则吾惟有丢官而去耳。

顾君之金蝉脱壳计　初四日，顾溁江因匪徒将拆焚其房屋，出以好言求免。各匪有牵其裙，将捉之去者。顾见势不佳，口中说话，手解纽扣，两手一缩，脱其皮褥而遁去。各匪即将其南货店拆焚，并将帐簿付之一炬。

衙役吓阻老爷　顾奔赴城内告急，至厅署花厅，跌进门口，仆于地上，仰见成司马方宴侍道委，怒称乱至如是田地，尚有闲工夫为酒食之乐，请即驰往弹压。成司马不得已，出东门去，为衙役吓阻，仍入北门回署。

匪徒大吃饭　是日，道派沪军营兵已到八团，各匪徒扬言杨故绅斯盛喜办新法学堂，将其家祠拆毁。该处绅士顾润轩等惶急入城告警，面请成司马发兵北往，不允。道委示谓宜即往，亦不允。顾等再三哀恳，乃谓尔等须预备供张兵士床铺，顾等应之。又谓尔等须供给兵士鱼肉四肴饭菜，亦应之。又谓尔等须预备路上灯烛，亦应之。然候至夜半，不发兵，翌日黎明，仍不发兵。旋有新港陆济云，因其家将被毁，奔至大堂击鼓告警，号跳乞救。成司马勉强偕道委督兵上钦公塘北往，至新港时，陆济云家已被匪徒逼供十数石米、六七头猪之大吃饭矣。

（续昨稿）川沙大闹自治，自初五六后，渐就平静。兹闻松府戚太守勘踏时，至顾家路口，即获有一鸣锣之人，现在带入川城。至俞公庙，适吃素党罚人建醮，兴高彩烈，一闻府尊来，遂鸟兽散。当将黄榜一张揭下，并传谕该庙大房，速至川城详商办法，若不到川，即将该庙毁去云云。

所有营兵，一哨驻顾家路口，一哨驻龚家路口，一哨驻龙王庙。

此次受损者，计绅民二十九家、学堂十二。至前次调查单所列各家，初虽声称往打，嗣因未及，即罢手云。

现在戚太守在川函邀受损各事主迅速返川妥商善后办法，现在来申旅居客店，或浦东同人会者，定昨晚买舟返川。浦东同人会中，仅留一二办事人而已。

议长陈吉人当因乡中闹事时前往告急，衙役禁阻，谓老爷要睡。又小湾张赓虞赴署告急，衙役叱曰：乡人毁击议员房屋，干卿底事？张曰：民房亦被祸矣。衙役曰：民房亦已被祸耶。其实张亦议员，而该役不识，故谓此耳。

《时报》宣统三年二月十一、十二日（1911 年 3 月 11、12 日）

南汇闹事风潮续志

本月二十四日，南汇县六灶乡莠民纠同渔户，鸣锣聚众四百余人，蜂至镇西持正学堂附设之蓄鱼公司，捣毁一空，公司巡船焚毁一艘，商团寄存毛瑟枪焚毁十一枝，望鱼舍焚毁二处，坝基、铁网尽行拆毁，并将学堂台凳、书箱、杂物搬至操场，一并焚毁，遂一拥而出，各鸟兽散。时在下午一点钟。不一时，锣声复起，散者复聚，拥至沙涂学堂，将门窗、台凳、书籍、杂物焚毁净尽。至晚六点钟，朱都戎闻信驰至，理劝无效。迨念五晨，赖令会同竺桥乡赵排长带勇十余莅镇，仍四面锣声振耳，且持板斧、铁尺、刀棍、渔叉及竹木杠者，坌涌而至，声言不打尽蓄鱼处不止，今日彼请官来压制，吾等就此已乎？西向疾驰者，以数百计。大令随往，而继至者又尾大令后喧闹疾追至陈桥乡蓄鱼公司。及大令至彼上岸，该公司南渔坝已被毁。大令立命差役将在场滋事者拘获一人，下之船，众亦拥下，船几沉没。其时大令在轿被围不得脱，窘甚。众谓如不将船中人释放，定不干休。不得已，纵之去，众渐散。时在下午三点钟。此时虽似解散，然浮言未息，有明日先打某处某处、后打某处某处者，有谓今日再往六灶重打学堂并毁某董房屋者。大令初意即欲回署，后见势尚未平静，复至六灶过宿。此二十四、二十五两日闹事情形也。

《时报》宣统三年二月二十八日（1911年3月28日）

南汇闹事风潮三志

南汇县匪徒既毁六灶之渔业公司，复于二十七日午后蜂拥至张江栅镇西乡二十八图内之渔业公司，将水笆、渔具拆除烧毁，又将河中家鱼肆行捕掠。当由北蔡镇巡防队因保护教堂，驻扎于该公司相近，闻警驰至，率兵弹压。匪徒见其不敢开枪，毫不畏惧。继有龙王庙巡防管带林开和到场劝导，故该公司所附设之养蒙小学堂幸得无恙。并闻该匪徒拟于二十八九日再毁该镇自治公所总董张绅锡周所办之渔业公司及学堂，而张绅亦已思患预防，准备抗敌云。

《时报》宣统三年二月二十九日（1911年3月29日）

南汇风潮日记

劫火星之未冷灰 南汇自上月初旬以来，时有匪徒广张揭帖，散布谣言。各地绅士鉴于川沙之往事，咸有戒心，谋所以保全其身家性命，故不惮跋涉奔波，赴县禀诉，其情亦大可怜。孰知赖令别具肺肠，不一援手，以致蹂躏之处日广。揆厥原因，无莫非赖令因循贻误，有以酿成之也。兹将迭次调查所得，表而出之，以供世之留心时事者览焉。

二月初五清晨，县自治筹备所接得匿名揭帖一件，痛诋办事各董及破坏禁烟赌、自治学堂。

初八夜，陈家桥乡事务所及明新学堂所悬之牌同时被攫。

初十夜，六灶乡事务所及渔业公司均失去牌子。次晨又接得匿名揭帖，约期拆毁学堂，兼打某宅。

十二日，七团乡议员连君鹤松、凌君秀千等闻该处莠民百余人聚饮结盟，定于夜间拆毁连君等房屋之信，急赴川沙（时赖令奉府宪命在川商酌要公）面禀赖令吃紧情形，而赖令不但不任保护，反多方讥诮。幸府宪关怀大局，立派飞划营船五艘前往防堵，始获无恙。

同日，陈家行陈君樊经亦因接得拆毁其屋之匿名揭帖，到川面禀，赖令则谓无事张皇，又不之理。

十五日为各镇乡选举自治职员之期，而周浦镇陈家桥乡因有谣言欲来攻打，遂不敢举行。

十七夜，南汇县学堂屋后忽闻人声鼎沸，各学生从梦中惊醒，裸体而逃。旋由校役出外探知，停泊该处之舟子偶不经心，失足堕水，并非拆屋，然已饱受虚惊矣。

十八日，六灶乡乡佐顾君大伦接到匪信，订于二十一日起事，遂冒险前去劝解，匪不听，顾君无奈，只得敦嘱暂缓，并约商妥答复。是夜赶赴县署，欲求保护，不料为阍者所摈，故未能一见巍巍之道貌矣。噫！

十九日，匪首张某遣其先锋、流氓张介生纠集枭党唐上达、唐顺达等，赴沙涂庙神像前拈香立誓，择期二十一日，先毁沙涂学堂，次及持正学堂。

二十日，先锋张介生手执白旗一面（上书"张丙生假公兴学图吞庙产舆情不洽"十五字），至顾君大伦处告以起事日期，于是风声日紧，沙涂、持正相继停课。

二十三日，劝学所接到六灶乡事务所内附设之持正学堂紧急报告后，由潘君锷亟赴县署转禀一切。赖令仍犹豫，经潘再三辩论，始允派差，讵该差延至翌晨始去，而已无及矣。

二十四日，赖令片请潘君锷进署，嘱往沙涂劝令开课。潘君面有难色，赖令谑曰：设本县写一揭帖，约期拆毁劝学所，汝其信之乎？潘君出门，皂尾其后，索补昨日进见例规洋两元。潘君循例给之，即雇舟去，及抵六灶，则火已燎原，不可向迩矣。是日午后二时，匪首张某率领张介生、唐上达等，鸣锣聚集数百人，闯入六灶渔业公司，捣毁一空，持正学堂校具、自治所内民户册等亦遭毁失，商团洋枪十一枝、操衣二十余件、救火会器具并付一炬。其时渔业公司、自治所、学堂各员役皆仓皇走避，无一留者。

四点钟，匪徒又至沙涂学堂，将台凳、门窗及校中用物件焚毁殆尽。潘君目击情形，飞饬专丁到城禀报赖令。

五点钟时，潘君又驰书告警于县筹备所驻办陈君，急亟入县署报告闹事情形；一面派人往探确实。

六时，徐君守清进署面陈东南吃紧，力请保护各学堂、自治所。

七时，黄君炳奎、潘君光泽先后进署会商一切。

八时，朱都戎大斌率领兵士星夜驰赴六灶弹压。

九时后，顾君忠宣（适南京回）、张君仁庠（由奉贤闻警至）、王君宗毅、沈君端章（从三灶来）及本城各绅士踉跄至署，吁恳赖令请兵保护。此时人心惶恐，而家丁门皂犹向诸绅索取进见之例规。呜呼！此何时乎！

十二点钟，赖令登舟开往竺桥，会同赵哨官宗保率兵前去履勘。

（续昨稿）一点钟以后，沙涂、持正各教员纷纷到城，面如土色，均至县筹备所告急，该所派往窥探之人亦陆续回报。

二十五日，赖令在乡一切确实情形，详见廿八日时、申二报。傍晚时，城中哄传赖令被围，专函求救，于各绅移时，果有人递信至县筹备所，惟内容如何，未得确情。是夜巡警戒严。

二十六日晨，县筹备所顾忠宣等电禀各宪，请兵救护。午刻赖令回署，立即备文，专丁赴郡呈报，事已平静。接见各绅时，即自诩曰：本县略展经纶，大致已妥，君等可无忧矣。

二十七日上午，沈管带葆义率飞划营船六艘到城，暂泊于西潭子，旋往各处游弋。又有余、梁二管带率领苏抚右路巡防队六十名，以十四名派驻下沙，二十六名调赴六灶，二十名仍回南桥。

下午一时许，汤家巷渔业公司经理汤君庆楼到县告警，并诉详情云：当匪众于二十六午后拆毁公司时，向之求免，该匪徒则谓，不拆公司，即拆汝屋，速自择，毋多言。维时有周浦调来防兵数十名，站于桥畔，放空枪数排。匪知枪无子弹，不惧，一拥过桥，于是渔公司所设之治坝遂被拆毁。兵即退保教堂及立本学堂，幸得无恙，否则又起交涉矣。

同日，张江栅西北二里第一渔业公司经理王君晋初闻有谣言，请张江栅防兵三十名以资镇慑。不料匪果率众至，知兵之不敢放枪也，胆愈壮，为首者手执所劫持正学堂之钢杠（重七十二磅），摆舞而进，继以刀枪、挡棍、钢叉、织女梭诸兵器，莫之敢撄。兵遂退保养蒙学堂。然学堂虽幸免，而公司被毁者，计茅屋一角，茅竹笆柱三百余根，竹笆、竹帘各四扇，板桥一条，鱼篓十余个，并劫去所蓄之鱼数船，一时逃出者，不知其数。临行时声言欲打学堂，因时已晚，遂呼啸而去。

《时报》宣统三年三月六、七日（1911 年 4 月 4、5 日）

南汇县筹备所顾忠宣等禀报匪徒闹事
情形并申明有电漏叙渔业公司由

谨申禀者：本县与川沙毗连，自彼处闹事后，不逞之徒时有某日打某学堂、某局所之风说，并纷传无名揭帖，俱置不理。至渔业公司，因彼境所无转不道及之者，迨本月二十一、二十二日，距城二十七里六灶镇相近之沙涂学堂，风声尤为剧烈，教员辍课告急。正在请官出示派员劝解间，突于二十四日申刻及当晚三鼓，连接彼处失事警报。查该乡自治事务所与持正小学堂及六灶渔业公司并设一处，是日被毁时，除渔业所用之竹帘、洋檀、巡船等，固被拔起焚毁外，连事务所存放之民户册籍等件、商团洋枪十一支、操衣廿余件、救火会器具、学堂课本并体操器械，一并击碎焚烧，声势汹汹，莫敢逼视。渔业物与非渔业物一时殊难辨别，一面仍分帮捣毁。沙涂校之台凳、窗扇，为之一空。从前之影响如彼，当日之探闻若此，此有电所以并指自治所、学堂之实在情形也。事后方悉，造谣起意者不专在渔业，而被动之人大半无赖、渔夫之流，是以二十五日攻击陈家桥渔业公司，经县营官会同弹压，只毁南段竹坝而止。二十六、二十七日迭毁汤家巷张江栅渔业公司，因该处防营就近弹压，幸未牵及局所学堂。现蒙宪派之飞划营及由南桥调来之陆军营陆续俱到，二十七日晚又蒙县营官率飞划船至周浦等处相机防护，人心尚形安堵，除北帮渔棍未靖外，其余波及情事或可邀免。以上近日情形，当即禀报，以慰宪廑。惟前次仓猝电禀，实因有鉴于川沙前事急求保全，未能复探，致漏叙渔业公司字样，否则渔业亦实业之一，原可无庸避就。而此外匪徒之不致牵动，未始非宪兵镇慑之力。合亟申明禀报，并伸感激下忱，伏乞宪台大人恩赐鉴核上禀。

《时报》宣统三年三月七日（1911年4月5日）

川沙闹事真相续纪（差役作祟）

川沙匪徒闹事提案各犯，尚无确定口供。闻闹事之前，各胥差因严禁烟赌挟恨绅董，趁愚民反对俞公庙设自治公所事，四出煽动谓，索性闯成大祸，官亦无如之何。故乱民之胆愈大。为首奸胥李松、陆锡荣经戚太守提押在松，其徒党日教各犯狡供诬陷，提讯时无一人直供。最可笑者，如诬徐董宗美奸占曹某之母，曹母已死多年。并闻各差役下乡拿犯时，每获一犯，必教以勿得实供，尔等不到案，吾辈不得了，到案后，大家不供认，决不碍事。又闻洪委员、林统领下乡弹压时，被难各绅均在沪上，仅由素与新政为难之旧董潘某在乡招待。潘某捏造苛捐激变之说，以诬自治各董，洪委不察，遂据以禀报，舆论大为不平云。

《时报》宣统三年三月十五日（1911 年 4 月 13 日）

纱厂女工罢工记

索工资有罪乎　杨树浦又新纱厂女工葛李氏、王钱氏、丁钱氏、钱徐氏等四口，因索取工资起衅，聚众罢工，吵闹行凶，当经该厂控由捕房将葛李氏等四妇拘送公廨。昨晨带讯，先据该厂代表孙岳瑞投案求究。质之葛李氏等，咸供向索工资，并不吵闹，且据该厂女工数十人，咸执香绕到堂上下，求饬该厂将工资发给。当奉宝大令核情，商之西官，潘君以葛李氏等四妇不应挟众滋闹，殊违定章，判各押本廨女所十天，以示薄惩，并谕该厂代表孙岳瑞，将该氏等工资送廨，以凭转给，并令于下午将各女工之资一律照给。

《时报》宣统三年三月二十七日（1911 年 4 月 25 日）

乡民误毁马路之风潮

江湾万国商团体操场即跑马场，与火车站隔离二里有余，前经巡警总局辟筑马路一条，以通车马，业已填以煤屑，尚未铺设砂石。不料该处乡民以警局筑路圈用民地，向不给发官价，因而群抱不平，突于前日聚集数百人，各携畚锸而往，将所填煤屑一律铲去。当时三路五区警局见乡民人众势盛，不敢贸然阻止，事后禀报分局。黄正巡官立即禀详总局，请示核夺。

《时报》宣统三年三月二十七日（1911 年 4 月 25 日）

工人索资之小风潮

荣小姐造屋之余波　驻沪美副领事哲君近据本埠西门外裨文女学堂美国女教员荣小姐禀称：近有多数华人，时在学堂门首滋扰，请照会华官保护等情。即据哲君据情照会英公廨宝谳员，查得该处系属华界，即经由廨函请自治西区警局详查去后。兹据该局长梅问羹君复称：查该学堂女教员荣小姐近雇工头吴全全包建房屋，因有虹口元兴木行栈司俞玉林、曹小妹至吴作场车运木料，被木匠多人攒殴，由岗巡拘局，询系工头约束不严，纵工行凶，姑念俞、曹二栈司未曾受伤，从宽薄罚了事。旋因工头向领造价，而荣小姐以工不合式，不允付价，以致众工人向工头取资无着，复起风潮，现已添派巡士保护云云。宝谳员得复后，以事属造房纠葛，故已据该局长查复情形饬承照复美领事查照矣。

《时报》宣统三年四月二十四日（1911 年 5 月 22 日）

女工索资罢工记

新闸麦根路五号宝和丝厂女工王蔡氏、陆张氏、朱小妹、张阿虎、王阿珍，因索取工资，纠众罢工，经该厂经理裘小翰报由捕房，饬探将王蔡氏等拘送公廨。昨晨带讯时，女工麇聚到百余人之多，投廨纷纷求追工资。中西官会讯之下，判王蔡氏等一并交保，自向该厂清算，以后毋许纠众罢工，再蹈覆辙之干咎。

《时报》宣统三年五月三日（1911年5月30日）

女工索资再记

新闸麦根路宝和丝厂，因不发工资，致与女工王蔡氏等冲突，业奉公堂讯断，王蔡氏等五人交保，自向该厂结算有案。兹缘该丝厂只将王蔡氏等五人工资照给外，余仍搁不发给，以故女工张、李等数十人，昨晨复投公廨求追。奉孙明府谕令各退，著补禀、声明被欠实数，准为饬令照给，各女工始称谢而退。

《时报》宣统三年五月五日（1911年6月1日）

商团巡警冲突再记

南市巡警日前殴伤商人陈子卿，由当值处厅送上海医院医治，警务长穆湘瑶知陈系商团会友，致函该会，大动公愤。初四开特别大会，到者三百余人，却因正会长李平书君在苏未回，尚未决议。初五日晚七时，复开特别大会，由王一亭、叶惠钧、张乐君三副长到场监视，到者七百余人，力攻警务长，作成罪案，由会送呈城自治公所议长，于三日内召集议员集议答复云。

又闻城自治公所李董，闻穆警长牵动商团全体，以致开会咸抱不平等情，嘱该会员公举代表到所解决。于昨日午后二时，由到会之王、张、叶三副会长，并见证及各董等会议。李董云，现无须条陈开会，先由仆与顾馨一君等先行调查，如果巡士实有殴人，警长曲法情事，尽可按章办理，于三日内回复，正式解决此事可也。

《时报》宣统三年五月七日（1911 年 6 月 3 日）

豆腐司罢工记

本邑城厢南市豆腐一业所雇各伙，向来每作工钱七十六文，现以逐渐增至一百四十文。尔来米珠薪桂，豆腐价亦增加，是以各工人乘此素斋时际，停工要挟店主，加增工钱，连日停工者已有十之三四。昨日该业各店主筹商，以现当出销之时，万无任其停工致碍营业之理，特议由行头顾某相约至小南门外吉祥楼茶肆，与该业工人商量，允加每作二十文，已有端倪，惟尚未一律开工耳。

《时报》宣统三年六月十七日（1911 年 7 月 12 日）

粪夫大闹上海城

卫生问题　公安问题

起衅之原始　昨日下午一时，有西门外乡人某甲肩挑粪担，盈满异常，不盖桶盖，担进旧大西门，满地流溢，臭气四布，行人掩鼻。经一路四区三排巡警陈廷三（即陈锦山）向之开导，以现已下午，定章挑粪时刻系上午九点钟为止。日前西门外著名流氓李栋生，主唆挑粪乡民，纠众争闹风潮，曾经上海县宪谕谓乡民挑粪务遵定章，如逾钟限，准由巡警干涉云云。岂知该挑粪乡民，早已暗集多人，甲即一呼，登时数百人将巡警陈锦山凶殴，复拖至上海县署。

大堂之热闹　田大令得悉后，即用电话告知一路分局，请饬各区速派巡警来县帮助弹压；一面即传通班差捕伺候。旋各区所派巡警约有百人先后到县。该挑粪乡人陆续又来不少，共约六百余人，在大堂上吵闹，大有聚众挟制官长之势。

警员之供词　少顷田大令升座二堂研讯，先据一路四区二等巡官程宪章申诉：三排巡警陈锦山今日下午一时至三时站岗在旧大西门口，约一时十分钟，有一乡人肩挑满担，不盖粪桶，担由城外进城，沿途流泼。巡警向之开导，该乡人即大声一呼，登时数百人将巡警任意凶殴，复拖至县署，沿途痛殴，显系今日有意纠众寻仇，实属有违定章。该乡人乃是国民，巡警亦是朝廷设立，不应视为眼中钉，想暗中定有主唆之人，请为查究。巡警陈锦山供词相符。

粪夫之宣言一　田大令验得被殴伤在内、外面有青肿色，验毕，该巡警坐立不住，随卧板门上。田大令遂饬值差出外传谕挑粪乡民云：今奉老爷谕，尔等人众可择年长懂公理者几人上堂。乡民云：我等今日来县，各人不分大小，如要我等上堂，惟有通共上堂。遂一唱百和，手中各执扁担，直向宅门而进。

粪夫之宣言二　各区巡警早在宅门前左右弹压，因此阻止。各乡民误会，势将恃众动蛮。各巡警见势不佳，遂将凶横之金阿瑞、孔聚同、蔡富生、蔡福、蔡发生、甘丙生拘住互扭，致金阿瑞等头上击破，流血不少。入内上堂，咸谓：乡人等早晨均要贩卖蔬菜，每于下午入城挑粪，巡警百般留难，或以不盖粪桶盖，或时刻过限，或粪秽溜出，甚有向我等勒索，如今日在法地上将我等殴破头颅，种种不合，想必大老爷明鉴。求请将被殴受伤之巡士治以应得罪名，我等然后散回家中云云。复有沈心安拥至堂上云，务请将巡警办罪云云。

县令之大言　大令谕曰：尔等先将巡警殴伤，如有巡督不合法律，尽可来县控告。谅尔等恃人多前曾来县，本县系念尔等无知乡民，不予深究，详细开导斥释。本县亦深知著名流氓李栋生主唆，故饬提办在案。今日尔等误会，意谓人众挟制，或有惧怕，希图达到下午挑粪之目的。尔等不知巡警是朝廷设立，定章时刻，将来要通行全国，岂可尔等少数之乡人自谓人多，第二次到县挟制官长。本县前遇发匪，尚且不惧。饬将沈心安押，候查究为首之人。金阿福等六人姑念头受伤痕，从宽不究。

眼前之办法　四区巡官程宪章申请上海县将沈心安释放，恐该乡民误会，再欲聚众。大令姑存其请，遂判巡警陈锦山交巡官带回医治，沈心安斥释，余人著令散去，候查究为首人到案究办，以正人心，而申定案，遂退堂。各区巡警各回区办公。陈锦山由程宪章雇人抬至一路分局，伤势发作，声音顿绝，因即送请上海医院医治，恐有性命之虞。

粪夫不罢休　挑粪各乡民在上海县讯断出外，复由某甲聚集数十人，哄至道辕。未知刘观察如何处置，容再探明续报。

《时报》宣统三年六月十九日（1911年7月14日）

粪夫大闹上海城再记

依旧毫无头绪

道委之劝告　昨报纪本邑西门外一带挑粪乡民，因逾时刻违章挑粪，巡警开导不服，聚集数百人与巡警为难，既而复拥到道署，人势汹汹，时在七时。刘观察早据上海县用电话申报，故已略知此案情形。观察即委要员出外开导，向乡民云：尔等已在县中讯断，何以又到道辕，人又如此其多，聚众哄堂塞署，挟制官长，王章俱在，岂可轻为尝试！尔等既到此地，有无道理，或举明白公理之代表申诉，本委代达道宪大人核示。

承帮审讯鞫　该乡民咸谓被巡警殴伤头面，请求伸雪等语。

该委将情上达，奉观察立饬书办缮就公文，派道差罗荣将受伤乡民蔡木生、计长根、金杏生、甘丙生、李根荣、张阿聚等，押发到上海县，余乡人随同复至县。田大令即情帮审承明府，昨日午后四下钟由苏到申，因悉此案之发生，即至县署升座花厅，并先饬传二十七保九图莫四明到县伺候，讯明此案事前发生情形。明府谕令各乡民上堂，蔡木生、计长根、金杏生、甘丙生、李根荣、张阿聚等同供如前，且谓租界事事务求实际，故挑粪之人不敢相强，只得服从。况我等今日午后挑担入城，或在太平街倒马桶，有人前来勒令不许倾倒，如再倾倒，定须老拳奉敬，只得将粪担停在路旁，随同来县，令吾等在前拥进宅门，上堂申诉，致被巡警拦阻互扭，伤及头上，流血不少。日间曾奉田大令讯断出外，本欲回家，复被向来认识多人嘱令到道伸冤，定获良好之结果，遂一拥到道，奉道台大人饬差押送至案，现下请求将巡警按名治罪。明府谕曰：尔等均是安分良民，切不可聚众闹事。前次因念乡愚无知，从宽不予深究，候提此案发生西门外京江公所地方著名李栋生等到案讯究。此系田大令体恤尔等生业，恩给体面与尔等，不可误会以人多官长惧怕，得步进步，遂又纠众到县挟制官长，哄堂塞署，法律具在，厥罪非轻。且巡警亦是朝廷设立，如有不合，理应具禀控告。今尔等集众数百人，教本委亦难办理。尔等先将巡警陈锦山殴伤，缄默不言，只云被巡警殴伤，其巡警亦是本署知照前来弹压。尔等欲数百人一齐拥进宅门，连观看之人约有千人，二堂之上，势必插足无地，人声嘈杂，未能问案，故令原差传谕尔等，择几人能言懂理之人上堂质讯，岂知尔等恃众不服，致有互殴受伤之事。余均不问，今尔等既系受伤，或由本委代送医院医治。蔡木生等均同称愿各回家，自行延医医治，今奉老爷开导，我等现已醒悟。遂判蔡木生、计长根、金杏生、甘丙生、李根荣、张阿聚为时已晚，谕令各自回家，安心调治。

挑粪告示一　昨日下午一时十五分钟，一路巡警分局德区长发出六言告示，分贴新旧各城门及各通衢。其文曰：照得挑粪时刻，早经出示周详。乡民误会此意，致成昨起风潮。现在饬警劝导，尔等各宜守章。仍准照旧挑灌，勿听谣言惊慌。为此出示劝谕，宜各安分照常。

挑粪告示二　昨日下午四时三十分钟，上海县田令发出四言告示，分贴头门、照墙、各城门、各通衢，西门外二十七保五图、七图、九图，二十五保九图一带。其文曰：现届夏令，注重卫生；挑粪时刻，本有一定。如虑不便，尽可具禀；听候本县，重定章程。尔等乡民，宜各安分；赶速解散，迟于严惩。聚众哄闹，罪律非轻；一经拿办，玉石不分。

地保之责任　上海县田大令以乡民与巡警冲突，该处二十七保九图地保黄四明，事前并不开导，事出亦不来县禀报，乡民聚集至数百人之多，实属玩忽已极，因饬差传到案，亦经承明府讯问，谕令回乡将暗中主使之人迅速查明，密报到县，听候核示。该保唯唯而退。明府又曰：如若传尔，须即到案，不可迟延云。

同盟罢工一　昨日上午七时，各挑粪乡民齐集至千余人之多，各门挑粪之人一律罢工，相率到县署内百般哄闹，将扁担向大堂上铜鼓乱击，口称伸冤，旋将受伤之金阿瑞等十余人，送至县署宅门内二堂之上。田大令一面用电话禀报沪道，一面打电话各警局商定各区落差巡警，切勿出局，一律均穿制服，不持枪棍，预防乡人动蛮肇祸，亦不必来县，如乡民有野蛮举动，再打电话通知前来帮护。各警局区区长、区官、巡官等，均各遵照预备；一面田大令立饬通班皂快、马快、捕快、练勇人等伺候，务各和平对待乡人；一面飞饬干差立传念七保五图地保韩晓岩、七图地保吴祥甫、九图莫四明、念五保九图莫顺生到案候示；一面饬差传谕在城各铺地甲，带同甲伙沿途查察，有无匪徒附和生事，恐酿巨祸，如有，须即密禀，听候拿办。田大令布置定当，遂于午刻升座二堂，先提各该地保讯问，不料该乡民等一哄而进，二堂之上拥挤异常。有受伤乡人金杏生之妻上堂不跪，胡言谎供，以致大令未能问案，故谕各乡民须具公禀到县，本县可以申请上宪核示办理。各乡人纷纷扰扰，均要求将巡警治罪。大令曰：尔等具禀前来，本县可以移请巡警局长核示办理。大令著将昨日存案之扁担发还，其受伤乡民暂留署中，饬差预备供给饭食，再行核办。传到各地保未曾问过一语。见乡人无理可喻，大令一踱进内，各乡民纷纷向外，咸谓三日内具禀到县，惟求须有一定办法云。田大令饬承缮就六言告示粘贴照墙，讵有受伤乡民李根荣见而大骂，将告示扯去半张。旁有某君开导曰：此告示系为乡民所出，大家须阅看，如其不是，亦不能将告示贸然瞎扯。重将扯下半张之告示粘贴于上。

同盟罢工二　各挑粪乡民口称三日不倒粪，三天不卖菜蔬，一般居民均忧形于色。而下流社会附和其事，意图肇事，幸经一路分局德区长早向站岗巡警嘱令暗为查察，若辈稍知敛迹云。

捕房注意　总巡捕房华探目李星福，亦奉总巡捕头命令，进城探访一切。

《时报》宣统三年六月二十日（1911 年 7 月 15 日）

豆腐司罢工三志

打收场　城厢内外豆腐业工人加索工资钱二十文，各店主不允，遂各唆使停工，由城内信阳斋店主程云祺等公禀裁判所，已提到行头张顺发、工人陈阿相等四人讯明，奉判交保候补。提南市下处梅老荣到来讯究，不意梅、陈等纠集该业孙连生、王阿银等多人至仓桥埭，遽将店主陆荣生殴打、滋扰后，由陆及奚记生乔庆甫等投控裁判所。汤裁判提及复讯，陆等供有张金福向各工人勒收规费，逼令入行，查得系由梅唆使等语求究。官判梅戒责二百下，陈责一百五十下，王、孙各戒责一百下，均具改过结交保。

《时报》宣统三年六月二十六日（1911 年 7 月 21 日）

排字罢工之结局

赔偿一千二百八十分之一　《法兴西报》前控朱鉴林唆使排字各工人要求加增工资不遂，一律抛工两天，请究等情，奉判管押二礼拜。期满后，因该报又控损失之案，谕令交保候迅在案。昨日原告由罗锐律师代称，抛工两天，该报损失洋二百八十元，定货不能交出，亦亏洋一千元。如若请向朱追偿，朱无此力量，惟朱不应唆人抛工挟制，实野蛮手段。现请堂上谕朱，以后不准再有此等情事，并著朱略偿损失洋一元，和平完结。司马谕朱后当谨慎和平，不可再如前者行为，著偿损失洋一元完案。

《时报》宣统三年七月一日（1911 年 8 月 24 日）

江　苏

车捐加增 （南京）

金陵因马路修广，加马车捐月二元、东洋车月二角。现拉东洋车者已罢市，环求照原定每月洋七角五分报捐，不知能邀允否。

《中外日报》光绪二十八年二月七日（1902 年 3 月 16 日）

米行被毁 （江都）

日前邵伯镇米行六家，同时为乡人捣毁，堆积之米皆倾于河。详细如何，容再探录。

《中外日报》光绪二十八年四月八日（1902 年 5 月 15 日）

米船击沉 （江都）

初七日，仙女庙有穷民数百人，又将为抢米之举。万寿司巡检得报后，调齐团练勇丁驰往弹压，不料人数愈聚愈众，有米船二艘遭众凿击，沉诸水中。

《中外日报》光绪二十八年四月十日（1902 年 5 月 17 日）

江督刘奏陈酌加盐课盐厘折

奏为遵旨酌加盐厘，并筹办一切情形，恭折复陈仰祈圣鉴事。窃臣于上年钦奉电传谕旨：此次商议偿款，中国常年度支除指抵外，不敷甚巨，必须设法另筹。盐务为饷源大宗，近闻有欲谋揽办者，更应自行认真预筹办理。从前四川盐务经丁宝桢破除情面，切实整顿，至今增款甚巨，自应仿照妥办，以期加多库款。著刘坤一、张之洞、奎俊、陶模、许应骙、魏光焘、袁世凯、岑春煊、余联沅各就地方情形，详加体察，应如何设法变通，剔除中饱，严缉漏私，痛革官商一切积弊，并酌量加厘加课之处，悉心筹办，钦此。遵即札饬淮运司及各督销局，悉心妥筹，痛除积弊，并叠电饬催议。嗣据该司道先后禀详前来。查淮盐厘课为饷糈大宗，欲裕饷源，须广销路，要非严紧缉私不可。近来私枭充斥，不得不添勇严巡，以昭周密。当此时艰财匮，不敢开支正项，惟于外销经费内，力加裁减，以为挹注之资。至官商积弊，业据运司程仪洛痛行革除。此外各督销局自前大学士臣刚毅提款后，办公已形竭蹶，无可再提，致令弊生法外，惟有于课厘酌量议加，续还偿款，叠饬该运司再三劝谕，而各该商总以完纳原有课厘外，历次捐输报效及各省赈捐，统计不下千万两，且岁捐票本十万两，各省未有如许之巨，商力已竭，吁乞免加，并一再来臣衙门泣诉。当经剀切开导，晓以大义，勉其急公，不啻笔秃唇焦，并允以后无论何项捐输，不再重累，始据勉认淮南运商每引加新课银三钱，加新厘八钱，场商每引捐银一钱五分，汀宁等食岸每引捐银二钱，淮北票贩每引捐银一钱二分，池商每行捐银二分，每年约计可增六十余万两盐斤加价。接准部咨，每斤加四文，嗣以湖北、湖南另行奏加四文、六文不等，深恐价增销滞，遂于各该岸减去二文，俾顾销市；江宁等食岸系在腹地，距场太近，亦应量予变通，每斤止加一文；其行销安徽者为皖岸，行销江西者为西岸，仍照部咨一律统加四文，分二文归安徽、江西济用；所余二文及食岸各加价，并加课加厘场食各捐，均归江苏备还偿款之用。所有酌加课厘并筹办一切缘由，恭折具陈，伏乞皇太后、皇上圣鉴，敕部查照。谨奏。

奉朱批：户部知道。钦此。

《中外日报》光绪二十八年四月十一日（1902 年 5 月 18 日）

函述扬民滋闹事

西五月二十七号，即四月二十日，镇江函云：附近扬州某城邑之居民，于前数日与某米商为难，尽攫其米，倾入河中，致通城大惧，皆为闭户。嗣虽经华官前往弹压，而百姓仍然不服，竟敢毁其乘舆。该民等此举，亦系米价日昂，将无已时，而又不能不购所致。设一旦直隶或广西乱民来此，以赈恤为言，该民等定然附和入党。盖百姓之所欲者，食而已矣，其他有所不计也。总之，中国如一日不设法令百姓富足，即一日不能安宁，为乱将无已时，纵欲强使安靖，恐亦有所不能矣。有某华人曾向予言，此间人民之恨洋人者，十居其七，恨中政府者亦然。以上译四月二十四日《字林西报》。

《中外日报》光绪二十八年四月二十五日（1902 年 6 月 1 日）

米市近闻（扬州）

上月念九晚上七点钟，南门外新河湾有居民若干人，因某米行高抬市价，与之为难，迨团练兵弁相率出城弹压，业已散去。

《中外日报》光绪二十八年五月四日（1902 年 6 月 9 日）

因捐闭歇 （扬州）

日来房膏两捐催缴甚迫，而辕门桥一带如陈万和茶叶店、永泰和皮丝店、许生茂笔店、师竹斋漆店，又某药水店，皆已闭歇。大率无力支持，不堪此项捐款也。

《中外日报》光绪二十八年五月二十五日（1902 年 6 月 30 日）

截留逃荒 （扬州）

江南省城粥厂裁撤后，曾经通饬各属到处截留逃荒饥民，乃若辈每年由北往南就食，视为成例，且成群结队，实属无法截阻。日来运河一带，除小船不计外，若大船每载一二百人者，多至二十余号云。

《中外日报》光绪二十八年十月七日（1902 年 11 月 6 日）

上谕 （江南抽捐扰民）

十月十六日电传，十五日奉上谕：前据给事中吴鸿甲奏参江南抽捐扰民，当经谕令该督抚确查参办。兹据李有棻、恩寿查明复奏，候补道王毓苹总办房捐，尚无回护。候补知县徐葆华前在如皋几酿事端，业经奏参革职，均无庸议。候补知州许庭森玩视要公，不知自爱，著即行革职。泰州知州罗元猷居官不勤，颇滋物议，著开缺另补。沛县知县调补山阳县知县马光勋，老而□事，著勒令休致。沛县铺捐委员钱沛深性情浮躁，难膺民社，著以府经历县丞降补。余著照所议办理。钦此。

《中外日报》光绪二十八年十月十七日（1902 年 11 月 16 日）

前护理江督李、苏抚恩奏陈办理
房捐情形并遵旨复陈折

又原奏知县徐宝华委办如皋县房膏捐，勒索过甚，几激民变，通判汪树堂据实揭参，王毓苹密嘱委员胡廷琛曲为弥缝，胡廷琛旋得署江都县事一节。查徐宝华即候补知县徐葆华，前在如皋几酿事端，经署如皋县知县张存彝电禀，饬据通州知州汪树堂、候补知县胡廷琛驰往查明，禀经前督臣奏参有案，并未曲为弥缝。胡廷琛系因劳绩委缺，权在藩司，似与王毓苹无涉。又原奏通判许炳森委办赣榆捐，诈赃被殴，得贿千金为养伤费一节。查许炳森即候补知州许庭森，前在赣榆属之青口镇设局，遣丁查看铺房，该处民风强悍，又闻住房亦捐之谣，聚众哄闹，持竿抛石，家丁奔回，众人亦尾追入局，将许庭森拖至院中，撕破皮袍，面部稍受擦伤，旋经县差汛兵护送入城，众复将屋内衣物陈设打毁一空。赣榆县知县徐树锷因公赴海州，闻信驰回，差拿滋事人犯，该镇董事拘获四名，送县究惩，认办铺捐，并向许庭森服礼，赔其皮袍一件，计其所失衣物，酌为偿银。闻许庭森有收受情事，该处滋事者皆系穷民，安得巨款？原奏得贿千金，似无其事。又原奏泰州罗允猷曾委谕董苛派，虽住家房租日仅七百文者，亦令出捐一节。查泰州知州罗允猷曾委办理铺捐，尚非有心苛派，惟开办时出示租金二元以下免捐，及派捐时租金七百文者亦有捐，致与所出告示两歧。然所捐系属铺户，至住房则尚未奉文举办，实无捐及住家房租七百文情事。又原奏沛县按亩摊捐，迹近加赋，尤为厉民，委员钱沛深自鸣得意一节。查沛县知县马光勋、委员钱沛深办理沛县铺捐，均照定章抽收，至民房并未饬捐，仅令为编查。适有该县绅民禀称，如民房亦须捐及，情愿仿照积谷章程，于地丁银额外，每两带征钱五十文或一百文，随忙收解，以抵房捐，藉免追呼侵渔等弊。该县委转解禀到局，批令俟通案核定，再行议明饬遵，此系议而未定之案，迄未举行。原奏或因此讹传。其余各属详加访查，均尚不至朘削掊克，现在业经改照新章收捐，民力更可稍纾，民情自臻安谧，堪以仰慰圣慈。臣等复查候补道王毓苹总办房膏局，并无不合，应请毋庸查议。候补知县徐葆华业经参革，亦免再议。候补知州许庭森委办赣榆捐务，宜如何勤慎从事，乃竟遣丁查捐，其玩视要公，已可概见，又复收受赔偿衣银，实属不知自爱，有玷官箴，应请旨即行革职。泰州知州罗允猷收捐与出示两歧，致滋物议，且居官不勤，应请开缺另补。沛县知县调补山阳县知县马光勋、委员钱沛深经办沛县铺捐，尚系照章抽收，惟马光勋老而废事，本拟参劾，应请勒令休致。钱沛深曾充书识，性情浮荡，难膺民社，应请以府经历县丞降补。至微山、骆马、夫伊等湖以及黄河滩地能否升科，业由藩司分别移查淮、徐各道妥为筹办，应俟查明定议，另行具奏。近年以来，库款支绌，挂名薪水早经前督臣悉数饬裁，各局所月支各项仅敷办公，委无滥支之款。臣等仍当随时察查，兴利除弊，能裁节一分度支，即休养一分民气，以仰副圣主节用爱人之至意。所有江宁等属办理房捐情形，并遵旨确查各缘由，理合恭折据实复陈，伏乞皇太后、皇上圣鉴训示。谨奏。

奉朱批：另有旨。钦此。

《中外日报》光绪二十八年十一月一日（1902 年 11 月 30 日）

私枭凶横（扬州）

自邵伯镇盐栈为枭匪拦劫盐斤后，各炮划大加戒严，每于要港驻扎巡缉。乃该匪近又捆运数万斤，由高汉庄逐段西运，胆敢与巡卡为难。

《中外日报》光绪二十八年十一月七日（1902 年 12 月 6 日）

淮扬道沈禀江督陈明洋商印
捕闯卡毁局情形公文

敬禀者：窃于本月初三日据子婴闸厘局杨丞士聪禀称：窃以奸商沿途包揽华洋票及各货船，雇用印捕，任意滋闹，毁局架人，叠经卑局及长河各局禀蒙宪台电陈两江督宪，转电领事调回查办，并蒙批饬各州县及各局严禁拿办各在案。所有在浦包揽各奸商，闻此风声，均已逃遁。卑职因于二十九日叩辞回局，于初一日午后驰抵新移局所，其时各票船及各货艘均以正河拦坝，湖水浅涸，相率停泊于局之两岸，皆经验而未行。惟内有数船，恃旗不服，当经卑局查询，据云既须查验，即当旋浦再商，窥其意似藉此远飏者，亦姑俟之，以待其来。不谓初二日，卑局由上水突来前次卑局所禀之毁局架人著名奸商朱友松者，随同印捕一名并各船户人等，汹汹来局，仍复不言何事，即将卑新局之钱房门硬行毁开，并旗牌毁去，无端抓人，并有印捕在旁，逢人便打。斯时卑职本住巡船，亦未便他适，当即传询各船户，据谓水浅不行，查验正可，乃该奸商、印捕一闻此言，即相率来船为难，声言所有货船皆归包揽，谁敢收捐。一时哄动各处，挑夫汛委，咸抱不严。卑职因人多事乱之际，诚恐误滋事端，启人口实，而又欲罢不能，不得已，因将界首任司官招至，即令眼同丁差及炮勇等，将为首毁局之朱友松并印捕一名，不与角胜，第拘至炮船，而各船户见此情形，遂瞬将各洋旗藏去，相率遁逃，若不知有此事者，此初二日奸商、印捕复行毁局之实在情形也。窃思中西刑律虽异，而惩奸去暴之意则同，今虽强弱攸殊，亦断不容此二三印捕、十数奸人恃一丹国流氓，横行于淮浦之间，弃宪示约章于不顾，此虽细事，不关国体，而江以北之局面攸关，且弱者查验，强者放行，尤非一视同仁之意，况此事皆缘于奸商地痞勾引而来，更属法无可逭。卑职荷蒙栽植，自当仰体宽仁，奈迫于无可如何，亦确见夫别无关系，以故屡次面陈及会禀各在案，乃蒙俯顺下情，立行禁办，致各捐局相安无事，感德难谖。今该奸商、印捕既奉其领事传谕，派其赴浦将丹人调回，即应敛迹前来，不遑他顾，乃仍敢复萌故态，于沿途包揽，毁局架人，实属胆大妄为，目无法纪。卑局坐落荒镇，绝无营县相扶，即有，亦难照办。因不揣冒昧，拘送来辕，恳乞俯念为难下情，以印捕送交其领事严办，以奸人朱友松交地方官严办，并求管押，勿令再出滋事，致有寻衅之忧，则卑局幸甚，各局幸甚。再各船户拟权交界首司官看管，俟其具有甘结，再为放行，是否有当，仰乞俯赐施行，不胜迫切待命之至等情，并拘送奸民朱友松及印捕一名前来。查前据各局先后会禀，丹国人常生率同印捕包揽华洋商贩土货单票，沿途不候查验，闯捐滋事，即经职局据情电禀宪台速电领事查办，暨并案详请宪台分别咨饬查照约章办理各在案。据禀前情，当将奸民朱友松发交清河县查讯，据称伊为丹人常生之伙，带同印捕在子婴闸闯卡毁局等语。伏查朱友松串通洋人，如是妄为，实属违背约章，蔑视宪典，现已饬县复讯明确，禀请严惩。惟奸民雇用印捕，私来内地包揽闯捐，已据该捕及船户人等供认不讳，而常生迭次来信及面陈情形，又多不符，其为包揽无疑。业将包揽各船饬令船户自持单票，请验放行，并将印捕一名，照录其在浦供词及常生并常生之伙历次来函，暨职局复信与奸民朱友松各船户口供，分别开单，备具咨文，札委原禀之杨丞士璁亲自管解，赴常镇道衙门投收，转交该国领事究办，并商令迅将常生及尚有在浦之洋伙人等，赶速调回，从严惩禁，以免再滋事端外，相应将供单、函信及职局批印委等，禀照缮清折三扣，肃具禀陈，仰祈大人电鉴，俯赐电知该国领事及饬常镇上海关道，查照约章，将不安本分印捕、行伙常生人等彻究严办，俾全睦义而弭后患云云。

（续前稿）敬再禀者：内地关卡，积弊丛深，物腐虫生，予人口实。淮关吏胥窟穴，藉陋规以资畜育长子孙者，千有余家，弊之滋也，非一朝则去之，亦非旦夕所能尽。其台漕两捐，虽积习较浅，而需索留难亦时有所闻，诚不能免外人之拟议。商人虽请关单，而船户断不免夹带，厘卡因以为利，奸商从而生心，所以既请关单，复愿出洋票例费，以便其长斤夹带之私。今者内地之奸民勾引洋人之无赖者，以保险为名，而包揽者其实，其意必使请关单之船过卡不必请验，而后向船户商人擅其永远抽收之利，此其所以不惜资本，雇倩洋伙，连日滋闹之实情也。职道访闻闹卡之人，又多向来充厘金司巡之人，故知其利之审而反其道以用之，始不过一二恃强，今则欲垄断独据；始不过藉符恫愒，今且至持械行凶。此次奸民朱友松之过子婴闸厘卡，不听查验，强索盖戳，架人行凶，先由该犯先行动手，而后印捕从而助之。据供所有洋伙皆其一手雇募而来，是罪魁祸首，该犯一人。尸之横悖狡愤，殊出情理之外，果与容忍，则此后奸民恃有护符，皆可蔑视其官长。宪法安在，国体何存。所以侵占厘捐权限者犹浅，所以败坏中国纪纲者，迁流不知其所极，内地吏治，益无从措手矣。凡事先尽其在我淮关情形，关部亦有尾大不掉之势，盖自反而不缩，更无辞以御外侮。昨奉宪檄，派委李道光瑜会同职道前往查办。除俟李道到浦后，另行查明会议具复，备候宪酌，此次滋事之祸首朱友松，发县研讯，另行专案禀请核示严办外，其台漕两捐，此后需索者应如何整顿，夹带者应如何科罚，其规费如何禁止，请饬下金陵苏沪厘金总局会议，划一专条，以期一律遵守。必宿弊之既除，而后外人无从干涉内政，地方官惩办奸民，外人亦无得藉端干预。其洋人之赴内地办货者，须由领事照会关道饬知地方厘局各官，何国人运何货若干，何处起落，详细载明单内，以凭各处照验放行，勿得沿途包揽，以示限制而免滋事。职道愚昧之见，是否有当，伏乞批示通饬遵行云云。

　　（续昨稿）谨将奸民船户供单缮具清折，恭呈宪鉴。据朱桂田供，是丹徒县人，名叫朱友松，不叫朱桂田，名字朱桂田另有其人。小的本做油坊生意，向在东坎一带交易，后在镇江石印文敷书局生意，十三四年后来闲居。今年九月二十七日，有与小的相契的医道杨少卿，将小的保荐到商人梁习名下代办花生，说是每月六七元不等，说到宿迁一带办花生货物。小的回说花生不谙，他说另有坐庄老手袁习买货，小的应允。十月初五日才见梁习，初六日由镇江动身。十月十二日，到了山阳县境，接官厅，撞见袁习同朱桂田并外国洋人到山阳县拜见，县尊已往府署公干。后就有人到船保护的话，梁习叫小的跟同货船押运，到了镇江，另有商人收货。小的又于十六日由镇动身，到了子婴闸，撞遇李振标、刘学洪，又带了七八只船，同印捕人等及外国洋人随船押运，被子婴闸盘查。小的也在彼处被子婴闸娄住，带案的货是外国人与中国人合办，说是六千千串本钱，是经南京人刘寿、姜小峰同梁习请的外国人包送，用洋四百元，沿途关捐就可直闯的话。起意勾搭洋人，是潘少、武殿、梁习、袁锡、李振标、刘学洪、朱桂田、王立柱、李竹山、何须九、姚德之、周之扬，共计二十多人，清江同镇江两处皆有坐守接货，另有宁波人习之，是洋人通事，能说外国人话。在浦长发栈居住的是潘少、梁习、袁习、李振标、王立柱、周之扬六七人，其余的人有在镇江驻守，还有的人随船押运，每到关捐就可直过。在此地有一票，收船户钱二千文，以大丹国照会为准，如果有了洋旗，每局不费验票等事。梁习已收过六十多票，共计一百二十千文，计六十六票，皆是北货南下，丹国是有照会的，不知真假，求成全是恩典。

　　据李恒顺供，是浙江人，向驶粮划，素装河运粮米，这二年停运。现在窑湾花生行内雇小的船只代李客人装运洋票，花生两票、瓜子两票，包运到镇江交卸，每票一百石，每票水脚钱十八千文。小的昨日船至清江闸下，有王立柱招呼，说有外国洋人在此地长发客栈设局，代客包揽货物，沿途免关免捐，包给有凭据、票单，折省关捐，小的因此才就应允。现在船泊臧局，就蒙派差将小的传来的。今蒙堂讯，小的实被王立柱招呼的，船舱内并无夹带别货，求访察是恩典。

据方心供，是河南人。小的船只揽装芝麻四票。又苏贵供，是河南人，小的揽装芝麻六百石。又王金供，是河南人，小的装草辫一票，芝麻四百五十石。又乔林供，是河南人，小的装芝麻三百石。又刘玉供，是颍州府人，小的装药草五十五石，芝麻八百石，共三只船装的。余与李恒顺供同。

据印捕供称，他名瑞尔星，另一个名拉星，回镇江。他是常生雇的，朱友松雇的。常生许他一月二十元，已雇两月，上月在镇江给他洋十五元、票十元，在他身上扣带里。他有印度护照，在常生手里。常生雇他作巡捕，教他到捐局拿票去盖戳，是他本分，给他衣帽靴子。在子婴捐局，朱友松同他去盖戳，朱友松打人，他未打人，被捐局人拿住，闻常生跑了。他有二十五元作川资，亦预备跑回上海。他止认得常生，不认得别洋人。他只知常生、朱友松是他东家，他有一个月不见常生的面。此次来浦，系朱友松唤之同来，并非送银洋来浦，所供是实。

（续昨稿）谨将常生等迭次来函并职道复信照缮清折，恭呈宪鉴。道台沈大人钧鉴：敬禀者，某本晚奉驻沪丹国领事回电云，本领事有电达道台，并云总有公文验明某之所有贸易货件过浦。某此番来此，为敝行关系甚重，久闻大人有忠直公正之名，垂待各商格外周妥，故此冒昧叩求大人，准某幸得早期离此。某离此后，即速回浦，如某住于镇江码头，则另遣一欧罗巴人到此以代之。某之货行乃丹商生理，并非本地人民之事业，此行乃三欧人合股，一则法人，一则瑞典人，一则丹人某也。谨此寸禀，切望大人垂照焉。商人常生谨禀。英十一月二十九号，华十月三十日。

道台大人钧鉴：敬禀者：某顷接来电云，某行中一伙伴并一印捕，因送款来此，被子婴闸炮船所拘，日后该船到浦时，叩求大人准某来辕禀见，便于面陈某之二人现犯何罪，至于拘拿。肃此。谨禀。商人常生谨禀。英十二月一号，华十一月初二日。

再者，某本午带二伙伴来辕禀见，渠系本日初到，与某同业，曩因大人欠安，未便见客，某等即退。

道台大人钧鉴：前禀已叙明有二人由镇江到此，刻被羁留于贵署，若此二人有犯罪，固可以法治之，惟其实系为某运银到此，若为某运银之人可治之以罪，则为某送信者亦将治罪乎！某不识此人之罪案，故思来署亦为无用，但此二人系由镇江坐小火轮运银而来，另派一印捕护送耳。此禀。常生谨上。十一月初三日。

道台大人钧鉴：敬禀者：某同伙二人现以拘禁，恐被厘金官员及其兵丁苛视凌虐，某现将晋京上控钦差，叩求大人将此二人交某带去。某窃思大人属僚似无押送之权，某现有款在此二人身上，望大人将伊二人即饬交还。商人常生谨禀。十一月初三。

敬禀者：某现受屈于洪幼琴大令，本下午三点，钟某将带二人来辕禀见，一则齐理格，一则严尔孙，渠二人系本日初到。此禀。丹商裕源公司常生谨禀。英十二月初二日，华十一月初三日。

道台大人钧鉴：敬禀者：某商系内河保险公司，现被中国各员骚扰，诸见不便，闻各局均归大人管辖，故此叩求大人，日后将以下各条办理：一、某现在此通商，乃守章办理，日后各厘金再有扰难之处，某即要大人即刻为某伸冤，以资保护商务起见。二、船户与本行有交涉者，不许厘金各员藉威讯问。三、某商在此，乃作公正生理，所有船户人等于本行运货往来，不准各厘金勒索留难。四、某商在此，乃持守公正行业，所有自由行事者，合于中国律例之中也。

商人齐理格谨禀。英十二月初四日。

复信　非通商口岸，照约不准开设行栈，内河保险公司何时开设，亦未据领事及关道咨明有案。此节本道不能承认。且条款系领事与地方官交涉事件，似非该商人所宜施于本道者也。果系的实有资本经商之外国人，领事关道有咨文为据者，本道理应保护。如果厘金卡有扰难之处，本道自应究办。至查验为厘卡应有之权，商人亦勿得恃蛮干犯，侵占权限。船户人等有犯法者，地方官例应讯问，非外人所应干预。如果厘卡委员有藉端挑剔者，本道亦必秉公申理。

《中外日报》光绪二十八年十一月十六、十八、十九、二十日

（1902 年 12 月 15、17、18、19 日）

宿迁会匪劫抢*

西十二月五号宿迁函云：贵报十一月二十六号言，前任江督刘忠诚之能在两江境内太平无事者，以能将私会彼此抵御也。又言自刘忠诚薨后，哥老会势焰日炽，此种消息在南京实有之。故宿迁近已接有南京六百里加紧排单，饬著各官加意保护教堂。惟此间则并无会匪举动，不过三元会匪以去冬拟在此间起事，致有头目数人被获正法，其心每忿恨不平，恒有报复之意耳。但本年此间五谷丰登，即有人蛊惑，谅亦不为所动。惟会匪抢案甚多，即妇女亦多有被掳而货卖者。距此间一百五十里远，有某富室妇人以被人谋害，伤及头颅，曾延此间西医勃拉利君往治。该妇之所以受伤，闻系被人图财戕害，只未成事而已。此种劫抢之事，亦几日有所闻，惟大乱之信，则尚或未必确实也。译十一月十八

日《字林西报》。

《中外日报》光绪二十八年十一月十九日（1902 年 12 月 18 日）

上两淮程雨停都转言仙女镇米案书

（江都王景沂稿）

　　伏以仙女镇米案，萌芽于春，决裂于夏，支蔓于秋冬，由县而郡而大府，以烦我夫子虚堂之聪，历时不为浅。景沂客京师一年，里之父老商贾未接于坐，狱辞文书未接于目，讵敢妄有所论列，虽生于斯，长于斯，其乡之疾苦利病，则一二知之矣。其乡之人贤不肖，亦少留意矣。夫仙女镇为米、木二者之市场，地赖之而成聚，人赖之以得食，无米、木即无仙女镇。二十年来，木之市场移于上游，民独恃米以为存活，然中间亦数数闭滞，至近岁盐城口岸绝市后，乃始起耳。庚子、辛丑之间，景沂事亲居里，属岁大有樯帆千百，衢巷邪许，卯达西不绝浸灌，百物廉多以好，外贾骤集，租息大赢。起而行观市廛之间，委巷之畔，呻吟者转而歌舞，孤穷者渐有家室，壮夫筹策簿计，习于勤劳，长老子弟乃駸駸焉有诵诗书、适礼义之风。窃不自揣，欣喜过望，以为诱吾乡之人而偕之大道有日矣。比闻狱兴祸结以后，商贾不通，人户愁叹，愿者蓝缕菜色，剽悍亡赖相劝为盗贼，四达之衢，白昼闭门，无小无大，嚣然有不可终日之忧。一盛一衰，不过两年，何其暴欤！意者闭关坐食之代，谷贵妨民，今日舟车大通，工商并营，固不得不异于古所云耶！至于董家沟桥董事王式之者，市井中有气男子也。惜其未尝读书，然能济人危难，知人美恶，劝人务本业，能治其田庐、廛肆有法，能孝于家，乡人倡义举，率先式之，此其长也。其失在坦率好大言，又用财轻人，或面斥人过，众怨朋兴。其自度为人所中伤，乃至呼冤抗辩于法庭，而不知有罪，一乡曲愚戆径遂之人耳，宜为神明所见矜察。

夫米为仙镇之公利，无贫富皆宜护持之。此事初起，罪坐平枭不善，一二解事耆老，足以销释。贾人逞小忿，忘远祸，奸黠之辈飞牙弄机，出其财贿，利在速讼，中道溃决，客主异势，狱久不具，藤葛蔓生，今所刑求，殆于初情大异。景沂诚暗陋，未尝知治人之术，窃以为夫子即穷治此狱，不过在系诸人家，破身瘐死而止耳，非有东海不雨、六月陨霜之冤，必待昭雪也。然狱一日不解，则仙镇米市必废，米之市场将集于芜湖，而江淮悉承其敝，必至人民荡离，邑聚空虚，数百里之士民商贾，无所得以自养，数十万之淮扬厘税，无所资以取盈。下病于民，上病于国，窃为夫子惜之。夫子特恶此曹罔利玩法，必欲钩距隐秘，显暴其罪，使奸商污吏丧胆。孰知徒为三数挟私寻仇之人所悦，而祸及百千万不辜之民哉！此亦仁人君子所宜悄焉动心恻然回念者矣。

《中外日报》光绪二十八年十二月十一日（1903年1月9日）

枭匪足患（镇江）

枭匪贺大有处决一节，早志报端。兹悉该匪就获后，经洪大令研讯，据供系某营统带、某营巡查集股贩私，特请押载等情。供毕，复以一禀呈阅。大令谕以汝即诬攀，徒然累人，无救于己，当将原禀掷还。旋往晤镇江关道暨杜云秋统领，面陈一切，均恐该匪一经解省，供词必多牵涉。适署江督张宫保电饬就地正法，得不至兴大狱。

按长江一带，枭匪不下数万人，每年约得贩私两三次，即无忧困乏，故在娼寮酒馆中挥霍斗胜则有之，若抢劫之事，尚无所闻。其头目刻虽坐拥巨资，或业经投诚，得有官阶，不欲复营故业，往往迫于徒从，非此不活，几有欲罢不能之势。而各大吏为整顿鹾纲计，严密捕拿，亦属正办。闻匪等受创以此次为最巨，资本垂尽，以后已无能为役，沿江枭私自可日减。惟地方又增此多数失业之游民，平时习惯奢靡，一旦衣食无资，即难保其不铤而走险，所望当道于此加之意也。

《中外日报》光绪二十八年十二月十八日（1903 年 1 月 16 日）

苏州物价昂贵人心思乱*

西三月二十八号，即二月三十日，苏州来函云：此间因日用所需之各物价既甚昂，工人所得各项薪资又复甚低，故人心大有思乱之象。机匠因罢市而得工价稍增，木匠亦因罢市而工价稍增，修发匠亦欲罢工而求增工价，然无成效。各项日用之供给中，米价尤贵，所以有许多人民至几乎不能购米而炊。现在怨声载道，均谓米价之贵，由运米出洋而然也。

《中外日报》光绪二十九年三月三日（1903 年 3 月 31 日）

详记扬州闭市情形

十三日，各业董与街董互相计议，因认捐局种种苛虐，天泰祥绸缎号运货入城，未及挂号，被罚洋二十元，其余小车运米、乡人卖柴，无不需索，因此大动公愤，激成罢市之举。

绅士徐、张二君邀集各业董，嘱其照常开市。各业语殊激切。至三义阁与安定堂、水仓各处，群众多人作汹汹之势，几至与地方官为难。

扬州府余太守适至苏省面禀要公，闻电驰回，将江、甘两县大加申饬，并将办捐之齐大令交捕厅看管，因其纵容家丁勾结无赖，怨声载道故也。

十四日，江、甘两县亲向大街劝谕，略谓：业经驰禀上台免捐，务各安业，如再有前项勒捐事宜，即扭赴本县衙门控告可也。

连日收房捐之司事，亦颇鸱张，见此情形，遂偃旗息鼓矣。

十五日，扬州府亲至各店，劝谕再三，始照常开市。

所最不解者，卤肉店因罢市之故，忽被官提去数家，将枷责以示儆，再四吁求始免。官之积威，殊可怖也。以上访稿。

《中外日报》光绪二十九年四月二十日（1903 年 5 月 16 日）

扬州货物抽捐 *

西五月十二号，扬州来函云：本处之华官出一告示谓：因将免厘金，欲筹新法抽捐，以为弥补之计。按照新定章程，所有货物进城，均须抽税，城中四门每门设一认捐局，凡货物进城应抽税若干，由验货人指定。其中有定为生意中常有之定例者数种，即如每猪一头抽捐二百文，每米一担抽钱五十文，每鸡蛋一担抽钱四十文是也。此捐一定，即为办捐人开一生财之道。闻说除新章所载各税外，彼等从中仍抽各税，即如每鸡一翼抽钱四文之类是也。即使挑水之工人由城外挑水进城，均须每担纳钱三文。现在此间因此项抽捐新章颁行，已经怨声载道。甚至有人云，我等将来更一新衣，亦将抽捐矣。百姓不喜纳捐之故，因货物运至此间，沿途已抽厘金，至城内时再须纳捐，不啻税上加税，故心甚不平也。

人民虽系含愤，然从无结群滋闹者。至五月八号，所有大店铺均行闭户，并云：情形如此，不能经营贸易。百姓虽甚为安静，然罢市之心甚为坚决。抽捐之事，其为奉上台之命而行无疑。扬州府于罢市之次日，即礼拜五日，前往南京，至礼拜六，即宣言云新捐停止，俟至十月再行开办，而后店铺均开市如常。此次扬州抽捐，照华官之意，本欲行于各处，不过以扬州为试办之基，如扬州办有成效，则将来厘金免去之时，即可推行于各处也。译四月二十二日《字林西报》。

《中外日报》光绪二十九年四月二十三日（1903 年 5 月 19 日）

新丝抽捐（苏州）

苏城丝捐总局田绍白太守，近奉督办札发丝捐章程八条。为录如下：

一、本年丝捐仿照浙湖，各一律办理，每包八十斤，抽捐厘及山东振捐共洋二十六元四角，如有多少，按斤核算。

一、各行丝货报捐后，准将捐票投局倒换运照，通省一律验放。

一、各行开市后，仍须置立循环簿，从实填写，轮流交局，听候查核。

一、向来乡户粗细丝每斤抽捐钱三十六文，系指粗劣乱丝及丝头而论，并非新蚕糙丝，此次开市抽捐，应照肥丝一律完纳。

一、沿河漂白坊等处，每有奸商违章私收，逃越捐厘，现须切实稽查，勒令各丝户投行销售，方准出售。

一、丝斤分两，均须从实报捐，不得以多报少，如违，照侵吞军饷例罚办。

一、沿途局卡随时查验，如有货数与运单不符，及出运日期不相符合者，一律扣留，加倍科罚。

一、无帖白拉，久干例禁，开行收丝，均须呈验牙帖，以杜流弊。

《中外日报》光绪二十九年四月二十六日（1903 年 5 月 22 日）

前署江督张奏陈查明大员参案折
（关于盛宣怀等被参伙通运米出洋事）（节录）

奏为遵旨确查大员被参各款，据实复陈，恭折仰祈圣鉴事。

窃臣于光绪二十八年十一月二十九日承准军机大臣字寄：十一月二十一日奉上谕：有人奏整理租界严除奸蠹一折，著张之洞按照所参各款，确切查明，据实具奏，毋稍回护。原折单著钞给阅看。将此谕令知之。钦此。遵旨寄信前来。臣当即遴委江苏补用道徐赓陛驰赴上海租界一带，饬令按照原参折单所列各款彻底清查，务得确实证据，详细禀复去后。复以原奏情节纷繁，恐一人耳目察访或有未周，续经密派江苏补用道方硕辅驰往，分别确查。兹据该道等先后查明禀复前来，臣复加考察，所查情节各有详略，而大致均属相符。查原参各款，头绪甚多，当以伙通运米出洋为关系重大之事。原参正折内所称前任苏松太道蔡钧，昔年曾与盛宣怀揽载商米二百万石接济东洋一事，业经前督臣刘坤一查无确据，奏复在案。至原参现任苏松太道袁树勋令内眷伙通盛宣怀之妾运米出口四十万石，所侵亦数十万一节。查上海华洋杂处，丁口至一百余万人，日食米至五六千石，偶一匮乏，则万口嗷嗷，顿生怨谤，或归咎于运米出洋。惟运米旧约出口后，须半年方将原照缴销，期限太宽，而近三年来交涉事体更为棘手，往往华商托名洋商代为请出口，执照为数甚多，上海道碍难概拒，及上海道作函与税务司写明某洋商运米若干万石出口，沪上名曰红函，税司即据此函，另给洋字关单放行。商人领此红函后，并不即时买米外运，必俟探听外省米价大贵，始行报运出口，其时无论本地米价贵贱，税司因已有关道红函允诺，不能不予放行。外省如粤、闽、浙、江、奉、直，米价既腾，上海闻风亦必长价。故上海洋关运米出口极多之时，必适在上海本地米价极贵之时，此为最大病根。至海外近来米价常贵，则其中藉运济南北各省为名及转口后私运外洋之事，亦必有之。实则出口与出洋，事理判然不同，出口米粮本以接济邻省，北则天津、奉天，南则浙、闽、广东，丰稔之年，例所不禁，惟漏米出洋，则无论岁收丰歉，均应严禁，载在约章，例禁森严。访向漏洋之由，佥谓商人于运至他口后，藉口市价不合，或云全数未销，或云仅销若干，以原货转口另售，此后展转运至何处，则不可究诘。其中影射出洋，实所不免。所以众谤丛集于盛宣怀、袁树勋者，因盛宣怀素来所管多系理财之事，所用招商局委员、司事，大半皆系商贾之人。上海道职司关权，无术以禁制洋商之多运，又无力以考查外省之转口、出洋，故人皆归咎于此两人，实则运米出洋之事，实非该两员所为。而盛宣怀致谤之由，实缘华大公司揽办江浙各州县漕米一事，经徐赓陛查据盛宣怀复称：光绪二十七年八月间，因上海华盛纺纱公司历年亏累遇重，另招新商顶替，尚亏巨银六万余两，经该商等禀由盛宣怀批准，开设华大公司，代办江浙各州县光绪二十八年漕粮，并作米麦生意，以期弥补前亏。是年冬间，有浙省嘉兴属七县定购白粮一万八千四百余石，苏省苏州、常州、太仓等属县定购粮糙三万三千一百余石，共米五万一千余石，限价六元，经盛宣怀批准饬行，分寄招商局金利源、杨家渡两栈，有案可查。惟为数无四十万石之多，取利仅一万二千余两，弥补华盛公司前亏，并非盛宣怀入己。其米先后兑漕，亦无请照漏洋之事，至究竟屯米多少，此时上年漕粮均已交兑，堆栈已空，无从查悉。此事与袁树勋更不相涉，惟该公司商人暨委员等代办各州县漕粮，往来上海、无锡一带，购米堆积，以致米价飞涨，州县苦累，民情怨嗟，素知奸商有转口出洋之弊，遂滋疑议。此查明盛宣怀运米出洋并无实据，及被参之所由来也。至上海道袁树勋，素与盛宣怀意见不合，其内眷平日并无与盛宣怀内眷往还之事。该道系由湘潭文童投效淮军及甘肃老湘营，历保知县、直隶州，洊升今职，现止一妾龚氏，出自湖南良家，年已四旬有余，实非妓女。其报捐知府，系在光绪二十三年，已在该道报官二十余年，历任州县之后，其非讹骗得财始行入仕可知。查去年米贵，该道自四月以至九月均经出示严禁出口与囤积居奇等弊，其告示内特揭囤积之罪而痛诋之，至云王法或有幸逃，鬼神必予冥戮，殃不及身，亦及后人等语，使其与人伙通贩米，岂能恨之若此。又原参赔款汇寄上海袁树勋，必有早兑扣息情节一节。查该道办理外交，力争赔款，不用金镑，及预付银行之银，按月索回四厘息银备抵，息上加息，虽未经办到，而其慎重国计，无罔利营私之事，亦可概见。

《中外日报》光绪二十九年五月二日（1903 年 5 月 28 日）

淮安山阳县房捐肇衅记

淮城房捐当光绪二十八年三四月间，由省派委员陆少航大令到淮办理，大令按户查问，虽僻巷小铺，不得豁免。至各铺房租，不独不容以多报少，略为取巧，甚且有以少报多者，胡乱详报，即胡乱征收。故淮城房捐，收数甚巨，各铺户以款非己出，亦未将租数隐瞒，业主心有不甘，间有倡议力抗之事，虽势孤力薄，无所挽回，然祸机已伏于此矣。七月后改为主客各半，铺户始悔当日实报之非，故收捐时颇形窘迫，幸孙鼎甫邑令知此隐衷，催交未敢严切，有数月止完二三月者，有一年止完半年者，以去岁下半年得苟安无事。今年春夏间，本邑以二麦歉收，市面生意淡薄，此捐亦照当拖欠。五月杪，藩台催解捐款，札饬由府到县，时陆君少航已充府署澉员，为人武健严酷，大不理于众口。又有范春圃者，系已革之盐员，现充县署帐房者也。两人率同恶役，沿街收捐，所有积欠，立须补缴，否则大肆威吓，差提管押者，颇不乏人。离城三里，有河下镇，收捐吏役尤其强横，或硬开钱柜、钱筒取钱，或攫其畜鸡，典其衣物，得钱抵偿，以致激动全镇商民之愤，闰五月初十日，相约罢市，而祸机于是发动矣。时孙邑令正请病假，府委陆君少航出城开导，陆君不知劝解，但加压抑，声言如不开门，当请府示发封。太守随即出示一通，有拿办匪类等语。由是河下人心益为不服，十一日，有数百人由南门入城，号召各铺一律关闭。午后，张元圌太守邀绅入署聚议，旋又至二郎庙公所会商，府县帐房亦约同河下绅董调处。太守谓城中罢市，系为匪类所迫，非为房捐，周绅衡甫等力为辩驳，谓非重定收捐章程不可。太守又不以为然，遂无成议而散，惟坚嘱张达三参戎多派营兵查夜，又传县差逐段分巡。盖其时城中人情汹汹，街衢充塞，能翼清捕廉赴府前坊弹压，已为众人所逐，从小巷逃去，故府前坊乡约朱某被掌嘴三十。是夜，太守出巡四门，营兵县差直无一人，至黎明始返署。十二日早，太守复出示谕，虽有缓捐之说，语意仍多压抑，不洽人心。各铺户同至府署，求恩详免，人多口杂，不无喧嚣。家丁方姓、伍姓二人带同府县差团勇，一声吆喝，捉到铺户十数人，送入二堂，将前门紧闭。时太守醋睡未醒，为家丁促起，谓已拘到匪人十数名，请速严办。太守误听其言，传齐执役人等，带同刑具，旋即升堂。署内晓事幕友谆劝不可严办，太守□时震怒不及细询，但呼打打打三字，除某某数人已为家丁差役通同贿放外，受重责者，铁铺、□铺、鞋铺、帽店、布店等伙计八人，自一千板至数十板各有差。旋以极重双枷，上写淮匪某，枷号一个月责放，饬差带同游街示众。差役便扬言曰：尔辈再不开门，拘去亦如此办。此八人者，血肉狼籍，衣履殷红，觳觫哀啼，情形惨极，加以父母、妻子、儿女相随痛哭，旁观发指，愤火中烧。城内外人齐出追赶，拟欲脱枷劫回，一时人山人海，潮涌澜翻，呼喊之声，几闻数里。团勇等不知乡谊，教放火枪，府差又拘去河下三人，拳打脚踢，受伤甚重。众人知势不敌，内有猾者曰：尔有火器，我辈岂无，我且出城约之。一哄而散。

（续昨稿）时府署正发二枷，又拟将所拘河下三人枷责，忽奉漕台来文，令其妥为安抚，□得激成事故。若已刑讯，一律释放。太守方爽然若失，遍请诸绅入署再议，诸绅坚辞不到。太守先将河下人释放，所枷八人亦令取保领去。八人不肯，谓已无颜见人，愿死于此。太守迫令差役、乡保押送回家，又与县会衔出示，有归罪差役、安抚铺户之辞。然人心依然不靖，以其酿毒已深也。如早出此示，为祸当不至此。综观前后告示三通，宗旨各殊，亦可想其全无主见矣。时周绅衡甫太史等已联名数十人公禀漕台，前惠潮嘉道丁绅衡甫亦函致淮阳海道，淮山两学廪贡生员亦聚议具禀上控，专人赴浦后，而四门已严闭矣。盖河北板闸一带为盐枭安清帮聚集之所，曹甸之施姓、板闸之王姓皆大盗之魁，徒党甚众，近来始访拿监禁，恐有不测也。是夜，河北果有煽惑之事，幸传闻有漕督明日下淮之说，未曾起事。漕督陆帅春江，前任山阳县令也，循声卓著，最得民心。十三日早，城内各铺户奔至城隍庙中，以香烛、猪首、鸡、鱼等结誓，同心公议，往迎陆帅，泣诉冤屈。讵陆帅未曾下淮，所派查办委员沈爱苍观察、汪鲁门司马、杨义成都戎已抵河下。太守轻车简从，亦至河下迎迓，在湖心寺中接见晤商后，约同下淮，两岸聚观者不下万人。太守乘舆前进，为河北匪类所阻，或烧香抛之，或拾砖击之。太守赶行下轿，而所乘之轿已为众人打毁，寸断粉碎。太守跟跄奔避至协镇，船中倾跌者二次。据闻有为人殴击、衣履不全之说，未知确否。轿夫、家丁被人殴打甚重。午后，道台等抵淮西门，拜会众绅，见城内罢市如故，人情汹汹、喧呼拥挤如故，急回至船。而陆委员、范司马及府差某某等家，皆为众人捣毁一空。先来之人，半系正人为泄愤而起，仅将衣物等件扯撕抛掷，一概毁坏，出门之时，口出誓言，谓未携带一物。而后来两三起，又极意搜索，难免无乘势携取之事。先是，陆委员家知事不了，恐有此举，先行连夜偷搬，惟闻其家藏书颇富，皆遭劫运，皮衣等件多以盐卤湿之。范春圃宅猝不及防，毁物无算，金珠、翠玉、细毛衣衫、古董玩器，所失殆□万余金云。府大堂则鼓点齐鸣，众人直出直入，花厅几为坐满，惟未径入上房，文武各官置若罔闻，躲避不面，而营兵、团勇、差役不敢出头，更无论矣。向晚，周、丁二绅与道台晤商后，更邀众绅公议，又得漕镇两次信函，皆劝绅董速为调解。至三更后，议有眉目，分道步行，沿铺敲门，唤起店东伙计，齐至海会庵议事。众绅等晓之以大义，示之以小恩，更胁之以抗捐殴官、吵闹公堂诸宪典，责令明日候道台到一齐开市。旋复漕镇书两封，又函致道台，与约三章：一、撤府委提讯司事，重惩差人；二、无辜被责者宜筹恤银；三、事定后，贫苦小铺房捐或减或免，布告于众。谓此三事，绅董必为尔等做到，众始首肯，维时已五更矣。

（续昨稿）十四日早，绅等正拟办事，点心店已做卖买。东门外又来数十人抢夺食物，押令关闭。绅董颇为惴惴，深恐仍不开门，告知沈观察。观察又出朱谕一通，大意谓：本道此来系为保护商民起见，尔各铺户皆属良善子民，既经绅董开导，已允即日开门，如有逼勒关闭者，显系匪类棍徒，当解道严办，以军法从事云云。嘱杨都戎先带营兵巡行四城，谆谆告诫。九句钟，城内外绅董约同沈观察、汪司马步行入城，再□劝慰。前又有漕台令箭一枝，刽手二名持刀□柄，所到之处，随即开门，悬挂招牌，且多设香案、燃爆竹者。城内巡行后，至海会庵便饭，系汪司马办理。孙鼎甫直未办差，亦因病未曾出门。据闻有此系太守肇祸，与本县无涉之说。又城内外大小武官有协镇、参府、守备、游府、都司、左右营等共八员，除参将张达三略□出头外，其余均未见面，故道台啧有烦言焉。潘镇军知淮城营务废弛，立派镇标两棚，一驻东门外，一驻河下，以资防守。午后，官绅由上下坂出城，至河下广福寺休息巡行，街市随到随开，后又至闻思寺小憩。官回船，绅入城。丁绅等至府署见其公子，慰劳一番，知太守在清江镇台署中，又得太守来信，内有自取罪戾，乞代求道台禀委代理，再请开缺之法。向晚，绅等公具一函，请府经历、税课司带同县署所办官轿赴浦迎迓太守。十五日，绅士公宴道台于远香草堂，并商办善后事宜。先是，道台朱谕到县，立提范司马春圃并恶役多名，限三日内解道讯办。至是限满，人未交出，道台大怒，即委司马汪君代理县事。汪司马力辞，再三不受。道台乃拟回浦，禀请另委。丁绅又与道台商议，筹洋数百元分恤被屈人家，其有体面者一严姓、一刘姓，不受此款。丁绅已代捐监生，自将捐照送去。午后，知漕督已饬太守下淮，众绅又出西门外，一为送道台，一为迎太守。官绅相见后，各道歉忱。太守并谓：未曾申详上宪，只得听道台详禀，以安众心。晚间太守至各绅处道谢。十七日，丁、周二绅赴浦谢漕道，知山阳县由道详藩，仍委汪君署理，闻详文中有山阳县某苛刻贪鄙、不顾民瘼等语，于七营营官亦各有微词。差役总头高林、蔡景已解道署，至陆、范二人已潜逃，仍否追究，及房捐或减或免，尚须从长计议，非目前所能定云。

记者曰：自辛丑和约定后，朝廷以筹措赔款为第一急事，于是百端罗掘，捐项凡多，而房捐亦其一也。主其事者，辄以租界之房捐为比例，以为无碍于民，不知租界之房捐虽收自公董局，而仍用诸地方，以为平治道路、巡缉匪类之用，故捐款出自居者而民无怨言。且道路既已平治，匪类有所巡缉，则地方安靖，居民繁昌，设肆于其间者，自大有利益之可沾，故虽年出房租十之一以与公董局，而亦群以为当然。试问内地市面有此景象乎，安得以租界为例也。至若淮安一案，则尤有可议者。先时既云捐项出自房主，既而又云主客各半，此中中变之情形，殊不可晓。夫取人之财以充公用，本非人所愿，使明告以月须出若干钱，则民虽不愿，而犹无怨言。若先既许以不出一钱，而后乃骤令其认出一半，此于民为失望，于官为失信，安得而不肇事。且此项捐款，究系额外之征，并非维正之供，故商人即有所抵抗，亦止可劝以大义，动以公理，而断不容施其逼勒。今官场辄以食毛践土，理当踊跃输将为辞，不思受恩深重者，莫如官吏，今试令官吏清夜自思所以报答国家者何在，奈何徒知苛责商民也。此案先之以委员司事之颠顶，继之以蠹役劣差之凌辱，终之以郡守之暴虐以劝捐，始而以激变，终毋乃与历来所奉严禁苛派重惩扰累之谕旨相背乎！朝廷□下兴商之诏，方以保商为言，而官吏之于商民，乃枷杖迭下，既毁其肢体，复损其颜面，如此岂于明白宣布之上谕尚未寓目乎。此等官民龃龉之案，一处如此，已足激变，若处处如此，即可以肇乱。今即竭力敷衍，勉强消弭，而怨毒之根已伏于人心，设有不逞之徒揭竿一呼，即不难万众响应，不知何以善其后！今政府及封疆大吏全不措意于此，而徒向持论偏激、文字不谨之徒百端指摘，将坐以唆使国民仇恨政府之罪，不思迂儒之文字空言也，官吏之威逼实事也，以言乎激变，试问空言为有力乎？抑实事为有力乎？奈何轻其所重而重其所轻也！譬诸有一富室于此，其门客分为二党，甲党则喧聒于其庭，恶声不绝于耳，固为可厌矣；而乙党则狐媚其容，而狼贪其手段，日以刻剥其佃户、腋削其元气为事，足以败其家而荡其产。后人从败坏以后追论其罪状，试问甲党为有罪乎？抑乙党为罪乎？不待智者而知之矣。

《中外日报》光绪二十九年六月二、三、四日

（1903 年 7 月 25、26、27 日）

记瓜州乡民捣毁轮局事

近来江潮泛涨，江水平堤，小轮往来者多，则堤身受水，圩内民田顿成泽国，乡民以生命所关，向轮局理□，吁恳其暂停数礼拜，不允，于是瓜州迤东居民，聚众至二三千人，蜂拥至钞关各处，将泰昌、顺昌、丰利、普济、招商五局全行捣毁，并将轮船五艘全数聚于一起，将纵火焚之。江、甘两县闻信，驰往弹

压。所有搭客行李俱已投之水中，所毁什物共有若干，尚未勘明。已由郡守电禀南洋大臣请示办理，其后如何，探明再录。

又得镇江来函，译述彼处小轮船局近事，略可知彼中小轮情形，及其肇祸之由，并录如下：

镇江关税司雷乐石君，前查出有数家小轮，不遵赴关原报之处开行，擅自改途他往，当即照章罚办。

雷税司前曾传谕小轮商人，以刻下瓜州一带修筑堤岸，险工居多，小轮经过工段，务须将速率减半，饬遵在案。讵非惟未减，且反加速驰驶，彼此争先，其中尤以招商局、泰昌行各轮为最甚。税司访知情形，乃又谕轮商，略谓：如再不遵，定将凭单专照撤销云。

初四日，有镇江丰和小轮之拖船一只，行经湾头地方，被人纵火，该船主当饬斩缆，开行小轮，一任拖船焚烧，其详情及船中有无货件，现尚未悉。以上访稿。

《中外日报》光绪二十九年六月七日（1903 年 7 月 30 日）

再汇纪小轮船事（镇江、无锡）

昨得镇江来函云：昨述丰和小轮之拖船被人纵火一节，闻因船主不遵雷税司谕单，在修筑堤岸处加力驰驶，有碍工段，致激民怒之故，此初四日事也。

初五日又有某小轮在瓜洲口行驶，冲动圩工，该处乡民争以碎石击之，伤一人。镇江关道郭观察得报后，即照会英美两领事，转饬小轮暂行停开，俟水小工竣再议。

按：雷税司深知瓜州等处现方筑堤，工段极险，不便行轮，其所以谕令行力减半者，实欲于商务、民生两不相累，轮商果能奉行，亦何至叠酿巨祸。顷闻轮商有向当道索赔之说，果尔，则当道固不患无词以对也。

又前报纪有小轮在无锡与米船互撞一节，迄今尚未议结。查轮商向无锡县报案，而米船则具报金匮县，然肇事实不在金匮界内，该县误收呈词。又逾期十二日乃申详关道，致被观察严词诘责，勒令理结。该县电禀为难情形，动辄三四百字，所费不赀。而郭观察则下一札，略言既已失察于前，万不可再贻误于后云云。以上访稿。

《中外日报》光绪二十九年六月九日（1903年8月1日）

三纪小轮船肇祸事（镇江）

昨得镇江来函云：闻江都县吴大令因该处小轮船局及船艘同时被毁，特至镇晋谒关道郭观察，并电禀江督，称曾经到场弹压等情。旋被江督电诘：既然弹压，何得肇事，显系饰词云云。以故吴令又上省面禀轮船冲动圩工，致激民怒之详细情形，俾省台有词以对外人，冀免赔偿。

忆往年有某小轮在扬州地方被人击损，当经议赔银洋二千一百元。其时江都县捐廉六百，另在关税项下挪借洋一千五百元。郭观察到任后查核帐目，见有此项欠款，方派委到江都县署追讨，尚未清结，而小轮之风潮迭起，彼县令其何以堪此。

此次当道所据以对领事官者，则曰由轮船不遵雷税司两次之谕单，有激而然也。此固无可疑义，轮商所万不能辞其咎者。乃英美领事官则有词以难我当道矣，因不久曾接有郭观察照会，请将洋商小轮在船在局司事姓名开示，以便札饬地方官保护。领事当饬各船主，遵即开呈雇用之人名姓照复，故领事照会，悉据洋商所禀，其中刊有张妈妈、李奶奶等名，自洋商之无理取闹，至此已极。斯举未及一月，乃遽出此变，领事即责言地方官何以不遵前照保护，此则索赔之说所由来也。

由此观之，是郭观察前此之照会，不啻授洋商以口实矣。然观察当发照会时，亦非漫然，其原因有二：

一因前有许姓，曾诈称系招商小轮司事，在外滋扰。观察恐此后更不免有诈称洋商小轮局中人者，兹得领事名单，庶几可便查核而杜冒充。

一因瑞兴小轮，在无锡与米船互撞一节。查该船主实系宁波人，王姓，后以酿祸，乃托亨得利洋行出场理论，商情狡猾，办事掣肘，若再相率效尤，后患伊于胡底。今得领事以洋商雇用华人之名单见示，则此后肇事轮船，果其船主姓名不在单内，即为非洋商轮船之据，而临事求庇外人之恶习，庶乎可免。是则前此照会，固非为保护起见，然必以保护为名，措词冠冕，乃能索开名单，而初不意即启外人以保护不力之口实也。交涉之难如此，顾可不慎乎哉！以上访稿。

《中外日报》光绪二十九年六月十二日（1903年8月4日）

四纪小轮肇祸后索赔事

得镇江来函云：小轮肇祸情形，屡详前报。兹悉领事检出公文一纸，乃三年前立内地行轮之约章。其时上海总领事曾发一照会致各关道，声言准行小轮之约已定，惟查近江堤岸颓败已极，敝领事深知各路修堤皆有公款，而年久不修，将来水大时行轮有碍堤岸，谁执其咎云云。领事得此照会底稿，遂嘱关道郭观察翻阅案卷，并因此坚向观察索赔两万金，不肯稍让云。

按小轮祸由自取，当道原无赔偿之理。乃观于三年前总领事之照会，玩其词意，虽与近日有意冲突工段之情节不同，然当日关道接此照会，既因碍于有款而不修堤之说，不便照复，及今堤已修矣，正宜检查前照，据以照请领事饬洋商暂停行轮，若领事不允，则可以领事前照，于修堤一节，既已虑及，今修堤而行轮如故，设因有碍工程致激民怒，又谁执其咎为词，领事当未有不喻者。乃计不出此，致令领事得据前照以争，而中国官于初肇祸之日，并若不知有前项照会也者。在外人深谋远虑如彼，而吾国当道诸公因循敷衍若此，然则小民之冲毁轮局，由轮商所激变，而洋船之敢于横行，抑亦官场所酿成也，于小民乎何尤，于外人乎又何尤！以上访稿。

《中外日报》光绪二十九年六月十九日（1903年8月11日）

镇江小轮肇祸 *

探得日前镇江丰和洋行之长安小轮一支，行经泰州界之界沟地方，被该处土人鸣锣聚众，放炮轰沉，伤人与否与肇祸之由，刻下尚未探悉。以上访稿。

《中外日报》光绪二十九年七月二日（1903年8月24日）

常镇道委员查勘小轮肇祸各情 *

又云：闻长安小轮被捐卡率众轰沉一事，已由郭观察札饬杨由、关陶委员驰往查勘。洋务局邵大令日前赴扬查勘小轮事，昨方旋镇，又奉道台委赴无锡勘验瑞兴小轮与米船互撞各情。

《中外日报》光绪二十九年七月五日（1903年8月27日）

丹阳闹教 *

得镇江专函云：七月朔日，常镇道郭观察接到丹阳县来禀，据称丹阳于六月二十九日有闹教情事，并殴毙百姓一人。其禀中详情，现尚未悉，容俟续志。

《中外日报》光绪二十九年七月五日（1903年8月27日）

私枭猖獗（扬州）

日来私枭日形猖獗，盐捕营都司已多派炮船至里河巡缉。乃昨有炮艇三只，巡至泰州、江都交界之界沟地方，突来枭匪二百余人，将船围住，开炮拒捕，三船大受夷伤，孙姓哨弁已因伤殒命，其余受伤者尚十余人。幸有大队巡船由孔家涵得信，前往救护，始获突围而逸，否则全军尽墨矣。

《中外日报》光绪二十九年九月十日（1903年10月29日）

囚哄纪闻（南京）

江宁县管狱家丁某，苛索狱囚，无所不至。十月之杪，又因苛索某犯，不遂所欲，恫喝百端。狱中六十余犯，共抱不平，杜塞狱门，合狱大哄。县官袁大令、捕厅谭少尉，先后到狱晓谕，许将该丁革办。诸囚仍力杜狱门不启，时既昏夜，官役不能入狱收封。大令惧酿祸端，初饬县役预备水龙，以防纵火；又传三班皂快，持械围狱，以防越监；又令小队壮丁缒墙入监。而壮丁恐囚众逞凶，登屋巅而未敢遽下。时已二鼓，大令急甚，亟由德律风飞请总统杨军门，率兵五百星驰到县，分扎县属四方要道。又派兵数十，挈同县中小队，从狱巅一拥而下，各囚一律就缚，狱门乃启。大令入内，饬将各囚加镣铐双副，然后封狱而出。旋将苛索酿事之家丁饬收外所，以示惩警。

《中外日报》光绪二十九年十一月五日（1903年12月23日）

苛敛乡民（南京）

迩来创办清赋督垦，乡间董事往往藉此敛捐，田地无论其或熟或荒，莫不计亩索费。山塘之捐尤重，甚至房屋基地亦复起捐，如陶吴镇、沙州圩、板桥镇、小丹阳等处，往往有吊打乡民、勒索册费之事，且称索费系奉县谕，以致民怨沸腾，各乡呈控董事者，颇不乏人云。

《中外日报》光绪二十九年十二月九日（1904年1月25日）

镇江开办警察纪事[*]

警察局勇于四月初一日分段梭巡，旧有之保甲局员，道台始意本拟改为警察局发审委员，嗣因局员姚大令擅责无辜之严姓，道台深滋不悦，故从缓差委。有谓道台于保甲去留一事，不欲专主，已禀请督抚批示行遵。而警察开办伊始，外间讹言不一而足。尤异者，则鸡、鱼、猪、蔬等摊，闻欲迁入菜场交易，以清街道，乃各摊相约概不上市，为要挟之具。警察局遂出示晓谕，略谓：本局尽可派人渡江购办猪、蔬各项，在新设菜市贱价出售云云。至于警察经费，究以娼捐为大宗，自不得不力为保护。有县署书办两人，偕警察局勇至陈又兰家冲打，一经发觉，各被惩责千板。此后若辈当稍知敛抑矣。

本馆按：此函发于二十五日，盖尚在未闹事之前，故其情形已顿异，仍过而存之，以志起衅之始。

《中外日报》光绪三十年三月二十七日（1904年5月12日）

镇地闹事续志（小民反对开办警察、菜市）

镇江因警察、菜市事，一律罢市，已纪昨报。当负贩小民及青皮地棍麇集于警察学堂左右之时，官场无法遣散，火起后延及火药房，声震数里以外，幸所储火药无多，得不为害。道府县旋出有告示，谓菜市尽可任便迁移，概不勉强，而铺户闭门如故。

斯时商民咸有乘时求免警察房捐之意，故道府县又出有告示，谓警察、菜市均当暂停云云。各商铺至此可以开门贸易矣。而无如外间谣传仍有许多，乡民聚集某处，商铺恐开张后复有意外之虞，是以各怀观望云。以上访稿。

《中外日报》光绪三十年三月二十九日（1904年5月14日）

续志镇江闹事情形

二十六日薄暮，道府县曾出有六言告示云：警察尚未上街，菜市听便迁移。谕汝商民人等，依旧各安生业。毋再轻听谣言，致干查拿究治。如有妄言收费，尽法严办不贷。此示发贴后，小民以仍系活动之词，并无停止警察、菜市明文，故依然聚闹。若商铺，虽以抽收房捐一节不满意于警察，然敢怒而不敢言，罢市非其本意，不过受摆摊人等之逼迫，不得不然耳。而摆摊人等，亦不过欲停止小本生意一两日，以求免迁入菜市，非果有意闹事，而有许多痞棍及游手好闲之徒，附和煽动，因之有逼迫一律罢市之举。旋奔赴夙所仇视之警察学堂之左右，惟皆系徒手而来，局勇骤然枪击，致激众怒，彼此交哄。民人被枪弹轰毙者、被刀劈分其脑际者约数人，而警察学堂之门者亦死于是役。头段保甲局委兼警察局委俞某，暨警察学堂执事人员，亦各受有重伤。其时租界栅栏业已紧闭，而民人亦颇知此事与洋人及其余各人无涉，概不加害。闻有曾从事警察者，乃殴击之。尤幸者，二十六日自辰至未，大雨如注，火灾不至四延，而人亦大半为雨所阻，不能到场观望，否则人数愈聚愈多，而火势燎原，其祸且不止此。京口副都统奇克伸布统制，闻变即排导出城，劝谕商民开张贸易。夫统制固极不以度旧城兴菜市为然，曾致书于督抚两辕，竭力挽回而不得者，至此乃乘机与道台言宜罢菜市场，以安民心。而廿七日清晨，又有南门外乡民，因闻外间谣传，警察将起粪桶捐、匾担捐，与地方官奉上台委办乡团之田亩捐；又闻警察局勇有戕杀平民事，乃各负耒耜入城，以备格斗。经驻扎该处之武威新军告以城内刻已安堵，力劝其回乡，不得滋事干咎，始半途而返。而道台郭观察见廿七日商铺仍复闭门，只得出有六言告示云：顷据府县会禀，各摊仍准照旧。菜市盖造房屋，本道另有公用。尔等各安营生，勿受奸民愚弄。民人见此示，以为菜市虽可通融，而警察如故，是以仍聚众在街市游行，虚声恫吓，不准各铺开门。府县见此情形，惶急万状，亟续出一四言告示云：警察菜市，一律俱停。尔等速散，各安营生。此示最惬人意，而县令又挨户促令开门挂牌，且声言尔等勿虞意外，有武威新军沿街巡查弹压，足保无事。于是廿七日午后，一律上市，所有受伤人等，均由官送往大英医院诊治。至于若何善后，及警察、菜市之果停与否，尚须请示于大吏，方有定见。识者谓警察乃奉旨举办之件，且系保卫地方之善政，菜市则为清理街道，有裨卫生起见，而人乃指为大害，非惟小民难与图始，毋亦居民未曾受有警察教育之所致欤！若夫专制国之警察之不能办理尽善，则固非商民所及知也。

《中外日报》光绪三十年四月一日（1904 年 5 月 15 日）

镇江肇事访函（小贩反对迁入官备之菜场）

西五月十二号，本馆镇江访事来函云：今晨十一点，此处有大乱事，其故实由华官欲令负贩之人迁至官场所备之小菜场而起，其租赁之值，依摊地之大小而定，乃华人不愿。十一点钟，有华人二千名进城，并命西门各铺户全行闭门，以期表明与负贩者同情，铺户中人不得已而从之。因乱民甚多，恐遭抢掠之祸也。十一点四十五分，警察委员因见事势不佳，遂命其部下之警察约一百二十人，佯作虚势，以攻乱党，以致击毙乱党四人。该党大为震怒，遂争将警察局焚毁矣。道台一闻此变，即致电于督抚请示办理。

城内虽有乱事，然英租界则甚为平静。租界之要隘业已阻断，以备不虞。负贩诸人，决意不愿迁入官场所备之小菜场。

《中外日报》光绪三十年四月一日（1904年5月15日）

英领事论及设立警察局之告示 *

驻镇江英领事脱来满，为出示晓谕事。照得常镇太道奉南洋大臣之命，将在此处设立巡警局，照西法一律办理，巡警兵共有二百三十名，归西人督率管理，城外滨江一带之地，从金山起至领事署止，而英租界不在其内，日夜巡防该处，并将所有之乞丐，全行驱逐，路上则点用油灯，并施行救火等事。

此等费用每月约需四千元，故不得不设法筹款。筹款之大宗，则在于房捐，其抽捐之地，则以警察所管之地为限。因此地之内，挂洋牌之产物甚多，故常镇道请本领事转告各洋人，于抽收房捐之事，不可出而阻挠。

本领事因见华官所行之事甚为有益，谓在地界以内之西人产物，亦可得巡警保护之力。各巡警均由挑选而来，且以西人为警察长，亦由上海选聘者也。

本领事定将警察所为之事，详载于册中。若彼等所为不合，则必转告各西国房主，令其无庸纳捐也。

西人在新租界得有产物，亦在此地界之内者，自四月初一日起，须照章纳捐，照每月租价抽十分之一，每三月征收一次。

此告示内附有格式单一纸，望各业主将月租若干注明于内，以免日后再起争端也。

想各租户断不出而阻挠，因在此地界以内各人，均一律照纳也云云。

今日午前，知县派员前往西门，并告各负贩者，令其照常在路上买卖，并请各店铺开门。然华人答之云：若此事已了，则必定开店。惟负贩者迁往小菜场之事，非知县、知府所能管理，应由道台照管也。译三月廿九日《文汇西报》。

《中外日报》光绪三十年四月一日（1904 年 5 月 15 日）

镇江闹事再述（关于开办警察、菜市）

前报纪镇江警察向贩菜人每担日收捐资四十文，或云每摊每日抽钱六文，此在谣传则有之，警察局无此章程也。至于围攻道署，亦属谣传。本馆缘事关紧要，先据人言，录登闹事原由两则，旋得镇江来函，已将实情迭纪报端矣。

兹来函又述及，官场闻变之始，互相推诿，且人众麇集警察学堂左右（学堂在曹家坡，即宝盖山旁，又谓之兵房），而最邻近之督标巡警新兵前营，并不发一兵到场弹压，以求开导而解散之，但曰此县令之所有事也。夫平心而论，此次民变，合城文武与有责焉，岂仅得责诸县令与承办警察之委员。乃有不于闹事所在清其原，而争赴领事署，谓当竭力保护租界者，意盖又欲乘间博一优保，为升官之地。讵知清其原，则众且立溃，租界不保自保，今反从租界入手，其居心已为领事所窥见，故领事婉谢之，而声言此后不能再信中国官之能保护外人。届时已与美国停泊镇江之巡洋舰，立有暗号，以备不虞。是役也，适又授外人以口实，而启其蔑视中国之心，以是知内治腐败，外交固未有不失策者。尤异者，道台禀详督抚两院，则有百姓抢劫兵房、聚众抗官等字样；而都统发函，则历举警察、菜市之害，情形迥别。此督辕所以亟委李维翰观察，驰镇查办，而苏抚亦委有张太守来此，会同办理也。闻李观察晬常镇道郭观察，言语颇不相投，此案或未易迁就了结。兹有曾在闹事处闲观之人四名，有见其俯拾遗器者，当被擒获，押于县署待质。公所道台欲治以罪名，县令坚持不可，而以吾人私见揣测大势，菜市殆将停止。闻道台已有谕招商铺租作栈房之说，至警察乃奉旨举办，又为各省通行之件，必当复举，不过稍延时日耳。以上访稿。

《中外日报》光绪三十年四月三日（1904 年 5 月 17 日）

震泽捕厅勒收桑叶捐*

启者：震泽一县，居民业蚕桑为多。惟近年蚕丝不旺，以致养蚕家逐渐减少。乃震泽县捕厅张某，近忽于江城临近地方及震泽镇一带，挨户勒收桑叶捐，乡民骚扰不堪。案桑叶捐国家并无明文，地方并无告示，而捕厅亦无办捐之职，该捕厅如此行为，官方何在耶？

《中外日报》光绪三十年四月二十四日（1904 年 6 月 7 日）

勒捐毁局（扬州）

高邮州地方因捐局勒捐罢市，小民聚积千余，将捐局冲毁，并有伤人情事。扬州府余太守已委员前往详查，不知细情若何，容探明再录。

《中外日报》光绪三十年五月四日（1904 年 6 月 17 日）

大港闭市（镇江）

镇江东乡大港地方有捐局一所，委员为李姓。因欲捐某布店，店主以布自丹阳贩来，执有捐照呈验，捐局中人不顾情理，虚声恫吓，各商铺咸抱不平，因之一律闭市。常镇道得报后，即派员驰往查办，先劝令商人照旧生意。镇江下游局亦以故与捐局李委员争执，大约此事须由省垣总捐局核办。此四月中旬事也。大港离城较远，传闻情形，容有不实，俟访明续志。

　　《中外日报》光绪三十年五月五日（1904年6月18日）

抗捐罢市（扬州）

　　前记江、甘团练捐一项，议于各茶肆中每碗捐钱一文，尚属轻而易举。不意有静乐园茶馆首先聚议罢市，各馆亦相率效尤，惟宜青、绿野、同福楼各家，依旧照常开市。江、甘两令大怒，拟将为首者指提究办。

　　《中外日报》光绪三十年五月十九日（1904年7月2日）

镇江闹局上谕*

　　五月二十日电传十九日奉上谕：魏光焘等奏镇江开办警察，匪徒藉端滋闹，分别查办情形一折。镇江为通商口岸，五方杂处，警察之设，本不容缓。该地方印委各员，于此等要政，应如何审慎周详，因势利导，乃限迁菜摊，致匪徒藉端滋闹，迫令各店罢市，至有焚毁局屋器械，互毙人命情事，实属办理不善。委员候补知县窦镇山、从九俞箓玺、丹徒县知县洪尔振，著交部议处。江苏常镇道郭道直、镇江府知府祥福，著一并交部议处。仍著认真整顿，遴委妥员接办，务除积弊而收实效。余著照所议办理。钦此。

　　《中外日报》光绪三十年五月二十一日（1904年7月4日）

因捐罢市（扬州）

　　连日各饭店、酒馆，因团练局科派月捐之故，又相率罢市，希图幸免。查团练经费，每月已有捐款八百余千，今更益以茶馆、酒馆、饭店以及肉案等，所捐之资当敷开支之用，乃闻尚须指捐数业，以足其数，宜派捐之家啧有烦言也。

《中外日报》光绪三十年六月十一日（1904 年 7 月 23 日）

记无锡米行因捐闹事详情

锡地向有庙捐，各米行每石提出四厘。后竢实学堂董事杨模欲提二厘，充作竢实、东林两学堂经费，屡议不决，遂控米行头赵夒、张锦钊于唐学使，奉批亟行革究。锡、金两邑令遂将赵、张二人管押，致北段米行公愤不服。本月初二日，遍发传单，勒令罢市，各米行皆停止交易。当日两邑令并不出场调停，及至晚间，北段米行又纠合多人，突至杨模家抢掠焚烧，毁去正厅房屋并棺木一具，其余各物糜碎无遗，并不许人救火，故火至三更后始熄。初三日，勒令各业悉皆罢市，即瓜果等物亦不准售卖。两邑令知事不了，出城弹压，劝令开市，不允。继至米行公所，众人声称交出杨模方肯干休。县令归署后，即出告示，准庙捐不归学堂，仍不开市。是日上午，米业率领多人，先至竢实学堂，击打一空，下午至三等学堂，将课堂等屋一概捣毁，再至东林学堂，将屋一律毁去，并声言即拆锡金衙署，声势沸腾，不可遏止。此事肇祸既烈，恐不易平靖，不知当道如何办理也。以上访稿。

《中外日报》光绪三十年七月七日（1904 年 8 月 17 日）

再志无锡米行因捐闹事详情

无锡米行因捐罢市及拆毁各学堂一节，经侦录大概，登入初七日报中。兹又据该邑人投函本馆，叙述此事更为详细，故特重行登报，以供众览。

无锡去年因学堂经费支绌，议将各米行捐入各庙米厘拨充，化无用为有用，久议未成。至今年，因思推广办理，而竢实学堂经费尤为支绌，故邑中绅董复议剔除各米行所认庙捐、堂捐等之入中饱者。因两邑令始终不问，故即上禀各大吏，控米董赵、张二人把持庙捐等情。先奉唐学使批准，饬锡令提县究办。此时两邑令不能从中斡旋，设法劝谕绅商和同办理，以弭此事，乃签提赵、张到案。差役等初将赵、张二人提至金署，金令推诿，谓此事须归锡令办理，因引至锡署。锡令即邀金令到署，会同审讯。赵、张诉辩，两邑令谓，此事本县不能作主，惟视尔等两造之力如何。数日后，米董数人与邑令协商分拨庙捐事。将有成议，适商部委员杨道霖奉差回里，集各商董议开商会事，有设立商局、捐及各商之语。因此谣言蜂起，各商家误以各项商捐皆充学堂经费，致人心惶惶。邑绅请县出示晓谕并无捐及各商之事，以靖人心，两邑令置之不问。于二十九日将晚时，米伙聚众拥往杨模住宅，喧哗多时而退。渐有米业中之不安分者，阻止各米行贸易，有不遵者，当将斗斛抢去，遂至各米行罢市。初一日上午，米行中人搜探有未罢业之米行，即行打毁。是时有绅士劝两邑令速行晓谕米商，调停此事，两邑令仍置之不问。至初二日下午，由各米董至县属协商，议明每年分拨庙捐一千元，充学堂经费，已经具结，赵、张二人亦随时释放。而各米行中有不允是议者，即邀集众伙至杨模住宅，一路匪徒愈集愈多，遂于是晚十点钟时，破门而入，击毁一空，并焚去厅事一所，一姓同居者七八家，皆遭殃及，妇稚仓猝奔避，凄苦不堪。锡邑令闻之，于两点钟时始至杨宅门首，人多势猛，坐观久之即返。匪徒等见邑令毫不弹压，乃愈横肆，至天既明而火犹未熄也。是夜有匪党多人，沿街敲击各店铺之门户，声称明日如有开市者，必致打毁。初三日早晨，匪徒逼勒合城各店铺罢市，有豆腐店、肉铺、面铺等数处不遵其说，皆连毁之，于是各店铺皆不敢启门。而沿街又有今日必拆毁学堂之谣，邑令仍不顾问。上午十点钟，拆毁竢实学堂房舍数十间，堂中一切用具及理化器械，藏书楼之图书、标本等，毁击无遗。十二点钟，拆毁三等学堂，并毁堂中书籍、器具等件。下午半点钟，拆毁东林学堂，将校中器具、图书、标本等毁击净尽。又拥至锡金公学，毁坏篱墙、水平杆、秋千架等。校中人先已得有消息，正将物理、化学各种器械、药品等件速行迁徙，适大众蜂涌而来，以致散失损坏，所值甚巨。幸左近船厂中人出为保护，故校中物品得免全毁。众犹未甘，声言晚间放火，其后果来两次。幸皆由船厂中人竭力护卫，故房屋赖以保全。一日之间，自朝至暮，城中乱民遍地抢夺各学堂之图书、标本、器械等件甚多，民间惊慌迁徙，半途截劫箱笼什物无算。两邑令举止失措，既不能弭祸于事前，又不能治乱于当日，致是晚有二次焚毁杨氏全宅之事。各学堂既毁，两邑令并不派人看守，亦不即行勘视。迨邑绅电致苏抚，两令始电禀罢市情形，出示免拨庙捐，将米董捐结作废，并将免捐各业之告示发出，而苏抚亦已飞电到锡，令各业开市。于是初四日始一律开市。然民心不靖，两邑令犹电禀苏抚，粉饰安谧，为保全功名之计。邑中绅董各持保身主义，畏葸无言。学堂毁败情状，竟无一人过问。此由两邑令始终措置乖方，以致酿成巨祸，其咎难辞。将来此案如何结果及苏抚如何办法，固不能悬揣，若使办理此案是非不明，则无论以后学堂无从开办，即地方一切办事情形，亦必致种种棘手，而锡事不可为矣。

《中外日报》光绪三十年七月九日（1904 年 8 月 19 日）

南京下关觔验局激变被毁详志

金陵下关觔验局总办赵有伦观察，工于敛括，久为场商船户所切齿，然敲索之术既工，比较之数自赢。故去春张宫保任江督时，奏裁大通、武穴两挈验局，而下关不裁，且奏保赵观察长任是差，以酬其综核之劳。魏制军莅任，亦以其工于理财，倚畀如南皮不稍衰。按创立挈验，初意系为淮盐运往各岸，防杜夹私，中途洒卖而没，定章有私照提充公，无私验讫放行。乃赵观察不遵定章，遇有夹私之船，酌提十数包、数十包不等，无私之船，亦必提盐六包，饱其私囊，日久悬为定例，凡运盐船户，积恨已久。乃是前忽有新运淮盐某船，不知是例，以为既无夹私，则此无理征索之六包，义不可予。赵闻而大怒，立饬局勇将某船户吊打。某不堪殴辱，郁愤自尽。其家属诉诸同帮船户，一时激动公愤，聚集二千余人，哄入江干挈验总局，毁打一空，并殴伤司事局勇若干人。赵得信潜逃，仅以身免。运司恩都转闻信，立即电请江督，请撤赵差，以安淮运大局。赵亦知祸发难收，不敢径至督辕谒见，先私见藩司、盐粮二道，力求在江督前保留，以全颜面。黄方伯，胡、徐二观察徇其请，同谒制军，略称赵道因公敛怨，情有可原，且其理财裕课之方略，至为优长，遽予撤差，未免可惜云云。赵翌日遂面谒江督，诉陈始末，并请行文运司，捉拿为首聚众之人惩办。制军不允所请，且颇加申斥之词。此案曲直，制军似已访查明白，虽有司道保留赵差，恐亦不能久居也。以上访稿。

《中外日报》光绪三十年七月十日（1904年8月20日）

盐局酿命再纪 （南京）

下关挈验局赵菊曾观察有伦，勒提陋规，酿成人命，以致激动船商公愤，捣毁盐局，攒殴司巡等节，已详昨报。兹悉各船户又复聚集二百余人，哄至督辕，跪香递禀，历诉赵观察平日种种贪婪及此次勒索酿命情形，恳请严惩，以安淮运。制军阅禀后，大为震怒，拟即具折严参，藉为贪墨营私者戒。现司道及首县多方为之解释，然制军余怒未息，恐终不免撤差也。

《中外日报》光绪三十年七月十三日（1904 年 8 月 23 日）

花户上控批词（苏州）

前报纪苏乡虎邱花户上控至抚院一节。兹悉端中丞已批示头门，特为抄录如下：

查光绪二十八年，原定花捐一项，为数本不甚多。本年五月间，又复减收三成，亦已体恤备至。本年六月以来，虽属旬日亢晴，旋获透雨，何得谓之时候干旱。如谓雨水过多，而每月俱系乍雨乍晴，亦非阴雨连绵可比。所称花朵歉收之处，显系饰词耸听。近来时局艰难，饷需孔亟，自农夫以及各项行户商贩，无不量力输将，藉图报效。花业一项，行销甚广，获利甚薄，乃欲藉口歉收，希图幸免，实属不明大义。本部院莅任以来，本以询问商民疾苦为事，即使该业户等实有为难情形，亦应提案严究，以儆刁风。姑念该业户等大半系贸易无知之人，从宽明白批饬，仍责成花业董事夏若臣，转向切实开导，务令照常认捐，倘敢再事违抗，除提主唆滋事之人究办外，仍惟该董事是问。凛之切切。捐单掷还。

《中外日报》光绪三十年七月十五日（1904 年 8 月 25 日）

掣验改委（南京）

下关掣验局赵观察有伦要索盐船，致酿人命，激众冲毁局所等情节，节经详志本报。兹悉江督魏制军以观察贪婪惨酷，有害盐纲，大为震怒，虽据藩司、粮盐两道协力求情，实难稍涉姑容，致为盐政、商民之害，当将观察撤去差委，另委胡观察铭业接办，闻者快之。

获究串唆抗捐经造（苏州）

前报迭纪虎邱种花乡民跪禀抚军，求免花捐，及端中丞批词各节。兹悉六门厘局总办那子言太守，近据该业董事夏夔球禀称，此次花户禀求免捐，皆系该处九都八图经造沈盘大串同棍徒顾瑞卿等唆使所致。故太守即饬长洲县，先将该经造提县押究云。

苏抚调兵驻防无锡 *

苏抚端中丞近因无锡米业罢市、毁拆学堂，除委员驰往查办外，并以此次闹事，若果尽系乡民，断不敢如此作为，定有匪徒混迹其间，深恐别滋事端，震动闾阎。故特札饬统领飞划左营王曜卿、飞划右营黄一桂两游戎，各率所部师船，前往驻防，以资镇慑云。

无锡毁学抗捐案犯解省续闻

前报纪锡、金两县委员拘解该案滋事人犯来省一节，兹悉所来九犯，业发长洲县讯究，俱非米业中人，且皆安分良民。内有一人姓施名阿五者，虽系米业公所城隍庙值事，惟当业众闹事之时，施适卧病在庙，近奉拘提来省，病仍未瘳，故由县讯问后，以施似无干被累，故改发待质公所云。

闭市旋开（清江）

西坝镇向有马队经费捐，由各户分派。十七日，坝上居民因收捐龃龉，值秋节初过，市面尚未齐开，遂相率闭市，聚众抗捐。幸官场闻信，前往弹压，获得滋事十余人，分别惩办，市面得即照旧开张。惟其中有无传闻异辞之处，尚俟续闻再录。

《中外日报》光绪三十年八月二十六日（1904年10月5日）

堂倌停工（扬州）

城内各茶酒馆及食物店，已相约于八月十六日一体增价。而各馆作工之茶博士等，亦以物价既增，辛工亦当照涨，以昨日起相约停工。故初二日各茶酒馆一律闭门。

《中外日报》光绪三十年九月六日（1904年10月14日）

纪镇江乡民闹漕毁署事

第一访稿　镇江四乡农民，因收成极歉，求请蠲租未准，于十四日聚众会议，一时蜂拥入城者，不下数千人，有与营兵互殴致伤者。是以十四薄暮，即紧闭东南城门。至十五日清晨，乡农又复聚集甚众。入城之时，中以妇女为多。署丹徒县张大令，已将情形电禀江督，大致谓乡愚听唆，恃众闹漕。旋奉电谕，派委驰镇查办矣。张令又获到乡民窦加〔如〕海一名，讯系倡首之人，并据供出各区、各图倡首名姓。张令即照会营汛，一体严密查拿，而乡民愈聚愈多，麇集于县署左右。防勇仓猝之中，将所持刀枪误伤乡人，致众人拥入县署。常镇道恐肇巨祸，当出有四言告示六句，遍贴四城。其文云：被旱各区，本道尽悉。代乞宪恩，格外体恤。宽免钱漕，速回安业。

　　第二访函　兹探得月之十三日开征，即有农民聚议滋闹之传闻。十四日，张星五大令片邀绅董鲍川如部郎等到署之时，县署左近已聚有二三百人，妇女居十之九。张令请绅董代筹善处之法，爰有建议每名给以铜角两枚者，有建议须请乡农一二人入内，理喻情遣，嘱为解散大众者，众论不决。延至晚饭后，张令盛怒，立呼粮差拿人，而绅董固犹满堂也。由差获到窦如海一名，指为倡首，笞杖数百，至是绅董默无一言而出。张令当即电禀督抚，旋奉江督电谕道府，其文如下：电悉。仰即督同营汛，极力弹压，毋任酿成重案。顷已派员查办云云。

　　十五日清晨，四乡来者愈众，防勇所持刀枪误伤一妇，擒获乡农又四五名，因之人心大愤，一哄入署，所有板壁、玻璃窗、大呢轿，悉被拆毁。府守适在署中，乃与县令及其眷属逾墙潜行。常镇道一面出示宽免钱漕，安慰人心，一面以百姓行蛮等语，电禀省台。而张令已有第二次电禀至宁、苏两省矣。复奉江督电谕，其文如下：电悉。倡首之人拿获，就地正法，惟不准格杀云云。至于张令具报效护抚之电禀，络绎不绝，直至十五日下午九点钟，乃奉电谕，派常州府许东畬太守，驰镇查办。幸是日晚间大雨如注，众已星散。

　　按：免漕与否，及若何办理闹漕之人，其结果尚未可知。而姑就其已事言之，则镇江四月间大雹，麦田受损，五月苦旱，致闭南门，皆为年荒之见端。秋间山田全行失收，惟圩田无恙，然圩田仅十之二。西南乡多山，其民购米而炊，又购稻草为耕牛食料，困惫极矣。而有田一亩，上忙钱粮百文有零，下忙单费约数十文。今岁漕米折色，每石定价三千六百文，每亩须纳漕米六升六合之谱，且米一石，例纳公费（注：公费即解运粮米所需。镇江粮米悉以拨缴八旗，无庸解运，然县署资此费以充平日各项开支，并为其利益之所在，故一不开征，必致赔累。）钱一千五十二文，加以里运有费（注：里运即一图中包催钱粮之乡董，岁有更易），验单有费（注：里运验单加戳，有酒席费，皆按田亩匀摊），合计一亩之荒田，钱粮、漕米及各费用，须钱五百文。乡农有田十亩，即需钱五千文。当此颗粒无收、户鲜盖藏之日，岂易措办。故闻乡人早以情禀报，前任洪、杨两令（注：报荒例有荒费，计亩抽取，每亩须十余文至二十文不等，归县署银漕总及粮差均分之，不独镇江为然也）乃各怀五日京兆之心，未之过问，及张令履任，则事已迟矣。然张令则固以减漕请诸效护抚矣。镇江绅士严君佑之、鲍君川如，亦屡以凶年不能如数征漕禀告督抚矣。（注：他处绅士时有抗粮之说，以其多田也。镇江则从无置田之绅士，其请减漕纯乎为民请命，为弭患无形起见。）而效护抚力主开征，至张令固请不获，自在公费内每石减去五百文，情甘赔累，亦可谓克己之至矣，然正供数巨而公费有限，百姓仍无从取给也。张令又曾出示请款抚恤矣，然抚恤犹后日之事，而完粮岂目前所能办，百姓仍无从周转也。此项要求免粮，实出于不得已，否则不死于法，亦死于岁耳。众心一致，岂有所谓倡首云哉。然即有倡首之人，必先有激使倡首之人，则不允减漕之效护抚是也，岂能咎乡愚哉。犹忆镇城祷雨之时，端午帅适莅苏任，曾电饬常镇道预备救荒之策。故识者多谓，午帅若不调抚湖南，其必早为之所，不至有此伤人害命之巨案也。则甚矣效护抚之不审民间疾苦也，犹欲于事后开戮将为饿殍之愚氓，夫岂仁人君子所忍闻乎！

《中外日报》光绪三十年十二月十八日（1905 年 1 月 23 日）

再记镇江闹漕毁署后情形

镇江闹漕情形，前已详纪报端。兹悉张星五大令已电致苏省，禀请撤任，效护抚深知此次激成重案，实由不允减漕所致，

于张令无尤，故所有电谕，皆以温语慰藉之。颇闻张令前向苏垣
大吏痛陈民间疾苦，且申言其利害，效护抚尚涉游移，而朱竹石
廉访则力主开征，曾声言不能任令镇江绅董抗议、刁民把持云
云。按镇江乡民最称驯谨，惰则有之，刁则未必。又镇地绅董无
一亩之田，其抗议也，纯为绥靖地方起见，岂故为把持哉。今事
已至此，张令口中心中实已预备撤任矣。为张令计，与其拿办首
要，使无告之穷民逼极而发，致酿奇变，终受办理不善之谴，至
于撤任，何如再行赴苏，为民请命，不遂所请不已，不幸而干犯
上台之怒，罪亦止于撤任。张令为顾惜名誉之人，当必知所
择焉。

《中外日报》光绪三十年十二月二十二日（1905 年 1 月 27 日）

又纪镇江闹漕始末情形

镇江闹漕各节，已迭见前报。兹查得此事始于兵民误会，继
乃官民相疑。兹据近闻，为前报所未及载者，条列于左：

所谓兵民之误会者。此次民变肇于乡间西南隅二区之上党地
方，有某君因该处盗贼蜂起，具禀当道，咨调武威新军营兵五十
名前往巡缉，以资保卫。而营兵驰赴上党之时，适上党傅董公明
散给由单（按：由单即粮单）之日，乡间愚民以为不允减漕，
且临之以兵（按：兵到上党，未曾出示晓谕，为保卫间阎起见，
以致误会），大动公愤，群往焚毁傅董房屋。而营兵一见火起，
以为乡间果不安靖，即驰往弹压。乡民见其保护傅董，愈信营兵
之为催科而来，兵民因是互斗。兵寡民众，兵乃逃遁，民急追
之，仓猝之中，由兵枪毙两人，民亦缚兵两名以相抵。俄而邻村
丁壮闻风麇集，营兵前后受敌，只得奋身奔入傅氏宗祠内暂避，
紧闭其门。乡民围之竟日，一面鸣锣聚众，焚毁各董、各富户房
屋。其邻村宝堰镇之保婴局，亦同时被毁。此十三日事也。一面

邀众于十四日入城，要求免漕，而难端以作。

所谓官民之相疑者。民既疑官以兵威相胁，官又疑民之将谋不利于己，故营兵枪毙之尸身，民间不敢报案，恐被逮系。王守备占鳌、饶通判子敬，闻风往验，未及半途，惧而返辔。于是官民不通消息。幸上党义塾教习王君保之，夙孚众望，先行解释乡民疑虑，继复护送营兵入城。因之当道知乡塾各教习可以通民情，延请入署，凡发告示之事，悉以付托，并嘱其沿途演说，普劝乡民，勿再生事，盖将以教化补政令之穷也。（按：上党枪毙尸身，由张令星五捐廉四十元，付王教习备棺收殓。）此次宁省查办委员朱令锡甲，仅调查情形，并不办事，而苏省派来之许星璧太守，前曾署理镇江府事，于民情最为熟悉，连日与道府县及绅董聚议善后之策，深以乡民十分困苦，其闹漕也，且由于误会遣兵催科所致，情实可原，拟免拿办首要。（注：上年冯令巳庭在任时，曾经诛戮闹漕之混名小儿瘆等人，乡民仍明知故犯，饥寒之所迫也。若使其藏有数石之米，虽倡使滋闹，亦断不从。故此次即正法数人，仍不足为日后之儆戒也。）又议将定额四万五千石之漕米，共宽免二万一千石，剔荒征熟，加以每米一石减收公费五百文，则钱漕约略减去五成以外，而来春又行以工代赈之法，办理可称尽善。现已电禀苏省大吏核示，想不难邀准也。

《中外日报》光绪三十年十二月二十四日（1905年1月29日）

奏报镇江闹漕案

镇江乡民闹漕一案，闻苏抚已咨会江督，具折奏报，大略如下：

前丹徒县杨绍时，于乡民报灾时延不往勘，以致日后无凭报灾，酿成巨祸，应行奏参。

现署县事张绍棠，先事未能预防，临事又未能设法，应即撤任。

当去夏该处山田被旱时，查有乡董胥差按亩索取报灾之费，每亩多则三十文，少则六文。乡民即出报灾之费，见仍不能豁免钱漕，遂群起而与差董理论，又有奸徒从中煽惑，遂酿巨祸。故奏请将乡董差役指名严拿，从重治罪。又责成绅董，将为首滋事之犯，交出惩治。

当未闹事之时，县中原禀援照成案，将被旱田六万九千余亩下忙漕米，全行蠲免；其上忙及熟田项下上、下忙条银，普减四成五厘，漕米普减一厘。

当经司议准，将被害田剔除三万余亩，下忙漕米全蠲；其余田亩及熟田项下条银，普减三成，漕米照则全征。并以丹徒山田居多，每苦旱荒，拟有司委员会县查勘，开筑沟塘，以工代赈。

现在又议于应征钱漕内，拨钱五万千文，并准借洲〔州〕赈余款钱三万千文，统由该县会同绅士散给。

《中外日报》光绪三十一年一月十三日（1905 年 2 月 16 日）

江督苏抚会奏办理丹徒闹漕一案折稿

奏为丹徒县属三十年分秋勘剔荒征熟，拨款抚恤，并查明乡民藉荒滋闹办理情形，恭折仰祈圣鉴事。窃照苏省各属光绪三十年分秋勘，遵奉谕旨，饬由藩司严革例灾，各自从实厘剔，各属均已一律遵行，应征银米各数，较之历届增多。惟丹徒一县，仍援历届成案，请将被旱田六万九千余亩下忙漕米全蠲，及熟田项下上、下忙条银普减四成五厘，漕米普减一厘。当以秋灾不出九月，且该县本年秋禾收成分数，据报实收五分七厘零，延至冬腊，田禾刈割，焉有勘灾多蠲钱粮之理。经藩司核实厘剔，详准将被灾旱田剔除三万余亩，下忙漕米全蠲，其余剔征及熟田项下条银普减三成，漕米照则全征，业经臣等汇案具奏请旨。并以该县高阜田亩常苦旱魃，民情困苦，臣等饬由藩司委员前往该县，会同查勘。高阜处所向有陂塘，重加疏浚，蓄水灌溉，以工代抚，用济穷民。乃十二月十五六两日，迭据该管道府县电禀，乡民聚众千余人，赴县喊闹，要挟免漕，哄堂塞署，殴人毁物，派拨营勇弹压始散。当经臣等先后饬委署常州府知府许星壁〔璧〕、候补知县朱锡甲驰往，会同查办。该县刁民，藉荒闹漕，习为故技，今复聚众要挟，实属目无法纪。严饬该县，查拿首要各犯，分别讯办，以遏刁风。惟查该县上年六月间，高阜田禾被旱，前县杨绍时任内，据乡民纷纷赴县呈报，该令延不勘办，并访有乡董胥差私索荒费，每亩六文至三十文不等。乡民既出荒费，又见征漕，因此忿不能平，群向董差为难，遂有奸民从中煽惑，致酿事端。闹漕刁徒自应拿究，而穷困乡民仍当抚恤，已准如该道府县暨绅士会商电禀办理，于应征钱粮内，拨给钱五万千，并准由绅士请借拨洲〔州〕赈余款钱三万千，统由该县会绅妥办，接济歉区穷黎，仍由臣等察看情形，酌拨款项，续办春抚，以广皇仁。本任丹徒县知县杨绍时，延不勘荒，致被藉口滋事；乡董胥差私索荒费，又竟毫无觉察，咎无可辞。相应请旨，将丹徒县知县杨绍时先行开缺，仍请交部议处。现署知县张绍棠，到任正在田禾收割之际，未据乡民续请勘办，但事先既未能预防，迨至酿事，又复束手无策，应即撤任调省。乡董胥差私索荒费，实属胆大妄为，应确查指拿，尽法惩治，以儆将来。该县乡董胥差以办灾为幸事，风气已久，积弊甚深，以后遇有歉岁，应由县立定章程，扫除锢习，必使奸蠹无从舞弊，然后乡民无所藉口，则闹漕之风自绝。所有丹徒县属三十年分秋勘剔荒征熟，拨款抚恤，并查明乡民藉荒滋事办理缘由，谨合词恭折具陈，伏乞皇太后、皇上圣鉴训示。谨奏。

《中外日报》光绪三十一年二月十四日（1905 年 3 月 19 日）

记诸生哄闹罢考事（南京）

江宁士子向多以考书院博膏火为生活，近年但存尊经、凤池两校，士馆生计已极萧条。今江督周玉帅复饬改两馆为师范传习所，未考前数日，即众论嚣然，谓尽夺其生机。十五日清晨，玉帅亲莅上江考棚，考选诸生。诸生到者五百余人，循例点名给卷。帅谕颁示以现定大概章程，诸生传观既毕，见聘请教习、酌用员司各项，开支颇大，惟无厚给诸生膏火明文，向日病废老生坐支膏火，亦为裁去，取入肆业之生，由九点至午后三点均有课程，不能兼在家中授徒，事蓄之资，一无所出。咸谓制帅直驱士人于死地，闹亦死，不闹亦死，不若且闹散此局以泄愤也。一倡百和，声势汹汹，司道府县学务处诸员睹此情形，极力劝解，哄闹弥甚。玉帅见不可理谕，只好即允停办，且虑士子人众起与寻仇，遂传谕回辕。诸生尚环绕聚议，蜂拥狂呼。迨制军去既远，随节各员亦次第出考场，诸生始纷纷散，而师范传习所之基础，乃为所劫制而一朝破坏已。

《中外日报》光绪三十一年二月十九日（1905 年 3 月 24 日）

清江罢市求留漕督

清江地方商民，自闻裁撤淮抚消息后，忽相率闭市，恳留漕运总督一缺。当由绅士禀请□抚，据情电奏，代恳恩施，商民始以次开市。

按漕督被裁，与商民何与，何以有罢市恳留之举，殊不可解。

《中外日报》光绪三十一年三月二十三日（1905 年 4 月 27 日）

清江罢市缘由详函

清江友人专函云：二十一日清江聚众罢市等情，已纪前报。兹查得二十一日以前，即有多数之抚辕书差人等，闻有朝旨收回江淮设省之成命，当环绕恩中丞，声言抚署一裁，我等万家均无饭吃，乞恩设法挽回云云。中丞谕以此事我实无可为力，因之中丞惧人聒渎，避不外出。而书差遂煽惑商人，言既不设淮抚，又裁去漕督，地方商务必致一败涂地，冀其出场合力争执，或有万一之幸。至二十一日早九点钟蜂拥抚辕乞恩之时，中以书差家内人等为多，真正商人实寥寥无几。其所以罢市者，因为人众所胁迫，且恐开门交易，有匪徒乘机抢劫故也。所有官场电报，指为商人聚众千余人一节，实属冠冕之辞，亦系粉饰之意，盖不便说出书差把持情形耳。及二十一日晚，淮扬海道出示安民后，聚者渐散。次日，铺户照旧开张。清江城门二十一日一律紧闭，次日亦即开城任人行走矣。刻闻恩中丞已据以电告政府核夺。按今日之冲繁州县，书差尚近万人，何论督抚衙门。惟人情所最难堪者，既得而复失，由盛而之衰。前改漕督闲曹为抚院，则百僚聚集，纷纷上衙门求差缺，彼抚辕各执事方有无穷之希望，而何堪遽以落寞终也。然朝廷大政，全局利害所关，经盈廷力争而挽回之者，乃不肖衙蠹，轻发难端，虽迫于身家衣食之谋，情或可悯，而法所不容，固宜惩办一二，而亦以见中国近日谋生道窘，民心思动，政府以后亦应慎其所发，毋轻举妄动，致贻后悔，甚或启意外之风潮也。

又得南京来函云：江督周玉帅闻警电后，即亲往抚循，顺勘河渠地势，遂于二十五日率带随员护军人等，分乘官舫，用小火轮拖带，由省开行。

《中外日报》光绪三十一年三月二十七日（1905 年 5 月 1 日）

补述闭市情形（清江）

淮抚一缺，清淮人恃此为生者不可胜计。自闻奉裁电谕，咸惧失业，当在抚辕恳奏留缺，复入肆令各铺闭市，故二十一日午刻各铺尽闭。又有淮徐海绅士公禀，以江北河务、防务均关重要，不可无大员坐镇，遂由恩艺帅据情电奏，计有五百余字之多。至申刻各肆即照常贸易矣。

按：据此则闭市之举，实系有人指使，并非出诸商民本意。乃观艺帅当时牌示，于局员、书吏则怀循备至，其示谕且明言漕督之有益地方，未宜裁撤，是直与谕旨相违背矣。而清河县示大旨亦复相同，且专责商民之闭市，而不究指使之人，殊可怪也。兹将各示附录如左：

抚辕牌示：照得江淮改为行省，现在业已奉旨裁撤，所有本部院任内筹办各项事宜，如学堂乃培植之所，恤嫠系贫苦之资，防营为捕盗之急需，路工亦便民之要政，以及开办工艺、鼓铸铜元，皆今日所不可缓之举。本都院虽将去淮，仍饬原办各员照旧认真办理，静候遵示外，合先通谕知悉，务各照常办事，毋得妄滋疑虑。

照得江淮巡抚现在奉旨裁撤，所有应办事件尚多，自当次第料理。所有本辕办理公务各项人等，奉役有年，今当裁撤，人心不免惶惶，困苦情形自亦不无可悯。本部院向来办事慎始图终，自必量加体恤，妥筹遣散，尔等务各守常安分，静候恩施，毋得聚众多言，致干咎戾。

淮抚谕言：漕督驻淮，历有年所，有益地方，未宜裁撤，今已电奏请留此缺。尔等安静，切勿惶惑，如再滋闹，各拿究诘，勿信浮言，各安生业。

清河县示：漕督驻浦，由来已久，不改淮抚，亦当照旧请留此缺，现已电奏。凡尔商民各宜静候，聚众罢市，法所不宥，照常贸易，毋自取咎，倘再违延，定即提究。

《中外日报》光绪三十一年三月二十九日（1905年5月3日）

清江设江督行辕

江督周玉帅自得淮扬道电告，清江商人因撤淮抚罢市之消息，大为惊讶，谓与商民何关，且事关全局，何庸商民争执。继闻实由于书差失业，从中煽动，爰于二十六日自宁起节，是日午后经过瓜洲口，即用官轮拖带民轮，赴清江浦查办其事。闻清江官场已将漕督署改设江督行辕，因江督曾奉政府密电，清江为南北交通咽喉要道，漕督、淮抚均经裁撤，须由江督不时前往坐镇，以资控驭云云。

《中外日报》光绪三十一年三月二十九日（1905年5月3日）

清淮兵变罢市汇志

清江兵变罢市，江督周玉帅遵奉电旨，前往相机镇抚，已于二十五日午后一点钟，由宁起节。此次事变之起，闻由抚标兵弁及书吏人等，从中鼓煽商民，唆令罢市，希冀免裁淮抚一缺，以为若辈衣食窟穴之地。

廷寄饬玉帅亲往查办，闻大意有饬令相度情形，是否仍须暂留淮抚员缺，以顺舆情各节。惟电旨未经宣布，不能得其详细。或有谓商铺罢市，恳留淮抚，悉由恩艺帅之主谋指使，则此又一说矣。

又闻淮抚裁后，所有现隶抚标、曩隶漕标之勇丁，恩艺帅拟各发饷十六元，即行遣散。讵漕勇相约不允，并聚集多人，纷往各铺面强募钱文，以资养赡。铺面之为所抢劫者，业已不少，故商民只得相率罢市，以避凶焰云。

又闻海州地方，游勇蠢动，聚众滋闹，州牧已大受夷伤。惟是否亦为清江裁勇之所为，则殊难悬测。

《中外日报》光绪三十一年四月一日（1905 年 5 月 4 日）

晓谕商民禁止聚众滋事告示（清江）

清河县示：照得清江商民聚众罢市，当经出示谕禁，已一律解散，照常贸易。兹于三月二十一日亥刻奉督宪马电开：淮抚系奉特旨裁撤，与商民有何不便，恐游兵散勇从中煽惑，应迅速弹压。清江为南北枢纽重地，不能无大员驻扎。本部堂现仿天津、保定办法，以清江为行辕，随时驻节，以资镇慑。所有旧日供役人等，一律照常留用。即传谕军民人等知悉，毋再滋闹干究等因。奉此，合行出示晓谕。为此示仰阖城人等知悉，须知淮抚虽改，原驻衙门已奉督宪改为行辕，供役人等照旧留用，至清江市面亦不致减色，毋再聚众滋事，倘敢不遵，定提为首之人，究办不贷，其各懔遵，切切毋违。特示。

清河县示再录：照得清江商民聚众罢市，业经先后出示谕禁，现已一律解散，安静照常贸易。顷复奉藩宪漾电内示：奉玉帅谕，此次淮抚虽奉裁撤，而江北本系两江管辖地面，督帅拟即以漕署改为行辕，随时驻节。署内差役人等，仍照旧留用，何致失所。至商民或因裁抚缺生意减少，不无疑虑，殊不知将来仿照江南，振兴工商诸务，必于浦市更旺。现玉帅奉旨即日来浦布置，所有学堂及各局处已办之事，非惟不裁，且竭力扩充，于地方富绅商民仍多裨益，望切实开导，毋任奸民造谣生事干究为要等因。奉此，合亟出示晓谕。为此示仰阖城军民人等一体知照，自示之后，毋再造谣聚众滋事，致干提究不贷，其各懔遵。切切。特示。

镇道会衔韵示：谕尔居民，各安生业。大小铺户，照常贸易。勿听谣言，妄议生事。督宪到此，安民察俗。院署人役，一切照旧。静候宪示，不必妄渎。

警察韵示：照得清江，民本纯良。督宪到此，保卫地方。已有电谕，全照旧章。军民人等，不必惊慌。大小铺户，贸易照常。勿听谣言，说短道长。聚众妄议，究诘必当。各安生业，勿以身尝。

《中外日报》光绪三十一年四月六日（1905年5月9日）

纪南京工程营兵变情形

南京工程营自管带张家骏以下，皆湘产也。现当督练公所整顿军政之时，乃改派留学日本工兵毕业生程干青为管带，以资训练。旧时营弁遂虑不保其位，暗中耸动兵丁滋事，冀以牵制新管带程君，使知非湘人则不能胜管带湘军之任。适兵备处提调秦其增大令到营点名，见老弱太多，言须裁汰，各兵乃大为鼓噪，向提调声言，如裁汰一二人，则全营三百余名悉当解散。提调大怒，归而诉诸兵备总办朱恩绂观察，由观察前往根究，而营兵出言愈形挺撞，坚索两月恩饷，各回乡里，继而伙夫亦到场争论。观察知不可以理喻，大呼拿人，兵即奋力向前殴击观察，有哨官竭力弹压，致为各兵击毙。朱观察亦受重伤，所乘绿呢轿并被打碎，当赴督辕辞差。此上月杪事也。

《中外日报》光绪三十一年四月九日（1905年5月12日）

闹漕余闻（镇江）

昨岁闹漕一案，省台虽知乡民实为饥寒所迫，特准绅董之请，减漕散赈，然朱竹石廉访终主惩办倡首之人，以儆刁风。新署丹徒郭子华大令据二区董事（此等乡董即串同县差，向乡民敛取报荒费者。及开征时，乡民见出费无用，于是聚众焚毁董事房屋）禀控朱姓、仲姓、余姓三人为肇事首犯，当派差役前往拿办。差役则以乡民拒捕禀复郭令。于是在城绅董躬往乡间察看情形，金知被控之朱姓、仲姓、余姓实属良民，不过家道小康，致为乡董罗织，为赔修房屋之地。至于拒捕一事，尤为不确。镇江乡民由来畏官，一见差役，则纷纷避匿，县差无可擒获，又受乡董贿赂，不免故甚其词，指为拒捕云云。刻朱姓等业由绅董带入县署，与原告对质，郭令亦不忍罪及无辜，特赴苏省面求陆中丞从宽办理。

按：省台与地方官欲清闹漕之原，莫如严办敛费之县差与各乡董事。如以乡民为当办也，则闹漕者多矣。法律平等，势将一一诛之，其可得耶！如仅为杀一儆百之计，则此后肇事之人，鉴于已事，以为幸免者百，获戾者一，吾固未必即在获戾之列也，又何惮而不为耶！如以为拿办倡首，则后无敢倡首者，即无敢肇事者，姑勿论昨岁之闹漕，万众一心，固无所谓倡首也。即有倡首，彼地方官将有何法得倡首之实证耶！抑亦但凭乡董之挟嫌诬告耶！

《中外日报》光绪三十一年四月十三日（1905 年 5 月 16 日）

扬州磁局集议闭市[*]

城内各磁局以及各磁器小贩，曩以制钱交易，近因钱价日低，且捐款日增，殊形亏折，乃相约于十六日起闭市三日，公议行规，约众公守。是日在江西会馆集议，来赴斯会者约有一百七八十人之多。

《中外日报》光绪三十一年五月二十二日（1905 年 6 月 24 日）

机匠停工之原因与其效果（镇江）

江绸机匠停工，人皆谓其求加工价，非也。盖镇城绸号有一陋习，最不可解，机匠织绸一尺，仅给以八寸八分之工价，后乃涨为每尺按照九寸二分核算。至日前机匠又因食用有加无已，相率停工，意在此后得尺则尺。于是绸号聚议于景福堂，有谓近日下流社会中，人动辄聚众罢市，且屡获效果，适足以长刁风，亦有谓工价大小，原无一定，惟减扣丈尺不合公理，机匠固与无理取闹不同。议久不决，而各绸号时有机匠哗噪于庭户，事为郭重光大令所闻。查得镇江共有绸机二千四百具，每机一具，需工三人，是有机匠七千二百人矣。一旦无所事事，无所得食，终日数十成群，游行街市，其不滋生事端者几希。大令爰请业董至署，嘱为传谕绸商，每尺改为九六折，以凭迫令机匠照旧工织，各安生业云。

《中外日报》光绪三十一年六月十九日（1905年7月21日）

流氓扰乱义举（苏州）

上月念八日，苏州士人在阊门外丽华戏园再开特别大会，集议不用美货事。远近士商到者甚众，一时演说颇动众听，故签字担认不用美货者争先恐后。遂有绅士吴君，允将所开之大有烟号中，售剩品海球牌等香烟及林文烟香水，约于次日在元妙观当众焚毁。讵届日午后，正由同志演说，将烟付诸一炬时，忽有流氓数人，因争拾所焚之烟，突起扭殴，观者遂一哄而散。闻争约处尚有同志续捐美货，定于初六日仍在原处焚烧，并拟请警察局多派巡捕到场弹压，以免再肇衅端云。

《中外日报》光绪三十一年七月三日（1905年8月3日）

震泽铜元不通用*

启者：前阅贵报，有"苏州铜元满千，厘卡不用"一条，其中有"各卡未必处处如是"云云。仆于是不能已于言，兹为详述铜元之用否，请登入来函一门，以供留心世务者览焉。仆震泽人也，且由震泽一县而论，其余可知矣。

查铜元市价，于六月间每元早已可兑九百六十文，而各镇粮局，洋价只作九百十文，（按：粮局其在穷乡僻壤，如湖滨等处，所有需索敲诈之端，笔难尽述，洋价尤其余耳）震县堂上，亦只作九百念文，铜元一概不收，非但满千不用也，即欲搭用一元而不能。至厘卡则同里卡，前月底洋价只作九百文，云系奉总办所谕。吁！厘捐总办非现署臬篆者乎，而有是谕异矣。铜元亦一概不要，其余巡卡更有不堪问者。房捐亦然。以致铜元群以为将来必不通用，而贱视之，洋价因之日涨，商民因之益受其困，其弊之何所底止，直有不可逆料者。夫铜元官铸也，其有私铸者罪无赦，诚以示铜元系宝贵之物，惟国家有铸之权，而百姓皆无可铸之理，于是乎画龙于面，称之曰元宝，将以取信于民，以冀长此流行无滞也。乃还粮不要，还卡不要，还房捐不要，以国家之宝，还国家之钱，均以不要二字了之。且每一元，官价与市价相去至四五十文之多，谅自古及今，由中及外，上下数千年，纵横五大洲，未闻有此理也。吾原其故，此必系州县暨各局委员蒙蔽上闻，而出此不肖手段也。

《中外日报》光绪三十一年七月二十五日（1905 年 8 月 25 日）

酱园罢市（扬州）

七月十五日，扬州开办酒捐，每斤加钱四文，许向购者加价。事本轻而易举，讵各酱坊、酒店以苛派不便，竟于二十四日一律罢市，停止卖酒。

《中外日报》光绪三十一年七月二十七日（1905 年 8 月 27 日）

记创办酒捐以致滋事缘由（扬州）

酒捐之缘起，创其议者为赵某，江、甘各谕一董，皆赵之私人。王宗灏实江都之酒捐董事也。

去岁十月间，甫当查捐之时，适有仙女庙厘捐某委员欲揽其利，径禀厘捐总局，将江都境内之酒捐，概归厘捐办理，而江都酒捐遂不可复收，王遂专办甘泉之捐矣。

又惧其势力不足以普及各乡也，于是加谕阮董恩霖，专收四乡之捐。盖阮之威势，诚足以慑各捐户也。

既已认定每石四百文矣，既已呈报总数应有三千八百数十千矣，忽于起捐之日，每家酒行给以木戳一，上书"奉宪收捐，每石四百文"字样。

夫此三千八百数十千，是乡间各烧锅所认定之数，料其认定之后，自必照缴。而忽有酒行每石收捐四百文之木戳，是捐于烧锅者，复捐于酒行，名为四百文，实则八百文矣。

其时城外酒行有臧姓、程姓者，坚不承认收捐之责。白朵卿大令闻之，即将程立提到案，欲科以为首抗捐之罪，程再三辩白，始释之。

闻其收捐章程，其苛细尚不止此，并须于月终之时，查核各糟坊、酒店售出之帐簿，仍须照簿中售酒之数，收捐一次。

按百姓本有输捐之责，然必详其数目，定其章程，使人知其有一定之办法，且使输捐者知此项之款为何项之用。若仅含混影射，仅为一邑新创之捐则，而非通省公行之定例，欲民之俯首贴耳而就其范围也，其可得耶！其可得耶！

《中外日报》光绪三十一年八月七日（1905 年 9 月 5 日）

城门巡役藉端需索 （扬州）

钞关、南门两要道，本有扬关所派之巡役数名，常川轮流值班，稽查偷漏等弊。其实若辈不过日坐此间，每至月终或节下，回各信局与各铺户收取陋规而已。尤可怪者，凡遇乡人运米入城，每石索钱数十或百文不等，甚至手携鸡蛋一筐，或鸡鸭数头，亦必任意婪索。有与之较者，辄云：靠山吃山，靠水吃水云。

《中外日报》光绪三十一年八月十二日（1905 年 9 月 10 日）

追究毁学祸首 （南京）

通州如皋县属，两月之内，迭次毁学，殴辱教员。前有石庄司莠氏，纠众焚烧掳掠创办学堂之某绅家。近又有金沙乡民，误以布改统捐系为学堂加重，聚众打毁该乡小学堂，波及办理学堂董事高君店宅，损失货物甚巨。省台以金沙毁学之案，实由石庄毁学为之厉阶，而前案又实由石庄司巡检王少尉廷炤所酿成，若不严惩首祸，效尤者接踵而兴，为祸伊于胡底，因饬江藩牌示如皋县陈令崇煌、石庄司巡检王廷炤，均调省听候查办。

《中外日报》光绪三十一年八月二十三日（1905 年 9 月 21 日）

邑令勒短洋价将起风潮 （常州）

武、阳两邑令开征下忙钱粮，商令钱业将洋价缩短，复于粮柜再照市价抑短二十文一节，已志前报。日来正值议图各乡输将扫数起底之时，各皆挟资来城，踊跃完缴，忽闻此信，以为无异加赋，众情不服，相率拥资坐待，环吁仍照旧章，与市价一律，未蒙允准。一时舆论汹汹，其戆直者咸思上控，其不愿发难者商请展限一月或二十日，俟大局定后，再行完缴。各乡图董等见此情形，恐肇巨衅，急与诸绅商议，拟求某巨绅出而干预，为民请命，以图和平了结云。

按武、阳两县，乡民完缴钱漕之法，向由各图自行议定限期，大率上忙以五月底，下忙以十月底，漕米以二月底为限。逾限不完，则由值年者布告公众，照章严罚，仍须即日补完，若是者谓之议图。故各乡皆扫数完清，无有蒂欠，除城内坊厢各户（大率皆绅户）外，从无有劳邑令之催科者，故历任皆以好百姓称之。今岁洋价之涨，全由铜元，于武、阳百姓何尤，乃欲责令每元代偿数十文，殊不可解。虽曰可以搭解本省铜元三成，然乡民赍洋来城，即欲向庄兑换，安得如许本省铜元应兑？（市通用之铜元，各省多有）而庄家兑换，例有扣串，仍须折耗，故粮柜所收，尽属银元，统计之每县各可赢收数千元。惟两令皆署任，一已请补宜兴，一已准补上海，不久即将去任。故论者谓：两令不必为是区区牺牲名誉，为后来者作俑也。至此事之关系最要者，则以两县地方自议图以来无敢违犯，今两令若不赶紧转圜，则图法将为破坏，而地方催科从此多事矣。

《中外日报》光绪三十一年十月二十八日（1905 年 11 月 24 日）

记泰兴乡人毁学详情

泰兴县学堂自开办至今，已历四年之久，主者逐次改良，规模渐臻完备。不意上月二十六日午后三点钟时，忽有乡人聚众数千，号称乡团，演至东门，涌入学堂，大喝一声，锄戟齐发，自帐房至礼堂、后楼、西厅、教室、寝室、藏书室，击碎殆遍，书籍、仪器悉遭蹂躏，而东厅及膳堂、教员寝室，前后三进，竟成瓦砾。教员、职员、学生等书物、衣服，又为乘机窃发者打劫一空。末后复又纵火，幸即时鸣救，未及延烧。至此事之缘起，则自查牙行之委员始。盖数日前有一委员至泰查牙行帖，任意搜括，谓虽菜蔬、灰粪，亦须抽捐。乡人以讹传讹，各各骚动。二十三日早，各行户业已罢市。午后，乡人聚众二千余，蜂拥进城，赖龙令及绅董等婉言解散，幸而无事，惟演至西门盐局，有要求减价之说，否则于二十六日即与盐局为难云云。不图于是日乃贻祸于学堂也。刻龙令知照学生各开失物清单，未知将来作何办法。

《中外日报》光绪三十一年十一月三日（1905 年 11 月 29 日）

通州知州上江督电
（为泰兴乡民折毁学堂事）

南京督宪鉴：据泰兴电称，乡民纷传误以牙帖捐为练兵、兴学费，念六日午后聚众，将高等小学堂房屋、器具拆毁，并有复毁盐店、县署之谣，业经官绅会商，李镇许亲往弹压，以免更滋巨祸。惟通属各牙商以去年甫经奉令补换新帖，二百七八十户帖价全缴，只奉藩示、州示，至今尚未奉发部帖，商多不服，逼之亦恐滋闹。叩请宪台缓待将来劝办，候电示饬遵。芳叩。勘。

《中外日报》光绪三十一年十一月三日（1905 年 11 月 29 日）

详纪泰属牙帖滋扰事

扬州府荣太守奉电统兵至泰属查办民变一节，已见专电。兹悉此事实缘查牙帖之某大令未能谙熟该地情形，以致激而出此。该处之行户若米行、木行，均资本较大，苟择要捐办，何难就我范围？至于零星食用各物，几于一物之名，各有一行，且有一行而分为几等名目者，皆青皮地痞充之。今见省台将欲清查，不啻夺其衣食，乃聚众四百余家，一齐罢市。民间日用所需，一时无可取给，遂至相率鼓噪，与官为难。加以是处为盐枭出没之区，又复加以煽惑，以致市面大受震惊。至徐宝山与荣太守查办后之情形，容探悉再录。

又一函云：泰兴民变一节，实缘事前有一熊姓，逼索各行于正捐之外每行缴捐四元，否则无帖者概不准充。岂料开办之后，前次已纳贿银之行户仍不能免。适有煽惑之人谓，此项捐款皆因兴学所致，遂聚众数千人，入城毁学，烧去高等小学一所，又秦姓自立学堂一所。旋即遍觅熊姓不得，又将熊姓所欢之土娼家烧毁。荣太守驰抵该处，暴动之民仍未全散，有耆老等一百余人，环求免捐，以安生业。尚在众情汹汹，未易解散之时也。

《中外日报》光绪三十一年十一月六日（1905 年 12 月 2 日）

染司因索加酒资停工 （苏州）

苏城各染坊近因索加酒资，各绸缎庄不允，致各坊工匠于初一日起一律停工。并又印发传单，每日在时春园茶肆聚议，又分布各市，查察各坊家有无私代染货情事，迄今四月尚未开工。

《中外日报》光绪三十一年十一月七日（1905 年 12 月 3 日）

再记泰兴毁学事

扬府荣月帆太守驰抵泰兴后，查得该处毁学之人，类皆无知乡民居多，除已由龙大令当场拿获四人外，复访悉有为首招摇之行户若干家，并起衅之熊姓，非照例严办不可。已将一切情形电禀请示。恩都转意在和平了结，惟玉帅之意，则因前次石庄毁学未予严办，故不及数月，又有此举，欲重惩之以儆将来。

《中外日报》光绪三十一年十一月九日（1905 年 12 月 5 日）

通州泰兴县禀（为乡民捣毁学堂事）

敬禀者：窃奉江南筹款局宪札饬劝办牙帖捐等因。奉此，经会同委员戴牧宗焘，分别示谕督董，次第查办。讵自开办以来，因奉颁示内有"兴学需款"之语，由此谣言蜂起，谓此后人丁有捐，田亩有捐，即船车器具等件，以及灰粪、柴草、小菜，无一不须抽捐，以济学堂之用，甚将禀准代收积谷、河工等捐，与夫历次奉加之盐价，无不指为学费。蚩蚩者氓，彼此妄言妄听，又复不知利害，遂议立团抵制。卑职深恐滋生事端，分别谕董晓示，告以清查牙帖系为专查私充各行，并无别项捐款，慎勿误会。其时委员戴牧在城乡一带清查各牙，已非一日，盖戴牧自奉委来泰，恪遵宪饬，不假胥吏之手，遇事无不躬亲。于十月二十二日查至北门城外，见有于姓米行、米铺各一家，其牌号音同字异，戴牧疑其一帖两开，取巧蒙混，当向该米铺诘问，并令遵章领照。该铺户以店铺并不代客买卖，哓哓置辩。戴牧以其出言不逊，声称交保送县，冀其输服了事。讵旁观之人以讹传讹，误为店铺亦有私开之禁，致城内外各米铺群怀疑虑，次晨皆迟不开门，互相观望。卑职闻信，随即亲诣保甲局内，传集董事、甲长并于姓铺户，切实诰诫，晓以委员赴店查询，系因情有可疑，如果开设店铺，实未代客买卖，自应免予领照。于是群情释然，一律照常贸易。事后适有乡民多人迎演团练，沿城而行，卑职因其毫不骚扰，未便遽予拿办，转致激成巨衅。当令差保妥为弹压四乡，仍将人丁等捐均系出自捏造之语明白晓谕。不意有等棍徒，胆敢暗中煽惑，捏称某处米店不允缴捐，业由委员送县究办，即借于姓之已事，以证谣言之非虚。该乡民等不问虚实，于散归之后，一倡百和，转辗播扬。虽向之闻谣言而将信将疑者，至此亦莫不信以为实，谣诼纷纭，兼有与委员为难之势。戴牧本拟乘此驰赴通州，面禀分局宪示遵，卑职因恐近于示弱，坚留缓行，一面复派董保挨庄劝导。无如该乡民等蛊惑已深，执迷不悟，竟于二十六日，仍藉演团为名，聚众二千余人，执持旗械，鸣锣来城。卑职会营拦阻，该乡民等目无官长，即用铁叉、木棍信手剌击，乘势一拥而入，直趋学堂，当将校舍、装修器具、仪器、书籍一律捣毁，遗火草堆，致烧厨房一间。及至卑职赶往弹压，该乡民等始行一哄而散。临散之时，仍布散流言，当于二十九日后，来春毁盐店、挟减盐价，并毁衙署、教堂等语。卑职调派兵役严密防范，并督饬董保设法解散，幸获无事。现已禀奉督宪，派兵镇慑，各乡民情虽已渐次安静，而余焰犹未尽熄，所有牙帖捐输事宜，一时恐难赶办。除由卑职随时察看，会委酌量办理，并将捣毁学堂情形专案通禀外，合将卑邑南乡乡民藉口帖捐，造谣聚众、立团抵抗缘由，肃泐禀陈云云。

此案通禀后，闻江督以牙帖捐系专捐行户，与乡民无涉，何致藉口启衅，究竟是否因此滋事，抑另有他故，现已派员昨夜驰往密查矣。

《中外日报》光绪三十一年十一月九日（1905 年 12 月 5 日）

通州绅士致江督电（为泰兴毁学事）

督宪钧鉴：泰兴毁学事，李镇祥椿往查，因牙帖捐致激地方闭市，适乡团来县请阅，有人煽使挟制委员，因牙帖告示有“筹款兴学”之语，遂聚众毁学。运委朱令枚所查相同。如皋近日亦有谣言，可否仍饬吴道广霈莅通查办，乞钧夺。余函详。謇、元炳语。

《中外日报》光绪三十一年十一月十一日（1905 年 12 月 7 日）

筹款局致通州电（为泰兴毁学事）

恩刺史鉴：奉帅谕，此次查办帖捐、牙捐，意在剔厘中饱，化私为公，无非便商便民，应饬各该地方官会同委员督饬绅董，剀切晓谕，毋得误会疑阻，致滋事端。即由该牧迅速分致通属各印委，遵照妥办，仍将地方情形先行电复。泰兴案现由局派委候补府吴炳仁驰往查办，委员戴牧已撤回矣。筹款局。阳。

《中外日报》光绪三十一年十一月十一日（1905年12月7日）

泰兴牙捐委员戴直牧宗焘禀
（为辩白泰民滋事缘由与牙捐无涉事）

敬禀者：窃泰民昨因龙令委任董事，加重亩捐，聚众滋事，业经卑职于禀报随时办理情形禀内，声明在案。不意龙令见事关重大，于念七日聚董商议，欲藉牙捐脱其干系。适董等多有私行，正在不愿办理牙捐，遂为一举两便之计，用以移祸于人，辄蒙禀各宪，诬称因捐起衅，合亩捐于牙捐，厥有五诬，请为大人明晰陈之：

泰民聚众，于念三日即已滋事，咸以不愿亩捐为辞，而龙令念四日张示乡间，亦载明按田亩认捐以及经董不公字样，并无一语涉及牙捐，何以二十七日忽有牙捐之说，其诬一。

牙捐为便商而设，至于亩捐之加，系因办理保甲之故。龙令示内既称乡民私设民团，并非商民滋扰，何得硬指牙捐，其诬二。

又牙捐尚未赴乡办理，与乡民一无交接，而龙令示中确言第六、七保等处乡民滋事，何尝干涉牙捐，其诬三。

乡民不愿亩捐，而龙令念四日示谕犹谓仍照原定章程，听候谕董经办，是为仍办亩捐致酿念六日祸变之确证，何以念七日反裁牙捐，其诬四。

况乡民私设乡团，既经念三日假农器为兵器，拥进县署，龙令示禁不从，念六日又焚毁学堂。果因牙捐，则乡民不必独厚卑职，何以并不扰及牙局，其诬五。

又自念三后，仍有人赴局领照验帖，根票可凭，尤见与牙捐无涉。卑职本应面陈，缘奉督宪派扬州府尊查办，未莅泰时，先有委员朱令枚至泰开导乡民，龙令与朱令同乡，留住署内。卑职自应静候查明，再行赴省面禀，惟既有五诬，不得不先为辨晰。除将龙令念四日发贴印示揭呈总局宪外，理合抄呈印示，备由具禀，伏乞大人电鉴，俯赐查核，赏将龙令印示，逐一详究，是否牙捐起衅，抑系龙令规避取巧，蒙禀不实，不难水落石出。至于龙令在泰，声名优劣，自有舆论可采，且此次由乡民滋事，一经访查，是非立判。卑职专为印示辨晰泰民滋事与牙捐无涉起见，是否有当，仰祈核示祗遵云云。

《中外日报》光绪三十一年十一月十五日（1905 年 12 月 11 日）

江南农务局赵观察上江督密禀

（为蠹书劣董索扰乡民激成上年闹漕事）

敬再禀者：查丹徒县山田赋额本重，虚粮亦多，又有图董、里运、开仓、验票、书差、夫马及杂派等费，每亩除完正供钱二三百文，尚需浮费三四百文。如遇荒旱，报灾有费，勘灾有费，造册卖灾更有费，着董求见，有靴子礼名目，甚至已敛灾费，仍复征漕。盖因乎此，然就表面观之为闹漕，而就内容观之则为敛费。不究敛费，专办闹漕，此民心所以不服也。闻丹徒闹漕之案，三十余年中已有三次，大率只办百姓，或县令并为讳误，而书差则逍遥法外，毫无惩警，百姓因此不敢控诉，此若辈所以敢于敛费也。至其敛费之法，则由书董派定数目，迫令里运敛收，有不交者，则擅自锁系，于是交之惟恐不速矣。查该县户书以漕书石宝山为神奸巨蠹，所敛规费，独得多数，银书石富年次之，董事则以二区傅明恭最贪最狡，勾串该书，遇事苛派之数人者，乡民恨之刺骨，亦畏之如虎。金谓祸根不拔，害犹未已。当二区密查之时，见割稻打稻者妇女多，男丁少，及到方便村，有男妇在场打稻，见人至则趑趄走匿，不解其故。细加察访，系因上年漕案，近尚有差拿人，故男丁不敢在外收获，其见人辄逃者，盖误疑为差也。故职道查毕后，往告该县郭令，嘱其约束差役，无生他变。又闻上年漕案现将议结，传说仅革石富年一人，而积恶多端之石宝山则置之不问，舍豺狼而问狐狸，绅民均属不服。伏念宪台爱民如子，嫉恶如仇，用将所查情形据实密陈。

《中外日报》光绪三十一年十一月十九日（1905 年 12 月 15 日）

泰兴县通禀各上台文

（为乡民聚众毁学事）

敬禀者：窃照卑县南乡乡民，藉口牙捐，立团抵制，聚众捣毁学堂，业将始末情由先后通禀，当奉督宪电饬扬州府荣守莅县查办在案。惟推原祸始，固由于棍徒之妄造谣言，而卑职谬司民牧，值谣诼纷纭之际，不能消弭无形，卒至酿成巨衅，办理不善，百喙莫辞，厥咎本有攸归，于劝办牙帖委员戴牧原属毫无交涉。是以卑职初次通报各宪禀内，即米店查帖龃龉一节，亦复略而不叙，盖戴牧遵饬从公严查隐混私充，系自尽其义务，在卑职固不能分过于人，即戴牧亦不必引为己累。讵戴牧于晋谒荣守之时，极口呼冤，谓衅由团练亩捐而起，与牙帖初不相干，并称有贴过县示可证。洵如其言，是卑职于办理不善之余，更重以欺罔各宪之罪，自不得不将举办团练情形，再为我宪台陈之。查卑邑奉饬举办团练，已及二年，各乡村镇或业已兴办，或办而未成，参差不一。应需经费，概由富户酌捐，自始至今，并无按亩派捐、故违禁令之举。前因城中巡警粗具规模，附郭村庄以南乡第六、七保为最近，经卑职会商绅董，拟乘此冬防期内，先就倒石桥团练仿照巡警规则斟酌改良，俾为各乡表率，其办理章程仍不越乎富资贫丁之法。又以乡间富户大率求田问舍之流，商贾营生，百不得一。董其事者故定以田亩之多寡分富户之等第，间有一二庄业已认定捐数，正在接续劝认，尚未集事，而谣传查办牙帖、无物不捐之说已日甚一日。卑职以该乡民等妄思立团抵制，深虑公私不分，奸民或假遵办团练之名，隐行其抗拒牙捐之计，故于二十三日米店闭门以后，示谕停撤，并辩明设立团练，必须由县谕董办理，民间私自立团，即属有干法纪。至于示首追叙办团缘由，却有"按照田亩多寡，分别富户等第，酌量认捐，为数无多，本属轻而易举"等语。此盖就定章富资贫丁立论，以引伸其富资之义，既无每亩捐钱若干字样，即非亩捐可知，况团练创于一年以前，亩捐谣于半月以内，究其收捐数目，竟有谓每亩月须捐洋两角者。夫以一亩租息，能有几何？即尽取以充终多之捐，犹恐不足两元四角之数，词之不情，一至于此，其为愚民信口妄言，已属显而易见。如谓经董舞弊，而控者阒无其人，如谓民怨在前，而团局依然无恙，且该乡民等果为亩捐肇衅，则事有归宿，凡盐价之贵贱，各捐之有无，皆可置之不论，又何以无因而起，遽集一时？由此以推其余，足见谣言之兴，本未衷诸一是，一人倡之，千百人和之，以讹传讹，遂成市虎，此固理势所必然。不意戴牧即以卑职解散私团之示，指为亩捐之据，似此断章取义，于情事绝不相符。总之，此次乡民捣毁学堂，其衅端所在，无论是否如戴牧所言，抑系实因牙捐而起，在卑职同一咎有应得，原不必再为分辩，第强为附和，甘蹈罔上之愆，私衷亦有所不愿。所有奉办团练，遵奉富资贫丁，委无按亩派捐缘由，理合据实禀陈，仰祈宪台鉴核云云。

《中外日报》光绪三十一年十一月二十一日（1905 年 12 月 17 日）

贩盐妇孺入城滋闹（清江）

官盐局已于初七日开办，各私贩妇孺因无零盐可卖，相约数百人入城，沿铺求乞。初五日，由城守杨都戎劝谕而散。次日复入城，向各铺乞钱，并迫令闭市。各铺不从。营县各官均来弹压，开导再三，然后散去。闻初七日淮城西坝亦均滋闹，皆系妇媪，无一男子，亦由官场开导而散。兹闻官盐店已改期二十一日开办云。

《中外日报》光绪三十一年十一月二十二日（1905 年 12 月 18 日）

染坊照常开工（苏州）

绸绫染坊各工，前因索加酒钱，相率停工。兹由绸缎各庄出为劝谕，并允绉纱每匹加给酒钱十二文，绸绫每匹加钱六文，刻已一律允许照常开工矣。

《中外日报》光绪三十一年十一月二十三日（1905 年 12 月 19 日）

示禁闹盐滋事（清江）

江北提督刘延帅以连日突有老弱妇女多人，结伙入城，藉闹盐为名，沿街强讨硬取，并同铺户扬言，如不给钱，即须闭门云云，故特出示晓谕。略谓：此等扰害治安，实属目无法纪。本部堂悯其愚顽，业饬营县剀切善劝，令其解散，至再至三，已为仁至义尽。但此处聚众之风，久成惯技。此次妇女滋扰，内有棍徒暗中主谋，若不严加惩办，不足以警刁风而安良善。本部堂只知保卫地面，不知其他，除饬将主使之棍徒严密查拿、尽法惩治外，其余妇女各归家营业，不得无端滋扰。自示之后，倘再有前项情事，饬由营县一体查拿看管，讯明里居，即差拿其男子到案，从重治罪。若系抢夺物件，妇女亦照例治罪，决不姑宽云。

《中外日报》光绪三十一年十一月二十五日（1905 年 12 月 21 日）

查办泰兴毁学案禀（南通州）

（前略）查泰兴高等小学堂，系于光绪二十七年，经龙令协同绅董就襟江书院改设。常年经费，出自禀定之烟、酒、油、猪各项出口商捐，初与乡民无扰。缘该乡亦有学生在焉，故行之数年，相安无事。

本年十月间，戴直牧宗焘奉委劝办该县牙帖捐，本为化私为公起见，然适值龙令议改乡团为巡警之际，欲速不达，转碍舆情，二十三日遂有米铺不开门之事。当经龙令督董劝谕，旋即开市如常。而龙令议禁乡团议改巡警，亦属新政应行事宜，其告示词意原令富者出资，贫者出力，因富之等第须以田之多寡别之，故又不得不令各视田数酌量认捐，并非按亩摊派，核与饬禁之亩捐办法固有不同。无如乡民无知，误会其旨，加以反对。学界之辈及无赖棍徒，逞其幸灾乐祸之心，布散流言，从中煽惑，谓此后一切苛细无一不捐，要皆因学堂而起，更指牙帖捐示内"兴学练兵，在在需款"两语，以实证之。于是南乡之民，亦于二十三日聚众二千余人，阳作演团，阴图暴动。当时龙令善言解散，复于二十三日事后，及二十四五等日，叠出告示，禁团辩谣。原冀群疑顿释，讵二十六日，该乡民等复行麇集，一拥入城。龙令及李守备驰往弹压，虽李守备于杂沓之中，自触木棍，额角微伤，而乡民势将退走。会道路谣传有龙令锁拿滋事数人，带入学堂之说。众不加察，信以为真，乃闯入学堂肆行捣毁。此乡民轻信谣言，误会意旨，捣毁学堂之原因也。

伏思兴学为当今要政，一学受创，则全局被牵，实未便稍事姑容，益贻后患。所有为首黄振邦七人，既经荣守访明，札饬龙令拿办，并谕饬各乡董，罚令随从各户集款赔修，具结遵办在案，自应仍饬龙令查照办理。惟学堂工程甚巨，乡民集款难敷，龙令身任地方，未能先机洞烛，消患无形，实属咎有应得。然该令于办理学堂，颇能殚精竭虑，学界重之，拟即责成该令先行捐廉，赶将学堂修复，以为民倡，而赎前愆。戴直牧既已撤差，应请勿庸置议。除如皋、通州两处牙帖捐情形，由卑府炳仁查明另禀外，所有确查泰兴乡民信谣误会，捣毁学堂，拟议分别罚修拿犯各缘由，理合联衔据实禀复。

《时报》光绪三十一年十二月十二日（1906 年 1 月 6 日）

警局被毁（南京）

初十日夜间，银元局委员刘姓乘东洋车回局，路经下浪桥，巡士以车夫未燃灯，阻不许进。该委员则以离局不远，顷即到家，婉请放行。巡士坚不肯允，且吹叫召集多人，势将用武。该员恐被窘辱，乃下车徒步而返。及抵局，随号召工匠百余人，复身至该处警察分卡，一拥而入，将局中什物捣毁一空。迄各路警兵闻声来救，则工匠等已相率远飏。该卡巡官无可如何，遂赴总局禀明。龚观察即于次日往拜银元局总办，将毁卡事告知潘观察，因转询刘委员，责其冒昧。讵料刘并不认错，且面请销差，声言即刻便当赴京，闻是日即束装就道云。

《时报》光绪三十一年十二月十八日（1906 年 1 月 12 日）

拟提中饱款项 （扬州两淮运司）

两淮运司赵渭卿都转，迄以现在朝廷举行新政，兴学练兵，在在均需巨款，拟将两淮各差缺，逐细调查，令将中饱之款，全行呈报，酌留办公经费，其余悉提充公家之用，以济时艰。闻年内即可发表矣。

《时报》光绪三十一年十二月二十五日（1906 年 1 月 19 日）

邵伯镇展缓米禁之风潮 （扬州）

江北准运米粮出口，原定本年三月底截止，嗣经各米商竭力运动，得又展缓时期。惟逐日运出之米，为数甚多，以致米价日见昂贵，现已由三元八角加至四元八角，一时怨声载道，贫苦小民，纷纷欲与米行为难。邵伯司巡检当即力为弹压，并飞报郡城。甘泉县宋季久大令闻报，当即亲自前往劝谕，并一面出示平价，以免酿成意外之虞。

《时报》光绪三十二年四月二十六日（1906 年 5 月 19 日）

展弛米禁之影响 （扬州）

自三月底以后，江北一带仍准米粮接续出口，以致米价日见飞腾。日前，邵伯镇、仙女镇等处贫苦小民，均因米价奇昂，纷纷向各米行滋扰。嗣经地方官绅竭力劝导弹压，得未酿成巨变，并定明米价每石不得逾四元，以恤民隐，日来已相安无事矣。惟扬郡米价目下仍未稍减，上白之米，每石仍须售价四元七八角之间，民情多所不服。窃愿有地方之责者，思患预防，速行平价，以免别生枝节也。

连日扬州一带因米价昂贵，民怨沸腾，遂有不逞之徒，到处布散匿名揭帖，声称将抢劫各米店，并欲与江督周玉帅在扬之公馆为难。市虎杯蛇，纷纷传说，当为扬州府及江、甘两县访闻，立即传谕警察、勇丁加意防守，一面会衔出示，严拿造谣之人，从重惩办。至米价亦予以限制，不准任意增长，致小民有乏食之忧云。

又得镇江函云：镇江及仙濠等处，米禁本以三月为止，一律不准米粮出口。兹江督周玉帅又奏准将米禁展缓，以故广东、宁波各米商均纷纷购运出口，米价为之飞涨。现高米涨至五元以外，即糙米亦须四元三四角左右，小民咸忧形于色。

《时报》光绪三十二年闰四月四日（1906 年 5 月 26 日）

苏抚示平米价（苏州）

苏抚陈筱帅以米价飞涨，民心惶惑，特为手颁六言简明告示，遍贴通衢。其文录下：

照得苏属米价，近来增涨非常。固因出口弛禁，商贩载运连樯。亦由奸商市侩，囤积不遑出仓。现正青黄不接，秋收为日方长。不特商民交困，且恐市面皇皇。并宜谕禁出口，已饬沪道严防。凡属米行囤户，米价不准再昂。如有居奇存积，惩办自有定章。本院派员密访，岂容侥幸遁藏。兹事关系民食，必图补救良方。照会积谷绅董，设法平粜开仓。为此出示晓谕，安民并以慰商。

《时报》光绪三十二年闰四月十日（1906 年 6 月 1 日）

邵伯镇罢市纪闻（扬州）

甘泉县属之邵伯镇地方，日前因米粮出口太多，以致米价飞长，贫民纷纷与米行为难，已经官绅合力劝导，相安无事。无如各米行并不遵照限定价目，依然有增无减，目下每石已售至五元左右。于是谣言又起，并有平时反对学堂之人声称，米价之贵全由于学堂加捐所致，大有群起与学堂为难之势。数日前，满街布散匿名揭帖，种种挟制。本月初四日之早，各店铺一律均未启门，当由本地官绅沿户劝导，而各铺户率皆旋启旋闭，直至午后，遂全体罢市。甘泉县宋季久大令闻报，当即星夜飞驰前往。

又得续报云：邵伯镇地方各店铺于本月初四日罢市，甘泉县宋季久大令当即星夜驰往，会同该镇绅士竭力劝导，现已一律开市。惟米价一日不平，恐不免仍有风潮也。

《时报》光绪三十二年闰四月十日（1906年6月1日）

警察学堂毕业生之风潮（南京）

金陵警察学堂二班学生百五十人于月前毕业，例应给与凭单，分派各路局区充当巡士，循资按格提升。讵该学生等不愿充当巡士站岗，欲援初班学生例，为巡弁、巡长。又因凭单上批注"毕业后须当差三年，方准他往；即平常请假十日、半月、数月，亦须将凭单呈巡官缴存总局"字样，皆不肯领受，以致昨初二、初四二日，在堂中大起冲突。提调张太守绪平谕令服从，不然则将堂中所给之物缴上，听候禀办。该学生等闻之，即将衣服等件向提调房中乱掷。坐办李笠渔观察出堂申饬，群学生口呼打打，势将用武。现闻将禀知督宪严办，以惩刁风云。

《时报》光绪三十二年闰四月十一日（1906年6月2日）

扬属各处因米贵激变

《文汇报》得初八日扬州访函云：距此四十英里之高邮州地方，居民因米贵激变，佥谓此次米价大涨，咎在官吏，故甚为愤恨。目下该处已罢市多日，有多家米铺被众人捣毁，运粮河中有米船两艘，亦被击沉。仙女镇及邵伯镇同时亦有此变，邵伯镇业经罢市，仙女镇各米铺亦相率闭歇，地方官亲往弹压。据言仅仙女镇一处，三月间出口之米已有二十二万担云。

《时报》光绪三十二年闰四月十一日（1906 年 6 月 2 日）

泰州民变 *

扬州电云：泰州地方忽出事变，厘局被毁，商民罢市。

《汇报》光绪三十二年闰四月二十二日（1906 年 6 月 13 日）

无锡米船被抢 *

无锡锡金商会周总理电禀苏抚云：顷据米业商董张曜中到会声称，该业义泰永等八家，赴江北姜堰等处采办漕米、平粜等米，共装三十余船，行经靖江六圩港口，被匪拦劫，请迅派兵将抢剩船米护送出境等情。抚宪得电，即电饬丁军门派勇驰往，赶紧护送出境。

《汇报》光绪三十二年闰四月二十二日（1906 年 6 月 13 日）

兴化官绅冲突，学生罢课 *

扬州电云：兴化官绅因事冲突，学堂学生均已罢课。

《汇报》光绪三十二年闰四月二十五日（1906 年 6 月 16 日）

兴化县令与学堂冲突续纪（扬州）

兴化县知县张大令绍棠，因劳动社会反对官盐栈，诬指为学界中人所煽惑，以致大启冲突，公私各学堂一律停课。兹者该处学会会长顾君咏葵业已来扬，至学务公所报告一切情形。学务公所又接两江学务处来电，请为就近查办。现已特派周君穀人、姚君雨耕、陈君孝起前往兴化调查确实情形，俾得调停了结。周君等刻在邵伯调查事件，接信后当已星夜前往矣。

《时报》光绪三十二年闰四月二十五日（1906年6月16日）

东台匪乱详纪（扬州）

扬州府属之东台县，地方濒海，民风素称强悍，加以枭匪充斥，以致闾阎不能安靖。近月以来，江北各州县均因米粮出口太多，价目异常昂贵，致起种种风潮。该处亦因米价奇昂，遂有不法之徒纷纷造谣煽惑。本月十四日，聚集多人，连劫米行十余家，市面为之骚动。该县绅士一面请官弹压，一面派人向四乡收买米稻，平价出售，以济民食，人心赖以稍安。不料十六日，复有匪徒多人，拥至绅士夏虎臣太史家，将其居室捣毁一空，几至片瓦不留，又将该县所立之学堂放火焚烧，共计毁去讲堂、膳堂三进，余屋幸经施救，得免殃及。现已电禀各大宪请示办理，两淮缉私兵队之驻扎附近该处者，事后已经驰往镇压。该处情形，现仍纷扰异常。闻此次主动者，实为多数之盐枭，其原因大半由于开办官盐栈，严禁私盐所致，适值米价昂贵，遂利用此风潮以扰地方之治安。该县知县马大令，年逾七十，精力就衰，遇此重大案件，几于手足无措，尚不知将来若何办理也。

《时报》光绪三十二年闰四月二十六日（1906年6月17日）

大桥镇贫民抢劫米船（扬州）

近来米价飞昂，致各处均酿抢米之案。本月二十四日，江都县属之大桥镇地方，忽有米船数艘，希图偷运出口，为该处贫民侦知，聚集多人，将其所载之米悉行倾入河内。县主陈小崖大令闻报，即于次日亲往该镇查办矣。

《时报》光绪三十二年闰四月二十九日（1906 年 6 月 20 日）

东台饥民捣毁学堂 *

泰州东台米价昂贵，每升四十八文，民心因之不靖。十六日晨，有妇女向庆丰米店籴米，忽相口角，该处贫民聚众附和，并迁怒夏绅，遂有多人突将夏所办之高等小学堂焚毁房屋三进，其家中杂物尽行打毁，幸未伤人。经东台县闻信驰往，竭力弹压，始行解散。

《汇报》光绪三十二年五月十六日（1906 年 7 月 7 日）

宝应乡民暴动 *

界首电云：十九日扬州宝应县乡民因米昂贵，相率暴动，打毁绅士家室十二处。

《汇报》光绪三十二年五月二十七日（1906 年 7 月 18 日）

宝应乡民围困衙署 *

扬州电云：宝应乱民围困衙署，伤及官吏，并任意抢掠。扬州府已带兵前往剿办。

《汇报》光绪三十二年六月一日（1906 年 7 月 21 日）

泰州盐局被毁 *

泰州官盐局又被捣毁。

《汇报》光绪三十二年六月一日（1906 年 7 月 21 日）

扬州抢米[*]

廿五日扬州电云：匪徒藉米贵暴动，所有米行今日悉被劫掠。

《汇报》光绪三十二年六月一日（1906年7月21日）

宝应乡民与官兵相持[*]

宝应乱民与官兵相持不下，民众聚于上坝，势甚汹汹，且上坝之水又将漫溢，若一经围攻，则民众决堤放水，全城势更可虞。

《汇报》光绪三十二年六月八日（1906年7月28日）

扬州盐案

扬州官场于上月二十七日又接该州官绅公电，有盐枭帮匪乘机煽乱，连抢大业四百余家，闭城自固，岌岌可危云。

《汇报》光绪三十二年六月八日（1906年7月28日）

新阳饥民拆毁县署[*]

苏属新阳县本系水乡，今夏淫雨连绵，致田禾尽遭淹没，而农民又十室九空，米粮腾贵，无路谋生，因纷向县署报荒，并有求食者。县令不准，遂有乱民乘机煽动，聚集二三千人，竟将县署拆毁。现已飞禀到省，请兵弹压。

《汇报》光绪三十二年六月十二日（1906年8月1日）

征兵闹饷殴官 （南京）

练兵处定章，新兵入伍后，每月应扣存赡家饷银一两，满六月即派员驰赴各该兵士原籍，会同州县分给家属。南洋自举办征兵后，鉴于北洋逃亡日多，拟改定章程，入伍一年，始发给六个月存饷一次，俾各人藉生留恋心。然此条章程尚未宣布，故各征兵不知有新订章程也。五月底为江南新军三十三标第一营编伍已满六月之期，阖营征兵坚请照章给发存饷。管带言，新订章程未易挽回。众兵遂集三四百人，直入管带室内哄闹，并任意毁物。有三四员队官出场弹压，立时为众兵殴伤。管带虑肇巨祸，立请标统到场对众宣布，允即转禀督练公所，通融核发。众遂哄散。总参议及总办闻悉始末，即于初一二日将该营兵士存饷一律发交各兵士本人具领，其事始寝。

《汇报》光绪三十二年六月十五日 （1906 年 8 月 4 日）

米贵激变近闻 （扬州）

扬州各属乡民因米价腾贵，众心惊惶，各处土匪遂得乘机煽乱，因之抢掠之事，日有所闻。近接该处访友来函谓：大桥镇又有乱民聚众滋扰米行之事，其情形与仙女镇略同。因江都实不能兼顾，故兵队偶疏之处，无不闹事。现已由袁统带拨兵前往。又云：本府荣太守仍须往宝应一行，因该处之事仍然纷扰。运台又调淮北缉私新军营二哨，由哨官林茂生、游瀚章统率而来，藉壮声威。运台又日派亲信家丁往城内各米业店调查，如有高抬市价，即饬县指名提究，故日来最上白米售价，不得过六元。近江督、苏抚电致各州县谓：匪徒闹事抢夺，必须严拿重办。情重者，讯照土匪例就地正法。若不严办，人心不定，必致米行停市，米船不通，即囤米之家，亦不敢出卖，岂不贻害大局。各州县务即一面拿匪，一面保商，分派商董，谕饬囤户照常出卖，并由官给照护运，并谕米行一律开市，倘被抢夺，由官赔偿。至外客买米，如所买零星无多，不准遏籴，如所买太多，应有买米委员客商等告知地方官、董商等，察看情形，酌定行止，总使出米之处，常有盈余，不出米之处，不致乏绝云云。观此电文，则江督、苏抚焦急情形，亦可概见。然不防闲于未形，而徒补救于事后，有奚益哉！

《汇报》光绪三十二年六月二十二日（1906 年 8 月 11 日）

抢米案又见（震泽）

震泽县所属之震泽镇，忽于去月廿五日被游民连合帮匪百余人，拥至平粜局，肆行抢掠，继而又劫去米店六家，居民惶乱，罔知所措。其余各米店见乱象将成，均一律停闭。该县杨大令闻报后，急行飞禀省宪乞援。闻筱帅业已饬郎军门派营前往捕拿，并闻该镇士绅暨米商等业于日前据情电禀抚宪。兹将电文录后：

抚宪钧鉴：廿五日午，震镇平、粜两局被劫，米行六家亦同时抢劫，人心惶乱，势甚岌岌。恳飞饬派兵保护，以安民心。震泽镇阖镇士绅公电。

抚宪钧鉴：廿五日午，震镇米行六家被劫，乱象将成，后患无穷。请飞速派兵弹压。震泽镇米业公电。

《时报》光绪三十二年八月一日（1906 年 9 月 18 日）

苏乡米行被抢（苏州）

苏属江、震抢劫米行六家，已详本报。兹得苏乡浒墅关乡民来城，述及该镇震裕米行于初五日下午四句钟，被匪徒纠同妇女抢去食米三四十石，一拥而散。然近来米价，省中连日飞涨，已及八元一石，在上官绅若不设法禁止，后患恐不堪设想云。

《时报》光绪三十二年八月九日（1906 年 9 月 26 日）

惩办震泽抢米案续志（苏州）

前报纪震泽县境米行六家同日被抢各节，兹悉肇事后，即有红帮匪船十余艘齐至该镇。而该处乡民以邑尊杨大令拿获乡民一名，为此案正犯，致各乡人心不服，复将该邑平粜局尽行抢空，又将积谷仓强抢。经镇董得悉，飞□杨令，督同飞划各营弹压。又有帮匪混入，即将镇董住宅拆毁。该董等即电禀至省。初九日，陈筱帅即以杨令办理不善，记大过一次，该汛协弁记过摘顶，限十日内勒拿首要各犯，如逾限不获，即行参撤。

《时报》光绪三十二年八月十四日（1906 年 10 月 1 日）

泰州学堂全体罢学（扬州）

顷得泰州来电云：该处王家楼毁学并殴伤教员一案，官场迁延至今尚未办有头绪，现已决裂。泰州学堂全体罢学，电禀两江学务处，请予彻底严究。沈凤楼观察得电后，现已电嘱泰州中学学监陈君孝起，就近先行劝令上课，然后再行派员通盘查办。盖以该处学务复杂已极，非破除情面彻底澄清，则前途难见效果也。

《时报》光绪三十二年八月二十四日（1906 年 10 月 11 日）

详志判结川港毁学案（南通州）

川港公立初等小学校今春假市西关庙左厢开办，其地风气初开，乡民乍以为奇，不免有与学校龃龉之处。一日，黄教员酒后入庙，将偶像拔须批颊，以为欢笑。又杨教员亦于奉上谕仿行宪法之时，立会散给旗帜，为实行地方自治之举。种种举动，未免骇人闻听，谣言于是蜂起。上月十六日，该乡民以结青苗会为名，藉众入庙寻衅，捣毁学校器具及教员等物后，复至黄教员家哄闹，并打毁房屋，损失衣物。次日，学务公所闻报，即转报州牧密派公正调查人至该处调查。州牧恩直刺拟令闹事之人赔缴六千元，以补学校之损失，并允不加深究。学务公所则以该教员等轻举妄动，不能辞咎，于日前特开裁判，决令自行退职，俾服众心。其判语录下：

查黄教员于学校开办之初，不无劳勤可纪，而平日素不能和协乡里，又好为无意识之举动。毁学事起，至于波及住宅，贻害老母。论事的系因公受累，论情实属咎由自取，而前后所报损失数复屡异，其见小徇利，于此可见。今决议由毁学赔款内提款二百元，以作种种损失之补偿。其该校教员职任，以后毋庸再尽义务。

查杨教员甚知热心教育，而更事未多，轻举妄动之咎，殆不能免。自奉仿行宪法之谕旨，即时合群立会，散给旗帜，未免骇人闻听。不知立宪虽有明谕，而地方自治尚未发端，即有此不规则之举动，地方未蒙其利，先被其害。该教员不加思虑，贸然为之，以致乡民误会，乘机煽惑，滋扰闾阎。杨教员此举，众证确凿，不能律之以无过。所损失之物，数属无多，应毋庸补偿，俾服众心。其给旗立会之事，可置无究，以保全名誉，至于所担教员之事务，应即辞退。

《时报》光绪三十二年九月四日（1906 年 10 月 21 日）

海州乱匪旁窜纪闻（清江）

阜宁季令以该县六、七、八套地方，近忽有身穿军衣号褂之海州乱匪四五百人窜入该处，肆意抢劫，居民闻风，纷纷迁徙，人心异常震动，电禀省吏，请速派兵前往剿灭，以免酿成巨患。

《时报》光绪三十二年九月二十八日（1906 年 11 月 14 日）

瓜洲镇商民罢市之原因（扬州）

江都县属之瓜洲镇，滨临大江，贸易甚盛。新任瓜洲司某巡检抵任后，日以搜括为事，以致民怨沸腾。日前，该镇董事沈君家有喜庆事，亲友毕集，斗牌为戏。某巡检即掩入，藉口捉赌，当经旁人解说，予以银洋二十元，始得无事。近日又有虐民之举，一时舆论哗然。各商店遂均于九月二十六日一律罢市，现尚不知作何了结也。

《时报》光绪三十二年十月三日（1906 年 11 月 18 日）

遣送饥民肇事（扬州）

淮海被灾饥民至扬就食者，已及二万余人。两淮运司赵渭卿都转特筹赈四万金，设法抚恤，并派员随带钱米，遣送回籍，以免流离。而饥民率皆不愿回籍，九月二十九日之晚，即有聚众抗拒情事。都转当于十月初一日，特派淮北新军全队赴城外弹压，得未酿成巨患。故遣送之举，只得稍缓再议。

《时报》光绪三十二年十月六日（1906 年 11 月 21 日）

江北水灾日近之惨状

《字林报》云：据闻江北水灾之最近消息，可知灾象蔓延，初非过甚之词。因近来该处难民向南逃荒，均流离转徙，而至扬州、镇江、苏州等处，即来上海者亦不少。在扬州城外栖宿者，有二万五千余名之多，曾经官员禁止，不准再向南去，而已有多人曾在该处自尽，并有将小孩沉诸河中，或鬻卖男女，冀得二三元之价值。其家用什具及一切田具、耕牛，无一不贱卖于人，以济饥饿之苦。该处西教士曾言，似此灾黎满地，恐不免于作乱。斯言诚然！现此等难民日食粥汤一次，或仅食芋皮而已，日延一日，将恐更形艰难。秋季所当耕种之田，亦仅及一半云。

《时报》光绪三十二年十月十四日（1906年11月29日）

徐州又报灾民闹事（苏州）

十八日，苏州官场得悉：抚辕已得徐州府田绍白太守来电报称，该府属丰、沛、砀山等县，本年雨水过多，收成歉薄。现值启征田租，乡民抗不完纳，复又以熟作荒，冀图幸免，为该管地方官查出不准，致该乡民纠同匪类，聚众滋事。除已禀请江北提督拨兵弹压，竭力解散外，特为电禀到苏。该州道员所报亦同。

《时报》光绪三十二年十月二十日（1906年12月5日）

义绅刘慎之由沭阳来信（记灾民苦况）

盛宫保少卿子英大人公鉴：初四日致奉一函，计邀钧鉴。昨派往东南北三乡查户各友信来，兹撮大略以闻。灾民苦况，一言难尽，户口合计总在三十万。四乡种麦，未及其半，低洼之处，水未退净，且麦种亦贵，每石八千，饥民日食不饱，何能买籽下种。此地偏僻，并无出外经商，所靠耕作，一旦荒歉，即无路可走。柴米油盐均贵，此因内地转运未便之故，更兼捐局十分苛求，当此饥荒，一点不肯放松。近因某局扣留麦船二十余天，风闻远近商贩裹足，本地麦遂欠缺，穷民多以豆饼煮菜充饥。豆饼销路大畅，小贩遂多贩卖，而捐局又每斤捐钱二文，小贩近又裹足。捐局勒令店家认捐，险些闹事，刻下事尚未了。所以店家之饼，近亦不敢出卖。灾民至此，真要饿死矣。闻得此地捐局并无捐票，任意勒索店家，小贩惟有忍气吞声而已。以上皆查户各友所报。当此饥馑，捐局如此苛扰，我不解同是人也，何以一为厘局委员，即全无心肝至于如此。或曰，非关委员之事，百姓应该遭殃，假手焉尔。不观夏秋瘟疫乎？世俗相传，必谓瘟神以为之宰。今之捐局委员，犹瘟神也，假手焉尔。虽然瘟神不死孝子顺孙，今则虽有孝子顺孙，亦不能免。噫！盛朗翁运钱尚未到，不胜盼望，赈款非有十万串不能了事，以速为贵。此地龙洋爽用，每元换钱一千，清江换一千零十五，镇江换一千零三十。按南京换钱，洋价可得一千一百八十，将钱易龙洋，运来大有划算。即使洋价稍有折色，运费补贴不相上下。如蒙照办，须请同福庄任懋彰兄代劳。此人做事稳当可靠，请任再招一人，有二人即可照顾，沿途要营兵护送，即向当道借拨。（后略）

《时报》光绪三十二年十一月十四日（1906年12月29日）

巡捕扰民葑溪罢市（苏州）

葑门内砖桥地方有业抬轿者，其妻每日在城外吴兴丝厂工作，黎明出城，必由其夫伴送出城。乃十九黎明，夫妻正行走时，有派驻该处之巡捕瞥见之，以妇之姿首甚佳，上前调戏，为其夫诟骂，捕老羞成怒，拔棍即打。一时且扭且打且吹号，叫扭至城桥茶肆，各处巡捕齐集，将夫若妇痛殴之。一时附近店伙出为劝解，反又迁怒于旁人，定欲扭送到局。故致大动公愤，以巡捕如此横行，概不开门交易，几成罢市之象。后经地保飞报元和县窦甸膏大令出为弹压，讯明情由，劝令各店铺照常交易，一律开市，允将该捕带回，会同局员讯办云。夫设巡警所以卫民，苏州之巡警不满于人意者，已众口一词，乃竟至于如此扰民，则亦安用此巡警为哉！

《时报》光绪三十二年十一月二十二日（1907 年 1 月 6 日）

吴江业主设"田租会"逼租[*]

敝镇黎里，沿乡数十里田亩，低区十有八九，而最低者亦属半数。今岁秋水盛涨，退更迟迟，以致最低之区青苗时没死，粒谷无收不计外，所有稍高之区，十月初田中水尚没膝，虽有一二收成，刈割收晒颇费时日，天又阴晴不一，农人之累，固亦无可如何也。而镇上各业主开仓收租，皆在十月初旬，是以飞头两限完租，诚属寥寥，即至二限，亦不踊跃。各业主错认乡人团合抗租，即有劣董、革董某某等倡设一"田租会"，逼胁各业主入会，撰定章程，每亩捐洋一分，统计田亩五万有奇，即得洋五百余元。遂费洋二百元，请吴江捕厅邱沛廷常川驻镇，差役四出拘佃酷比。前日假本镇司衙升堂，连比十余户，每责籐条一二千，呼号之声惨不忍睹。仆亦在观，默思佃户完租稍迟，刑同盗贼一等，且比过之。佃每亩加差费洋二三元（原额每亩折价四元之间）。嗟乎！何农人之不幸也。

《时报》光绪三十二年十一月二十三日（1907 年 1 月 7 日）

山阳饥民闹事情形

由清江遣散回籍之山阳饥民，奉道宪谕在版闸镇篆香楼凭照换票，各回乡里。先期饬府县照会绅董临时设局，查验给票，三两日间，麇聚万人，而府县所谕绅董十数人，其到局者仅两三人，余则视为多事，翻笑到局者为好事。廿日，清江提宪派员解送饥民四五千人到版闸听候换票，其时只局绅二人，官则无之。该绅因力薄人单，当即进城禀府商一善策，请派大家协力相助。

廿一日，派委三四人，绅则四五人，尚未编查，而饥民纷至沓来，约有两三万人。各绅偕委编查给票，以洋绿水染手为记，恐一人而领两票，致有此策。由巳刻查至日晡，尚不及半，谕以翌日再查，官绅遂纷纷回城，而饥民安堵如常。廿二日，县令胡维藩及各官绅到局，绅仅到五人，终不如所谕之数，其玩视可想，而饥民又多至数万，一目无际，难以定数。县令恐有附近居民混迹领票，传谕乡保具结，勒令饥民归家。某绅两人赞成之，并云非重责乡保一二人，不足以寒冒充饥民者之胆。县令果如所请，所误者廿三坊乡，约责有七八人之多。而尤以徐乡约为最狡展，县令拟带回重办。此风一播，徐约之妇相率多人，由篆香楼门跟下，蛇行而进。守门兵以杖击之，该妇藉此放刁，门外无赖之尤遂蜂拥而入，其中饥民居半，喊打之声，几若电震。官绅见势不佳，即护胡令登楼，暂避乡约之妻。徐妇率众妇直逼楼下，打毁格扇、楼门，幸县差力挡，未容上楼。此时饥民游人出入毫无约束，当乡约被责之时，该镇土棍乘势抢去米铺两家，各店遂一律闭户。此廿二日午后三时事也。篆香楼上官民相持，至于日晡，县差以计拿闲人，乘百忙之际，将县令易装由后门上马而逃。因板舆已被焚毁，城守守备于袍褂之上加穿巡勇号褂一件，于稠人中遁去。张绅跣足脱帽，奔入城中，余则鸟兽散。有王绅貌似胡令，行颇蹒跚，饥民疑其为县令，邀集数百人追随于后。王则大声呼：我为王某。众人听其口音是本地人，故而退去。各官绅入城面禀太尊，太尊默无一言。其在谕未到局之吉绅、秦绅、顾绅、单绅等，初则视为具文，到此时因酿出事端，恐涉及其身家，遂手荒〔慌〕脚乱，据传闻之辞，电禀提帅调兵弹压（关道穆、版闸绅意同）。所最奇者，事已决裂如此，而张守于夜间三时，尚以十数人闹事之电禀提帅。即此三十里中，官绅之言禀两歧，抑何可笑，果视此事为重耶？轻耶？然则张守以行将去位之官，欲置淮人于陷阱耶？其平日之玩误因循已可概见。廿三早六时，提帅马、步队齐集版闸，道宪所委之员亦到。早辰九时，张守忽出朱谕，令饥民安堵，听候放赈。至午后四时，绝无消息，而官绅无一到者，饥民喊饿之声，响应山谷。是时在局弹压之城守张、右营某，均往版闸拜谒提委刘某去矣。饥民乘此，鼓噪而东，又抢去河下米铺一家。城内亦惊慌异常，守城堡兵加多，有欲关城之势。太尊遂乘坐官舫往浦面禀提帅，纡徐而去。以如此急迫不待之事，而从容若此，无怪各绅因其从容而亦从容之。乱机发现，不可收拾，未知明日何如。特将近来三日肇事情形具实奉闻，不敢有一分捏饰，乞贵报登入来函一门，为南方大宪及诸大善长告，请速筹良策，以绥我民，不必待淮绅之计画也。缘淮绅中之最温饱者，于地方公益着着退后，每于酬酢谈笑，事事争先，求其为吾民捍灾御患，百中不得一人。言之及此，可哭可悲。伏祈南方诸大善长，置我等于衽席。倘饥民结连土棍、枭匪，乘间起事，吾淮无噍类矣。淮山城内外民人千叩拜述。代表曾用霖叩书。

《时报》光绪三十二年十一月二十八日（1907 年 1 月 12 日）

清江浦灾民之近状（译字林报）

清江浦来函云：余自礼拜四至此，因小轮在高邮州地方搁浅，致途中稽迟数小时。清江浦西北相距一英里地方，灾民均搭盖棚帐，约长二英里，阔一英里。每棚相距一百二十五步，排列颇为整齐，中隔小弄，以通路径。棚门首均派警察看护，并有兵士巡视四周，故其布置与管理之周密，余见之不胜奇异。距此间五英里许地方，所栖宿之灾民同一办法。共计数处棚帐有四十八所，每所可居一千二百户，合算灾民共有四十五万口。中有百分之三十，颇形困疲，而有百分之十，则更属不堪。赈款均由官员散放乡间。售卖米粮、负贩食物者，接踵于途，由灾民相与争论价值。妇女孩童散处田岸间，有数英里路之长，均在垦掘树根草叶以及植物之可以充饥者。棚中各将草树枝叶加米少许，煮以为食，惟其污秽之形状，难以尽述。现虽天晴，日间尚属温暖，而入夜寒威侵逼，河水皆冻。虽由官员设法使之回籍，而来者反较去者为多，致途中往来，特形拥挤，有□不□，均不作□。虽欲习劳，而一无所事，道路之残缺甚多，并不修筑，沟渠亦不修浚，以疏积水，以致田间水积如故，尚未能耕种。论气候则此时麦田当可一望皆青，而今则仍然一片荒田也。所有赈款铜元，皆由官员用枇杷桶装置运来，其数亦不易核算。义赈会中所发下之牛奶等，因灾民均不嗜食，故尽饱各官员之口腹。统观此间灾情，颇形重大，若非用以工代赈之法，其害有不堪设想。本地官员现亦别无良法，惟有严为约束，或劝令回籍。幸灾民之性质尚属安分守法，惟其窘迫之境，恐现尚不足谓已达极点也。

《时报》光绪三十二年十一月二十九日（1907年1月13日）

详述江北各处报告灾荒情形

谨启者：本会前者逆料江北被灾各处，大抵一月之后，始见极苦情形。不意近日接得各处报告，言其极苦情形已经目睹。兹将各处寄来西文报告略译登报，庶仁人君子闻而见怜，踊跃输捐，本会不胜翘盼待命之至。

据宿迁冬月十七日来函云：此间灾民日来愈苦，大抵西二月以前，十分之三行将饿毙。我等昨日开办赈济，仅有洋三百元，散筹一百根，来领者有一千人，每人仅一百文，拥挤异常，散赈者几至受伤。今日将暗暗散放，如款敷足，可给三百余文。以工代赈之策，无论工钱数少，作工者力薄，较之徒给钱更好，盖可免游手好闲者糜费赈款也。

同日安东内地会某女教士来函云：本城绅士今晨来见，特嘱函致尊处，速发赈款，以救本地千万人之命。自清江浦驱逐回家之人甚多，苦不堪言，山芋叶已将完，野草又经严霜杀尽，有拆棉衣内之棉花当食者。卖儿女者今成常事，有将一小孩在街中仅换二升米者，又有一女孩仅卖四元，即男孩亦卖，为儿女而死者不少。日苦一日，赈济有限，此间城外屯积逃灾之民，今已各□归家，有未领赈济而去者，恐将饿死。米价太涨，徒唤奈何，盖亦无法。据绅士云，如有赈款寄来，不愿由华人散放，只有由洋人处领取，方可望得实惠。但愿尊处速寄款来，并派洋人同来，我等甚愿帮同散放。

又某教士冬月十二日自徐州府来函云：本府八县，惟宿迁、睢宁、邳州凶荒最苦。我云此数处最苦，并非置铜山县境于荒区之外，要知比较八年前之饥荒，铜山尤苦也。麦面为民食大宗，寻常每斤二十五文，今年则五十余文一斤，而其中仍有夹杂。每日每人需三十文，只得薄粥耳。春间存粮已罄，目下情形甚为急迫，有田产之家，典卖田产矣；贫穷田户，即籽种已卖尽、吃尽，非待来年夏间，不能有望。以此计算，尚有五个月之极苦。所幸有官办赈粮平粜，如寄钱来，则尚可购买接济。

又扬州内地会教士冬月十八日来函，述及清江浦以南之灾荒情形云：此间城外难民，屯居草棚之下，以每栅〔棚〕五人计，至少有五万人。十月间由本地开赈，冬腊两月由运台赈济，新年以外，恐须待外来之款也。据清江浦教士及华友来述，城外草棚屯积逃难之人，计有五十万。散赈者每人日给三十文，各人自备粮食。如尊处速寄粮食前去，自可立即散放。安东灾情极重，田户均往扬州、清江浦就赈，其家业稍好及有田产者，仍留安东。此处教民约有一百五十人，均由教士照顾。若非传闻有放赈委员三人由上海前往放赈之说，此间几至闹事。此种传闻，言之甚长，姑且不述。敝意教士办赈，无论如何美善，俱不如由官办为最妥也。缘此次灾荒，与寻常不同，灾民屯积，为数至五十万，有似军队一般，一有不慎，即至变起，不可收拾。最好请派大员监理此事，无论何等绅士以及候补等官，均不能承办，因恐权力微薄，不能胜任也。

有教士自安东来函言，与敝见相同。教士不应担此大任，安东如此，各处均应如此。甚盼俯采刍荛，见诸实行。惟尊处办此大事，实深感激，待款甚殷，切望速寄。

又有自宿迁来函云：贵会筹赈救济十万民命，绅民均感德至深。今早路遇三十一人，内有二十三人饥饿见于形色。上礼拜捐集二百元，拟拣极贫者接济，惟未敢公然给钱，只仅数人来家敲石，每人给工食一百文。次早竟来二十五人。第三日拟雇百人，而来者成群，给筹者竟被挤压几至受伤。如能开筑津镇铁路，以工代赈，自能养饥民不少矣。

《时报》光绪三十二年十二月二日（1907 年 1 月 15 日）

官吏乘赈灾搜刮（江北）*

江督、苏抚于客岁通饬江北各道府电云：本年江北水灾极重，饥民众多，迭蒙圣恩，发帑截漕，广为赈济。其应蠲、应缓钱粮，亦经钦奉寄谕，饬令分别办理。现在各属灾区均经筹拨赈款，官、义并放，以期安集灾黎。乃近闻各州县差保反藉灾黎领得赈款，私向催收忙漕，且勒索旧欠，以致在籍者难沾实惠，在外者不敢回乡，殊可痛恨。除严密查拿外，所有徐属之邳州、宿迁、睢宁、铜山、萧县，淮属之清河、安东、桃源、阜宁、山阳、海州、沭阳、赣榆十三州县，本年应征忙、漕两项，应即一律停收，缓至明年秋后带征云。

《汇报》光绪三十三年一月十一日（1907 年 2 月 23 日）

匪徒聚众滋事（清江）[*]

清江浦电云：清河、桃源、安东各乡，匪徒聚众抢劫，煽胁饥民，势将蔓延，皖省盱眙边界亦有匪徒出没。清江官场业已派队前往捕剿。

《汇报》光绪三十三年一月十五日（1907年2月27日）

扬州饥民殴官详情

扬州饥民共有五六万，去岁官绅散给度岁钱米时，谕以开正遣散回籍，各饥民均具有切结。至初六日午后三时，在城文武各员俱命驾出城，先至便益门外离城四五里之老虎山地方。因该处为邳海饥民所居，此辈性情最悍，如能帖伏，则他处皆可无事，故先至该处也。随由荣月帆太守率领所属至所圈饥民围内，谓现已封好船只，各还乡里，听候放赈。乃饥民等声称，誓不还乡，久居此处。各官谓，无论如何，今日定须上船。各饥民遂聚众多人，各持锄棒，将各官围住殴打，并将粪桶泼翻，向各官身上乱洒。甘泉震大令左颊为石子所伤，府尊荣太守肩受一棒，所乘肩舆立成齑粉。各官见势不佳，即奔窜至附近护国寺中躲避，后换小轿入城，当时即同往运署禀知一切。赵都转随即据情电禀江督，请示核办。

《汇报》光绪三十三年一月十八日（1907年3月2日）

扬州饥民遣散不去[*]

扬州饥民殴官之后，连日城内外居民铺户颇形戒严，闻饥民中亦有愿返乡里者，惟为强悍者所迫胁故，坚不肯行，计初九日自朝至暮，仅遣散七八百名。现江督已电饬运司妥为办理，并拨兵一队至扬驻守。江北提督亦派兵五百名协同镇压。又闻江督电致府县，略谓：徐淮饥民一再赍遣不去，或因办法未善，仰即妥筹良策，慎勿操切从事，徒恃兵力。

《汇报》光绪三十三年一月十八日（1907年3月2日）

详纪石庄镇盐栈乱事（如皋）

如皋为产盐之地，向准老弱肩挑零售，居民从无食官盐者。石庄镇之藉此谋生者，不下数千人。自去岁如皋县开设官盐栈，巡缉私盐，不遗余力。十一月底，缉私船勇在磨头地方，开枪误毙平民三命，官不为理，私贩居民人人自危。十二月初四日，石庄分栈又复开设，以蒋向秋为经理，沙、施、冯等为司事。蒋曾为花布分巡司事，向不理于人口，而沙、施又为该处著名之无赖，定章缴费四元者，即得领牌开设分盆，并有缉私之权。又招集向来肩贩，缴费四角，给筹一支、盐若干，限逐日售完，次日即指为私盐，苛罚无厌。有沈家天井人在蛇田庄卖盐，被该地弓兵李锦所见，索洋十二角。该贩请先交四角，俟盐售完后再行缴足，有张姓为之担保。嗣又有栈傍陆姓，向索六十角。该贩盐罄囊空，不足以厌其求，欲将车抵押。陆不允，乃与李弓兵将该贩诱交分栈，责以军棍。该贩释后，诉诸家人，沈家天井合庄为抱不平，群议欲将盐栈打毁。其时有野吴庄分盆，缉得私盐数车，送往石庄分栈，路经沈家天井，被该处人截住。栈司施、沙、冯闻信往夺，沙、冯二人被缚，施以贿脱归，诉之蒋。蒋以石庄司名片请董事朱金铎往为排解，已将沙、冯二人释放矣，由朱董带至该庄凌姓家。突有三姓街盐贩至凌处翻议，欲将沙、冯夺回，幸沙、冯得乘间逃脱。该盐贩即将凌宅捣毁，并执朱董，限交沙、冯，并要求写禀撤盐栈之据。于次日复聚众携械，将盐栈打毁，又至蛇田庄，将为李弓兵担保之张姓房屋打毁。此十二月十四日事也。其时朱董尚未释放，得沈家桥人沈松山出为调处，始将朱董放还。闹事之时，县令驰往弹压，见众怒难犯，未敢拿人，当即出示晓谕，各自安业，并将栈司沙某、冯某及弓兵李镇带归，得以含糊了事。至腊下旬，县城盐栈姚委员电请拨勇二十名，驻扎石庄，并修整被毁盐栈。乡民见驻兵开栈，乱机复萌，乃于本月初又与三姓街联络，遍布揭帖，禁草入市，且互制器械，藉谋抵制。十一日乃有悖逆之揭帖，遍于石庄街市，以至人心惶惑，多有迁避者。此目下之情形也。

附录江督复李镇电

李镇台：覃电悉。如皋石庄官盐栈前事未平，近日复有匪徒揭帖，约期滋事，亟应赶紧弹压，以免酿成巨案。该镇先已派宋游击带队前往办理，甚为妥速。至通、如等属近场州县，民间食私已久，骤因扼守范堤缉私，由官设栈售卖，即使盐价不加，已难免私枭煽惑。此次如皋一再滋闹，自应妥筹善法，持平办理，已电饬运司迅派明干得力之员，前往查明妥议禀办，应再责成该县妥为开导，勿任再滋事端，转致通、如商会张、何两绅为要。仍将此电飞送如皋周令阅看。督院。咸。

《时报》光绪三十三年一月二十一日（1907年3月5日）

阜宁请兵弹压滋事灾民（清江）

阜邑灾民因索积谷款项，于本月初六、七两日，聚众一千余人赴县滋闹，并将仓董陈锡晋、县书潘学广两家，捣毁一空，声势汹涌，不可遏抑。该县季令恐酿巨祸，顷已飞禀提署，请拨新兵一营前往弹压云。

《时报》光绪三十三年一月二十二日（1907年3月6日）

阜宁乱事汇记（清江）

阜宁县撤任之原因。日间阜宁季令奉饬撤任，改委路丞孝思前往代理。闻因该县灾民聚众数千，捣毁仓董、县书两家，刻下尚未全行解散。该令办理不善，故派路丞往任此缺，以免酿成巨祸。

《时报》光绪三十三年一月二十三日（1907年3月7日）

贪员末路（南京）

陈玉苍钦使在宁垣查勘铜元局、工程局并锅炉机器出入帐目时，革道潘学祖挽人探伺钦使意旨，似可为之开脱，故于十二日潘学祖恭送星轺起行，颇极安心。讵钦使于起节之前，曾亲往督署索阅午帅奏参折稿，谓仅予革职，不足蔽辜，故于临行时，复密电参劾，请予革职查抄，并有发往军台字样。十三日，谕旨颁来，著江督依议施行。午帅立传府县面谕，迅速行事，毋泄风声。上元县朱霞林大令即派人诓请潘道亲莅江宁府署，谓有要事面商。潘道欣然入署，当经首府许东畬太守宣布上谕，即将潘道拘留，一面由府督县会同两协驰赴中正街公馆内查看家产，一并注册封志，先将其家属驱逐出外，继将二门发封，派两县差役多人驻守。当日潘道家属即移至佛照楼客栈暂住。闻查潘道自三十一年正月起至三十二年四月十五日止，共铸铜元六万九千一百五十一万元，共获余利银一百零九万四千八百十两九钱五分三厘零，按照每百万枚盈余银三千二百两核算，共短银一百一十万八千零十五两。虽铜价贵贱、钱价涨落未可执一，然查核潘道三十二年正月至四月十五日销册及匦道册报所列接收该道移交物料，除铜价不计外，已浮冒规银三万八千七百两云。图饱私囊，隐蚀公款，则今日之堕落法网，实不足为该道惜也。

《汇报》光绪三十三年一月二十五日（1907年3月9日）

阜宁饥民约期入城作乱[*]

清江浦电云：阜宁四乡饥民闻在制造旗帜，歃血相盟，约期入城作乱。现由荫军门札委署淮安府桂太守率驻淮新军前往。

《汇报》光绪三十三年一月二十五日（1907年3月9日）

如皋乱耗

如皋石庄镇倡乱，已志前报。闻此事实由该处官盐分栈办事不洽众情所致。绅董张殿撰謇、沙编修元炳等已公电江督，请将通州、如皋两处盐栈暂行停办。惟匪众猖狂，大有燎原之势，遍布揭帖。其一云：本帅定于十四日攻打盐厂，如有人来助者，以白布缠头为号，倘得军械、粮饷，照人分派，决不失言。顺德元年正月初六日。白布帮。其二云：先杀汤六怡轩来祭旗，复杀见安，我保主子三姓国，名字叫做杀人金。白布缠头为号令，便把里河一扫平。其三云：可恨学堂人，同文押人，见学便杀，非学不杀。

《汇报》光绪三十三年一月二十九日（1907年3月13日）

再纪盐栈愤事案（南通州）

石庄案江督现札委商务局总办王绍延观察燮前往查办，观察于廿六日到通，次日即乘小轮赴如。

此事未平，又闻日前如皋李堡地方，有盐勇多人因缉私又误毙平民，乡民大愤，已聚众将盐勇殴伤。又马塘地方有老农携白鸽数只上集求售，被盐勇所见，将其鸽抢去，并将老农殴伤。众心不服，经已全镇罢市，现在不知若何了结。

通、如绅士现在已酌拟石庄分栈善后办法六条，呈请运宪核办。

《时报》光绪三十三年二月一日（1907年3月14日）

再纪高邮乱民抢掠（扬州）

荣月帆太守驰抵高邮后，见各绅富被抢情形，所失资财以杨、马二姓为多，但见内室箱笼，均已狼籍满地。杨绅所存谷，抢去不过一二百石，幸乱民未将义仓攻破，故马绅所经理之义仓尚得保全。其时适值城外饥民换给路票，司事胡某有克扣等弊，群起鼓噪，并为一事。高邮杨牧又不能调停于两间，遂亦任其纷纷扰扰，历六小时之久。荣太守既经履勘，并访知为首滋事有朱其福、陈六小、余朱寿小等人，皆平日卖柴为生，兼在南门外开烟馆，而太平庄各贫民实为朱等所运动云。

《时报》光绪三十三年二月一日（1907年3月14日）

江督端午帅咨文
（为阜宁民人聚众滋闹事）

据阜宁县禀称：有民人聚众滋闹积谷。于正月初五日，民人约一千余人进城哄闹积谷，知县随即会同绅董劝散。复于初六日聚众二千余人，在城滋闹，愈聚愈多，抢空经谷两家。知县带队弹压，切实开导，内有匪徒煽惑，半日方始散去。又于十一日，忽来五千余人来县滋闹，将大堂拥挤，公案倒塌，将警察号衣抢去，夺去洋枪四杆。知县会同营汛妥为弹压开导，仍然不散，至晚方能出城，各乡仍行纷纷聚众。除电禀提宪拨队保护，情形急迫，理合禀请宪台拨队保护等情。当经电请就近派队前往弹压，并札饬淮运使拨派淮北缉私营前往弹压。查积谷本为救荒起见，该乡民聚众滋闹，从中有匪徒在内煽诱，殊属不法已极，此风万不可长。江北各州县查放春赈，动用积谷者不少，除委江苏候补知县陆令会同该县传集各绅董来城酌量办理，切实开导，如再滋事，即归董事是问，不得置之事外，定将该董等严办云云。

《时报》光绪三十三年二月二日（1907 年 3 月 15 日）

大汐港毁学又见（南通州）

通境大汐港初等小学，由董事崔西庚、西林等自筹经费，就宏济寺开办，并未捐集地方款项，于正月初十日开工修建课室，拟于二月初十日开学。二十七日晨，忽闻鸣锣四起，突来乡民六七百人，将该校课桌、器具全行打毁，所有存贮修改木料，均搬至校外燃火焚毁，后各散去。教习崔西林本住学中，当时闻风幸已逃避，不然必大受夷伤。此等乡民，皆为离该镇数里之桃园埭及庄四圩之人云。二十八日，又忽鸣锣聚众，集议烧香齐心，须再聚千人，重将崔西林等住屋扒毁，居民甚为惶恐。现崔教习已赴城呈请学务公所转报州镇。州牧已赴石庄勘案，李镇军已饬宋荣华游戎带兵遄往弹压。

《时报》光绪三十三年二月三日（1907 年 3 月 16 日）

贪员末路再志（南京）

潘芸孙革道自查抄收押后，经首府许星璧太守迭次提讯，复提到前充铜元局员司数人，与之质讯。内有前充帐房韩医生，经严刑拷讯后，始实供云，已所分肥，只得二万七千金。闻潘革道在宁讯过数堂后，仍须押解入京定案，除勒追赃款外，尚发极边。潘道得此消息，惶急异常，已在禁所吞金一次。其家属移居佛照楼客栈后，旅赀食费，取给无从，因于日前函致造币厂旧同寅处，诉苦告贷。闻汪策吾观察备洋百枚，提调备洋三十枚，以赒恤云。

《汇报》光绪三十三年二月三日（1907 年 3 月 16 日）

江阴饥民抢米 *

江阴东北乡沿江一带，去岁歉收，虽略施义赈，然杯水车薪，无济于事。故自客冬以来，后塍镇地方，凡肩挑背负之米，均被沿途妇孺上前拦阻，用刀割碎米囊，以衣兜抢。杨库镇有富户童简堂，收有租米千余石，屯积家中，饥民涎之。因于上月二十日，有男妇老幼二百余人，拥入童宅。童即掩门，饥民遂坏两旁垣墙而入，抢劫一空。闻童已赴县呈报，未知该令如何办理。

《汇报》光绪三十三年二月七日（1907 年 3 月 20 日）

如皋贫民抢劫米店 *

如皋白蒲镇穷民于初三日聚众千人，抢劫白姓米店，散时尚声言欲于初五再行抢劫某典铺。故通州已派兵一队前往防范。当日开往如皋之小轮班亦已改期。

《时报》光绪三十三年二月八日（1907 年 3 月 21 日）

白蒲镇穷民抢米 *

南通州电云：白蒲镇穷民于初三日聚众抢劫各米店，如皋县电禀大宪派兵弹压。

《汇报》光绪三十三年二月十日（1907 年 3 月 23 日）

为富不仁（高邮）

前纪高邮州饥民滋事，近接访函，详述该处富绅坐视不救，且因而为利，则饥民滋事，非饥民好乱也，实绅富不仁也。因略述颠末，以告当道。该处有巨绅杨福臻者，室中蓄米如阜，于新正十九、二十等日，雇舟装赴远处，冀得重价。彼时各米商谓，本地米价已腾至七元以上，若再运出口，则米价愈腾，民情愈困，不若在本地贱售，使百万疮痍稍沾实惠。杨绅不听，竟运往别处，一时运米之船，络绎不绝。故人有谈及杨绅者，饥民无不切齿。至二十一日，四乡敲洋油箱，号召至数万人，尽起与杨绅为难，妇女则拥入杨绅内室，捣毁一切，丁壮则相率抢米。杨绅一时无措，只得任其所为，迨事后始赴州署呈报。现该处已由江督派驻镇巡防两队前往镇压矣。

《汇报》光绪三十三年二月十日（1907年3月23日）

溧阳饥民饿莩相望

溧阳去年被水灾饥民有十万余口，而彼处民风素驯，非唯不肯逃荒至他乡，即亲邻亦不愿乞怜。现届春令，多闭户饿死者。有某甲一家数口，关门不食三日矣。亲邻叩门与之食，甲谢之曰：尔食我一二餐，无益也。竟闭门饿死。此类死者甚多，童孩饿死者尤不计其数。

又彼处荒区之田水尚未退尽，小麦不能补种，饥民不得食，皆削树皮为屑，和糠食之。然少壮者尚能久食，年老者食之多胀死云。

《时报》光绪三十三年二月十日（1907年3月23日）

中人伙抢饥民卖女价银（清江）

饥民卖女者，日有所闻，觉津寺旁有流栖饥民某姓，以十余龄之女售得身价二十四元，中人当时索谢四元，仅剩二十元。讵未及三日，中人又来商借六元，未遂所欲，乃于次日邀约多人，声称索欠，将某姓夫妇殴伤，二十元均被抢去。现警察总办程司马鸿遇闻知，已派人查办矣。

《时报》光绪三十三年二月十三日（1907年3月26日）

清江饥民惨状 *

清江各乡饥民食尽后，继以草根树皮，既复将土人田内所种麦苗连种挖食，目下甚有将木作内桌凳木屑捣磨成粉以为食者，真奇惨也！

《汇报》光绪三十三年二月十四日（1907年3月27日）

饥民食婴 *

江督端午帅据张殿撰等电信，饥民有食婴之惨，闻之骇异，因特札委海州工赈之许明府顺道到有灾各区，查明何处确有食婴情事，飞速电禀，其不通电处，即用排单飞递，以凭核夺。

《汇报》光绪三十三年二月十七日（1907年3月30日）

林梓又出抢米案（南通州如皋境）

二月初十日，乡民聚众数百人上街，因米贵与米店龃龉。其时该镇董事先已捐资购米平粜，该处分河东、河西两乡，此次河东均须有平粜之款，河西则分厘不出；及至卖米，河西之人又复强买，以致口角。初十日人尚不多，十一日约有一千余人到街，先赴某董事家，复至正丰、正昌两米行，将各米麦囤抄和，浇以煤油，抛之满河，计连抢失约有百余石。此事之主使，系地痞李和、方九、崔麻子等棍徒。其时人众未散，适大达小轮北来，李和等忽大呼打轮船，于是一哄而往。小轮见势汹涌，立开快车疾驰避之。此林梓棍徒煽惑贫民闹事之大略情形也。

《时报》光绪三十三年二月十九日（1907 年 4 月 1 日）

林梓抢米案[*]

如皋林梓地方又出抢米案，乡民约一千余人，学董陈某家亦被打毁。通州牧派宋游击前往弹压。

《汇报》光绪三十三年二月二十一日（1907 年 4 月 3 日）

常熟抢米风潮[*]

苏属常、昭两县迭起抢米风潮，常熟经官枷责四人，始稍敛迹，而昭文东市、碧溪市等处，尚未能安。有何家市地方，竟敢辱官殴差，甚至毁枪船三艘，军械、号衣全行失去，守备易锡光因往弹压受伤。现闻获住两人，先行收禁，所毁之物，闻由该处绅董摊赔。

《汇报》光绪三十三年二月二十四日（1907 年 4 月 6 日）

仲兴闭市两月[*]

淮安桃源县属之仲兴地方，近有饥民六千余人，以放赈委员侵吞赈款，将用火围攻，制其死命，故该处闭市两日。

《汇报》光绪三十三年二月二十四（1907年4月6日）

劝囤户粜米说（黄公之式）

去岁之荒，荒在淮、徐、海诸郡，于苏、松、常无与焉。淮、徐、海僻居江北，贫民多食杂粮，苟有高粱、芋薯等物济之，虽荒尚无所害。曷为而苏、松、常产米之地，其价竟腾贵若斯？曰：为富户之囤积不肯粜也。曷为而囤积不肯粜？曰：望其价再腾贵得以垄断居奇也。公之式曰：噫！其愚实甚。不见夫沪上诸巨贾，奉道宪谕，已贩运暹米济贫乎！今虽每石贵至银元八九枚，转瞬暹米飞挽而来，市价必立时平减。迨一平减，则向之居奇垄断者，虽欲以每石六七元售出，而暹米一经贬价，势必过问无人，则曷若及早出以应购者之求，犹可利市数倍乎！且各邑皆有社仓积谷，或数十万石焉，或数万石焉，至少亦以数千石计，大吏见青黄不接，小民一饱难求，必且羽檄飞驰，咨米施济，贫民苟得仓谷以资糊口，其稍有生计者，又有籴暹米济饔飧，米价焉有不平？囤户焉有不折阅者？顾仅曰折阅，犹之可也，独不见目下饥民已纷然纠众攫夺乎！他郡姑弗论，只就松属言之，如泗泾，如洙泾，如七宝，如虹桥，如庄家泾，或劫富户，或劫米铺，或劫运船，扰扰纷纷，官长几难弹压。浦东素号民情安谧，而六里桥夏姓亦以囤米至二三千石，乡民愿每石出七元五角以购，夏揎勒不允，以致激成众怒，劫掠一空。当此时势艰难，民呼庚癸，诚有如谚所谓饿死不如犯法者，禁之无可禁，诛之不胜诛，谓非此囤户阶之厉哉！或曰，今者抢米之风已炽，在囤户即欲发售，恐一经开栈，闻风者即纷至沓来，如蝗蔽天，一食而尽，矧米船已屡经遭劫，则天荆地棘，虽欲转运而无从，反不如深闭仓厫，犹可藉以自固。噫！是真愚之又愚者矣。夫粜不粜之权在囤户，而官长可押令粜之，且以祸福利害之说晓谕之；劫不劫之权在饥民，而官长能严以惩之，且多派差役兵士捍卫而护持之。但使囤户明于粜之则转祸为福，不粜则蕴利生害。而转输之船户，见官长已尽心保护，途中必无攫夺之虞，则亦何乐于为富不仁，贻日后无穷之灾祸耶！闻之苏之常熟，夙以产米著，去岁秋收不甚绥丰，而松之华、娄、金、青，常之金匮、无锡诸处，类皆云屯露积、千仓万箱，诚得官斯土者，开诚布公，明白宣谕，而又关津无阻，使之远近流通，则虽无暹米来华，社仓发粟，而米价亦必自此而平。非然者，抢米诚可虞。至米已抢完，后至者且抢及衣服、首饰，娄邑管家村之事，已尽可借作前车，且莫谓上海为安乐窝，彼洋栈所囤之玉粒金粳，盈千累万，一旦饥民揭竿而起，亦不难如取如携，纵有捕探及团练西兵，窃恐鞭长莫及。兴言及此，能无慄慄寒心欤！若夫饥民，固可怜，因饥而纠抢，亦难恕，此则江督端午帅已定有良法善政，无俟鄙人之赘言矣。

《汇报》光绪三十三年二月二十四日（1907 年 4 月 6 日）

武进毁学案

常郡武进县福兴洲绅董郭世颜，前邀集图董禀官立案，酌抽各捐开办志成学堂，假该洲西来桥观音庵为校舍，另于庵侧盖造草屋三间，为该庵住持栖止处。讵本月初，草屋方成，当晚即被人纵火焚毁。越两三日，该洲人鸣锣聚众，纠集大沙暨邻境泰兴、丹阳诸乡民四五千人，突入郭绅住宅，将家中所有悉数一炬，计毁瓦草房四十余间。并至包、梅、印、温、朱、陆、王等姓家，将物件、房屋亦都付祝融，闻毁去约五万余金，惟施齐明一家，独如鲁灵光殿，巍然独留。未知地方官将何法以处此。

《汇报》光绪三十三年二月二十八日（1907 年 4 月 10 日）

下关弹压饥民 *

上月廿七日，南京下关一带忽到饥民二千余人，沿途抢劫食物，市面骚动，后由巡警总监及马队标统多带警兵驰往弹压始散。

《汇报》光绪三十三年三月五日（1907 年 4 月 17 日）

志饥民过瓜洲抢米情形（镇江）

前月二十九日午后，镇江对江之瓜洲镇到有南京遣回原籍之饥民数千人，所乘船只约有五六十艘，均停泊河干。至傍晚时，各饥民忽登岸向各店铺硬索食物，遇有米铺即肆行抢掠。各店铺见人多势众，难以理喻，即相率罢市。其时随行之巡防队兵丁虽竭力弹压，各饥民仍往来抢夺，路无行人。至三十日午前，瓜洲镇高军门率同员弁向各饥民再三开导，始陆续乘舟前进，而本街店铺至是始照常开市云。（此事已见前电）

《时报》光绪三十三年三月五日（1907 年 4 月 17 日）

武进毁学案 *

常郡中兴沙居民痛恨办学者多方筹捐，积谷亦充学堂费用，以至目前无可平粜，爰群起与学堂为难，并与学董为难，致有烧毁学堂及学董数家一大案。嗣经武进赖令闻报，亲往踏勘，当有圩董某告云，沙民聚众数千，声势汹汹，若科以毁学之罪，必致激成巨变。故赖令当时暂憩义渡局，不往勘，但召集父老，再三开导有米者平粜，勿再滋生事端云云。闻拟俟解散后，再行查办首要。当场被害者共八家，皆与学堂有关系者，其余均不波及。

焚烧学董家时，所有米谷悉行取出，其他物件尽付祝融。

《汇报》光绪三十三年三月八日（1907年4月20日）

铁路小工冲毁洋务局详情（镇江）

镇江后马路洋务局又名弹压公所，管理交涉事件、保护租界治安是其专职，其于窃盗案件，概不过问。十一日晚间十句钟时，突有铁路小工十余人以失表事禀请查缉，局员李润斋大令置之不理。讵该小工等竟邀集同类百余人，蜂拥至局冲打，逢人便殴，遇物便毁，其势汹汹，形同盗劫。李太令率同眷属从后门逃逸，附近居民铺户均闭门不出。幸驻扎宝盖山之留防队相离不远，一闻警信，赶即排队前来。嗣水陆各营弁兵亦相继驰至，当场拿获十六人，余皆逃散。其时道府县各官因英领事府及浸礼会堂、内地会皆近在咫尺，恐致波及外人，酿成交涉，均到场弹压。至十三日，又续获九人，均解送丹徒县收禁。闻宗大令须禀明上宪，将为首者正法一二人，以为暴动者儆云。（此事已见前电）

《时报》光绪三十三年三月十五日（1907年4月27日）

化验充饥山土内含质（清江）

官场运到南京观音山土，发散饥民试验，惟该土不宜多食过饱，且须和以油菜米粉等物方可疗饥。闻有贫户食之过饱，竟至受伤不起，经商会中人设法化分，内有土质、粉质并铁质云。

《时报》光绪三十三年三月二十日（1907年5月2日）

查获囤米奸商（镇江）

江督端午帅前因苏省米贵，贫民乏食，特谕令常州绅士恽道祖祁至各属查察，如有奸商囤积米粮，即禀请查办，以顾民食。兹悸绅查知镇江塈隆行主卢某积米有九千余石之多，爰禀由督宪札饬丹徒县转谕该商，速将积米平价出售，以惠贫民。想该商当遵奉宪示也。

《时报》光绪三十三年三月二十日（1907年5月2日）

娄县乡民阻止采石[*]

苏路公司需用石子，初拟向松郡东余、北斡两山开采，嗣因乡民反对，由松江府戚太守会商绅董暨采石陈委员，禀详江督，改向娄县小赤壁轰采。讵于上月十八日，公司派委员、工匠等前往小赤壁，委员等以该处绅士张敬垣系公司股东，请为指引。至廿一日，忽有乡民二十余人，至娄署禀阻，以该处一带祖墓累累，一旦用药轰炸，势必骸骨无存。翌日，娄邑何大令下乡勘视时，乡民来观者集百余人，遽恃人众，逞蛮图阻，何大令一筹莫展。乡民见官懦可欺，其焰益张，妄指张绅为卖山之人，拥至绅家，捣毁杂物，并欲得张绅而甘心。幸张绅躲避，不为所窘。现公司中已将此事申诉总理，请为判断矣。

《汇报》光绪三十三年七月十六日（1907年8月24日）

乡人又因蓄鱼聚众滋事（南通州）

初等学校多就附近河道集股蓄鱼，而经理不得其人，时滋事端，曾屡纪本报。前日，山河附近乡人因恨该地汇生蓄鱼公司之夺其渔利，乃纠众百余人，将其巡船焚毁，事后更群至资生蓄鱼公司滋闹。经狼山镇派人前往弹压，始得解散，未成他变。

《时报》光绪三十三年七月二十日（1907年8月28日）

蓄鱼又起冲突（南通州）

前学田庙因蓄鱼，乡民群起为难，曾纪前报。现南乡祠堂庙地方又因蓄鱼大起冲突，有义生蓄鱼公司就该处河道插箔蓄鱼，办事人谢敬侯素性偏急，不得众心。十三日，渔民十数人以摸取虾螺，径入该公司界内，谢出而喝阻，渔民遂聚众而前，将谢殴辱，并将其鱼箔拔去数处，聚而焚之。州牧闻信，驰往弹压，渔民益众，势欲用武。至次日，拥众至州署求请饬该公司免在该处蓄鱼，以全生计。恩直刺谕令为首之人速将鱼箔安好，则可免究聚众伤人之罪，否则两罪并罚，决不宽贷。众人移时始各散去。

《时报》光绪三十三年七月二十六日（1907 年 9 月 3 日）

盐勇强买全镇闭市（南通州）

马塘地方有驻扎两淮缉私炮艇，强赊硬欠，屡屡滋事。本月十二日，又有兵丁数人至肉店攫肉，经店主夺回，复又有数人争来抢肉，将店伙三脚凳儿及邻人潘某捆至三官庙内，闭门殴打。市人大愤，将庙门踢开，则二人皆被重伤，而管带某意欲开手枪轰击。现全市罢市，不知如何了结。

《时报》光绪三十三年八月十七日（1907 年 9 月 24 日）

佃民意图上控（南京）

有万顷湖抗租佃民张姓、刘姓等七人，乘间逃来南京，意图上控。乃该处长官等恐其妄言冒渎，另生枝节，由芜湖派来侦探数名，会同南京督捕营将该七人仍行扭获押解回芜。

《时报》光绪三十三年十月五日（1907 年 11 月 10 日）

东洋车因苛罚罢市 （苏州）

苏垣马路自开通火车站后，东洋车亦增至七八百辆。近因马路工程局新定取缔规则，车夫稍有违章，即须扭解捕房，科以重罚，受罚者日必数十人。际此冬令，生意日少，车夫被罚者日众，咸有力不能支之势。因此齐怀忿恨，竟于二十七日聚集同帮，一律罢市，停止行驶，马车亦不许行，如有不遵者，即群将其车捣毁。自钱万里桥至葑门外，竟无一车踪迹。局员汪大令恐酿事端，立即督同巡捕房委员陈二尹，亲出劝导，不知能转圜否。

《时报》光绪三十三年十月二十九日 （1907 年 12 月 4 日）

铁路工人挟众滋闹 （苏州）

苏垣沪宁铁路各小工因嫌工价太廉，忽于二十九日聚众会议，拟欲把持罢工，要求加给工钱，众口喧哗，百端滋扰。铁路巡警前往弹压，各工人声势汹汹，即欲起攻击，旋经车站管车处传谕工头，允为从长计议，众始渐散。现闻加价一事，尚未议妥云。

《时报》光绪三十三年十一月三日 （1907 年 12 月 7 日）

王相国文韶沥陈路事专折录要

奏为苏浙铁路遵旨商办，集股已足，不认借款，沥陈地方迫切情形，恭折仰祈圣鉴事。窃臣于九月间因苏杭甬借款舆情不顺，先后电请军机处暨公呈署抚臣信勤代奏，计已上达宸聪。一月以来，两省人士奔走呼号，万众一心，誓不承认借款。月初，两省绅商士民在上海集议，到者数千人，多有愤激泣下者，定议懔遵前次收回商办明谕，赶紧续招路股，分府承认，一呼而集，苏得一千五百四十余万，浙得二千七百八十余万，较之部议借款数且逾倍。佣贩妇竖，苦力贱役，亦皆激于公愤，节缩衣食，争先认股，举国若狂，民气之感奋，实所仅见。旋因部电，力任斡旋，令举乡望到京代表。于本月初八、初十两日，苏浙两省联合会议，谬以乡望，公举臣为遵旨商办、不认借款之代表。臣以衰病蒙恩归里，精力颓唐，何能当此重任，力辞不获，病莫能兴，目击时局阽危，民情激烈，慰譬俱穷，忧愤无策。东南伏莽未靖，奸党勾结，时思乘间窃发。自闻借款之信，众情胥愤，力谋抵制，商贾则议停贸易，佣役则相约辞工，杭城铺户且有停缴捐款之议，商市动摇，人心震骇。虽官绅竭力劝导，暂免暴动，设有不逞之徒，从中煽惑，隐患何堪设想。臣亦知外交重要，部臣办理此事，实具苦心，惟两省民心，对于此举，金以为收回商办，奉有明谕，不附洋股，载在呈部章程。方今列强政策，皆以路线为势力范围，威胁利诱，志在必得。借款一成，路权即去，苏杭已成之路，且拱手让人，将来外力横轶，其势更难抵御。用是全体联合，力谋补救，分府认股，数逾四千万。崇朝而集，誓不再借外款，为地方谋公益，亦即为国家保主权。其固执可悯，其忠愤实可嘉。臣病体日衰，心神恍惚，手足不仁，势不能北来与部臣熟筹处置，且臣代表权限，除遵旨商办、不认借款外，亦别无他事可言。两省并遵部电，已添举数人赴部代陈一切，即日就道。臣目睹民心之固结，民气之激烈，深恐激成他变，若隐忍不言，上何以对朝廷，下何以对桑梓。伏祈圣明俯鉴，苏浙两省遵旨商办，坚拒外股，力保主权，出于人民之心意，饬下外务部从速设法斡旋，以安人心而弭隐患。如虑部臣应付为难，则廷寄本云借款、造路分为两事，部借部还，即不必在苏浙两省指款作抵，以免牵涉路权。苏浙之幸，亦全国之幸云云。

《时报》光绪三十三年十一月十一日（1907 年 12 月 15 日）

盐贩聚众 （清江）

清江浦西坝王营水渡口石码头一带，居民半以贩卖私盐为业，而缉私营卡因相沿已久，莫可如何。昨忽勒令每棚月缴私盐若干包，凡遇肩挑贸易，无不扫数充公。若辈本非善类，遂于十五日下午邀集男女数百人，沿街乞食。经清河县陈子廉明府维藻、城守都司杨砚臣、游戎金涛多方开导，直至晚间始散。

《汇报》光绪三十四年二月二十六日 （1908 年 3 月 28 日）

扬州乡民捣毁缉私局 *

北门外龙光寺内所设之缉私局卡，勇丁凡数十人。乘哨官不在局时，勇丁乃勾结痞棍，诱惑乡民聚赌，殷富子弟被其扰累者不少，乡民早已侧目。日昨突聚集数百人，将该局捣毁，打伤十长一名，愤愤而去。现盐捕营都司拟禀请运司查明情形，分别惩办矣。

《时报》光绪三十四年三月四日 （1908 年 4 月 4 日）

扬州乡民毁局善后办法 *

昨报纪北门外缉私局卡勇丁聚赌，鱼肉乡民，乡民聚众二百余人将该局捣毁一空。兹日间探得善后办法消息，已由盐捕营都司传询地保，将为首滋事之乡民五十余人花名逐一开单，移县请办，一面详查聚赌勇丁严惩云。

《时报》光绪三十四年三月五日 （1908 年 4 月 5 日）

江督诚观剿枭（南京）

江督近出告示，略谓：淮南、淮北近年枭贩横行，情形诡诈，遇有官兵搜捕，竟敢鸣枪拒捕，或官兵枪毙枭贩，即将私盐抛弃入水，假托良民，捏报命案，又或故意引诱居民老弱妇孺杂错其间，使官兵捕拿有所顾忌，不敢开枪还击。种种伎俩，殊堪痛恨。除严饬缉私各营于向来走私处所认真堵缉，务使各场私盐颗粒不透，如敢持械拒捕，即行开枪还击，照例格杀勿论，仰军民人等一体知悉。尔等须知缉拿枭匪，时有持械拒捕情事，务各互相劝戒，随时远避，切勿聚集观看。自示之后，倘再不知远避，甚至甘受匪愚，故意老弱丛杂，一经弁勇开枪还击，设有误伤误杀，则是咎由自取，追悔已迟云。

《汇报》光绪三十四年三月十一日（1908 年 4 月 11 日）

溧阳三塔荡客民勾结帮匪滋事情形

溧阳西北乡三塔荡纵横十八里，荒熟共二万余亩，前因土客相争，屡控有案，奉批拨作镇江八善堂公产。该堂鞭长莫及，复由溧阳奉安、崇山、桂寿三区集款购回，归入学堂。又由学堂与树艺公司订立合同，代为经理。其出息以芦草为大宗。上年七月，江北客民夏金华勾结帮匪陈三即陈丁照等入荡强刈，县令钱乙楼未予严惩，以致今年四月，适当防营初撤之时，夏、陈等益形胆大，约同俞长年、孙祥林、夏彩华等鸣锣聚众，立约签名，誓毁公司，初三起至十一等日，抢劫该荡。分所司事、巡丁、佃工受伤有差，车具、牛只、米粮掳掠一空。现尚占踞分所，荡内青草及新种树木蹂躏无遗。钱令履勘时，大遭挫辱，致有捋须扯破衣服情事，钱令无如之何。该是地连浙皖，素为匪类渊薮，影响所及，恐不止树艺公司大受损失已也。

《时报》光绪三十四年四月十六日 （1908 年 5 月 15 日）

上江公学全体停课*

南京电云，旅宁上江公学因与监督冲突，全体停课。

《汇报》光绪三十四年五月八日 （1908 年 6 月 6 日）

枭匪来去自如 （盛泽）

苏、嘉接壤之盛泽镇，上月十七日晚，有大帮枭匪复来。未至时，居民已惊惶失措。当铺于下午四点钟闭门，市上各店六点钟一律收拾。是晚所来枭船共有百数十号，枭匪三四百人，停泊附近港中，次日即往村落间开赌，驻镇巡防军竟未追捕。

《汇报》光绪三十四年六月三日 （1908 年 7 月 1 日）

薙发业之威风 （苏州、嘉兴）

苏垣薙头一业，向有大行、小行名目（大行系开店者，小行系伙计）。近因大行欲令小行加价，每头须五十钱起码，小行不允，乃于前日遍发传单，纠众罢工，以图抵制。初二日，各薙头店遂一律闭门，竟无处可唤。是日下午，谷树桥、定善桥等处，有两店未闭，为同行所见，以其违背约章，立即纠聚多人，到店殴打，定善桥被打尤凶。有店邻某木作及桥埠头前往劝解，亦被混殴在内，两造均受夷伤。该处北路巡警喝阻不服，乃俟其党散下时，由众捕密随至观前老意和茶馆，会同中路巡警，始行拘住六人，解局转送吴县收押讯究。初三日，各大行复发传单，筹议对付之策，并谓非达加价目的不止，而小行则仍不开工，不知如何了结也。

嘉兴城内菩萨桥堍薙头店主刘三宝，与伙友上海小聋子因工资争论，该伙即纠集同业及地痞数十人，拉刘往升平楼讲茶，一言不合，群起痛殴刘姓，将茶楼打毁殆尽。警局委员汪二尹闻报，派警勇提东伙到局详讯，小聋子犹复挺撞，汪二尹饬责数百板。小聋子党羽数十人胆敢拥入警局，撕破画对，打倒警勇两人。二尹见势不佳，退入寝室。嗣经各勇竭力，擒获逞凶两名，又为该帮强保释去。警律不克实行，非地方之福也。

《时报》光绪三十四年六月六日（1908 年 7 月 4 日）

三县定期会断薙头加价（苏州）

苏垣各薙发匠因店主创议加价，相约罢工，齐赴吴县跪香。兹悉是日跪香者，约有七八百人，故经王大令用好言抚慰，允其不加，并将行头刘金山提案管押。次日，各店主亦纠集百余人，齐赴吴县跪求，坚请加价。王大令以两造□见各执，谕令静候会同长、元二县讯明公断。

《时报》光绪三十四年六月七日（1908 年 7 月 5 日）

谕饬薙匠一律开工（苏州）

苏城薙发匠藉口于洋价日长，百物增价，纠众齐行议加剃价，继由各薙匠伙以剃价既加，则各伙之酒钱势必难得，又复停工，因而纷纷扰扰，罢市两日。继由长、元、吴三首县查悉，以各业增价均由成本日重之故，若薙发匠只费工夫，毫无成本，前已加价，何得再事增加，故传究行头詹老三，限令东伙概不准加价，即日开工。

《时报》光绪三十四年六月八日（1908 年 7 月 6 日）

扬州巡军要挟罢岗

初四日晨，中局、西局、北局各巡士一律不站岗位，且群聚多人，至总局向张参事求将存饷支给，愈聚愈多，相持不去。张即饬告扬州府暨江、甘二县来局，会议对付之法。嵩太守当即婉言劝导。各兵士坚执前说，声称领得存饷后，即当求给恩饷，各反乡里，语多要挟。袁、万两大令查知，此事之煽惑，皆由队官、队长之激成，因即传齐队官、队长，责令将各兵士解散，所有应给之存饷，每年既系六月间给发，应俟本月发饷之日，一并支领，不得故意留难；一面由嵩太守会同张参事，电禀督院请示办理矣。

《时报》光绪三十四年六月九日（1908 年 7 月 7 日）

苏臬左移苏州商务总会文（为铜元事）

为移会事。光绪三十四年五月二十二日奉巡抚部院陈札开：照得苏省各属铜元充斥，钱价日贱，前据苏州商务总会呈请，于各省运入铜元稍示限制，一面严禁私铸，并饬关卡严密盘查等情。即经本部院酌拟办法，电商督部堂。嗣据长、元、吴会禀，请饬速筹抵制，以维大局。又经电商去后，兹准督部堂由电汇复前来，除再电复，并由本部院会同督部堂分电浙江、山东抚部院，饬属严禁铜元减折，暨请督部堂主政会电税务处札行税务司，通饬各海关，严密盘查外洋仿制铜元、铜胚，获即充公。一面分电沿海各省，通饬沿海州县一体严禁进口外，合特札饬，并抄来径电，札司立即会同宁、苏两藩司，通饬各府，厅、州、县严禁私铸，如有手摇机器私印铜胚，即行拿办，凡印文粗陋模糊之铜元，一概不准搭用，各省铜元一律暂禁入境。凡有商会之处，由该处地方官照会知照，并由该司等速行出示，通颁晓谕，仍先转饬苏州商务总会及三首县一体知照，均毋违延。切切。特札。计抄粘。等因。奉此，除移行饬遵外，合亟抄粘移会。为此合移贵商会，请烦查照宪札办理，望速施行。须至移者。

《汇报》光绪三十四年六月二十七日（1908 年 7 月 25 日）

批斥禁用外省铜元（苏州）

长、元、吴三首县以市上铜元充斥，为害殊甚，折价一法又难通行，因禀详两院，议将外省已来铜元一律禁止行用。现奉抚宪批示，略谓：查各省官铸铜元，同为国币，断无以省分区别，禁止行用之理。惟前因苏省钱价日贱，有碍市面，经本部院饬将外省铜元一律暂禁入境，此系专指未来者而言，至于已来之各省铜元，并不在禁用之列。该县等若一律禁用，不能诘其来自禁止以前、禁止以后，则当由官筹款，限期收买外省铜元，限满收清，再行禁用，尚系权宜补救之策。倘并不筹款收买，而遽行禁用，是使商民本有之各省铜元不值一文，必致众情惶骇，滋生事端。该县等其能当此重咎乎！

《汇报》光绪三十四年六月二十七日（1908 年 7 月 25 日）

巡警罢岗（扬州）

某委克扣警兵饷银，警界咸抱不平。日前，总办嵩太守又订新章，自七月初一日起，警兵饷银概照七折支发，并裁去额兵一百二十名。各兵弁不服，约同五局，于六月初四日一律罢岗，并有乘夜抢劫富商之谣，以致人心惶惶，阖城扰乱异常。幸地方官急将五局十巡弁带至江督署内，派人看管，并将各局内火药快枪等件悉数搜去，因是未能举事。至初五日，各巡兵自行散去。现已由扬州府电禀江督矣。

《汇报》光绪三十四年六月二十七日（1908 年 7 月 25 日）

江督饬平铜元市价

江督端日昨颁发示谕到县，略云：前奉上谕，度支部奏京外各省铜元充斥，商人减折使用，银价日涨，货物昂贵，应请谕令停铸，以扶市面。当经拨款收买铜元，仍见充斥，为特谕令京外各省，暂行停铸，以便流通等因。合行钦遵办理。自后行用铜元，均须公道作价，不许高抬抑勒，致干咎戾。

《汇报》光绪三十四年六月二十七日（1908 年 7 月 25 日）

溧阳商民调查盐秤*

溧阳商民之调查盐秤也，有谓其秤有两眼者，两眼之中有官眼、私眼者，于查验时，则以官眼示人，于售盐时，则以私秤货，此诚所谓公私两便之法也，此诚所谓上不病国、下不病民，而中得利己之法也。盐商之设此法，亦可谓神妙不测者矣。虽然，公家之事，岂特盐秤有两眼而已哉！口有两口，舌有两舌，面有两面，手有两手，其未经调查或调查而未经发表者亦多矣。或曰：此弊尚于未加盐斤时已然也，今又加价矣，凡我小民其畏不淡死！

《时报》光绪三十四年七月七日（1908 年 8 月 3 日）

警察腐败（苏州）

苏省巡警学堂头二三班毕业官绅于日前具禀抚宪，略谓：吾苏自改保甲为警察后，意谓警务发达，地方从此治安。讵成立后，即与师范、高等各学生冲突，几酿大狱（此西路事）；两次白昼强奸妇女，街坊各店为之罢市（此葑门内外与南路事）；在局聚赌，巡长至输空脱逃（此中路事）；巡兵酗酒滋事，殴打临顿路金盛亨酱园（此东路事）；流氓持刀伤人，巡员置之不问（此阊胥门事）云云。当奉苏抚陈中丞批云：苏城巡警办理未尽妥洽，业经本部院面谕臬司，考察改良，期臻完善。兹阅来禀所陈情形，腐败至于如此，尚复成何事体！仰按察司会同巡警总局详细考察，切实整顿。

《汇报》光绪三十四年七月十六日（1908 年 8 月 12 日）

江苏州县公禀征银解银

苏藩司属太仓州领衔会同苏、松、常、镇等五属三十三厅州县联名公禀，以近来钱串日长，银价日昂，所征银漕，收数不敷报解，历任各员均受亏累，致各该牧令均以赔补为畏途，为特求请变通办法，可否准予征银解银，并另加公费及赔款等项。刻已通禀督抚藩道，未识如何批示也。

《时报》光绪三十四年七月二十二日（1908 年 8 月 18 日）

志机户停工罢市事

镇郡城内机坊约有一千余户之多，日前各机户因米粮价贵，各货皆昂，向各绸号要求增长织绸工价。而各绸号未允，因此众情愤愤，一律停工罢市，并纠约多人至绸业董事曹森茂号内，肆行冲打，毁坏物件甚多。经巡警及城守营弁兵前来弹压，始各如鸟兽散。嗣丹徒县王大令由苏回镇，会商绸业董事，传谕每织绸一尺，长价二文，而各机户仍未允洽，依旧停工。至二十日清晨，各机匠又聚集八九百人，执香至道署乞恩。经道宪谕令王大令出示晓谕，每尺长价四文，想可息此风潮也。

《时报》光绪三十四年七月二十四日（1908 年 8 月 20 日）

苏省因抽捐公禀

苏府何霄雅太守近据元和县属章练塘镇铺商江正昌等联名公禀，镇董程姓藉清乡团防苛派捐款，任意侵蚀其所用经费，收捐之周姓尤为营私舞弊。故已札饬该管元和县魏莼坞大令，先将周某提案讯办，究章有无其事云。

《时报》光绪三十四年八月六日（1908 年 9 月 1 日）

镇江茶馆之同盟罢工

镇江城内外茶馆所用堂倌，向来不给工价，所售每碗四文之水钱，除以一文充学捐，二文归店主外，其余一文，即以之充作工价。现各堂倌以近来米珠薪桂，食用不敷，欲每碗涨价一文，而店主不愿，又因他事龃龉，于是彼此争相吵闹，甚至城内某茶馆有堂倌将店主殴伤者。二十八日，各堂倌齐心不到店上工，以致城内外各茶馆遂一律闭门罢市。不知此事如何调停了结也。

《时报》光绪三十四年九月二日（1908 年 9 月 26 日）

成衣匠要求加价（常州）

常郡各成衣业向例日工一百二十文，夜工六十文，酒钱听人酌给。近以各物昂贵，不敷开支，特由成衣铺主齐行集议加价，以后日工一百四十文，夜工七十文，酒钱二十文。倘有私行减价、紊乱业规者，罚戏一台，酒席五桌。而日前各伙伴又会议，要求铺主自九月廿一日起，须照前价一律改为大洋，不折不扣，铺主如不允许，即当同盟罢工。至同伙违约，亦一并议罚云。

《时报》光绪三十四年九月二十二日（1908 年 10 月 16 日）

成衣匠要求加价续志（常州）

成衣伙伴要求铺主加价一节，已志前报。兹悉此事之起因，由于铺主已议定加价，而伙伴则尚如旧，故各伙大为不平，竟于九月开外，同盟罢工，以为要挟之计，并在老城隍庙演剧齐行。铺主不得已，始允各伙加价，日工一百二十文，夜工七十文，酒钱二十文，与铺主无异，至改为大洋之说，则不能允。闻各伙亦即不复过存奢望，业于月杪一律开工矣。

　　《时报》光绪三十四年十月四日（1908 年 10 月 28 日）

纪乡民殴差哄堂事（常州）

阳邑延政乡周家巷，周、张两图董，在乡包庇开赌已非一日。事为某绅所闻，面禀陈大令饬差立提该乡赌棍三人惩办。而该图董隐蔽，抗不交出。嗣由乡董出面调停，担任了结此事，遂于日前到城托某绅代图董设法。某绅未允，乡董即面谒陈令求情，陈令许其具结将图董保释。乡董出告乡民，言差票系伪造，访拿图董一节，邑尊并未知之。乡民与该图董颇相联络，闻言大愤，纠合多人，群拥至某茶肆，将差头王姓殴辱，并赴阳署大堂跪香哄闹。陈令得悉，传乡董饬为理谕，始散去。

惟闻该差本不安分，平时与乡民结怨甚深。故此次受祸，亦属咎由自取云。

　　《时报》宣统元年二月二十一日（1909 年 3 月 12 日）

捕厅纵容家丁滋事（常州）

武进县右堂陈少尹到任以来，纵容家丁，肆行敲诈，受其害

者屡有所闻，然均畏其势，敢怒而不敢言。日前有谦裕衣庄店伙
屠某，道出府直界鸣珂巷前（即捕厅署之附近），该家丁见屠手
携衣包，以为必系财货，遽上前抢劫，幸屠亦稍有武力，得将衣
包夺回。一日屠又经其地，竟被该家丁率同党羽，群聚攒殴。屠
寡不敌众，身受重伤。观者咸代为不平，因诉诸陈少尹。讵陈少
尹翻将屠某送至武进县，请徐大令讯问。大令知曲在家丁，然碍
于少尹情面，并未将该家丁稍加惩责，仅判令向屠服礼了事。该
家丁既出，益志得意满，谓大令亦无如之何，非特并不遵办，且
更与屠寻衅。屠虽迭遭侮辱，以权力非所敌，隐忍而已。豪奴强
横，一至于此，亦可慨矣！

　　　　《时报》宣统元年闰二月十五日（1909 年 4 月 5 日）

南京高等学堂之风潮

　　高等学堂虽系李梅庵观察监督，然观察因两江师范事务殷
繁，颇难兼顾，是以该堂一切，均归庶务长孙小崖大令管理，
遂得大权在握。前因保其戚郭某充检察官，详文内有该员为候
补知县，曾在福建船政学堂毕业，甚为合格等语，当奉提学使
批准札委。讵意到差以来，对待学生尤为妄自尊大，学生敢怒
而不敢言。嗣因查悉郭某并无功名，亦非卒业生，于是人心不
服，拟鸣鼓而攻。日昨在膳厅午饭时，各学生与检察官大起冲
突，谓其冒充知县，冒充卒业生，无检察学生之资格。郭某遂
老羞变怒，言语益厉。彼此盛气之下，立将食物器具全行掷
毁。当时经庶务长排解，始将其事敷衍过去。事为学司访悉，
尚不知若何处置也。

　　　　《时报》宣统元年三月七日（1909 年 4 月 26 日）

顺江州毁学风潮（镇江）

镇江顺江州地方公益小学堂，系王绅孝伯所创办，校地暂设于文昌阁，业禀于丹徒县详请苏提学使立案。兹文昌阁道士陈宗元欲扩充庙宇，商令该学堂迁移他处，王孝伯未允，陈因此怀恨于心。日前适值赛会之期，陈乃捏造谣言，鼓惑乡民，至王家滋闹，并率众至学堂冲打，捣毁器具甚多，该学堂因此停课数日。现王君已晋谒县尊，禀请王纬辰大令提陈讯究。未知此事如何了结也。

《时报》宣统元年三月十六日（1909 年 5 月 5 日）

唐蔚之侍郎电请代奏稿（江苏征银解银问题）

（上略）苏省丁忙银价，同治初年前督臣曾国藩奏准，每两实征制钱二千文。其时市价，每银一两合钱一千四百文，尚余六百文，为州县办公之费。嗣后市价时有涨落，柜价亦屡经增减，至多每两收至二千四百文。然在光绪二十八年以前，银价已平，仍折钱二千文。是年以后，每两代征赔款二百文。又三十三年秋，疆臣以银价日贵，奏准每两暂加二百文，合之赔款，共收二千四百文。三十四年冬，始有征银解银、另收公费之请。旋经部议，暂加二百文之奏，尚未经年，遽尔更张，恐失民信，且伤政体，应毋庸议。奉旨：依议。钦此。现距部驳之日仍未经年，又申前请，良以银价既无可加，不得不复为征银，不知小民并无现银，纳银时向用铜钱折算。银价、钱价地方官已不免上下其手，若买银纳银，则平色成色更多一层剥削。原奏谓则例以银数为定，折钱本属通融，是明知征银之不能实行，又谓不准有抑勒洋价之弊，是又明知不免抑勒，而以空文防弊也。

查现时市价，库平足色银一两，约换铜元二千零数文，加以赔款二百、公费六百，是每两应纳铜元二千八百数十文，较之去年夏忙，每两骤增四百数十文，名为征银，实系加赋，民力竭矣。二千四百文之外，何堪再加。不特此也，铜元滥铸不已，即银价日涨不已，而吾民受加赋之累亦不已。三吴赋额最重，又何堪屡加腋削。目下州县办公竭蹶，确系实情，欲筹酌剂之方，俟财政清理后，应如何匀定公费，自有办法，若必损民以益官，岂朝廷子惠黎元之至意？

自铜元充斥，物价益昂，民不聊生，官亦实蒙其害。顾各省之为属员计者，未闻设法加征，而江苏屡以征银为请，岂苏民独愚乎！窃恐此端一开，他省必起而效尤，全国人民皆将隐受加赋之累，关系匪细。目前地方自治，正在预备一切，借资于民力者尚多，亟宜稍留余地。况苏省伏莽未靖，后患堪虞，竭泽而渔，不胜渊鱼丛雀之惧。国家最难得者民心，最易失者亦系民心。文治见闻所及，用敢为民请命，伏乞请旨饬下度支部，查照上年奏案，悉心妥议，以恤民隐而广皇仁。不胜惶恐待命之至。请代奏。

《时报》宣统元年四月五日（1909 年 5 月 23 日）

江苏征银解银问题公电

度支部列堂均鉴：各省因滥铸铜元，物价腾贵，民困已极，今又议征银解银，民将重困。苏省民间实无现银，必仍以钱作价，徒滋吏胥舞弊。如概令兑银完纳，势必银价益高，累民愈甚。现众情惶急，奔走相告。谨遵庶政公诸舆论之谕旨，迫切上陈，伏乞大部仍主去年十一月初十日原奏，始终维持，全省感戴。江苏士绅朱寿朋、夏曰璈、沈恩孚、章圭瑑、金詠榴、张开圻、黄端履、黄继曾、七十八人同叩。

《时报》宣统元年四月五日（1909 年 5 月 23 日）

苏府士绅上度支部电（征银解银问题公电）

度支部列堂均鉴：苏省向无碎银使用，征银必仍以钱价折算，民间受亏，每两骤增七八百文之多。至抑短洋价，拒用铜元，历年倍受苦累。今巧立征银之名目，潜行加赋之苛政，苏民积困已久，何堪一再朘削。前蒙大部洞鉴民隐，未为所蒙，人民咸感。伏乞推永不加赋之皇仁，始终矜全。敢冒死请命。陆懋宗、朱以增、刘传福、庞鸿文、李士瓒、吴韶生、邵松年、邹福保、费树达、钱崇威。

《时报》宣统元年四月七日（1909 年 5 月 25 日）

东台匪徒聚众毁学

东台拼茶场五路瘟神庙，去岁经樊云门藩台饬县封禁，该县令奉行不力，未将神像毁去，藉庙为活之匪徒，将有死灰复燃之势。上月场董等令地保将土像打毁，遂有匪徒缪鹤衢、赵某、严某等造为种种谣言，聚众至二千余人，声言将拆毁各学堂以及办学绅董之屋，虏蔡氏女学学生为要挟，复塑瘟神。四月初一日，聚众入市，拆毁缪三等房屋三家，各学堂均已一律停课。县令已电禀上台示办矣。

《时报》宣统元年四月九日（1909 年 5 月 27 日）

借毁淫祀聚众详志（东台）

东台县拼茶场南乡，毗连如皋境，有所谓五路瘟神庙者，去岁为宁藩樊云门方伯所悉，曾严令该县彭令毁去偶象，封禁庙产，留为兴学宣讲之用。其时彭令惟遣徐典史前往照办，庙虽封，而各偶像则仍移存于本庙别殿，恐取怒于神以致祸也。

上月有人私开封禁，盗庙中物件，经董事蔡小岚等查悉，请官场提究，并限令地保将偶象毁去。有向以看黑（谓能代人至阴间查册者）为业之缪鹤衢，遂奔走呼号，造为种种谣言。有谓学堂如教堂者；有谓兴学必写捐，虽鸡犬不免者；有谓瘟神传入蔡子方之亡侄以索命者，无稽之谈，不一而足。适又有接壤如皋匪首蔡德华，向以地理为生，平时无恶不为，曾与双甸、岔河、杨周岸三处学堂为难，且惯行掳人勒赎之事，均经如皋县访拿有案。又有江淮兴武卫佃严八元，平时专以聚众为事，光绪二十九年，曾拆毁其卫主住屋。三人相结为死党。又有曾狮子、彭五等为首煽惑，聚众至二千余人之多。三月初九、十五、十六，在庙已聚三次。该县何阶平大令，得信赶至解散，不能听。又于二十五日，迫胁各庄强壮入其党，有不允者，立拆其屋，已折毁缪三、彭金城、季天衢等三家。声势汹汹，刀枪器械咸具，声称四月初一日入市，折毁学董蔡、缪、陶、徐四家及各学堂房屋。虏蔡氏女塾学生为要挟，复塑瘟神之地。有人出为调解，该党以三事要挟：一、仍供五路瘟神，限李天衢装塑，由知县担保护责任；二、南乡永远不立学堂；三、事后有访拿滋事人之案，惟知县是问。和既不成，初一日果仍聚众云，俟县令去则大举入市。各学堂学生恐波及，均纷纷归去，现已一律停课。何令已电请督宪拨兵镇慑。未知将来结局如何也。

《时报》宣统元年四月十三日（1909 年 5 月 31 日）

机匠罢工要挟风潮已平（苏州）

苏垣织机匠共有数千人，凶横素著，彼等自恃人多势强，动辄挟众滋扰，虽官力亦有所不逮，商民更无如之何也。自近来铜元飞涨后，该匠等借口物价昂贵，已累次冲突，求加工钱，屡起龃龉，幸即照加，得免肇事。讵日前忽有某匠等起意纠众，又欲加价，全体停工，到处扬言欲与账房为难，游行各处，见有数家未及停工者，立即将其机杼捣毁，丝经剪断。一时声势汹汹，流氓瘰棍，复从而附和之。各账房大惊，密禀三首县巡警局，严派差役巡士查察弹压，一面在云锦公所筹议能否酌加，该机匠等亦在霞章公所会议。旋经所董出为劝谕，允准每尺再加织工一分。次日，长、元、吴三县亦分别出示晓谕禁止。该匠等当即见机愿甘遵议，遂于前日一律照常工作矣。

《时报》宣统元年五月十八日（1909 年 7 月 5 日）

铜元之害 （吴江）

盛泽绸市每年产额，约值三四百万元，凡炼染等工，俱用绍人。近来绍兴铜元作七，工人寄家实多亏耗，屡求加价，未满所欲。日前数百人同盟罢工，将与绸行为难，牵动大局，事尚未了。所可悯者绍人，因铜元之折耗，则绸行不能不酌加工价。而厘捐局洋价，仍定钱一千文，凡绸商完捐，必勒收洋元，绝不稍搭铜元，以恤商艰。核计每年绸捐共七万串之谱，商家暗耗几二万串。设厘局长此抑勒，商困何极，作俑者死矣！所望匡督办，或恻然动念焉尔。

按：苏牙厘局之洋价，作钱一千文，当有四五年，绝不更动。今年被参查复，犹谓钱款搭收五成铜元，然则盛泽绸捐，悉数收洋，毕竟伊谁之中饱！

《时报》宣统元年五月二十九日（1909 年 7 月 16 日）

木匠要求加价之风潮 （镇江）

镇江木匠日前邀约同业多人，在丹阳码头聚集会议，金谓铜元太贱，物价太贵，工资不敷食用，必须要求匠头加添工价云云。各匠头闻之，亦邀集同业会商，现在尚未议决，乃各木匠已纷纷罢工，必俟工价加定，始肯照旧工作云。

《时报》宣统元年六月九日（1909 年 7 月 25 日）

灾民因求赈暴动（镇江）

镇属太平洲圩堤被水冲倒，田庐淹没无算。日前乡民聚积数百人，赴太平厅衙署报灾，求将所储之积谷赈济。李博斋司马未允，该乡民等即恃众哄闹衙署，辱骂官长。司马大怒，特饬差将为首之三人拿获，讯明收禁，听候惩办。现闻该乡民等仍欲聚集滋闹，李司马爰于日昨赴镇，禀请府宪核办云。

《时报》宣统元年六月十四日（1909 年 7 月 30 日）

肉店抗捐罢市（扬州）

猪肉每斤抽捐四文，以充巡警学堂平粜修街各项经费，本取之于食户，店号不过代收。乃自开捐以来，各店户有意瞒隐公家，不过得数百千，中饱亦数百千矣。昨经收捐司事查出数家，送县究办，内有梁义兴、江复盛，犹敢极力向万大令抵抗。大令怒甚，吊其监照，又属乌有，于是掌责二十，将梁之父子收押待质。今日竟敢公然罢市，致满街肉店关门闭户，大有禁止屠宰之意云。

《时报》宣统元年七月九日（1909 年 8 月 24 日）

派兵弹压丹阳饥民肇事

苏省昨据丹阳县飞电禀报，该邑近有外来饥民成群乞食，忽被土匪从中煽诱，勾结滋事，乘间抢入城厢，肆行劫掠，致各店户一时尽闭，慌乱异常，请速派兵弹压云云。瑞莘帅当即飞饬混成协统领陈玉田主政，迅在四十五标遴派步队一营，克日开驰前往，相机镇抚。该营临行时，由协部命令，随带实心子弹数万颗，以备剿击之用云。

《时报》宣统元年七月十日（1909 年 8 月 25 日）

丹阳县民匪勾结肇事续闻

丹阳县饥民勾结土匪起事构乱一事，苏省已派一标陆军（即四十五标）开往后，兹复由协统陈得龙主政，商请督练处袁观察，转请军装局赶拨新式枪弹五万颗，预备续调军队时应用。

初九日，瑞莘帅特派靖湖浅水兵轮浦永新管驾，装载兵弁枪械，即日开轮上驶。一面电商江督，飞饬宁垣驻扎镇江之新军，克日开赴丹邑，协同防堵。

闻此次起衅原因，甚为复杂。常镇道府及丹阳县来电，均简而未详。故瑞中丞已密派某干员等亲往查探实在及现下办理情形。

据有从该处来者述及，近日丹邑到有外来饥民甚众，成群结队，强讨硬索，声势汹汹，已非一次，中皆妇女为多，且有土匪地痞混迹在内。前日因用铜元，店铺欲作九折，饥民不允，遂乘间凶殴强抢，居民大慌，登时闭门罢市。地方官闻警，饬将城门紧闭，讵该匪民竟纠众攻打焚烧。现下不知若何了结云云。传闻如是，不知确否。

《时报》宣统元年七月十一日（1909 年 8 月 26 日）

丹阳乱事纪实

丹阳之事乃系闹漕，并非饥民勾结土匪搆乱。去冬阳邑征收粮米，洋价过为压小，去冬市面每元一千二百八十文，乡人完粮，漕柜只收作每元一千一百六十文，铜元不收，乡下苦民不敢与辩，忍气吞声，纷纷完纳。后为城中董事声言欲通禀大宪，丹阳县罗公惧怕，邀请绅董遮盖，愿将多征之数退出，求各绅董按户仍给乡民，各董均唯唯应命。事后罗公将多收数万之银，退交众董。董及丁漕总私下商议，明谓将此款作为谘议局经费，暗实分入私囊。乡人虽知，安敢向绅董辩给。值今年此刻征收钱粮，银价每两增涨四百文，而洋价现在市面每元一千三百四十五文，银柜只作每元一千二百零六文，铜元八折扣算。盖今年此举，实系丹阳县年轻，受城中何绅及丁漕总及各董之愚，谓阳邑百姓皆是循民，洋价知小不妨。故此乡人怨愤填胸，无门报告，全邑人民于初六日，鸣锣聚众数千人，拥进县城，拆卸丁漕总房屋，衣服什物，焚烧罄尽，城中店铺一概闭市。县宰见事决裂，闭城防堵。乡人人众关在城内，日已将落，不得出城，急夺门而出，因此烧毁西门一角。

初七日凌晨，全县民人一齐到县，不下十余万人之多，进城焚烧何绅房屋及衣箱二百几十只，余物不计其数。又将县衙二堂花厅什物，一扫而空。镇江府闻知消息，绝早趁车来阳，见城内如此人众，只得安慰云：洋价照典，铜元通用。乡人云：府大人平常爱民如子，民人不敢要求，惟须四门及理衙勒石，以期永远，并将去岁多收之银退出，随即平矣。府尊答应乡人立刻退清。乡下董事房屋，亦被烧去十余处。苏省及镇江调来兵士，只保监牢及城门，盖其时大概已平静矣。

《时报》宣统元年七月十五日（1909年8月30日）

机匠要求增加工价之风潮（镇江）

镇江织绸机户约千余家之多。刻下各机匠以米价飞涨，百物昂贵，工价不敷食用，公议要求各绸号增长工价。各绸号不允，致各机匠一律同盟罢工。日昨聚众千余人，拥至梳儿巷毛凤记绸号哄闹，竟将门楼击毁。嗣又至陈恒顺、陶乾记两绸号求食，两绸号每人散给二百文，始汹汹而散。翌日又拥至曹生茂、蔡协记等绸号滋闹，幸经道宪刘观察发出示谕一道，谓本道已商令各号商加价，尔等务即散去，各安生业，倘再聚众要挟，定即严拿重办云云。各机匠始纷纷散去，想风潮可以息矣。

《时报》宣统元年七月十五日（1909 年 8 月 30 日）

上海汪总统致浙抚电（关于丹阳民变）

上海汪总统电致浙抚云：据丹阳盐栈电禀，初八乡民闹漕，匪徒乘势滋扰，劫去该栈存盐一百余引，罢市两日，匪势甚猖等语。当即电饬朱分统廷僚督率管带王道辉，酌带得力弁勇，星夜驰往，会同苏抚宪派去兵队，相机弹压保护云。

《时报》宣统元年七月十八日（1909 年 9 月 2 日）

请看以新政为盾之禀文（丹阳）

镇江府丹阳县会禀各宪文曰：窃知府璋于七月初七日晚车由苏议决宪政返镇。接据知县良鉴禀，以本月初六日，突有西乡民人百余名，拥至柜书丁紫庭家，声称该书抑短洋价，横行捣毁，当经解散息事。又据电禀，本日乡民复集千余人滋闹，请派兵弹压保护等情。镇江巡防队统领镇参府等同准道宪知会，于初七晚车带兵至阳，会晤知县，分投驻扎教堂、监所，妥为保护。知府即于初八日附早车抵阳北门，见有无数乡民往来喧闹，当即步行谕勿暴动，进城晤统领等。对众查询起衅情由，或称柜书抑短洋价，或称绅董借公肥私，或称被胁入城，竟有不知所来何为者。

老幼麋集，分投哄扰。知府即商请统领等将教堂监所添派兵役，加意保护，一面悉心开导，并查看县城西门被烧一洞。县署二堂及上房各处门窗陈设，及何绅恩煌、韩绅凤来等家，城内盐栈，均于先日悉被捣毁，尚有乡民在县署上房倾泼煤油，意欲放火。驰谕甫散，复闻何绅等住房被拆，堆置空地，放火焚烧。知府等开导于东，乡民等即滋扰于西，人多声杂，分起解散，颇费心机。究其原因，无非地方官绅办理新政，愚民皆不以为然，又以柜收洋价与典价或有参差，柜书丁紫庭勒短铜元，经收舞弊，积怨怀疑，遂成暴动。知府撰就简示，洋照典价，铜元照收，丁书严办，并知县良鉴前罚丁紫庭赃私，追缴摊还。捐示乡民，并令各举乡董听候谕话。各董虽未出头，乡民即时散归，傍晚始尽。而抚宪派拨陆师即于是日申刻到阳，当将大略情形电禀在案。尚恐乡民重行入城，复于初九黎明，驰赴北门铁路附近之处，预备抵劝，直至午后并无动静。省派水师亦于酉刻抵阳，正在会商办法，南乡复有焚毁董事房屋，并聚众多人，将欲入城，又经知府等迎出南门，晓谕解散。目前人心虽未大定，所幸教堂、监所、电线、铁路均各无恙，店铺居民照常理事，尚堪告慰廑系。

惟查此次乡民聚众暴动，西乡为最，南北两乡次之，东乡甚少。其衅虽因柜书丁紫庭经收勒价而起，其实该书舞弊营私业经知县察出，究罚钱一千八百千文，分拨各城乡学堂及自治修桥经费。北乡武举徐朝举等又以前情禀经知府批饬提府讯办，据复加认罚缴钱三千文，留办农会之用，会商各乡绅董，均已认可，而西乡人民仍集百数十人，既毁该书之房屋，息事之后，又复引动各乡鸣锣聚众，迁怒官绅，横肆焚毁。当其肇事之初，知县因念城无守兵，深恐教堂或有疏虞，一面请兵，一面暂闭城门，待兵保护。而该乡民等竟敢将西门烧毁一洞，实系目无法纪，现经知府等设法解散，并奉抚宪派兵弹压，先散胁从，后拿首要，一面饬提柜书丁紫庭讯办。仍由知府分谕各乡居民，各安生业，勿惑浮言，和附犯法。奉派兵队并统领等所带兵丁，暂扎县城，以资保护，而示镇慑。

《时报》宣统元年七月十九日（1909 年 9 月 3 日）

机匠罢工余闻（镇江）

镇郡织绸匠因要求增加工价，同盟罢工，聚众滋闹一案，刻下各绸号已允许加价，故众机匠照旧开工，各安生业。惟上宪之意，以为工匠聚众滋事，其中必有匪徒煽惑，须将为首之人捕拿严办，以儆刁顽。昨已电致镇江道府转饬丹徒县，将为首滋事之殷大顺、朱生贵、戴朝志三名拿获，重责收押，听候详办。

《时报》宣统元年七月二十二日（1909 年 9 月 6 日）

丹徒又有抢米之风潮

镇城米价昂贵，有等匪徒遍贴匿名揭帖，谓将有抢米之举。经道宪查悉，派员购米开办平粜，一面出示禁止高抬米价，风潮遂克平靖。讵两乡距城四十余里之宝堰镇地方，因今年水荒，颗粒无收，又值米价飞涨，乡民无钱购米，遂相率聚众至各米行抢米，风潮甚烈。府县两宪接到警报，立即商请巡防统领陆副戎委弁多名，驰往弹压。

《时报》宣统元年七月二十二日（1909 年 9 月 6 日）

铜元问题（扬州）

铜元日渐跌落，每一洋元兑钱一千三百六七十文，并有当二十之铜元掺杂其中，以之买物，殊多窒碍。现当上忙开征之始，各柜书复有短价收入者，如赴柜完纳，银数不过数百文者，吃亏尤巨，盖核计不过八折九折之间。小民何知，未敢与较。然而丹阳一邑，目前方起风潮，殊足为前车之鉴也。

《时报》宣统元年七月二十四日（1909 年 9 月 8 日）

抗拒县官抑勒收漕之案犯获解到省（丹阳）

前报迭纪丹阳县民潜漕为首滋事之犯，由省宪札饬务获究办。至二十一日，由镇江府承太守缉获二犯，讯系帮同毁城之人，锁以镣铐。委员加差乘坐火车来苏，抵站后用小轿护解入胥门到抚辕，奉发首府，暂交吴县收禁，听候何太尊讯取确供云。

《时报》宣统元年七月二十四日（1909 年 9 月 8 日）

拿获丹阳县舞弊酿乱之漕书

日前丹阳县乡民闹漕暴动之原因，实由漕总丁紫庭舞弊所致，故府宪承太守签差四出访拿，并移邻封一体侦缉。现闻丁紫庭忽投督辕自首，由督宪送交上元县收押。太守得此信息，即饬丹阳县行文至上元县，提丁到府。日昨经太守亲提讯鞫，据供每年钱粮，向例七成银元，三成制钱缴署，近因署内欲九成银元、一成制钱，漕总恐亏垫不起，故铜元每一千需加六十文，方可在铺买银元缴署，所有银元牌示，由署内发出悬挂云云。太守得供，饬暂押待质所，候解赴苏垣讯办云。

《时报》宣统元年七月二十九日（1909 年 9 月 13 日）

汇志江北灾赈事宜

今年被水成灾，地广而重，在田秋禾及乡民储蓄，早已悉付波臣，饥民仅恃草根树皮以度命。现在时已八月，草根树皮亦有时而尽，恐易子析骸之惨剧，即在目前。闻该州官绅已在州城设立筹赈公所，举办急赈，惟款项无着，此亦难事。

前因运河异涨，淮道吴观察不得已，将高邮车南两坝启放泄水，里下河各州县虽被坝水浸淹，幸各属底水本小，并未成灾。闻宝应秋禾收成尚在六成上下，其余各县亦大抵相同。

扬州府县因历届各属荒歉，被灾居民多至扬州逃荒，日前湖北、安徽两省饥民，已经逃至扬州，现在淮安又被大灾，深恐接踵而至。昨特禀请上峰，咨请鄂、皖两宪及淮海官场，迅速就地筹赈，毋任外出逃荒，以保扬属治安。

浙抚拟赴扬州仙女庙、芒稻河，每月购米六万担，接济民食。苏抚以本年宁、苏两属，淫雨蛟水，同时为患，州县已纷纷报灾，扬州仙女庙、芒稻河等处，米粮向恃里下河为来源，今年里下河被坝水浸淹，损害晚稻，自顾尚恐不遑，实无余力外运，已请浙抚即在芜湖就近采办，以期两无妨碍，昨已行知到浦。

《时报》宣统元年八月二日（1909 年 9 月 15 日）

江北民食大恐慌

清江米价，前此每担售至十千，现虽稍减，而淮扬等属因米少禁运，及抢米风潮层见迭出，恐慌情形，达于极点。兹特汇录如下：

盐城棍徒昨因拦米出境，将冈门厘捐分局杂物及门首旗杆、旗帜、虎头牌等，捣毁一空，并勒令各铺户一律罢市，以示要挟。现经厘局委员吴璜、盐城县王令绍曾，查明为首滋事者，系杨五宦、娄成、陈铜匠、周洪等数人，已悬赏购拿，并具禀到浦矣。

该县王令因境内米缺价昂，现遵定章，重申禁令，除本境民间食米无单照，准予流通运行外，其买运出境者，五石以内作食米论，逾五石者，必凭单照验明方准运行，倘无单照，即以私论。买户则勒令就地照时价变卖，米行则酌量示惩，于流通之中，仍寓稽查之意，使奸牙市侩，知所儆戒。已禀上峰，请饬淮、徐、海及通、泰、扬州、海州等属，一体遵照矣。

赣榆自六月二十五六日发蛟后，溺毙数百人，冲塌房屋不计其数，有一镇（该县四乡分为三十镇）之中，冲毁数十庄者。现在每米一斗，售钱二千文，小麦每斗售钱一千一百文，灾情之重，民食之艰，概可想见。而县中积谷仅有九千余串，以之散放急赈，杯水车薪，其何能济。是以该县袁令特禀上峰，请筹赈抚。

兴化为产米之区，淮海各属，几无一县不运该县米谷。今年被水成灾，收成颇形歉薄。近由该县切实查勘，以通县高低田地丰啬牵算，闻仅有六成收成云。

今年湖河暴涨，为数十年来所未有，高邮地居下游，众水汇归，受害颇巨。该州州牧日昨赴乡查勘，以湖西水南北各乡被灾为最重，计共灾田十八万余亩，灾民四万六千余口。此四万余灾民，闻刻下已有饔飧不继之虞矣。

《时报》宣统元年八月四日（1909年9月17日）

车工又起罢工加价之风潮（镇江）

镇城各机坊所织纬丝，全恃洋车工人与络丝女工交相为力，现机坊料银已向各绸号叠次加增，而洋车工价依然每两开支十文。刻下柴米增涨，各货腾贵，所入实不敷所出，该业中人遂于前日发出传单，令同业各伙一律停工，并约于二十七日午前，在东门坡晏公会所会议。是日到所会议者约有百余人，大约必俟各机坊允许增长工价，然后照旧工作云。

《时报》宣统元年八月七日（1909 年 9 月 20 日）

洋车罢工之风潮已息（镇江）

镇城络丝之洋车工人，欲向各机坊增加工价，并集众会议，将酿事端。兹悉此事幸经丹徒县倪大令知悉，特商请城守营刘参戎派兵弹压，一面饬传为首创议之甲、乙、丙三人到署，命其从速解散，否则治以聚众要求之罪。该甲等迫于压力，且鉴于前次机匠之覆辙，遂无敢异言。刻下该工人等已各安生业，照旧工作矣。

《时报》宣统元年八月七日（1909 年 9 月 20 日）

续获丹阳闹事案犯解苏

丹阳民变案首犯黄作舟、毛仁等两名就获解苏后，嗣又续获景文胜一名解省，迭次刑讯，坚不供认。兹又获到小天王一犯，业于昨晚由火车解到，奉谕后，发督审局并案研鞫矣。

《时报》宣统元年八月九日（1909 年 9 月 22 日）

苏州督审局研讯丹阳民变案情

丹阳民变一案，先后获到黄作舟、毛仁、景文胜等三犯后，前晚又解到绰号天王之朱某一名，连日由督审局委员吴秀芝太守，王昆清、胡昆圃、章文卿、刘辅巨四大令，轮流鞫讯。除黄、毛两犯早已供认，寄禁待决外，其景文胜一犯，坚称素来安分，此案并未预闻。问官命提黄作舟质证，并将其母数年前控景忤逆之禀，称其人帮不法，为非作歹各语询之。景谓，黄因母死，无钱承殓，已由借银洋四十元，买办衣棺，嗣因索洋争闹，致被挟嫌诬攀；至母控忤逆，系后母有意陷害。问官一再驳诘，每日从早八点钟审至晚二鼓止，连上跪炼梃棍各刑，均熬执不供，恐骤难定谳。其朱某一犯，因俟抚宪旋苏，始于晚日奉发到局，故尚未开讯也。

《时报》宣统元年八月十日（1909 年 9 月 23 日）

苏绅定期会议抵制抗租（苏州）

苏垣长、元、吴三县附廓各乡农佃，近因本年夏间雨水不调，遂致秋成歉收，所有湘、澄、唯亭等处各乡农民，均听信劣董造谣煽惑，借灾荒为词，纷纷投县报荒，抗缴租米。而各业主旋因粮从租出，万分为难。并调查各该乡农民，均结成团体，如长、元两县最居多数。苏绅闻之，大以为不然，诚恐酿成巨祸，遂于十二日邀同群绅遍发传单，定期于十三日在元妙观方丈内自治筹备事务所开特别大会，并约请赵、吴、陈三大令到会，会议抵制抗租办法云云。

《时报》宣统元年十月十四日（1909 年 11 月 26 日）

吴绅反对会议抗租（苏州）

苏垣元妙观方丈内自治筹备事务所，于十三日午后二句时，由各绅士开特别大会，提议长、元、吴各乡农佃抗租事宜，其遍发传单等情，已志昨报。兹悉是日所有城内各业户到者约有二百余人，始由蒋绅宣布开会宗旨，即指湘澄一带农佃为首抗租者，皆因区董借荒敛钱，包庇所致，其余唯亭、陈墓、田泾各乡，皆效而行之。乃各绅士正在会议间，忽有吴绅投一公函，经潘绅济之等当众折阅，其间语意大为反对，阅毕有干众怒，随时散会。

闻各绅等颇为不平，咸拟即日公禀上宪云云。

《时报》宣统元年十月十七日（1909年11月29日）

饥民抢米之风潮（镇江）

近来饥民来镇逃荒者不少。初三日午前，突有无数饥民至山巷各米行，硬欲抢米度命。站岗巡士目睹情形，飞报四区警察分局，俞巡官特召集本区巡士，前往保护。巡防队统领陆如仙副戎得信后，亦派弁兵多人，至该处弹压。当将各饥民押往冬赈局，一面禀请道宪核示。奉刘观察面谕，将所有饥民权行羁留，俟酌给钱米，分别遣回原籍云。

《时报》宣统元年十一月七日（1909年12月19日）

苏乡难民聚众行劫（苏州）

苏乡长邑距浒关数里之向街、白马涧、黄山等处，于初七日起到有江北难民四五百人，连日在该处各乡沿途恃强攫取食物，任意骚扰乡民。据闻各乡民家所有柴米，尽被掳掠一空。惟有黄山一带，乡民稍不遂意，该难民等甚至互相争斗，大起斗殴之事。各难民均手持竹刀木棒，如临大敌，致乡民身受重伤者数人，抬县请验。至次日，该难民等复偕老扶幼，聚众至向街地方，闯进某董事家，将该董家内所有银钱衣物，一切尽行搜劫席卷而去，约计千余元之数。当经该董投县禀报，由长洲县赵豹文大令闻报之下，即于昨晚饬带营兵、捕役人等，前往该乡踏勘，次日回省面禀各宪，比捕严缉矣。

《时报》宣统元年十一月十三日（1909年12月25日）

饥民聚集愈多 （扬州）

淮、徐、海各处饥民，虽奉督宪派委截留，然连日纷纷南来者，仍是不一而足，立见截留无效。惟扬地并未事先预谋放赈，共计先后已到者，已达一万余名口，无非在东吴便益门等处道旁栖止，居民之受其扰害者，实觉日夕不安。昨日嵩太守已与江、甘二县亲往勘明，见其鹄面鸠形，诚为可悯，业经电禀督宪，请示办理。然当此留之不可、遣之不能之时，殊无善策以为对付也。

　　　　《时报》宣统元年十一月十三日 （1909 年 12 月 25 日）

厘捐风潮 （扬州）

自宝应内河开办统捐以来，其货物无论运往何地售卖，只按道路之远近纳捐一次，惟于所过各卡，必须补验货票是否符合，因此弊端日出，于所过之卡货票不符者，必遭扣留之患。连日分卡与客商之冲突者，已不止一次。盖统捐局于填票时，可以随意轻重，所过之卡，如果所索不遂，则又种种挑剔，在所不免。然则统捐之政策，或有未能尽善者乎！

　　　　《时报》宣统元年十一月十六日 （1909 年 12 月 28 日）

苏乡难民骚扰擒获解省 （苏州）

苏省大吏前恐江北难民南下滋扰，已由江督派员分段驻扎截留。嗣因附郭各乡镇仍有纷纷而来者，乃经长、元、吴三县会请瑞升督，酌拨巡防队水陆师，分驻各乡防护。讵近来阊门外响港、白马涧等处，又有逃荒男妇或十余人、数十人、百人不等，结队前来行凶，恃众向乡民强派钱米，不与即行抢劫，形同匪盗。十四日，离浒墅关附近之黄山头地方，亦到男妇数十人，手中均持有铁木器械等件，势甚汹汹，动手抢掠。当经该乡民鸣锣集众，上前抵敌，幸是处驻有巡防队，勇丁闻信齐出，帮同兜拿，众始知惧而逃。当被擒获男妇难民八人，并遗下铁叉一柄，当日即由队勇将该民及凶器一并押进城，送交长洲县收押，众乡民亦公禀到县，恳求重办，以儆效尤。不知赵大令若何判断也。

《时报》宣统元年十一月十七日（1909年12月29日）

饥民乏食之惨状（镇江）

日前镇埠义渡码头，到有江北饥民数百人，其时适值某洋行下货之际，各饥民忽群来抢夺豆饼，势甚汹汹。幸工部局西人及洋务局巡勇均在该处，随向前弹压，始免肇事。按豆饼一物，只可为肥田之用，或以之饲牲畜，乃饥民乏食，竟欲以此为食品，其情形亦大可怜已！

《时报》宣统元年十一月十八日（1909年12月30日）

派员严查小轮（镇江）

镇关道刘观察以近来饥民纷纷渡江南来，虽经派员堵截，仍觉无效，恐各小轮有贪图微利，暗自装载情事，特派委水陆总巡吴小亭都戎及租界总查周少堂二尹，在江干巡查，如见各小轮载运饥民，即罚令装回，借以示惩。都戎等日来率带差勇，在各轮船码头往来梭巡查察，颇觉不遗余力云。

《时报》宣统元年十一月十八日（1909年12月30日）

饥民闹事三则 （扬州）

凤凰桥为米市麇集之区，昨有某姓购得米六石，行经龙光寺门外，为众饥民围抢一空。业由巡警局获到五名，判以枷号示众，回籍时准其疏枷释放云。

又有拐匪混入饥民之中，拐得饥民子女三人，各售得大钱十余千。当经其亲属赴局控告，亦经同送巡警局发落矣。

便益门北门外各食物店，均已一律闭歇，甚至将草根树皮硬行拔取。某姓购面数斤，某姓挑油一篓，皆为众饥民攫去，以事属微末，并未送官究办云。

《时报》宣统元年十一月二十一日（1910 年 1 月 2 日）

苏垣马车聚众罢市

苏垣马路前日有橡皮马车一辆，在路飞驰抢先，横冲直撞。巡捕以其违章也，向阻不理，乃将马夫连车一并拘入捕房，解送巡警局，奉管伯英大令从轻判罚洋二元释出。讵该车行系著名痞棍马夫头邓松林（即去年与飞划营兵斗殴肇事、奉拿脱逃之犯）所开，恃强不肯受罚，竟迁怒于管大令，特发传单，纠集各同行，于二十日一律罢市，停止行驶，欲与巡警为难，至晚尚未了结。不知当局者若何办理也。

《时报》宣统元年十一月二十三日（1910 年 1 月 4 日）

饥民惨状 （镇江）

近来江北饥民纷纷来镇就食，虽经地方官设法遣散，然此往彼来，仍然滔滔不绝。初六日午后，宝底巷突来饥民一群，将各店铺之烧饼、牛肉等项食物，抢掠一空。翌晨山巷内又有抢米情事。尤可怜者，前日有饥民十余人，行至镇关验货场，适值上下货物之时，见有豆饼、杂粮泼下，即皆拥前抢食，虽有弹压人员以竹杖敲打，而该饥民等若不知痛楚，攫抢如故。吁，惨矣！

《时报》宣统元年十二月十一日（1910年1月21日）

巡警谕拆柜栏罢市之风潮（苏州）

苏垣各店铺柜台栏杆，前因巡警局请展街道，谕令悉行装进户内。近以日久玩生，各该店旧态复萌，又皆逐渐侵出，而尤以胥门一带为更甚，侵僭官街，几及其半。现奉巡警总监汪观察重申禁令，通饬各路一律严禁。十六日，复派卫生科科长戴宗礼通守，亲诣胥门各店家，挨一查看，如见柜栏略出者，勒令即刻拆让。讵午后胥门外盛家弄某馆店栏杆太出，巡警喝令立时拆卸，该店因正在上市，不能工作，恳求宽限至夜遵拆。巡警不允，遂将店主某甲拘局管押，致各店大动公忿，立即闭门一律罢市。闻胥路区长孔君见已酿事，谕饬地保向各店劝开，众皆不理，至晚依然重门深闭。街上观者如堵，人言啧啧，佥谓近来调来之北洋警员，办事动辄仗气恃蛮，与商民隔阂太甚，致酿此变云。

《时报》宣统元年十二月十九日（1910年1月29日）

苏省新军殴打马路之大风潮

苏省二十三混成协新军现值新正放假，齐至马路游玩。初二日十二点钟时，有四十六标兵十数名至阊马路东洋戏馆观剧，不名一钱，硬欲入内。班主某日人，坚阻不纳，遂启冲突，互相扭结不解。众兵忿甚，立即号召同队入场混战。该剧场本系布棚芦席所搭而成，当被立时捣毁。该日人尚欲纠众与斗，其时各营弁兵在路游行者甚众，攘臂一呼，万手齐举，并将东洋饼店、东洋堂杂货店、丸三药房等日本人所开之店，悉行打毁。众兵弁等复贾其余勇，将大观戏园、春仙髦儿戏馆、一品香茶馆、全昌金刚钻号、瓷翠山房照相馆、德亨洋货铺等各家寻衅，或被打碎门窗玻璃，或被毁坏器具物件，纷纷扰扰，打成一片。流氓马夫又复随声附和，自鸭堂桥堍至新马路口一带，几成一大战场。众兵东冲西突，逢人便打，遇物即毁，如入无人之境，行人皆为避道，店户悉皆闭门，马车、东洋车亦被赶开，不准载客行驶。有日本人两名，被打破头面等处，血流如注。又有某西人，适从上海来苏游玩，亦被误殴在内，颇受夷伤，其余闲人之误遭波及者颇多。巡捕相率躲避，不敢上前。马路区长管伯英二尹、工程局郝衡之通守见已酿成大事，立发德律风飞报城内文武各衙门及督练公所、警务公所。霎时首府何太守，长、元、吴三首县仉、曾两中衡、协统陈得龙、一标标统杨开甲、二标标统曹进及各营队管带、队官、警务督练各科官等，咸争先飞驰到场弹压，并由协部执事官高持陈协统令箭喝阻，众兵尚不罢休。维时随和人等尚人山人海，当经管区长督率巡官、通班巡警在路巡行，至下午方渐解散，而各店铺犹有不敢开门者。闻启衅原由，因元旦日有数兵士欲入该东洋戏场观剧，被日人斥逐而归，特纠众前往报复，致肇此衅，不知确否。现驻苏日领大贺桂吉君已与地方官交涉，恐未易即了也。

《时报》宣统二年一月五日（1910 年 2 月 14 日）

苏省新军闹事之大风潮续志

苏省混成协四十标陆军于年初二在阊门外马路聚众大闹，酿成大交涉各情，已纪昨报。兹悉肇事时各营兵弁均有在内，群将肩章摘去，故一时分辨不清。抚标中军仉翼南参戎持抚宪令箭前往喝阻，几被乱兵扭夺折断，幸参戎飞骑而归，得免受辱。

当时被波及各店，共有十五六家，惟大半仅将门面、玻璃窗等打碎，未曾入内，故所失有限，否则不堪设想矣。现各该店均已开具失单，纷纷向捕房及巡警局禀求赔偿。闻东洋堂杂货号索赔至三万元之多，丸三大药房索赔一万数千元。全昌金刚钻号系华人刘东生所开，悬挂日商牌号，尚未开出失数。其余华人所开之店，虽有损失，谅无大害，当不难就绪也。

东洋马戏馆俱系布棚席板支搭而成，索赔一千四百元，惟初二日未做生意，初三日复停演，每日须由华官认赔洋三百元，现已于初四日先行开演矣。

起事之初，众兵弁已有约而来，半在大观、看仙、群仙等戏馆聚候。当午前十点余钟时，趄趄雄雄者，已将各戏园正厅包厢踞满，催令开锣。大观、群仙知有不妙，遵即闹〔开〕场，故受祸独轻。惟春仙不允，即被捣毁包厢桌椅七间，电灯、电话悉遭拆毁。后经马路巡警局允许理直，各戏馆遂于初四日一律开演。

此次闹事幸值新正，吴中俗例大小各店铺于年初上数日率皆闭门停止贸易，得免乱兵阑入，故保全者多。且众中亦有形似弁目者数人，力戒各兵只可在外动手，不准进内抢物。惟路上游人奔避不及，遗失衣履物件者甚多。事后有流氓三名，乘间抢得皮夹等物多件，被众所见，当场将该三人扭住，立由吴县陈大令带回本署管押惩办。

启衅原因甚为复杂，或云上年底各兵因欲争领存饷，已在营中鼓噪，陈协统责办队官、排长力压而止。故众兵弁积怨已久，于初二日先在营中聚谋殴斗，拥至马路，以泄其忿。惟先将东洋各店捣毁，打伤日人二名，复将来苏游玩之汇丰银行执事某西人误打在内，身负重伤，致酿成英日两国交涉，恐风潮未易弭平耳。

当晚，护院陆中丞饬派首府何太守出城往拜驻苏日领大贺桂吉，该领云已赴沪，未晤。初三日适值左廉访将有沪行，陆护院即饬廉访会同沪道蔡观察，与英领事等就近磋商如何办法。

巡警总监汪颉甸观察去年在沪渡岁，初三日经陆护院迭发飞电，催令迅速来苏会商，以免延久，别生枝节。（汪观察苏地公馆在阊门马路南阴里，亦被乱兵击破玻璃窗等处）

是日各兵肇事后，有八十余人竟未归营。当晚城外各店户人心惶惶，恐生他变，由警务公所特派骑巡队在阊胥盘一带马路分段梭巡，彻夜不绝，至晓而罢。

初四日星期，各兵士仍复假出，至马路上游行。午后二点钟时，忽又聚集百余人，在阊马路一带横行肇事，寻衅挑战。各店铺惊惶未定，又复纷纷闭门罢市。站岗巡捕欲向劝阻，即被该兵等扭住，拖往盘门一带而去，一时人声大哗。东洋车、马车又皆四处逃避，路人皆不能行。忽又有马兵数人，乘马在人丛中乱驰，致被撞到行人大小两名，践伤颇重。马路警局立发电话禀报城内各衙门，府县各官立即飞驰出城弹压，陆护院特派巡防队阮统领率带队伍出巡，以免再酿大事，未几幸即弭平，然马路各居民已饱受虚惊不小矣。至晚间又有数兵士遗失，未曾归营，不知确否。

《时报》宣统二年一月七日（1910 年 2 月 16 日）

苏省新军肇事三志

苏省混成协四十六标新军在马路上大闹，殴伤英日商民，初四日又几起衅各情，均志前报。兹悉陆护院以此事牵及两国交涉，延久恐生枝节，意在速了，故已电催新抚宝湘石中丞从速莅苏，以便有所禀承；连日迭发密电，赴宁与江督张制军磋商一切；并传集巡警总监汪瑞闿观察与督练公所袁道世辅、洋务局徐道炳倬、首府何太守及协统陈得龙等各员，到院会议，尚未定妥。惟闻大旨，肇事之兵弁务欲严办，被毁之店铺、人民则给赔款云。

陈协统治军素尚严峻而少恩义，部下弁兵大都皆畏威而无戴德，故军心向不深附，识者早虑其有散变之虞。上年大除夕，因点名及求领存饷，各兵已在营中鼓噪。元旦日又因不准全队放假，众兵愈加不服，已怀乱心，专在马路上结队胡行，或闯入戏馆、茶寮调戏妇女。种种怪象迭出，迥非平日节练之比。至初二日，竟肇此祸。现闻陈协统以督率无方，咎在统将，已在护院前自请议处，不知省宪若何裁答也。

此次肇事系四十六标为首，现经陆中丞将该标标统曹进立予撤差，以示惩儆，遗差遴委督练公所兵备处提调苏谦接统，业于初五日下札饬知矣。

路马〔马路〕著名流棍房阿四，去年曾在炮队营当兵，因犯事斥革，故与各兵热识者多。初二日，指引乱兵向各店铺挑衅。初四日，房又在马路煽诱各兵，意欲再肇事端，巡警向之喝阻，反被挥众殴打。当经马路巡官郭占魁密率多人，上前掩获，其同党徐某、张某等均经乘机逃脱。初五日，经捕房将房解送警务公所，汪总监亲自提讯。房初极狡赖，经汪观察喝令重责二千板，始供肇祸各兵闻系张姓、贾姓等数人为首。观察乃命将房阿四发县，钉镣收禁，一面移请陈协统照所供各兵姓名交出惩办矣。

陆〔陈〕协统以在营各兵常有汹汹欲动之意，恐逸则生变，现值新正，初五日已过，因特谕饬全协管带队官，传令步、马、炮、工、辎等营队，自初六日起，一律开操，以示军威而资镇定。

《时报》宣统二年一月九日（1910 年 2 月 18 日）

新军大闹马路戏园案之余闻

苏省混成协第四十五六两标新军马队、步军、炮兵，日前闻因大闹马路、戏园，酿成交涉巨案。初四日，又有炮兵队聚众凶殴巡警，迭起滋闹大风潮。兹悉此案旋因案情重大，已由护抚陆中丞一再电商江督。当闻张制军复电：此次若不从严惩办，何足以儆将来，亟宜将为首肇事之兵查出，军法从事。其约束不严之该管上官，照例一律查办云云。现经中丞得电后，查得四十六标曹文思标统系陈协统之私人，平日苛待兵士，致该兵士等素有仇恨，遂起陷害之心。所有该标肇祸之兵，现已私窃子药军械脱逃，计有百余人之多。于初四日由中丞传见协统，面加训斥，及曹标统立时撤委，易委兵备处提调苏谦接充。惟四十五标三营左队官，易委陈金瑞继任其乏。一面谕令协统，速将脱逃之兵查明花名、年岁、籍贯、数目，以备通饬各地方官拿案惩办。其被毁之中、东各店铺物件，现议谕令协统照数赔偿，否则从严参处云云。

《时报》宣统二年一月十日（1910 年 2 月 19 日）

苏省新军闹事之大风潮五志

苏州四十六标新军在马路大闹各情，兹悉陆护院以此次肇衅各兵，先在标营起哄，续至马路肆闹，究其起原，是营中官长实酿成之，况该兵等先日已在营中聚闹，兵官应亟善自防范，严加约束，不应再任其放假出外恣闹。初二之衅未已，初四又听其偕出，几致再启风潮。是该军官等事前既无教育之方，临事又无驾驭之术，事后复无约率之法，实属形同木偶，忝为千夫长。且访诸舆论，外间异口同声，金谓协统陈得龙严酷而少恩，罚重而不恤下，故兵弁久有贰心。该标标统曹进系陈私亲，管带曾栌超、郭占鳌等皆资浅新进，但只仰承上官意旨，虐待部下，遂致铸此大错，扰害商民，酿成交涉，悉由此阶之厉也。目下经陆中丞先将曹标统撤差候查办外，陈协统及管带等官均俟宝中丞莅新后，且看此事之如何结果，再定办法。执法以衡，谅须一律撤退也。

曹标统撤差后，新委督练公所兵备处提调苏谦代统其军，业于初七日接事。苏系陆师学堂出身，曾在督练处当科官，总充陆军学堂提调，资望甚浅，去年欲谋飞划统领而未得，今得是差，喜可知矣。惟骤建高纛，一军皆惊恐，亦非指挥出众才也。

闻陈得龙具详抚宪，缕述肇事情形，颇多推卸。略云初二日，协统闻有军人数十名在马路滋事，赶即驰马而往。至一家洋货店门首，见众人拥挤不开，有无数流氓在店哄闹，并无兵士一人在内，各店铺尽系若辈所毁云云，于东洋各店均不提起。其殴打上海西人一事，则云时适有身穿黄衣、头带外国帽之一人乘马而来，闯入重围，致被流氓所打云云，亦不说穿为华人、为西人。其后则推诸管带队官之约束不严，办理不善，致肇此衅，于己诿卸殆尽。嗣经省宪派员至城外密查，如初二日实皆兵士聚闹，恰无流氓在中，缘是日兵数甚多，遇人即打，流氓不知袖里，亦被吓避。初四始有流氓混入，幸未成事。噫！该协统之措词则巧矣，其如人言啧啧，欲盖弥彰何！

马路被毁中、东各店，共有十六家，现已联名缮具公禀，各开失单，呈请警务公所、马路工程局请照数赔偿，并请设法保护，嗣后不致再有他衅，以安商业。闻内中惟东洋各店索赔最巨，连日经日领事大贺桂吉与警务总监汪观察、洋务局徐农伯观察一再磋商，略有就绪。初八日，日领事复同徐观察及农工商局总办王旭初观察、东文翻译陈天麒太守等，偕至抚辕谒见陆中丞，面商良久而出。闻省宪已允赔给该日店洋八千元，作为一切了结，不知确否，大约须俟宝中丞履新，方能定夺也。

《时报》宣统二年一月十一日（1910 年 2 月 20 日）

昆山县禀复饥民滋闹

苏省昆山一带，日前闻因到有湖北饥民千余人，在该处县属乡镇勾结匪类，聚众滋闹，沿途肆行抢劫，势甚凶猛，甚至酿成巨祸。当由该县张绍棠大令电禀省宪请兵弹压等情，会经陆护抚札派赵谨琪直刺及冯大令璋、左路巡防队阮统带，督率防军，驰赴该县弹压查办。兹悉此案各饥民现已遣散，所有附和之枭匪亦拘案惩办，故由该县会同宪委冯令，即于十二日来省禀复饥民滋闹情形云。

《时报》宣统二年一月十五日（1910 年 2 月 24 日）

宜兴乡民滋事确闻

宜兴民风素称纯朴，近以频年灾歉，十室九空。新政繁兴，担负日重，县官征收忙漕，抑勒洋价过甚，穷民呼吁无灵，蓄愤已久。前月念七，北乡因调查户口，需索每户念文，又讹传黄河造桥抽丁等谣，穷怨之众，一触便发，同时暴动。和桥学堂以孤悬野外被焚，教员冯姓夫妇受伤，当由钟溪巡检夏文炽接回调护。漕桥学堂附设庙宇，其堂屋甫经落成，尚未迁入，众将学堂器具悉数搬往，亦付一炬。高墌学堂以毗□积谷仓，相戒勿火，徒手拆毁，并毁乡董蒋姓等三家。该乡设有教堂，向无洋人驻守，并未侵扰，市面亦照常贸易，此二十七至二十九日之实在情形也。惟地方官绅不免张大其事，率尔请兵，恐酿不了之局。寓沪任绅逢辛得信，飞电院司，恳饬夙负民望之盐捕营管带徐诚檀及夏巡检等，会县妥慎设法，劝导解散，再议办法，并电嘱劝学所切勿恃兵力，致难收拾。然闻省兵已发，饬管带阮慕咸等督率前往。任绅复电请撤回，未知能免激变否。

《时报》宣统二年二月二日（1910 年 3 月 12 日）

宜兴和桥镇毁学惨剧

宜兴和桥镇以调查户口事，乡民误会，谣言四起，加以与办学诸人向有积嫌。本月念七日，鸣锣聚集数千人，先将鹅山小学拆毁，灌以洋油，付之一炬。某教习出而理喻，被殴受伤。继又拥至始齐女学，拆毁房屋数间，当经旁人告以校舍系私人产业，与办学者无干，始幸免全毁。和桥各董事住宅亦被毁数家。和桥巡检出而弹压，被乱民将乘轿打碎。宜兴县赖令即电禀抚宪，已由抚宪电饬常镇道飞速派兵前往。目下乱民愈聚愈多，声言欲四出与办学及办自治诸人为难。其他与阳湖太平乡漕桥接近，闻漕桥小学堂业已波及，但未知其详。附近一带办学诸人，纷纷避至常城，而乡间过路难民乘势四出抢劫云。

《时报》宣统二年二月二日（1910年3月12日）

宜兴乡民滋事往来要电

苏州抚台、藩台、学台鉴：顷宜荆劝学所俭电称：北乡和桥、高塍、漕桥三处反抗调查户口，焚毁学堂、乡董家，人聚不散，赖令在省已电请兵弹压等语。该乡被灾较轻，而教民窟穴又有教堂，既滋事，恐蔓延，非兵所可弹压。缉私管带徐诚檀夙负民望，能知缓急，请飞饬该管带，并饬赖令迅与偕行，商同钟溪巡检夏文炽妥慎切实料理，一面迅将起衅根由据实查报，勿稍虚饰贻误，至要恳祷。锡汾叩。勘。

宜兴筹振公所劝学所：俭悉。何日何人何事相煽，以至于此，须防牵累饥民，涉及教民、教堂。已电院司饬赖、徐、夏会商料理，勿恃兵力，至难收拾。仍请将详细情由迅速函示。汾。勘。

苏州陆方伯鉴：勘电谅已赐察，并函致筱雅转达矣。和桥为宜境巨镇孔道，赖令如不与徐管带偕行，恐难妥洽。人聚不散，必杂匪徒，而派兵非计，应先解散，再设法查拿首要。一面仍认真筹办地方工赈，即抚定穷极思乱人心。惟食米到处支绌，价日昂贵，恳公商请两院速筹来源示知，否则无可措手。感盼。锡汾。艳。

任逢辛观察：宜兴滋事，已由省派师船，并长守酌带飞划，暨由江常巡防队，赴县分别弹压解散拿办矣。顷接勘电，已转饬赖令酌办。菜。艳。印。

宜兴泽明送本府长大人鉴：顷中丞来电，以宜兴滋事，省派师船并由台从酌带飞划、江常巡防队驰往查办等语。客岁小除夕，弟曾以收漕洋价电达尊处，一面切嘱缉私徐管带驰往预防，侥幸无事。今之猝发，固别有衅端，其原因总不离乎此。既劳台从，敬请俯念愚民困穷已极，先将聚而不散之众解散，以兵防护就近教堂，其混杂匪类确查拿办，并将起衅实在情由据实通禀，再筹善后办法。地方蒙福，祷祀祈之。锡汾。艳。

苏州王旭庄观察：敝乡滋事，官绅贸然请兵，当就鄙见电请院司察办。又电申老，一面函致筱雅转达曲折情由。顷院复电，兵已派，本府往查办。亦电恳之，恐将激至无可收拾。闻筱雅适已赴宁。恳公速回府署，查取敝函，代达祷切。尊寓何处，请示。汾。艳。

苏州抚台、藩台、学台鉴：昨奉中丞艳电，敬悉。顷乡人来，并阅夏巡检文炽家信，北乡调查户口需索，并讹传抽丁等谣言，廿七，愚民聚众焚毁三处学堂，扰及乡董，和桥学堂教员冯姓夫妇受伤，已由夏巡检调护，众散，市野安谧云。除嘱同乡会速将实情登报更正外，谨闻蒙派水陆军队，可否速赐电饬分别撤回，并饬长守等妥慎查办，免激事端。地方幸甚，感祷。锡汾叩。朔。

《时报》宣统二年二月三日（1910年3月13日）

机匠拟聚众停工要求加价（苏州）

苏垣城东一带，小民大半以织机为业。近自新正以来，米价迭次飞涨，加以百物昂贵，所云该业各帐房，迩来生意清淡。兹自上年酌加花素机织工钱文后，近又洋价骤长，一律统改洋码。乃各机匠因之粒食维艰，无以为生，遂即商准行头，拟于初三日概行停工，齐赴各帐房要求加价之说云云。凡在上者，必当有以严申禁令也。

《时报》宣统二年二月四日（1910 年 3 月 14 日）

长元两县谕禁机匠聚众暴动

苏垣东城一带各机匠，日前闻因百物昂贵，米珠薪桂，特议初三日聚众停工，要求加价。兹悉此事现据该业各丝帐房所闻，诚恐各机匠聚众暴动，酿成巨祸，故由该业领袖杭小轩君等于初二日午后，先期在祥符寺巷云锦公所邀集同人开会，提议布置之法。当闻是日所有到会之人，约计二三百人，并拟缮就公禀一纸，求请长、元两县严申禁令等语。事为各机匠得知，即于初三日上午纠集同业百余人，均执香赴县拦舆具禀，以上年所加织工后，迄今不敷饭资（素机每尺加四厘，花机每尺加七厘），现届连日米价飞涨，叩求赏给饭食等情。当由长、元两县赵、吴二大令据禀，旋以各处匪徒甚多，往往乘间煽惑，藉端滋扰，尔等均须安分营业，切勿聚众停工，因起暴动风潮。倘敢故违，定拟援照陶起发滋闹机捐案治罪等。如果照常开工，其酌加织工之事，本县自有办法，听候劝谕各帐房从优议加工价，以资津贴。闻二大令一再以婉语劝导，各机匠始唯唯而返。

《时报》宣统二年二月五日（1910 年 3 月 15 日）

宜兴乡民聚众滋事*

宜兴乡民聚众滋事，始于北乡，蔓延全境。现杨巷官村及荆溪治之丁山、蜀山、徐舍、张渚等处学堂，亦先后被毁，绅董家遭焚毁者，已数十家。常州府长智伯太守次第亲临查勘，以已延及山乡，又系灾区客民杂处，昨日电沪任绅谓：乡人已散，恐客民乘机滋扰，非兵力镇压不可，万不致有激变之虞云云。至酿祸原因重迭，昨报所纪调查户口索费念文之说，亦系谣言之一，并非全境实行之事。目下谣风所播，邻境乡愚万口一声，咸以打毁洋学堂为痛快之举，恐一时未易敉平也。（初五日未刻宜兴专电）

《时报》宣统二年二月六日（1910 年 3 月 16 日）

宜荆乡民闹事确实详情

宜兴调查户口，各处有完毕者，有未完毕者。前月二十六七日，和桥一带忽有无知愚民借此造谣，谓调查各人年庚，由调查员售与洋人，将年庚造桥造铁路，则人必因而致死，并谓开一人年庚，可售洋六元，某调查员曾得洋八百元，遂引起全邑聚众毁学绝大风潮。初由北乡发动，继复波及东乡，近则寖淫及西乡矣。现计两邑学堂，除在城未毁外，和桥则鹅山，高塍则涌南，漕桥则公立之高小学以及东乡之东坡各学堂，均被乱民焚者焚，拆者拆，竟至一物无所存余。其因调查户口闹事，必毁及学堂者，据谓此事纯为洋学堂、洋教习所酿成，故仇视学堂尤深。前日毁东坡学堂时，乱民声言欲得洋教习而甘心，教习储某幸逃至绅董潘某家，随逃回城中得无恙，然亦险矣。余则绅民被毁者，亦不下数十家。和桥钟溪司巡检夏少昌亦遭蹂躏，绅民杨茹愚全家畜粉，且有因伤将毙之调查员某姓，共打毁绅家四十有余。东乡竟无一处能免暴动。丁山绅士葛逸云门前至于放火，汤渡周绅捷生被山中客民劫去，双桥冯逸周□亦为村民所拆毁，余地亦莫不然。蜀山东坡学堂被毁，外面谣传将至潘坤家，登时西望圩乱民聚集不散，幸得本地巡防兵士竭力救护得免。然均下区图董周献甫遇乱民追趺折断一足，最可痛恨。蜀山调查，仅由潘某经手开数十家，然风潮起后，妇女均至其家噪闹，索回调查册，汹汹欲与为难，几酿祸事。然蜀山风潮犹称最小，盖因调查一事为修圩埂所迟误，未经告竣，故滋事之人尚少，否则更不堪设想矣。西望圩风气向称刁顽恶极，此次无端毁东坡学堂，又打毁绅家，大半为其村民。现下风声虽紧，已急电抚台，立派本府及常镇道督兵四营，驰抵本境查办。北乡昨已拿住为首滋事者数人。昨日，本府亦到东乡，当即有兵带来乱民，稍稍平静。全邑现在人心惶惶，有如大乱，诚前此数十年所未有，现西乡正在初动，尚不知成何恶果，可危可惧也。

《时报》宣统二年二月十日（1910 年 3 月 20 日）

常州毁学风潮

武邑城渡桥乡，于本月初六日有城区某学堂赴该乡劝捐，不知何故，致乡民大动公愤，迁怒本区学堂，纠众毁学，势颇猖獗。嗣为邑尊所闻，即日驰往弹压，未识如何了结也。

《时报》宣统二年二月十一日（1910 年 3 月 21 日）

常州毁学风潮详志

常属宜兴县和桥一带，于正月杪忽起谣言，以清查户口，谓将人名造具清册，售与外人，作海中造铁轨三千里下桩之用，以致扰动乡间，男妇无知之辈咸大震恐，向造册各绅索还所开之册。又以造册诸人大半为学堂教习，前开姓名定能记忆，不可不为根本之计。二十七日，群集学堂，将书籍、仪器等物聚而焚之，教习、学生同被殴辱，地方绅士遭其毒者，共五十七家，此和桥一镇之情形也。同时高塍、方桥、蜀山、连树港数处，闻风响应，高塍学堂顿成瓦砾，他处幸未全毁。二十八日，官村、杨巷、张渚、徐舍等镇，相率效尤，徐舍约五六百人，张渚约四千余人，杨巷、官村约四百余人，号称非尽毁学堂，不足泄愤。地方绅士乃将学堂匾额尽行除下，改悬书院匾额，户口册尽行交出，并立包单，包其乡人口□年平安，莠民始各散息。而芳庄、芙蕖等处，乱事又起，绅董皆受奇辱，此宜兴各乡之情形也。二月初间，武进县怀南、旌孝等乡为宜兴余风所惑，两邑本属毗连，遂有愚民煽动闹事，某君严词晓谕，乡民益愤，任意唾辱，继以殴打，有吴君受伤最重，学堂内窗棂、器具同时受损，至今谣言四起，各学堂咸有戒心，此武进各乡之情形也。现闻宜兴各处被毁学堂，一时不能开学，学生相率改入私塾，且有并未被毁而先行停课，以防不测者。地方官见乱民已散，置学务于不问，亦无解释谣谤之文告晓谕愚民，不知如何了结也。

　　《时报》宣统二年二月十四日（1910 年 3 月 24 日）

新军滋事（清江浦）[*]

　　本月初十日，有新军两队在清江浦滋事，旋哄至城北，拟围城，由江北提督开枪轰击，众始平静。有房屋多所被毁，乱兵亦被杀多人。其详情以隐秘故，不能尽悉，惟事情颇为重大。刻又由南京遣新军两队，前往清江矣。

　　《时报》宣统二年二月十七日（1910 年 3 月 27 日）

江北悲惨现象之一斑

淮、海两属饥民来浦就食者，不下数万，官场未筹安置之策。现当荒春，米价每升售至八十余文，觅食维艰，相率入城行乞，城中居民购买食物，时为攫取。扰害治安，莫此为甚，此亦地方一大患也。

自二月以来，清江无日不雨，已经苦潦。十九、二十两日，又复继以大雪，且夹冰雹，竟日不止，积厚数寸，天气严寒，檐际结冰，长将及尺。四乡麦苗冻损甚多。询之农人，金谓春雪最易生蝗，今年麦收丰稔恐又无望矣。

山阳向称富庶之区，本月某日，饥民聚众抢劫米店，竟酿罢市闭城之祸。居民现尚皇皇，山邑如此，他县可知已。

每届春令，市面生意大抵清淡，然未有如今年之甚者。现在钱、货各铺纷纷闭歇，其未闭者，亦支持不易，商业萧条达于极点矣。

《时报》宣统二年二月二十五日（1910 年 4 月 4 日）

清江兵变之详情

江北十三协新军，系从北洋调驻清江，兵丁程度次于南洋，而服从命令实为该军之特色。无如全协官长，自上级以至下级，习于奢侈，平日专以嫖赌为生涯。兵丁见官长如此，乃相率效尤，久之经济困难，遂演成上月二十七日兵变之烈剧。此事原因虽甚复杂，而困于经济，思乘间一逞，遂其大欲，实其一大原因。新军家属自去年来浦探望者，相属于道，流寓石马头、王家营等处，为数甚众。各兵因饷银均已随手散去，无款分润亲友，正穷应付，官长又于其时多方压制，于是倡言反抗，集议联合同乡，先杀官长，随后入城抢劫军械所及各衙署、各线庄，大掠而南。幸而发觉尚早，官场特派巡防队出城驻扎，并将清江大闸及各船桥一律拽起。一面派委妥员赴营镇压，又将饷银全数发放。叛兵见事已泄，未敢暴动，然营中纷扰，数月未息。是日城门下锁极早，城内戒严，城外居有迁徙者，现在均已平靖。但遥言仍多，风声鹤唳，草木皆兵，终必有溃决不可收拾之一日。国家练兵原以卫民，今返为生民之害，岂不可恫！

又闻为首滋事之兵，已由提台拿获，解赴山阳县处斩，其余附和之人，现均潜逃无踪。该协官长诚能从此严防，曲突徙薪，或可潜弭巨患，特恐事过境迁，又复倚翠偎红，呼卢喝雉矣。噫！

《时报》宣统二年二月二十五日（1910 年 4 月 4 日）

宁垣饥民大肆抢米

宁垣近日严冷冰大，雪地之中，饥民冻饿难受，二十一二两日，同时抢米，阖城各米铺无一能免者，惟多少不等。文武各官闻信，随即带队前去弹压保护，未能解散，各米铺均同时闭门，饥民更属哗噪。府县当场出示平价，安慰民心，谕以即开局平粜，毋着惊慌，并饬米铺照常贸易，各家派兵留守。惟省城仓库并无余米，立派知县刘文煜等星夜赴芜采办来宁。夫米价飞涨，已非一日，大吏巨绅事前若无闻知，及至祸发，临事张皇，仓廒毫无预备，官府犹以事多，不暇及此，至绅士为小民代表，闻见最切，乃亦漠然不顾，可哀也夫！

《时报》宣统二年二月二十六日（1910 年 4 月 5 日）

苏省又将有大帮饥民过境

苏垣近来时有江北难民男妇成群，或数十人，或数百人，纷纷过境。迭经长、元等县派差协同营勇，按名酌给钱文，押送出境，业已多次。近闻元和县属各乡，又有大帮难民，竟有三千余人之多，专在各乡民家横讨强抢，凶恶异常，不日即将结队来苏。昨经元邑尊吴次竹大令回明省宪，谕饬飞划营统领冯孟余观察密饬第一营各师船齐泊在苏，预备该难民到时，严加弹压。一面由县饬差，广备小船，以俟届时协同营勇，押令众难民登舟，即行载送出境，不准在岸逗留，免滋事端云。

《时报》宣统二年二月二十六日（1910 年 4 月 5 日）

抢米堪虑（常州）

常郡淫雨兼旬，已志前报。日前复下冰雹二寸许，河水大涨，低区麦苗已尽淹毙，高田亦大受蹂躏，今年麦秋恐有籽粒无收之虑。米价益复腾贵，按日购米之家，非常艰困，无赖游民乘机煽动，致有入城抢米之谣。二十二日，东门外及城内新坊桥左近，已有多人向该二处米肆强赊硬借，几肇祸端。不知地方官长及商会、善堂等，亦曾一筹思患预防之策否？

《时报》宣统二年二月二十七日（1910 年 4 月 6 日）

江北师范学堂大风潮详志

江北师范学堂教务长兼庶务长夏君揖颜，办理校务两年，于兹尚无功过之可言。自去年淮道甏召南观察因政务殷繁，不能兼顾学务，禀辞总办差使，夏君遂以校长之资格兼监督之责任。今年夏君为改良校务起见，将堂中教员汰去大半，悉易素所信任之人，毁誉因而参半。日前，不知因何惹起学生恶感，大生冲突，当被学生将校中住室捣毁一空。幸而见机尚早，趋避迅速，未受伤夷。监学巴姓，闻已饱受老拳矣。事后校长即电提学，并谒提台面诉苦情，学生亦公举代表往见提台，并电提学，互相禀讦纷扰，两日未曾上课。夏君因太失体面，已偕全堂教员乘轮南下，不再与闻该堂教务。提台昨委冯君宝墀前往该堂查办，闻亦未得要领。至起衅原因，传说不一。左袒校长者，则谓有人希得校长位置，鼓动学生起此风潮，冀达目的；左袒学生者，则谓校长侵蚀校款，引用私人，学生要求改良功课，固执不允，致生恶感。究竟孰是孰非，非局外人所能知其底蕴矣。

　　　　《时报》宣统二年二月二十八日（1910 年 4 月 7 日）

苏州乡民聚殴调查员闹事

　　苏垣地方自治，近因城厢清查户口已竣，特派员分赴各乡接续调查。讵三月初一日，忽有吴县属香山镇乡民，因不明理由，不服该会员等清查，竟敢一倡百和，霎时纠集多人，与该会员为难，并殴伤数人，众乡愚尚蜂拥不开。吴县陈大令闻报，立即禀明各大宪，带同通班差勇，飞速前往弹压。一切详情，俟得该镇确信再录。

　　　　《时报》宣统二年三月三日（1910 年 4 月 12 日）

苏州香山乡民捣毁自治分局详志

　　苏乡吴邑香山地方，近因该镇组织地方自治分局以来，经费缺乏，旋经本镇士绅拟就各乡民家，按照财产多寡抽捐钱文，而各乡民误会抽收人丁捐之事，遂将时局艰难、百物昂贵等语，驳复该局。兹于上月三十日由该局绅董，因调查户口每户拟派捐钱一二十文不等事，为该镇一带乡民不肯允从，致与调查员为难，忽起冲突风潮。当日由某乡民等聚众五六百人，蜂拥至局，一言不合，举手便击，竟将局中所有器具，一切尽行捣毁一空，且有殴伤调查员之事。当晚由该局绅士知事不妙，立即遣属飞禀县府及自治筹办处。昨经吴县陈介卿大令闻报之下，现因创办宪政之始，关系地方安危非细，即于初一日午后由大令遵奉宪谕，亲莅该乡和平弹压，不知如何结局也。

又闻此事之起，尚有一某女巫，造言谣惑乡愚。现据吴县陈介卿大令于初一日饬带通班巡勇人等，亲莅该乡，会同飞划营某管带及各绅董等和平弹压。讵闻该处乡民素性横暴，一见官军至彼，擅敢目无法纪，乱锣齐鸣，不逾时，聚众千余人之多，欲与官长为难，沿途大声辱骂。乃大令之下乡，该乡民等并不信以为真，当时幸经某绅耆从中一再竭力喝阻，大令始保无虞。继由该乡男妇老幼民人，均手执木棍，哄至某区董家，即将该董住宅库门楼，尽行拆毁。由大令视其凶横情状，难保无匪类混入，随时传谕经造地甲，调停其事，并饬查为首肇事之人，带署惩办。谕毕即行下船。该乡民等知咎实难辞，始得散归。是役也，约计该局某区董家，被毁各物，为数颇巨。旋经大令当晚即行回署，立时上院面禀抚宪，请示核办云。

《时报》宣统二年三月四日（1910年4月13日）

香山调查风潮详志（苏州）

吴县香山地濒太湖，居民大半木匠为业，虽有区图等董，凡属地方公益，概不顾问。去年九月，经蔡钟骏等发起，禀设吴县香山乡自治筹备公所，选举绅士徐矞先为正所长，区董顾庆初、陶沅为副所长，区董喻人述为驻所办事员。今年二月十七日开办，顾、陶二董函约不到，正所长因香山风气未开，骤然调查，恐演说未及之乡村，或有阻力，先使各图经保给以笔墨、簿子、茶资，按户录簿，不准向各户需索分文，日后由公所派调查员复查缮册。不图正在调查，清明出会之日，有女巫在白马庙中散播谣言，谓调查户口，出卖与洋人，打桩筑桥，立刻人毙等语。是时庙中烧香人众，传播各村，哄然蜂起，虽有耆老开导，罗哄之中，无言可进。计打毁经保门窗什物两家，喻董正在造屋，亦行打毁。邑尊陈大令闻知，立带差勇下乡弹压，剀切晓谕始散，未成巨祸。或曰此有暗中破坏新政者，因自治成立后，于旧日乡董，颇有不利，故有此事。

《时报》宣统二年三月七日（1910 年 4 月 16 日）

武、阳调查之风潮

武、阳两县调查户口，城厢早已竣事，各乡亦将次第就绪。惟自宜兴因调查陡起风潮以后，武、阳大受影响，近城西门外及小南门外，均有索还原簿之举。日前丰南乡四图，忽受谣言之惑，与调查员为难，始而争辩，继而用武，幸该乡自治公所所长包君闻信驰至，即行劝散。而同时六图竟有妇女扭殴调查员，一图并将调查员殴伤。现由包君到处劝谕，不知可和平了结否。政成乡情略同，惟所长孙君颇能威信并济，未将原簿索去云。

《时报》宣统二年三月十一日（1910 年 4 月 20 日）

镇江调查户口之风潮

丹徒城厢调查户口，已于去冬竣事。今年应办乡镇调查，由邑尊倪大令请各乡镇士绅担任此事。讵前日南门外西石陈村地方，忽有匪徒煽惑，谓系写人头捐。乡民无知，听此谣风，遂一倡百和，霎时间聚集四五百人，竟与该处调查员为难，声势汹汹，风潮甚烈，当场殴伤调查员马宜之一人。各乡愚尚丛集不散，声言须拥至陈绅善余家（因马系陈绅所派）冲打。嗣倪大令得信，率同通班差役及巡防营兵丁，飞速前往弹压，并善言劝谕，始各解散，幸不致酿成巨祸云。

《时报》宣统二年三月十二日（1910 年 4 月 21 日）

袁氏家奴毁店罢市详纪（苏州）

苏州府衙门东首张万兴木器铺，开设多年，时喜与买客竞争。初十日午后二句钟时，有督练公所袁观察之卫兵一名，不知何故，突然闯入该店内室。店主张某向之喝阻，该兵不自认过，反举巨灵之掌，连批张颊，清脆有声。店伙见之，群起救殴。该兵寡不敌众，披靡而遁，讵未几竟纠合公馆中之仆勇多人，蜂拥到店报复，见物便打，大插镜两面及桌椅等件，悉被捣毁。该兵等复将张扭住，由众押回公馆，思欲捉将官里去，一路横拖倒曳，无异获盗。其时路人聚观者甚众，咸抱不平，邻居各店铺立即相约闭门，霎时自贯桥东起至府栅栏止，大小各店一律罢市。地保、巡警见酿大事，分赴各署局飞报。时适府县以次各官咸出城迎迓陆方伯未归，当由吴县捕厅冯佑之少尹，飞舆莅场弹压。一面率领地保亲诣众店户，挨家劝谕复开。幸袁公馆闻已动众怒，大为惊惧，立将该店主纵回，遂由地保代为点烛服礼，作为了事。傍晚时各店始照常开市。

又函谓：该护勇逃回公馆后，即砌词面禀袁某，谓该店凶殴兵人。袁闻禀之下，即饬该护兵等往拿工匠。惟该护勇等即将店主张新甫寻获，恃强掳捉至公馆，拟即吊打。当时由该处邻右各商店闻知，突然激动众怒，随至一律罢市（自卫前街起至苏州府署东栅止），约计闭市至二句钟之久。袁某知酿巨祸，密派科官顾某亲莅该处密查，并将店主婉语劝归。一面用电话传谕长、元、吴三县一府，莅场弹压各店开市，一面饬传地甲向张万兴木器铺点烛赔罪。事后由各当道上辕面禀抚宪，不知宝中丞如何处置也。

　　《时报》宣统二年三月十二日（1910 年 4 月 21 日）

泰州、东台请兵靖乱[*]

　　泰州乱事，前已奉督宪飞檄，淮南北缉私统领王军门有宏督队前往。嵩太尊又亲率巡警教练所二□人，陆续而去。昨日又有电传，东台朱绅之宅，复被乱民所毁，请兵弹压。惟王军门有宏昨已奉督宪电调回省，不知有何要公。闻各处启衅之由，多因调查户口而起，然则宪政前途，固亦十分危险也。

　　《时报》宣统二年三月十四日（1910 年 4 月 23 日）

东台闹事公电

　　江苏省教育总会接东台拼茶场公私立十三学校公电　江苏教育总会鉴：场署调查灶户聚众不散，启秀校长蔡映辰家已被毁，次及学校，望代转禀督学运宪，速派定字营就近保护，会同县场，严拿首要，以维学界，而保治安。东台拼茶公私立男女十三校公电。

　　江督复电　江苏教育总会：拼茶场公私立男女十三校因调查灶户滋事，昨据来电，已转运司查办。并据该司蒸电，内称已移王统领并电饬县场会营妥为保护弹压。据电前情，合行电复知照。骏。文。

　　两淮运台复电　江苏教育总会鉴：蒸电悉。昨据拼茶各学校公电到司，已电饬通分司确查，并饬如皋县拼茶场会同定字营保护弹压。谨复。司厚。真。印。

致江督宁提学两淮运台电　南京督部堂张、提学使李、扬州运台增钧鉴：据东台拼茶场公私立男女十三校公电称：场署调查灶户，聚众不散，启秀校长蔡映辰家已被毁，次及学校。望代转禀督学运宪，速派定字营就近保护，会同县场，严拿首要，以维学界，而保治安等语。请速赐电饬保护。江苏教育总会。蒸。

《时报》宣统二年三月十四日（1910年4月23日）

清江大丰面厂大风潮详志

昨突见清江城内外有匿名揭帖者颇多，曰：江北迭被灾荒，贫民度日如年，积谷虽多，莫及大丰面厂。清、淮两属贫民已禀明提台王、清河县陈，准赴大丰厂取面粉度命。拟定本月初八、九日一同前往该厂就食，不约而同，务必如期，以免饿死沟壑云云。

按此帖语，究系何项人情致此恶耗？盖因清淮之粮价日昂，杂粮中以小麦居其多数，而该公司去冬曾被寒士某等攻讦，请地方官示禁在本地采买小麦有案。此本该公司原订限制也。乃经办者仍复显违定章，肆无顾忌。一则流寓饥民，蓄意已久；一则好事之徒，勾结匪类，乘机窃发，势所必至。

乃于初八日早七句钟，果有清河南北乡一带之饥民二千余人，扶老携幼，蜂拥而至，每人手持小口袋并铜元十数枚，咸称赴大丰厂购面度日，络绎而来。到厂取面者，一时群力轰闹，遂将门墙倾倒，声震天地。该对岸之巡警四局，特用电话通传。旋即本城各官长闻信，由淮扬道粵观察及巡防营务处沈道、巡防营左路杨统带、清河县陈令，均率队飞奔前往弹压。而该厂前后房屋，已受其冲毁矣。虽有警察营兵等人保护劝慰，而饥民坚不退回，迨至擒获五妇七男之后，始稍稍星散。该饥民等遂从南而北，蜂踊沿街抢劫饼店食物，以充一时之饥饱。当该厂被众闹时，机楼上下，玻璃窗格，摘毁一空。旋经清河县暨文武各官善言开导，多方安慰，谕以此后不准再开，现即封闭，令其回里各安生业，仍多备平粜米面云云。究竟清江人民纯朴，不善施横，因而垂头伤气奔回者固不乏人。此后于城内外行抢食物者，类皆无业流氓、妇人幼稚等人，当道者实无所措手。闻被获之五妇七男，大半看闲之辈，想官长于薄施责惩之后，当亦予保释归，不至株连深究也。

次日，仍有贫民数千百人，或往或来，愈聚愈众，几如梭织，而各街食物依然被抢一空，并闻有马队踏毙贫妇一人、孕妇一人，百般开导不散。似此情形，有牧民之责者，尚不知若何设法予以保全治安也。

《时报》宣统二年三月十四日（1910 年 4 月 23 日）

拼茶场调查风潮详志

拼茶场奉上宪公文，调查灶户民籍，尚未查而灶户受泰州、姜堰等处影响，又适际谷价昂贵，于初七日蜂拥至千余人，入市捣毁学绅蔡少岚家，自大门至大厅，一切器具及装修，已一空如洗，所值殆四五千金。又有至后门破扉入者，毁去粗物亦不少。拼茶场场官方聘三，向得灶情，赶往蔡宅用好言劝住，而愚民又离蔡家，径向该境启秀小学动手，打去窗棂，正欲大肆其毒，方场官赶至，被众拥挤晕倒于地。众乃暂退，声称明日再来，欲毁该境公私男女小学十三校并各学董家。该境学校甚多，类皆经办者解私囊而成，并无捐款，蔡少岚捐出己款，先后达二万金，此次调查，又非蔡事，忽演此种恶剧，为善者惧矣。现蔡已赴县禀诉，各校已电禀各大宪，未知如何结果也。

《时报》宣统二年三月十五日（1910 年 4 月 24 日）

镇江太平洲调查户口又起风潮

镇属太平洲孤悬江心，风气闭塞，地方自治调查户口一事，业经厅官李司马遴派绅董，分区调查，现已将次告竣。不意日前忽有人乱造遥言，谓调查户口簿册，将售与洋人云云。乡愚无知，霎时一唱百和，聚集千余人，将经办调查绅董之屋宇物件，捣毁殆尽。刻又围住厅署，务索回簿册而后已。声势汹汹，难以理喻。李司马已飞禀上宪，请派兵弹压。

《时报》宣统二年三月十五日（1910 年 4 月 24 日）

震泽梅堰因调查户口起风潮*

震泽县（苏州府属）梅堰地方，因稽查户口，乡民误会，致起暴动，攻捣学堂，拆毁绅屋，并有伤人情事。（十五日酉刻苏州专电）

《时报》宣统二年三月十六日（1910 年 4 月 25 日）

再志清江大丰面厂之闹事

初八日，清江饥民群赴大丰面厂轰闹，散而复至数千百人，内有男女十余人，经地方官淮扬道奭观察、清河县陈大令，暨巡防营务处沈观察，督同文武各官，并巡防队左右路杨、查二统带，及警察官兵等人，多方开导，允以此后不准该厂开磨，严行封禁，众饥民不遵约束，以致扭获到案，薄予责罚。

兹又访悉初九、初十两日之确耗，各饥民纷纷而来，盘踞该厂一带，有围困之状，加之城乡内外居民，往来观瞻。众口金谓此次闹由起于该厂之连日将麸面涨价，自河北铜元局与城内火星

庙两平枭面局开设之后，该厂又停卖麸面，动人愤怨。竟有身穿
洋式衣服数辈，于前数日分在清河、桃源、安东一带乡村，散放
捏造伪票，内称大丰公司所出，赈济饥民，大口若干斤，小口若
干斤，限定初八、九日前往本厂取面，勿误云云。此该愚氓之所
以持口袋，络绎而来之由也。按此节由被擒之老妇于道罢供出。
奭观察鉴其情形，此中必有主持之首恶，是以暂将形迹可疑、供
词闪烁之三人，交陈令收押，旋即禀明提宪王聘帅，出示严禁造
谣，并悬赏一千元，购线查拿首从捏造之匪徒。此衅未平，而一
波又起。初九日黎明，王营镇后盐河内，有海丰公司采运豆麦杂
粮之船，重载经过永丰关地方，突被饥民拦劫。据云三船之豆
麦，皆不翼而空，并有途人误受重伤，已经陈令往验，并报由巡
防营拨队前赴该处弹压矣。该厂四围之饥民，延至初十，仍聚而
不散，或旋去旋来，大言非将该厂踏平，或永远封禁不可。至救
饥之术，闻江北提台王聘卿行将解组，所余之宦囊银两，颇欲解
囊一赈。然传闻不一，有识者深以为该提台素有吝财之名，今何
果发此善念也？俗云：人之将去，其言也善；鸟之将死，其鸣也
哀。当道于当权一致，长于吏治者，无不以保全治安为念，奭观
察仕学素优，爱民尤甚，或于此中深谋远虑，下情上达，有以致
耶？容再续闻。

　　　　　　　《时报》宣统二年三月十六日（1910 年 4 月 25 日）

震泽乡民因调查户口激变毁学风潮

　　苏省震泽县属梅堰地方，日昨闻因该镇地方自治局调查户口
起衅，由该镇匪徒布散谣言，从中煽惑，乡民于十五日上午，忽
起激变毁学冲突之大风潮，以及拆毁绅董房屋。兹悉此事实系由
该处乡民误会抽收丁捐而起，众乡民旋以上年被灾甚巨，正在枵
腹之悲，一经匪徒造谣煽惑，致生激变。闻是日上午，由县属五

都六图起至梅堰等处，乡民聚众千余人，即与调查户口之绅士为难，沿途乱殴，继由乡民毁坏电线、学堂，及拆毁房屋，伤及多人，当由该处绅学两界飞报县主。张芗林大令闻报之下，骇然大惊，随时会同吴江县周实孚大令，督率巡防营军队，莅场弹压。惟该乡民愈聚愈众，间有匪徒混入，胆敢拒敌官军。由张、周二大令知事不妙，即电禀省宪，请兵弹压等情。抚宪宝中丞闻电后，旋因该处迹近太湖，素为枭匪混集之所，当以电话传集藩、学、臬三司及飞划营统领冯统戎，磋商一切防范事宜，并谕令统戎赶紧多派师船，前往弹压，密拿首要，以资镇慑。

《时报》宣统二年三月十八日（1910 年 4 月 27 日）

东台县境内被毁各家各校一览表

地　名	被毁者	毁之时日
张家庄与泰州邻	魏宝杰	二月二十六日
青墩	刘佩之	二十七日
陆汪	姜德堂	二十八日
白甸	张某某	二十九日
安丰	朱云伯	三十日
安丰	丁友梅	三月初一日
梁垛	练某某	三月初六日
梁垛	乐　钺	初六日
梁垛	学　堂	初七日
拼茶	蔡少岚	初七日
拼茶	启秀学堂未全拆	初七日
冯家庄	冯荫堂	三月上旬
甸张庄	陈　俊	三月上旬
安丰	学　堂	十二日

现尚风潮紧急，非重惩不可。呜呼！初起时由于张家庄，实受泰州未重惩之影响。

《时报》宣统二年三月十八日（1910年4月27日）

泰州公电（因调查户口激变）

各报鉴：调查户口，奸民煽乱，白日打抢、抄烧百余家，毁学数处。赵牧敷衍，获犯不办，谣诼复作，蠢蠢欲动，人心惶急。泰州绅士。

《时报》宣统二年三月十九日（1910年4月28日）

续述清江大丰面厂事

饥民聚众轰闹清江大丰面粉公司，倾墙颓垣，掷损楼窗，马队踏伤数人，伤毙二人，连闹初八九十等日，势颇汹汹。虽经文武各官长劝慰，苦口善言，舌敝唇焦，去而复返，坚意不散，大有不两立之状。兹又探悉，自初八日大闹后，淮扬道奭观察即上院禀商江北提督王都护，拟将擒获者正法示众。王公念切荒情，谕以万勿操切从事，宜先示禁造谣。一面分饬地方文武各官，严密访拿散票之人。初九日奭观察堂讯，饥民呈出面票一纸，追询来历，始于供出洋装服式者，在吴城乡等处散卖，每张出铜元一枚。愚民无知，误为赈票，上年大荒，洋人本放过面粉赈抚，是以深信。收押之人，余皆斥释。连日有巡防队杨统带、盖统带率队与巡警弹压，人烟众多，道途拥塞，盖喝马队乱冲数次，以致踏毙老妇、孕妇，伤及数人，看看垂毙，而盖统带次日告病，内避私宅。初十日又调派十三协徐协统，拨军驻厂防护。杨统带又派往永丰关，弹压抢劫豆麦船之王家营一带矣。巡警则三日不懈。王提台劝谕谆谆，又嘱奭观察严饬该厂将所存小麦尽数发售，定价每斗六百五十文。订以河北银元厂、河南碧霞宫二处已出之面，除头面外，其二、三、四次之面，皆发局平粜，每斤四十六文。此谕风传，众心甫定，群相散归，各安生业。核其麦价，较现时行市约八折耳，较之仅售麸面，而饥民获益良多，该厂尚有面利补助，谅此后可保无虞矣。

《时报》宣统二年三月十九日（1910 年 4 月 28 日）

罢工之要挟（扬州）

城内各瓦木匠，各工头扣取工价太多，且蔬菜恶劣，不堪下咽，已相约于十六日起罢工三日，要求添价。故城内外之工作，均已一律停止云。

《时报》宣统二年三月十九日（1910 年 4 月 28 日）

江苏各属乱事纷纷

震泽大庙港又因调查户口闹事 苏省大吏十六晚迭接震泽县及大庙港自治分所绅董飞电，据称该处乡民，近因调查户口一事，误信谣言，群起滋扰，纠合众村庄与调查绅士为难，捣毁绅董住宅两所，声势汹汹，现尚未已，商民惊惶罢市。该港濒连太湖，恐有匪徒乘间附入，请省宪速拨巡防营兵驰往弹压云云。当由左廉访与巡防营务处徐观察一再会商，以现下省中无兵可拨，已电饬该县张大令迅速抚定，一面飞行该处驻防兵队就近防护矣。

又省中巡防营务处，近因震泽吴溇梅堰等处，皆因调查户口，乡愚妄造谣言，纷纷闹事，显有匪党在中煽动，故已饬派飞划营师船四艘，由靖湖浅水兵轮拖送，于十六日开驶前往矣。

震泽县属梅堰等地方，日前闻因调查户口起衅，由该镇区董拟勒捐乡民自治经费，致被匪徒谣惑人心，激动众怒，各乡民突起聚众，毁学拆屋。兹悉该属所有垦荒客民，最居多数，素通枭匪，此次乡民扰乱之始，大丰由客民混入，愈聚愈众。现据江、震两县连日会同飞划、巡防各营员，亲莅该乡各镇弹压，乃该乡民等胆敢拒敌官长，势甚凶横。兹于十八日上午，由周、张两大令风闻该镇乡民已结成团体，沿途任意骚扰，仍未溃散，诚恐日久蔓延，致生他变，立即电禀省宪，请即加派营兵，在太湖一带各要隘加意防堵，以遏乱萌。

元、宁调查户口滋事之缘起　元、宁两县乡民，夙称纯朴，日前开办调查户口，竟大起风潮，察其原因，诚可悯惜。闻系调查员调取生辰八字，以致群情疑惑，任听开导，均不服从。一时谣言四起，有云欲抽人头税者，有云须乡民生辰八字建造铁路河桥，非此不能收工者。适逢近来死亡人多，故造谣愈甚，信者愈众。当经府县闻警星夜前往，带兵弹压，先后拘到五人，禀报宁藩司请示办理。方伯以此系民智不足，若从重典，恐激民变，饬令从宽薄责，枷号示众，为惩一儆百之计，数日即予释放，闻刻下已经平息云。

阜宁县令激成民乱　现署淮安府阜宁县李令绍卿，到任未久，种种颟顸，不洽舆情。兹宁藩司樊云伯据淮安刘守嘉树驰禀，该令因查土娼，诬良为贱，酿成人命，遂至纠众滋闹，风潮剧烈，并将衙署拆毁，李令被捆数日，不许饮食等情。方伯闻耗大为震怒，除先行撤差由府委代外，一面详请江督具奏参革云。

《时报》宣统二年三月二十日（1910年4月29日）

谘议局致江督函（为淮海饥民扰乱事）

敬肃者：昨奉寸缄，录呈清江急电，想邀鉴察。今日连接海州两电，详述近数日饥民扰乱情形，现虽因提台派兵暂时安谧，然来日方长，不亟谋安置，势必民尽成匪。所恳转电大部一层，务请迅予施行，以救此嗷嗷待哺穷民，不胜迫切悚惶之至。来电录奉。肃请钧安。张謇、蒋炳章、仇继恒谨肃。

附录海州两电

诸公鉴：因各大镇皆办粥厂，州城不得不办，已禀明督宪照准董方总理，谢苗协理。初十散票，因人众踏毙老幼八人。十一、二愈聚愈多。十三忽有匪徒煽惑，攻围公司，拆墙放火。公司开枪，当格毙九人，伤十六，州侯驰往拿始散。

再鉴：十四早又围公司，势甚汹。人可危可惧，各镇震动。业由会急禀提台，奉复派步队一营、马队一排，来海弹压，明晚准到。现奸民皆闻风逃遁，仍留存少半，实是饥民，约万七八千口，大局无虞。前两日未遽报告，恐复贻忧，近安谧。特闻。

《时报》宣统二年三月二十一日（1910年4月30日）

海州乱事闭城述闻

去岁海州西北一带，及秋后连被大水成灾，家有少壮者散之四方，老弱者填于沟壑，所以谕前州讳灾于前，禀报灾成而后，又复一再勒派绅民凑捐，以灾余之富绅，救灾苦之穷黎，盖愈苦矣。虽有急赈冬赈并举，加之以工代赈，无如州境宽阔，统计合境，不下千百方里之遥，杯水车薪，其何能济。观清淮流落者，概可想见其余矣。月前二十日间，新开商埠名新浦者，距州城十二里，瞬息往还，海丰面粉公司被饥民千数百人围闹禁〔尽〕毁。州等见机尚早，飞至弹压，多方善导，极力劝慰，允以不准再出境售，所有之面麦，悉归地方平粜，众心悦服，幸而解散。闻有电到，浦州境匪徒作乱，滋扰地方，提台派巡防队第七营拔队前往攻剿，该处众心皇惑，又有匪徒暗中煽动，突于十二三日聚集数千人，名为乞州发赈，其势不可阻遏。州等闻信，传令先行闭城。据云，枪炮如雨，轰劫居民。尚不知官长被害与否，容探确续登。

《时报》宣统二年三月二十二日（1910 年 5 月 1 日）

清江莠民煽惑饥民聚众之详情

清江饥民滋事，已志前报。初八日果聚众千百人，拥至大丰肆意滋扰。幸淮扬道清河县营务处及各营委先后莅止，始用好言劝谕，告以大丰所用之麦，均由南北河贩运而来，并未在当地收买，人所共知，且提道宪在二月间设平粜局，亦派委调查该厂所出麸面，亦在清江平价出售，实为有益无损。乃不独不服劝谕，及敢恃众将面房撞开，乘势抢夺，并拆毁围墙，抛掷砖石，致机器亦受损伤。巡防队及警察见其不可理喻，遂将为首抢面之人当场拿获，并在身畔搜出伪票，经清河县讯供不讳。当时责罚开释数人，其情节较重三名，尚未发落。一面出示严禁造谣，并悬赏一千元，购线查拿。此事实因无知饥民受莠民煽惑所致，幸各宪防患未然，处置得宜，且预设有平粜局三处，故未酿成大祸。现提宪又拨银三万两，至芜湖买米平粜，并先在大丰让麦数千石，平价出售，又设局专售麸皮小麦，共有六七处，以资接济。似此商民并顾，庶可弭患于无形矣。

《时报》宣统二年三月二十二日（1910 年 5 月 1 日）

烟工罢工之要挟 （南京）

宁垣烟业不下数十家，兹该业刨工因工价太少，值此米珠薪桂，不能养家，要求加价未遂，因邀结团体，与店东大起风潮，群相罢市，停工数日。该业商等以此风万不可长，似此举动，必有从中唆使，特联名禀请巡警总局，将为首倡议刨工提案讯问，以儆挟制而维商业，一面再议加增工价。夫米工今正罢市，今烟叶刨工亦然，均系实逼处此，亦可见民不聊生之一班矣。

《时报》宣统二年三月二十四日（1910 年 5 月 3 日）

海州饥民滋事之罪魁

海州劣董葛润田、殷克勤等，吞没州仓振余，复串同谢直牧勒捐扰民，大动公愤，士绅纷纷上控，屡见报纸。查葛润田以皂隶葛荣之子，一门皆充书差，竟以敲诈起家至二十余万。润田目不识丁，素以贪缘官长，出入衙门，公行贿赂为事，于谢牧任内为尤甚。如东路镇张某一案，经润田关说一千元了结；州西孙某亦因案经润田关说七百元，后谢牧知孙有驯马，价值八百元，藉案提究，授意润田令献马，并纳洋三百元了事。其余大小案卷，由润田通关节者，不可枚举。谢牧感润田之用贿，适去年诏举孝廉方正，即借以报酬之，保禀七十余人，多系捏名，即如亲戚甘结内，议员邵某及其妻弟某，经施牧当面传问，皆云毫不知情，其他可想。海州士绅既鄙其出身卑微，又怨其素行无赖，假以孝廉方正之名，实属有玷名器，遂联名指控，分字疏证。其驳正之一项，有引润田之侄葛双喜刃毙百子庵女尼一案，已经谢牧访明逮案，旋经润田运动释放。当时事闻督抚，即饬藩臬两司查究。臬委程鸿逵于本年正月中旬到州，提案审讯。润田浼其素所亲厚之海州州同章某、吏目唐某两人，向程委关说，为彼开脱女尼命案及回复孝廉方正。润田以所开之永昌恒钱号三千元店条交执，程委允诺，章、唐二人亦各谢洋三百元，此事人无不知，彰彰可据。曾有一文生李麟书，得贿八六票十千文，许为润田到堂具结，忽被其父所知，责令捧贿退保，故至今未复。葛氏兄弟叔侄遂益怨怼，到处编送匿名书，污蔑地方正绅，又暗派贼党趁势煽惑饥民，抢劫麦粉公司，嫁祸于人，以为泄愤之地。故此次海州闹事，实因一二奸民酿成。地方官绅如调查种种情形，为治本之计，先将葛、殷、章、唐等惩处解散，此真善后之计也。

《时报》宣统二年三月二十五日（1910 年 5 月 4 日）

宿迁警耗记闻

宿迁永丰面粉公司成立，下流人之脑中生恶感者最多。本月初忽贴匿名广告，要聚众焚毁等语，官则置之不问也。不意十五、十六连日西城门口、东城根有剖口袋事，十七日有抢豆饼事，又聚众抢砖窑，县差沙小四受伤（即抢砖瓦人）。汪令不在署，差保竟将窑户及做砖工人带去六七个，均押班房，因此遂长一班恶差役之志。十八日上午九时，即到前马路口抢王大寡妇粮食。地保姬三获为首者，把总王某令其释放，该乱民愈加得意。王家粮食抢尽，即蜂拥而至新盛街周众源槽坊，扒门五个，扒墙而入，抢劫一空，甚至马草、砖石可估钱之物均抢尽。官兵及王把总复坐视不问。而乱民忽又到大东街周福源槽坊，正撞门时，县令忽到，遂将该坊门发封，候查粮食出卖。乱民欲入城，遂闭四城门后，任意寻各富户，如陈万隆、陆德与董坤等，又抢行户任长春米数十石，器具、衣物亦尽，此时已傍晚矣。

次早各乡闻粮食可以抢，面粉公司可以烧，于是河东西人复聚集数千人，焚烧面粉公司，汪县令及各营官捕厅把总均在河干坐视。乱〔抢〕粮由之可也，其如木板及高铁板及各用物，均毫不顾忌，乱劫一空，诚可谓官督民乱矣。刻下人则愈聚愈多，当道若不设法解散，筹办善后，将来祸乱更不堪设想矣。

《时报》宣统二年三月二十五日（1910 年 5 月 4 日）

宿迁饥民抢毁面厂警告

昨闻十八日宿邑附近城乡饥民，聚集万余人，焚毁永丰面厂房屋，并居民住房百余家，入城滋扰。幸地方文武各官随时亲诣，闭城弹压，几至戕害官长性命。驻宿之徐淮防军，虽竭力防御，无如兵力太单，众寡不敌。轰闹情状，尚不悉因何而起。宿迁县已电禀江北提台王聘帅，当即飞饬十三协二十六标第二营刘管带拔队星夜前往，并委曾任宿邑万倅立钰，同往察看情形，大有剿抚兼施之意。尚不知能否解散乱党，而安反侧也。

又有友人来函云：三月初八九日，桃、宿二邑民争堤械斗，聚十余人，离洋河镇咫尺，游击某利其变，以为收功地步。延至十三日，毙二命，焚数家，将为乱，邑侯汪亲身弹压，事遂息。

十五日，城内差役多人乘官公出，夺胡某砖窑，伤一妇人。典史某庇差，将窑工多人毒打收押。奸民得志，十六日午后，抢城北王某粉食数十石。有把总某、管带某至其地弹压，笑而言曰，扒粉食无碍。奸民愈肆，连抢周聚源槽坊、任某粉行，而乱作矣。

十八日早，聚众数千人，在东河口抢麦三船，午后纠众万人，至永丰面粉厂。管带某仍统队至，袖手而观。奸民遂纵火焚厂，抢麦数千石，兵丁各取麦数斗，在马上唱歌而后。十九日，奸民聚众数万，大肆焚抢，幸张、高、蔡、刘诸绅电各宪，集乡团百方抵御、解散，势稍息。

《时报》宣统二年三月二十六日（1910 年 5 月 5 日）

宿邑叛民焚掠桃庄事

顷悉月之十五日，前桃源属之三庄地方，与宿迁接壤，有某绅素称好讼，于初旬突做霸王会，啸聚数千人，借决口之名，先将某处官堤平地挖毁一段十余丈，连日将桃源二庄、三庄地方，劫掠一空，据云二三十户之多，被焚十余家，轰毙五六人。彼时桃源县陈大令先准扬河营杨游戎移会，见其火光烛天，枪弹如雨，竭力拼命，向前抵御，幸得止遏，地方已受其蹂躏之苦。随为安慰伤民，勘验事毕，即星夜电禀提台制军。一面严拿为首之某人，以期尽法惩治云。

　　《时报》宣统二年四月二日（1910 年 5 月 10 日）

宿迁饥民聚众迭抢警闻

　　宿地永丰洋面厂被饥民抢劫焚毁。兹悉月之初间，该处四城要隘即有黄纸揭帖多张，大书饥民订于二十五日赴永丰面厂取麦度荒，务各带洋油一瓶，以备焚具云云。汪大令以事属谣言，并不介意，当只饬拿，并未示禁。直至十八九日，四乡饥民纷纷而来，防军亦多本地之人，颇有附和之意。所以万千居民络绎不绝，到者无不取麦，乃至麦尽，并将房屋加洋油纵焚百余间之多。附近囤粮之某某二家某槽坊，一同被该饥民搜掠罄尽。河中停泊清江大丰麦船及海丰豆饼船，均被一空。宿民素称悍野，此次举动，据云尚未放手而为，味此等言语，诚属骇人听闻。有地方之责者，当亦不致臑视轻玩也。

　　《时报》宣统二年四月二日（1910 年 5 月 10 日）

苏省新军大闹尸场之风潮

　　苏州阊门外距城六七里之十房庄地方，有某乡民家，日昨出有命案一起。闻因陆军中人调戏妇女，争风起衅，殴伤毙命。当由其尸亲心不甘休，随即鸣保投县禀报。由元和县吴次竹大令闻报之下，即于二十八日午后，饬带刑仵人等前往该庄相验。讵闻大令亲莅尸场时，先行派差往提凶手某某等七人，其间又有四十六标新军数人，惟闻以乡民斗殴之事，事隔数日，不认殴伤殒命，意图卸脱，又聚众百余人，蜂拥至尸场与大令为难。该县刑招房书吏顾某及某差役等，行不数步，致被该军围住，一场攒殴。并据该生等谓，见戴有凉帽者，即行掳捉其人。事为在官人役所闻，遂抛弃凉帽，随从人丛中逃脱。当晚，由大令以军人藐视官长，擅敢殴差等语，面禀府尊何霄雅太守，求告退等情。太守闻之怒甚，随即带同该令上辕转禀抚、臬各宪。宝中丞闻禀，勃然震怒，旋以电话传集陆军学堂总办陈亦渔观察及混成协统齐统戎等至署，面谕一番。至念九日，饬派左右路巡防队营兵三营，谕令太守带同长、元、吴三县，复往相验，以重民命。并闻是日，一面由协标统齐、张两统戎莅营点名，以杜后患。

又函云：苏垣阊门外枫桥地方，为四十六标新军驻扎之地。每于操课之暇，该标各兵士时常三五成群，至附近各街巷散步，随意乱闯，见有妇女任情调戏，甚至恃强抢物，无所不为。该处白莲桥浜一带居民，近来时有被匪抢劫之事，称〔稽〕察盗踪，似有可疑。上月二十七晚，浜内某姓家复被盗劫，该家鸣锣告警，四邻闻声围集。众匪见来人渐多，不能突围而出，群向河边奔逃，纷纷跃入河内，思欲凫水而遁。不料中有一人，竟被淹毙，次日由地保捞起，报请元和县前往相验。该标各兵士纷集尸场，声诉死者籍隶江北，系某兵之戚，来苏探亲，为乡民误认为盗殴毙，有意投尸水滨。旋据仵作验得，死者实系被追自行失足落水身死，并无伤痕。讵众兵以该仵作袒护乡民，遽行扭住痛殴，差役向之喝阻，亦被殴打在内，一时尸场中人声鼎沸，吴大令劝谕不听。该兵等兴犹未已，复群起将浜内各居户悉行捣毁，以示耀武。大令无奈，只得喝令护勇捉拿，当场拿获闹事新兵三名，派勇押带回署惩办。不期行过枫桥，该标营突然拥出数百人，将三兵全行劫回，并将县差护勇亦捉入营中，官舆均遭捣毁。幸大令奔避下船，始免于祸。

当晚大令回省，立将情形面禀各大宪，即奉宝中丞谕，饬本府三首县会同督练公所袁总办、混成协齐协统，于初一日重往该尸场，会同复勘，查明犯事各兵，再行核办。现闻白莲桥浜一带居民，均已迁徙一空，以免被害，房屋悉被新兵打毁，村舍为墟。噫！国家之役兵，本以卫民也，今四十六标新兵于新正闹事未久，兹复有此野蛮举动，不知当轴者，将何法以处之哉？

《时报》宣统二年四月三日（1910 年 5 月 11 日）

清江市面大恐慌

清江浦自发捻窜乱之后，经张文达、吴勤惠及各任漕河设法调剂，始渐复元，而已非道咸之繁盛可比。乃前任刘提台永庆，于改设江北提缺之时，仍沿漕河之旧，尚不失本真。今数年来经王聘卿到浦二次搜掠，原有之调剂地方者，悉被改削无遗，不知其意为何。人民积怨如山，官长囊橐已满。去年麦秋被灾，既不设法救饥，又不加恩于众，以致清江城中工商人等，困苦不堪，虽有协饷，仍百端剥削。二月初，几至激成兵变，所以继之抢面事，有一大恶果出现。商民裹足，住户惊慌，街市生意大受影响，至各行亏本，有不易支持之势，良可畏也。

《时报》宣统二年四月三日（1910 年 5 月 11 日）

吴江调查户口又起滋闹风潮

苏属吴江县同里镇地方，兹于上月杪，闻因调查户口一事，由该镇乡民妄听谣言，又起冲突。据有匪徒叶大和尚从中煽惑，以震泽梅堰暴动之役，相率效尤，遂聚众二百余人，借端起衅，误会将户口册售与详人造桥打桩等语，与自治局为难，竟将调查员叶在明等殴打，甚至拆毁该局房屋，盘踞滋扰。当由该局议员金祖泽知事不妙，立即飞禀县主，由周宝孚大令遂即亲莅该镇，力为劝导，弹压乱民，一面电禀省宪，请即派兵弹压等情。旋经抚宪宝中丞闻电，勃然震怒，为因该县迹近太湖，深恐蔓延酿祸，当晚饬派飞划、巡防各营军队，星夜驰往该县弹压，并饬会县严拿首要各犯，务获究办，以遏乱萌，而杜刁风。

《时报》宣统二年四月六日（1910 年 5 月 14 日）

哀哉！五十文与七条命（兴化）

兴化近城湾子头庄，居民素称贫瘠，近以米珠薪桂，大都日仅一餐。有某庄民一家七口，已断炊两日矣，不得已将被褥抵质一千文，向庄董购米一斗。董谓买米一斗，非一千零五十文不可。庄民再三跪求，俱置不理。庄民归后，念终难免饿死，乃以一千文购得砒毒，分饷家人，闻已同日毙命矣。

《时报》宣统二年四月七日（1910 年 5 月 15 日）

无锡因盐斤加价滋闹闭城

苏省无锡县属，日昨闻有该处乡民以盐斤迭次加价一事，突然聚众百余人，蜂拥至盐公堂，即与为难，忽起斗殴冲突风潮，霎时间各商甚至罢市。当由该堂司事见势不佳，立即飞报至县。由无锡县张梦蓬大令闻报之下，旋因县属各乡饥民甚多，诚恐酿成巨祸，即饬看城弁兵，赶将城门紧闭。一面由大令带同通班巡勇差役人等，亲莅该堂弹压，并电禀省宪。以后不知如何结局，容俟续探。

《时报》宣统二年四月十五日（1910 年 5 月 23 日）

拼茶蔡映辰家被灶户捣毁报告书（东台）

自泰州调查户口，奸民造谣，聚众捣毁多家，影响及于东邑。二月二十六日起，由张庄而青墩，而白匄，而匄张，而冯庄（均村庄），而安丰，而梁垛，而拼茶（均盐场），半月之间，毁案相续，而张家与焉。调查人户，拼茶尚未举办，乃因场署统计调查灶户，误会以为学堂中人实主其事，非效邻境对待之法不能抵制（时灶户有自泰境归者云，王家楼等处拆毁学堂、绅宅，官并不问）。黠者煽惑，愚者盲从，种种无意识之举动，因之以起。三月初四、五日，灶地已鸣锣号召，风闻将与学堂为难。当即警告场署方聘三蹉尹，自恃灶情爱戴，谓此信恐属谣传，纵或来街，无难随时开导解散，断不令扰害治安。讵初七日，灶户竟聚众数百人，先殴灶约保及夫头缪友仁家（系帮同约保造册者），长驱入市，场廉比出劝导，枷灶约退户册，而势等燎原，已难扑灭。不旋踵而祸及辰家，数分时间，前后门俱被攻破，排闼直入大厅，以前后门以内凡屋四进，所有栏槛、门窗、器具、花木，均捣毁无遗，且有抢失钱洋、衣物情事，统计损失，为数不赀。当时场廉营汛到场分投劝阻，邻右亲友又多方翼蔽，私立男女两校及内宅等处，未致全遭浩劫。斯时灶众气焰尚盛，既舍辰家，复至启秀学校，毁门额，破窗户，危迫情形，间不容发。场廉到校保护，忽然晕绝，众始暂退。然野心未戢，夹堤（范堤、稽堤之间）一带，仍有锣声，风鹤惊心（扬言复来，必尽毁学堂、绅家）。街乡十三校，同时停课。公电告急，蒙上宪派定字营就近保护，三日间，兵队云集，否则，鲜不为梁、安之续矣（安丰、梁垛皆先毁绅宅，后数日复毁学堂，梁垛情形尤重），此辰被毁及当时社团惊恐之情形也。事后见报载方场廉之电文，闻场廉移县之文有云农灶既苦米贵，迁怒学堂，又云蔡绅公立学堂，热心义务，办理不遗余力。讵料愠于群小，致起风潮。称道之语，愧不能当，全诿米贵，亦非事实。在当官者事前无措置，种祸之原既非一端，迨至肇事，苟有可以诿过而冀免上宪之绳责者，无不为，此亦近日仕途之常态，无足为方场廉一人疑。顾辰之所以不能已于言者，在吾拼大局善后之策耳。个人之毁誉得失，其小焉者也。辰家世代不业灶产，与灶户向无交涉，承乏学务，已经六载，良心不死，极思扩张，经济不足，解囊垫办，区区之数，殆已逾万。民灶概未派捐，自问未尝结怨于灶户，而家宅致于不保，学堂亦几倾覆。吾不悲一人之受祸，吾深悲后来者之不敢为辰，是辰之信用不足，不见谅于灶，并不见谅于方场廉为之厉也。至禀借仓谷，筹办平粜（方公倡垫五百元，辰亦垫有一千四百元、稻谷四百担，而定价设局，辰时去邑中），暴动之时，更望何人代白耶？往者已矣，灶户素性野蛮，十数年来聚众之事，已四五见。场官有事，迄未究治一人，肆无忌惮。善后之策，惟查拿首要，惩一儆百，使怵于国法，知恶事之不可复为；派员宣讲，因势利导，俾破其迷信，知新政之终当再举（灶地教育不兴，致乱之由，能于四十总适中之处，立一小学，以开风气，尤为治本之法），自治前途其有望乎！

　　至此，毁案在灶户为无理取闹，在辰家为无妄之灾，里党共知，本不必辩，特恐官场往来之文牍，避重就轻，下等社会之舆论，积非成是，登之报章，传之众口。闻者不察，非以为办理不善，即以为咎由自取。故不惮词费，拉杂书陈，以告我官绅商学各界诸大君子，俯鉴愚衷，主持公论，俾辰毁家之余，不致再被恶名。古人有言曰：为善者惧。辰不敢云为善，而深惧人之欲为善者引辰为鉴戒也，幸垂察焉。拼茶启秀高等小学校校长蔡映辰谨上。

　　　　　　《时报》宣统二年四月二十三日（1910年5月31日）

浏河又有调查户口闹事

　　苏省大吏近据太仓州飞禀，该属浏河地方乡民又因调查户口一事，群起滋闹，相约与调查员为难。当奉陆护院特派傅振海直刺驰赴该镇查办。一面恐有匪徒乘机勾和骚扰商民，特谕飞划营冯统领迅派第五营管带刘承业大令，克日率带师船往该处弹压矣。

《时报》宣统二年四月二十五日（1910年6月2日）

机匠罢工风潮可以解散（镇江）

镇郡城内织绸机匠，因食用不敷，会议停工，要求增长工价，又复遍布匿名揭帖，意欲大起风潮。事为丹徒县倪大令知悉，特将该业董事及工头传至署中，劝谕令其转谕该业中人，谓凡事均有本县代为作主，尔等切勿轻举妄动，滋生事端，致于罪戾云云。各机匠奉谕后，颇知大义，停工之事遂作罢论。惟值此柴荒米贵之时，各绸号犹复阻遏货价，任意苛待，实有种种为难之处。爰公举同业李顺义为代表，按照人民请求通例，缮具说帖，到自治公所请开会集议办法，想此事于地方治安大有关系，自治公所定当持平办理也。

《时报》宣统二年四月二十九日（1910年6月6日）

昆山县因调查户口风潮撤任

苏属昆山县地方，日前因调查户口一事，又几酿成大闹风潮。闻其起原，因该邑自治分局现在清查户口，缘经费支绌，拟令每户各出纸笔费三十或五十文，恐民间不遵，曾由该县张绍棠大令出示晓谕在案。讵众乡民闻之大哗，咸不愿出分文，遂亦不服调查，纷纷聚众，谋欲约日闹事。幸为各绅董得知，密告县署严防。一面劝谕乡民，毋得轻信谣言妄动，始获安防。然有某某数调查员，已为莠民乘间殴打受伤，因此调查之举遂亦中辍。现为省宪查知，已将该县张大令撤任，另委陈大令镐前往摄篆，并由苏府何太守剀切示谕该乡民，勿得轻举妄动，调查户口系奉部章遵行，并不需索分文，如再有冒取者，准其来苏禀控究办云。

《时报》宣统二年五月二日（1910 年 6 月 8 日）

机工要求加价之风潮（南京）

近年柴荒米贵，贫民不能自给，省垣米工、烟工先后要求加价未遂，大起风潮。兹绸缎业机工不下三四千人，亦相率要挟，联结团体，向号东加增工价，声言如不允许，定行一律罢工云云。

《时报》宣统二年五月七日（1910 年 6 月 13 日）

下关划船之风潮

金陵下关业划船者，不下二三百号，专作浦口、六合对渡交易。前月有商人组织宁浦小轮，行驶甫两三日，生意极盛，该划船遂无人问津。刻下大起风潮，以该公司谋夺生机，群情汹汹，相率滋闹阻止，抛砖飞石。该公司以激动众怒，遂即暂停行驶，禀请金陵关道谕禁，不知如何了结也。

《时报》宣统二年五月七日（1910 年 6 月 13 日）

草庵饥民拾麦酿命（清江）

探得清河北乡之草庵地方，于初七日有杨姓为富不仁，砍割小麦，不准贫民入田拾麦，而附近好事者心怀不悦，暗中怂恿贫民饥而无食者，啸聚多人，前赴该区强拾。杨姓竟呼喝佃伙凶殴不已，加之以割麦镰刀砍贫人之头颅，当即血流满面。贫者遂益缠蛮，纠住拉扯，强有力者尤愈逞其凶暴之性，复砍镰刀，当时昏倒在田，邻人无所排解，兴讼到官，迨邑尊陈大令诣勘到场，而受伤甚重者已早气绝矣。验毕，幸将凶手获住，带回县署，收押质所，尚不识若何发落也。但此等因小而致大之事，往往见之悭吝如若辈，亦宜遭此不测之祸也。

《时报》宣统二年五月二十一日（1910年6月27日）

江北师范附属高等小学之风潮（清江）

顷悉江北官立之高等小学昨在季考之期，诸生有停课罢考轰闹之事。该学本附设江北师范大学堂内，凡膳费等项均归堂长兼理，三年有余，已历七学期之久，从未闻有滋事之说，其经理者措置若何，概可想见。生徒之学业程度尚称循规蹈矩，殊不解此番之风潮之故。细访始知为膳费起见，竟至罢考，临期不到。堂长弹压不遵，鸣请五区巡警派到十余人，当将为首之三人擒住，随即帖送清河县交捕衙看管。众生亦即轰到县署呼冤。陈大令见机尚早，随请研究所议员王绅化南将被擒之三生带去，谕其妥为理结，尚不识该绅若何调停也。

《时报》宣统二年五月二十八日（1910年7月4日）

如皋调查户口之风潮

如皋东南乡顾家埭地方，日前因调查户口，乡愚误会，谣言四起，将聚众与之为难。邑中闻报，适郭令晋省未回，遂由李典史及警局曾委员下乡弹压。乡民见差役警兵多人到来，益复恐慌，当即鸣锣在大王庙聚集数千人。李典史大受殴辱，曾委员则易服逃归。嗣复要求董事顾某答应，以后不再调查丁口及拿办此次滋事之人，始各暂散。现已电请郭令回县，不知如何办法。

《时报》宣统二年七月十八日（1910年8月22日）

乡民捣毁清荒局（镇江）

徒邑东乡上党地方乡民，忽于前日晚间纠集多人，将该处所设之清荒局捣毁，并拆毁垦荒客民之住屋十余处，势甚汹汹。众客民连夜进城到县署喊控，丹徒县文大令旋会同巡防营赴该处弹压，始免大祸。查肇事原因，系因钱村劫案破获后，该处客民某某等三人亦系案中之盗犯，各乡民遂谓该客民等都是盗匪，不能留此为害，以致大起风潮。现在事已寝息，然大令深恐再有暴动情事，特商请巡防营统领暂拨兵丁百余人驻扎该处，以资镇慑云。

《时报》宣统二年七月二十一日（1910 年 8 月 25 日）

南路巡警罢岗风潮已平（苏州）

苏垣各路巡警，程度高低不一，故管束颇难，动辄以罢岗相挟制。前日南路有某号巡士两名，因违章与某营弁争闹，被该弁扭送到局，经区长郭二尹以其有玷营规，立将该巡士申斥开革，以示惩儆。讵该巡士等竟敢纠集大众，齐至本局哄闹（该路一、二、三三区区长咸被纠合聚集，惟第四区巡警经巡官张元炽竭力约住，故未预闹）。当日声势汹汹，各处一律罢岗。次日复拥至警务公所呼冤，诉控郭区长赏罚不公，经戴总务科长劝谕而散，昨已一律上岗矣。旋奉汪观察以郭区长约束不严，饬纪大过一次以儆。一面饬由该局查明为首滋事之人，照章惩办，俾免效尤云。

《时报》宣统二年八月二日（1910 年 9 月 5 日）

调查溧阳兵民交哄案起衅情形

溧阳县离城三十余里之代埠镇，民物富庶，亦一大市廛也。该镇向有右路陆师巡防队第三营勇丁一哨驻扎，上月底日，有镇上某客民（该处客民均系湖南、湖北、江北等帮在彼开垦荒地者）挑柴一担，横驻当街，适为巡街勇丁所见，喝令挑开。该客民不服，互起争闹，遂相殴斗，两造各纠众多人，汹汹对敌，究因兵强民弱，致被抓住客民两人，扭入营中，拟欲送官究办。讵该客民心不甘服，竟于次日纠集全帮百余人，突然拥至营中，将哨弁卫千戎掳劫以去，本欲为质换之计，乃众勇丁见营弁被掳，大相鼓噪，遽携带枪械排队而往报复，客帮亦严阵以待。营勇先放空枪一排示威，客民不散，反蜂拥上前。营勇忿甚，遂装实子弹向人丛中施放，当被轰毙客民二人，受伤者七人。一时民心大乱，镇上各铺户立刻闭门罢市。经各乡董飞报县署，该县令亲率差勇驰往弹压，竭力劝解，始将众乡民约住，并将卫哨弁带回县中，先行钉镣收禁。一面飞禀苏省各大宪及巡防营务处，请示办法。而该营管带李守戎亦据实电禀右路统领阮伯陶通守核夺。前日奉程中丞谕，饬飞划营冯统领迅派师船多艘驶往附近防扎，又委巡防营务处提调钟尧阶太守亲往该镇密查起衅情形，以凭察酌办理。现钟太守业于初九日查明，回省禀复，恐此事目下骤难了结也。

《时报》宣统二年八月十二日（1910 年 9 月 15 日）

南门外因饥民闭市（扬州）

饥民受遣登舟者十余家，经为首之吕河瑞、陆鸣时集众夺回，并在城外四出夺食。南门外大街约一里许，向为热闹场，本日因饥民骚扰攫食，遂相率罢市。扬州府嵩太守已电禀督宪请加派重兵矣。去电登录如左：

南京督宪鉴：本日饥民经百般开导，就遣者十余户已经登舟，复被夺回。兵丁拦阻，乃为抛石击伤。现正在街市哄扰，居民一齐闭户。请速派重兵护救。峋叩。

《时报》宣统二年十月四日（1910 年 11 月 5 日）

染工之风潮又起（南通州）

通、如、崇、海各染布工人因要求添加工价，在久隆、万家等镇联盟罢工，后经总商会电请地方官查禁，并人前往开导解散，令该工人等举代表三人来通，议定自九月初一日起，一律改为洋码，具结存案矣。该工人等犹以为未属公允，于初四日下午聚集数百人来城，欲与染业商会理论。经警局闻信阻止，勿令入城，劝令暂散，静候商会再议办法云。

《时报》宣统二年十月九日（1910 年 11 月 10 日）

如皋毁学案详纪

如皋西场镇于日前因调查户口，误会启衅，乡民聚集一千余人，拥至董事魏某店内，打毁一空，又将煤油携至玉成小学堂，放火焚烧。西场司闻信，当即会同盐弁督兵扭获暴徒三人，司官亦负重伤。校中教员、学生等幸从后门逃出，未葬火窟。州牧张直刺其时正在刘海沙查勘沙案，得电信即拟前往弹压，嗣得民散谣息之电，因即暂缓启行云。

《时报》宣统二年十月九日（1910 年 11 月 10 日）

海州蔚文小学风潮事汇录

海州学界抄电照登　十七日海州来电：府东街淮徐海同乡会海州邵、陈诸君鉴：本日蔚文学堂被僧源瀚纠土棍多人，借偶像略损，自行全毁，诬指学生，打毁校具，孔、江二教员横遭毒殴，倒投粪坑。各校异常惶骇，将成瓦解，请转呈学宪电州严办。自治公所吴宝芳、教育会黄道传、劝学所武可纶公电。

又二十五日海州来电：海州邵长镕暨陈锡朋鉴：蔚文被毁，迭次报告谅悉。藩宪电令提集凶僧主使，讯明秉公惩究；学宪令迅查严办，不得宽纵，陈州均不遵行，原因显然。惟督电有札饬藩学遴选干员查办语，公为吾州代表，具公人资格，乞面委详告，学界公叩。

又陈牧电：督藩学宪均鉴：迭奉电祗悉。签提源瀚业已匿避，地痞已提案严惩，连日邀同自治公所、教育会、劝学所各绅集议，均主平和了结。

江苏僧教育总会咨海州牧文　为咨呈事：本年十一月初二日据海州城内观音堂住持僧源瀚报告：窃因南门绅士开办蔚文小学，暂借僧庙前院为校址，嗣因与僧有隙之孔传诗谋充蔚文教员，遂有藉学霸产、诬蔑宁学宪提拨小李庄田产一事，迭经本会会长禀呈督学宪，批饬查明伸理在案。乃孔传诗私欲未遂，无处发泄，竟于十月十五日听信富绅杨承勋之子杨福顺、杨福昌、杨福恒挑唆，率领未经聘请之教员江恒恺并杨家西席武可鳌等不法多人，擅将前殿观音并关圣、龙神、载在祀典各神像，一律毁坏。次日又将后殿大小铜像毁砸一空。南门众绅睹此情形，不忍坐视，齐集理询，当请州宪勘明诗等毁像属实。讵诗自知理亏，狡谋抵制。现于本月十九日阖城绅商士庶公议开会，尚未议决，先将大略情形报告到会。准此，窃查此案情形，屡见报章，已经

学宪专委泰州赵刺史赴海州查办，敝会本应敬候钧裁云云。（下略）

《时报》宣统二年十一月十四日（1910年12月15日）

江北饥民堵截解回情状（清江）

本年秋夏水灾，以致夏秋收成大减，饥民南下纷纷，节经该员堵截，或民船，或小轮，千百成群，扶老携幼，鹄其面而鸠其形。不止形有菜色，风吹即倒之惨状，现仍络绎于途，回者又来，来者又回，尚不知堵至何日止也。按该饥民家无担石，室如空磬，何归之乐从耶。

《时报》宣统二年十一月二十七日（1910年12月28日）

江北匪势猖獗（清江）

江北当水灾迭遭之后，元气固一时难复，而人民艰窘异常。俗云，官出于民，民出于土。年岁歉收，啼饥号寒，嗷嗷者、老弱者无四方可去，何也？堵截之故。少壮者迫于饥寒，能不流而为匪几何。人斯此所以江北之匪案多也。淮、扬、徐、海已成不可收拾之势，虽有提督大员，究不若漕督之坐镇从容，威声压制，况前此之提督视地方如膜外之文，目人民为非分，所辖吏治，日坏一日，匪风日甚一日，岂不危哉。

《时报》宣统二年十一月二十七日（1910年12月28日）

常昭两令抑短漕柜洋价之风潮

每届冬漕，苏藩司行文各属，饬令洋价一律照当，不得丝毫抑短，又经谘议局议决，督抚宪公布施行，久已垂危法案。乃本

届冬漕，常、昭两邑令竟敢抑勒洋价，每元短至八九十文，以致
人情惶骇。二十四日，常邑庙开会，要求两令到会质问，两令非
惟置之不理，且挟制邑绅，迫令各粮户散会，人心愈形汹惧。不
得已，当即电请督抚藩宪派委伤查。次日继续开会，到会者三百
余人，公议具呈层宪，并推定代表陆懋宗、邵松年等，到苏面请
维持，以定人心。不知上峰如何对付也。

　　《时报》宣统二年十一月二十七日（1910 年 12 月 28 日）

调查户口风潮（武进）

　　武邑沙洲一带，地处沿江，风俗强悍，向来公事皆附属邻近
各乡办理。近龙港沙民以调查户口，忽生误会，纷纷向调查员滋
扰，索回户口册，遂波及依东乡，不逞之请，群起附和。二十四
日午后，三十七都一图图董陈长兴、丁永清两人被乡民殴辱，拥
入家内，将围墙挤倒，夺取草册碎之。是日夜间，百丈镇各图鸣
锣聚众，争向各调查员索回草册，被殴辱者无数，并有受伤者。
该乡调查户口及选民不日就绪，遭此意外之变，全功尽弃。武邑
金令闻信，邀同筹备县自治公所副所长恽绅用康即日往乡弹压解
散。此次祸起沙洲，波及全乡，而附近各乡咸有戒心矣。

　　《时报》宣统二年十二月一日（1911 年 1 月 1 日）

苏垣创行驴马捐之风潮

　　苏省巡警道拟创行驴马捐，分骑捐、非骑捐两项，定于十二
月初一日起一体实行等情，已志前报。兹悉苏城各驴夫共有七百
余骑之多，马匹在外，闻此命后，初拟一律抗捐。至初一日，该
驴夫等竟全体罢市，纠集同类百余人赴警务公所及府署跪求免
捐，未奉允准。是日街上竟无驴马踪迹。初二日，该驴夫中有见

机者多人，知此事终难抗免，遂有百余骑私自牵赴工程局报名，烙印领照，然后上街招揽生意。讵为未捐者所见，竟欲聚众凶殴，经岗警喝阻而散。现街上驴马虽甚寥寥，然该驴马夫等见同业均潜自报捐，势已涣散，谅不敢始终抗难矣。

《时报》宣统二年十二月五日（1911 年 1 月 5 日）

宁垣饥民抢米之风潮

宁垣时值岁暮，饥民众多，冬振粥厂未开，虽云折钱，毫无动静。现各难民饥寒难受，迫不及待，日来由北而南，纷纷到各米铺抢劫米粮外，此如点心店，凡关于吃食，均不免其糟蹋。不知地方官如何安置也。

《时报》宣统二年十二月二十六日（1911 年 1 月 26 日）

十二圩府将有罢市之风潮（镇江）

距镇江四十里之十二圩地方，系扬子县属境，该处巡警局每与绅董狼狈为奸，前因饥民过境，勒令铺户捐资遣散，该局与绅董从中渔利，所得甚夥。嗣又藉修理街道为词，商铺复被勒捐每家数元不等，统计被捐之数已数千元，而街道至今并未动工，捐资悉入官绅私橐。商民大愤，因即联名致书诘责，如再不开工修理，仍然干没此款，定即一面罢市要求，一面通禀大宪请究云。

《时报》宣统二年十二月二十六日（1911 年 1 月 26 日）

通州反对路工之风潮

通州至平潮镇大道，年久失修，行旅苦之。经自治公所议决，价购沿路民田，加阔填高，大事修筑，既便行人，亦可护卫田畴，免致久雨有淹没之患。附近之田，每亩抽路工捐二角五分，由业主佃户各半分任。开工之始，即有顾绅藉口祖坟风水，起而反对，运动乡民一百余人至州署跪香，以田既筑路，钱粮仍须照完，将为无穷之累。当由张直刺剀切劝谕，允为将钱粮详请豁免，始各散归。风潮甫平，而近日沿路忽有无数匿名揭帖发现，语多荒谬。三里岸桥地方路工局所插之标记，多被拔去。二十三日巡警见之，略加询问，反被捉去，捆缚禁闭，并鸣锣聚集二百余人，入城跪香。有沿途滋事之陈申之一名，经巡警上前拘住，众人起而抢夺，殴伤警察一人，当亦为获住四人，并陈均送州请惩。乡民益大哗，乃蜂拥至州署，恃众要求释放，并昌言五更后更有多数之人来城劫犯，打毁自治公所及警察局等语。州牧恐或激变，即将各犯开释，始渐散去。现路工局已将所购田价全垫给，捐款暂行停收。一面由州出示严查主使聚众之人，拘案重惩云。

《时报》宣统三年正月六日（1911年2月4日）

浦口拒卡罢市记

去年秋间，六合厘局委员庄复恩禀江南财政公所谓：前者凤、颍、亳、泗北货虽藉力车骡以便绕漏，尚不若近时之多，浦口市面虽以渐兴，亦不若今日之繁盛。近年以来，该镇商货辐辏，如日方中，六合市面逐渐凋替，除米麦大宗外，其余各货浦六相较，几有云蒸波靡之异。凋替之六合，稽征不恤其烦；繁盛之浦口，漏越任从其便。揆之公理，岂得谓平。况本年八月，火车将次开行，使不绸缪未雨，早图补救，六合捐事殆成弩末。卑职至再筹思，拟请将张家堡分卡移设浦口，则向由旱道绕越之北货及近来改运浦口各货，均可著完捐，而张家堡出口船只舍此万难飞渡，仍无偷漏之处。一转移间，经费无须特支，捐收转可增益。以浦口镇各项货物约计之，岁增当在六七千串以上等语。

旋奉财政公所批：所禀不为无见。查浦口镇本六合之尾闾，实宁属辖境收捐之地，现在津浦铁路转瞬间开车，尤应先事妥筹，预图补救。该局拟先将张家堡分卡移驻该镇，照章收捐，既省另外开支，又属绸缪未雨，事归简便，应即举行。仰速详议办法，禀候核夺云云。

该镇商民闻信，开会集议，公推耆民蒋旭初等三十二人联名具禀督抗，以浦口设卡，同治年间有人禀请，蒙前督宪曾文正公严词批饬，谓下关既有厘捐，一江对渡，如何又设旱卡，全不体朝廷爱民恤商之至意，自此批斥后，逾二十年无人提议。至光绪十八年、二十七年、三十一年，先后又有人禀设，均蒙历任督宪批饬不行。盖以浦口地处偏僻，正经商店仅数十家，四面捐卡林立，北有张家堡之稽征，南有下关之查验，上游则大胜关扼其要，下游则大河口据其冲，围裹重重，无从绕漏，何必于民不聊生之日，陡移新卡以滋之累。详陈不能设卡之理由四条，骇汗奔走，再四禀求。讵督抚始则批驳不准，继则搁置不批。该商民等惶急万状，呈由江浦商会转呈谘议局，转请从缓移设，亦属无效。二月初一日，非特派委实行设卡，而张家堡之分卡依然不移。阖镇商民激动公愤，不期而集者千余人，声势汹汹，将卡船一艘捣毁，阖镇商号一律闭门罢市。初二日，闻地方官有派兵之举，商民愈愤。初二、初三，间有开市者，自初四日起，一律罢市。至今已十日，尚未开市，且米行不开，贫民无处籴米，一派悽惶之象，惨不忍睹云。

《时报》宣统三年二月十四日（1911 年 3 月 14 日）

宁垣饥民抢米纷纷

宁垣客腊，外来饥民与本地贫民麇集，遇物动抢，迭志本报。前月分批遣送，清淮抢米之风遂熄。讵近来阴雨兼旬，柴荒米贵，与去年春间无异，贫民食米每升涨至八十文以外，泥泞之中难谋生计，现又于南城外及城内米铺，结队成群，动手抢掠。各店均将米谷收藏，俨同停市，不作交易。地方官闻信惊骇，立即派队前往弹压保护。惟不为之筹谋善策，徒恃压力，奚益乎！

《时报》宣统三年二月十九日（1911年3月19日）

昆属乡民大焚杀案之尾声

　　昆山县属陈墓浜等区乡民与饥民大焚杀一案，当时烧毙殴毙各饥民，大半丢弃河中，腐血成流，几于河水为赤。幸是处接近官河出口，即系淀山湖，尸身浮至各处，经人陆续捞起不计外，沉溺余尸者尚多。现值春暖发阳之际，河中时见断肢残体浮入水中流，乡人久食秽水，必致滋生疫疬，且非泽及枯骨之道。程中丞恻焉悯之，爰于前日特委前署吴县陈介卿大令，会同飞划水师第五营管带刘在中，率带师船数十艘前往该乡，一方河面续行打捞，并饬札元和、昆山、青浦三县令，添派差保夫役，妥为弹压帮捞，如有捞起尸骸，即行报验，在昆、青两邑各善堂义塚上掩埋，以安泉壤而免酿成疫气。当经陈大令等尽心从事，连日督饬夫勇在淀山湖内外一带分段打捞，并将两头航路堵住，不准船过，以免漾荡难撩。计旬日以来，又获尸身数百具之多，率皆肢体残脱不全，或皮肉尽腐，仅存骸骨，或头痕如斗，腹大如五石瓠者，阅之颇为可惨。现已捞置尽净，该营县等业于十七日回省禀复销差矣。

　　又闻沪道暨仁济善堂亦各派干员会同昆、青两县，亲莅该处，集议打捞，设局虹泽、商塔、陈墓、再直四处。即于正月初六日起，各雇舟人设法捞埋，捞得一尸，给钱五百，另加工资，故捞夫等十分踊跃，自始迄今，已获五百余口。现抚宪恐有未尽，又派陈大令会同元、昆、青三县莅湖查察，并于虹泽集议。现据各绅董报告谓，尸身业已捞获多数，大致已尽，且经费一节，均由附近官绅慷慨捐助，有盈无绌。陈委大加奖许。而青浦附生卫某意欲假此敛钱，饱遂欲壑，近又登报募捐，且借公众名义以诳各地善士，故该处绅民大有不平之鸣，而卫某之居心真令人叵测矣。

自经此大焚烧之后，当时该乡颇谣传饥民必来报复，乡民结团自卫，几于一夕数惊，现已日久，相安无事，已淡若忘之矣。讵前日省中忽得密报云，有淮徐难民二千数百人，将结队南下，声言为上冬死者报仇雪恨等语。当经省宪行饬巡防营务处飞电各该属地方官，妥为防护解散，勿再南来，并饬沿江水路各防营一体竭力堵截矣。

《时报》宣统三年二月二十一日（1911 年 3 月 21 日）

召伯埭抢米罢市记

召伯埭饥民连抢米行三家，各店因而罢市，报由甘泉县驰往查办。兹悉该镇各米行因连日米无来源，原售每升七十文，陡增至七十五文，加以阴雨兼旬，小本营生者几至无可得食，勉强购米一二升，无非典卖而来。乃米行找出之零钱，恒以竹筹代之，或以小鹅眼充数，贫民怨声载道。十七日，南段某米行早市未毕，因增钱而争执者已有数起。北段穷民以及河干饥民乘势往观，益以鼓噪，霎时间，竟将该行所存之米抢掠净尽，满地狼籍。该镇有巡警局一所，当即飞往弹压，并由商会各绅士到场劝谕，幸未大致暴动，然全镇已风声鹤唳，草木皆兵矣。付大令抵镇时，事已大定，即于是夜折回面禀杨〔扬〕府嵩太守，请示善后办法。现闻该处绅董正议筹办平粜云。

又函云：召伯埭本为产米之区，近来米市大为减色，因贩运者改而之宝应、盐城、阜宁各处地方，为其便于偷运出口也。连日阴雨，米市愈觉恐慌，最劣之米，亦须七十五六文一升。穷民与饥民联结硬买，而米行又限以一升为断，于是人多口杂，遂至出于抢米之举。闻被抢者三家，所失不下百石云。

《时报》宣统三年二月二十二日（1911年3月22日）

武、阳自治风潮纷纷

武邑钦风乡、阳邑丰西乡乡民暴动，已志前报。十八日午后，钦风乡土著客民忽聚集数百人，拥至调查员臧子英家，将前后门打毁，拆去头庸前檐，并毁坏围墙，臧七十余岁之老母被伤甚重。并约十九日鸣锣聚众，齐赴厚余镇，先毁学堂，再拆董事及办理调查各职员之房屋。该乡事务所立即派人至筹备县自治公所告急。当由公所商请武邑金令，立派江防营四十名、飞划营水师十船，星夜驰赴该乡，并委陈寿人二尹前往弹压。能否不致糜烂，尚无把握。该乡与丹阳黄、唐、吕、郑比联，丹阳调查至今未办，且有大刀会匪从中煽惑，以致邻邑亦受其祸，可叹也。

丰西乡以夹城庵事，乡民与该乡事务所所长戴彬冲突后，金令查知乡民结成团体，不易办理，遂照会该乡乡董王少良接管该庵。一面将滋事为首之人提案。十九日午后，乡民忽集数百人至县署大堂哄闹，城中无赖和之，几及千余人。金令恐酿巨祸，遂将在押为首诸人暂交地保带回，并具随传随到切结。乡民见人已释出，始各纷纷散去。兹金令已具详省宪请示办法。武、阳自前阳湖陈镐在任时，六次哄堂，未办一人，以致浇风，至此未知又将何以处之也。

《时报》宣统三年二月二十二日（1911年3月22日）

浦口几酿大风潮

金陵浦口因移设旱卡，商民风潮剧烈。设卡收捐，本无与于路工之事，惟江督顷因据该处商务分会迭次禀称，路工暴动，市面危岌，不便长虑却顾。闻昨特札行津浦铁路局，以捐务与路工渺不相涉，据该商会等禀报前情，该路局务须不分畛域，严行督率路工，毋得轻听浮言，为人所惑，致有暴动等事，酿成大故云云。

江南浦口因移设旱卡，群情愤急，罢市十余日。因之过江饥民麇集该处，以天气久雨，苦不能行，无米可买，骚扰不堪。饥民汹汹，以江湾尽是芦洲，声言拔取柴薪，聚众在四围放火。商民闻信惊骇。该处董事鉴于去年苏属昆山覆辙，禀官筹款，多制面饼，一面商请津浦铁路用火车装载至临淮关而去。虽未酿成大故，然事后设想，洵可谓入夷出险云。

《时报》宣统三年二月二十三日（1911 年 3 月 23 日）

苏垣土膏店罢市

苏垣城内外土膏各店，现因省城禁烟公所颁发一种示谕，开办实捐，兹悉此事现据广帮各土店一闻此信，大不以为然，旋于二十一日晚邀集同业多人，刊发传单，约聚苏帮各膏店，即于二十二日起一律罢市，以备抵制善策。刻闻该业广、潮两帮及苏帮各膏店，均于是日闭门不卖，拟齐赴洋药公所开会提议具禀。不知上台能邀照准否也。

《时报》宣统三年二月二十四日（1911 年 3 月 24 日）

南汇之闹事风潮

　　川沙乡民反对筹办地方自治，大起风潮后，浦东一带人心未静，善后事宜亦未办妥。滋又得南汇警报云：南汇六灶乡前年由某君发起设立渔业公司，畜鱼于六灶港北小港内。该小港约长里许，两头用竹帘拦住，船只仍可进出。现在所养之鱼，大者已三四斤，小亦一斤有余，各渔户垂涎已久，以为如能将该公司所编之竹帘设法拆去，使鱼游出外港，可得大利。惟各渔户虽有此意，不敢实行，乃竟有无赖张某对各渔户曰：汝等如欲拆去渔业公司之竹帘，能出重谢我，愿为首。各渔户久蓄此心，莫不允诺。遂约于本月二十四日午刻拆毁，先至六灶附近之沙涂庙聚集，其时不过数十人，张某为首，执一小旗指挥一切，另有三人鸣锣集众，不一时已将小港两头之竹帘尽行拆去，并将在该处巡察之警察船及渔业公司添立之铁练、鱼帘，与商团备用之洋枪等件，或则捣毁，或则用火焚烧，公司房屋器具亦被捣坏焚毁。是时张某与各渔户扬言曰：渔业公司垄断渔利，与公司内合设之学堂无涉，不可惊动，因此学堂物件亦未损坏。迨后各渔户回至沙涂庙，咸谓事已如此，终必追究，将若之何。为首者曰：现在势成骑虎，若再畏首畏尾，适授官绅欺压良懦之柄，不若效法川沙，风潮既大，则办不胜办，官绅必将就过去。一时各渔户及莠民齐声赞助，决计再将学堂拆毁焚烧，以慑官绅之胆。是夜十句钟时，为首者遂复指引大众回打持正学堂及自治公所，先将房屋拆毁，继复纵火焚烧，光烛四野，远近惊惧。其时又高声扬言曰：一不做，二不休，明日再打莲笔花桥及陈家桥、陈家行各学堂。遂呼啸而散。现南邑自治筹备所董已电禀督抚及松府，并专人至申用电话禀知沪道，请速派兵前往救护，兹将电稿录左：

　　南京督宪鉴：南江六灶乡自治所学堂被匪焚毁，势将遍及，乞派兵救护。县筹备所顾忠宣等叩。

其致苏抚与松府电文相同。

《时报》宣统三年二月二十七日（1911年3月27日）

扬州城内又见抢米案（生计之为累也）

东关城门口有小米铺数家，其交易以零售为多，其价虽似较廉，然闻米中有浸水之说，一般贫民恨之深矣。二十三日之晚，有卖鱼之贫民数人各购米一二升不等，该店问之取钱，买者必欲先量米而后给钱，卖者必欲先给钱而后量米。争执之下，围看之人遂多，有一渔者遂将其柜外一小箩之米全数抛于街心，相继而抛者，人多手众。巡街捕鸣号叫巡逻者十数人，不能弹压。该贫民等又拥至第二家，亦复如是办法。其他各家争先闭门。幸巡警局总办就近首先驰往，江、甘二县亦派小队多名前往。其时抢米者已先散去，但沿街观者言三语四，势殊不靖云。

是日之夜，巡兵一队在街往来梭巡，幸无大事。

二十四日大早，嵩太守亲往查勘一周，旋即拜谒各绅士，商办平粜之事。

《时报》宣统三年二月二十七日（1911年3月27日）

武、阳自治风潮五志

抚委陈守炳华，原系专查丰西乡事，兹又奉抚台电谕，饬将钦风乡事一并彻查。初二日，陈委会同长守，将乡民及议员一并传见。嗣有人谓太失威重，遂堂见乡民，令具录不与自治为难切结，哄堂置诸不问，至戴彬私取夹城庵物件一层，亦查无实据，准其辞退议员，彼此和平了结。钦风事则由陈委电召丹阳县来常，于武、丹交界处，令其会同武邑金令办理。讵丹阳陈令谓，该处匪目王道来等并无劣迹，且欲委令办理该乡自治。陈守炳华无可如何，初四日亲往丹阳，再与陈令浃洽。而武阳筹备县自治公所副所长瞿绅倬、钱绅以振，参议于绅定一，见事无可为，先后辞职，正所长恽绅祖祁久病不出，公所中遂无人主持，势将解散。初二日，各乡乡董会集公所，众谓武、阳自光绪三十四年至今，八次哄堂，将来必酿巨祸，且各乡自治亦无从进行，欲全体告退云。

《时报》宣统三年三月七日（1911 年 4 月 5 日）

浦口又因勒捐罢市

宁属浦口镇前酿闭市风潮，虽经解散，人心总未平靖。日前江督以设货捐局原系专收津浦铁路之捐，与该镇商业无关，愚民误会，致有此种暴动，谕令樊方伯及江浦曹令、货捐局庄令恺切晓谕，遵章照办等因。不意曹大令奉命之下，遂雷厉风行，定于初十日重行开捐，以致初九日阖镇商店又复全行闭市。刻下商会总办张某极力调停，以冀挽回。惟该镇饥民遍野，米价腾贵，谣言四起，人心惶惶，若不速令开市，虽有江防营弹压，恐亦不堪设想矣。

《时报》宣统三年三月十五日（1911 年 4 月 13 日）

金陵饥民劫掠记

南京下关逗留饥民现在愈积愈多，核计人数有一千数百人之多。因觅食维艰，大肆劫掠，除商埠外，凡属食店无不被其骚扰，均已闭门，几日不敢贸易。昨经地方官报告，查振大臣办事处购运面饼数十担料理，派小轮遣送过江，以为沿途食料云。

《时报》宣统三年三月二十五日（1911 年 4 月 23 日）

浦口商民阻设捐卡风潮始末记

宁属浦口商民阻设捐卡一节，各报业已载志，然挂一漏万，使阅者前后情节不能了如指掌，以致巷议街谈，均同隔膜。兹特将其原因分录如下：

设卡之原因 津浦铁路开车伊始，大吏拟仿照他省铁路旧章增设捐卡，以为收纳各项捐税之计。宁藩派委会同江浦县曹运鹏勘定地址，预备开设。

商民之阻碍 该镇商民以浦口一镇向无落地税，虽平时牛羊皮及猪毛各货大抵皆运自北地，由陆路而来者居多，除沿途照章完纳关税外，至浦之后即可转为销售，其间并无关税阻碍。既闻宁藩复又增设捐卡，即大为震动，与该委互相为难，合镇为之闭市，必欲达不设之目的而后止。

大吏之排解 宁藩据某委申详后，即禀请江督设法维持，江督乃飞饬沿江巡防统领从和平解说。而该镇之商民势颇激烈，谓宁可将全镇生意销灭，万难听其设卡剥削云云。

委员之野蛮 宁藩知民气难压，特委派实授江浦县赵幼邦前去理直，赵即大用压力，在第一楼申饬商董毛溪南，并用野蛮手段，以手批毛颊。毛仍与赵从容辩论，迭迭〔喋喋〕不休。

舵工之保护 赵批毛颊后，自知从事卤莽，恐遭不测，即假他事下楼而逸。维时该镇商民已聚七百余人，共执枪棒，势欲置赵于死地。赵比即遁至江边，商民业已尾至，幸舵工一力保全，扬帆而去。

曹令之为难 毛返镇后，即在本镇大开会议，邀请曹令大开谈判，谓曹如能保全此镇，不设捐卡，无论曹将来去留此任，总以巨资报答。如不俯合舆情，则惟有听其自便，而并不能保乡愚之不耸动衙署云云。

全镇之坚忍　毛董受赵辱后，即与合镇公同筹集一万余金，谓此后各官家以压力待之，则必与之对敌，设有战死者，平民一名，每月恤资二十元，殡殓费二百元；较平民资格稍上者，以此类推。并将此款存庄生息，以为源源不断，作鼓舞敢死者之心。

樊山之大怒　樊方伯据悉前后详情，大加震怒，并申饬曹令运鹏，谓其不能悉心办事，致起绝大风潮，勒令曹提该镇董到案，以便严惩。

卡局之捣毁　该镇忽闻曹令奉文拿办本镇董，即不问皂白，一鼓作气，聚有三四百人，将已设未设之卡局捣毁。嗣由沿江巡防营派兵弹压，始稍稍寝事。

会办之调停　驻扎该镇之北军（即姜桂题所带之军）陈会办出而解说谓，既不允设卡，亦当条陈江督，不应如是浮躁，致生种种事端，闭市多日。闻该镇谓，官家纵欲设卡，亦应俯顺民情，不能概用压力。现陈已知此卡必不可设，特婉言相向谓，阖镇先行开市贸易，此卡暂为虚设三月，以全官家体面，俟三月后，再行禀请撤销，苟上官再用强硬手段，均归我一力担任。众商民得此说后，现已照常贸易，但各店家之门面板尚未齐下，必俟陈与大吏磋商回复后，方能放心云云。此消息最为确切者也。

《时报》宣统三年三月二十七日（1911 年 4 月 25 日）

丹阳调查户口之风潮

丹阳县自治筹备公所日前派员至东乡调查户口，小有龃龉。初一日清晨，邑尊陈大令下乡相验某处命案，讵有匪徒捏造谣言，谓县宪系亲自调查，将来必按户抽捐等语。乡民无知，一倡百和，竟鸣锣聚众，欲殴辱官长。大令急至古庙躲避，乡民仍未解散。旋又拥至车站轰闹，风潮甚烈。常镇道林观察接到电音，当即商请巡防营统领陆副戎及城守营参府刘参将，率带兵丁多名，前往弹压矣。

《时报》宣统三年五月七日（1911 年 6 月 3 日）

打毁族学（南通州）

通州石港场之观音阁前，就厢屋改建刘氏族学，早经禀请通报立案，正在招生，预备下学期开学。本月初五日，忽有沙家坝及本镇刘姓族人等数十人持械前往，将表门讲堂捣毁一空。经巡警驰往排解不从，汪分转带同冯汛弁，前往弹压，当场拘获拍掌称快之卖糖者一人，枷责释放。闻此次之事为受新庙子僧人某之运动。现刘氏合族已投劝学所，呈州查拿为首要犯，从重惩办云。

《时报》宣统三年六月十九日（1911 年 7 月 14 日）

众兴蛋厂被毁之交涉（镇江）

镇江许某在桃源县属之众兴镇开设蛋厂，向挂洋商牌号，借为护符，日前忽激成众怒，被乡民捣毁，因禀由该管领事照会镇关道索偿。林梅桢观察以洋商向不得在内地开设行栈，载明约章，众兴非通商口岸，洋人何得在该处设立蛋厂，特照复该领事，据约辩驳。一面电饬桃源县查明肇事情形，将此案从速办结云。

《时报》宣统三年六月二十八日（1911 年 7 月 23 日）

金陵动物闹捐图

鱼虾螃蟹野货　此项向本无捐，即间有抽收，亦属微细，为局员之中饱，倒不填票。今有车某等垂涎此利，创办认捐，每年缴洋七百元，设所稽征，毫无遗漏。商贩小民大兴咨怨，以泽梁无禁，文王之仁，兹则无孔不入，贫民肩挑谋生，乃亦烦扰至此。且南城外向由董事薄收商团捐，已经力尽筋疲，何堪重复扰累。刻下各渔民不肯承认，大起风潮，与之反对。未知能否就绪也。

牛肉　宁垣宰牛弛禁，由商认捐，本包全牛而言，乃屠商魏联兴立名目，又创为牛肉捐，在两县承认，每年缴洋千元，助充学费，其实毫无把握。刻下业此者果以重复苛扰，不肯遵缴分文，缘均系无赖贫民弗畏官法。然两县以该款一经认定，即已指作的用，是否有收，应惟经董是问，提案勒交，欲押求免。该董以实欠在民，不得已又将各欠户开单，禀请邑令按户提追，弄到乱七八糟云。

驴骡马羊　省垣向无此项收捐名目，前由南城外行户禀请创办，认捐每年五百元，抵拨蚕桑女学校经费。曾经藩司批饬，以公帑支绌，未便率准侵收正款，如能于此数外，再加若干，即允作为学费。刻该行户以各业无论何种加捐，均属出自用户，拟于买卖时每头增收洋二角，以销场计之，尚不支离，呈请批准实行。但不知各商贩有无反对云。

《时报》宣统三年七月四日（1911 年 8 月 27 日）

抢米风潮之己见（常熟）

常熟本年被水亦甚，轮舟早不通行，其运货商船向走塘河者，一因水大，一因途中现被劫夺，均不敢往。日昨该县乡民曾赴县报荒请赈，县令答以须请上宪核示批准。乡民等迫不及待，其黠者谓，赴自治公所总董邵松年处，请其放振，于是一哄而散〔上〕。邵家墙、门、厅、窗等处曾被打坏，至第三进天井内，见有米屯，抢夺一空。是时县令适在邵家，闻此信息，逾垣而走。闻当日曾闭城门，以防匪徒乘间滋事。业已飞报上宪核办。又闻陆巷镇董俞亮家亦积有米屯，昨被该镇乡民前往，将米屯抢取一空云。

《时报》宣统三年七月十二日（1911 年 9 月 4 日）

内河各属被劫米店米船情形

昆山郁同春米行派船户杨阿全、杨阿根往无锡装载糙米二百余石，行驶至常熟县界逍泾镇地方，被乡人百余人一抢而空，业已禀县追究。又米客王福林亦由无锡装载米百余石，行驶至常熟县界横泾地方，被乱民一并将米抢完。

前日（十二日）昆山县属之巴城镇，乡民聚集数百人，藉灾为由，将该镇冯义茂、施仁记等米行十余家所存之米，一并抢空，以致阖镇罢市。且该镇所驻之兵只有数十名，难以弹压，所有绅商等昨日纷纷由火车迁避来申云。

昨闻无锡金匮绅商集议，以锡地虽系产米之区，各米栈囤积之米，大半被水淹没，四乡亦然，来源桌者廖廖，所存者要保卫本地民食，拟禁运他埠云云。

常熟、昭文两县，匪民等藉水灾抢劫米行、米船、当栈，虽经省宪派兵弹压驻扎，并将劫米之匪人枪毙数人，地方稍安，然前、昨两日天又下雨，水则有增无退，米价难松，外虽安，内则甚忧，恐有他变云。

《时报》宣统三年七月十四日（1911 年 9 月 6 日）

苏属各属抢米风潮之剧烈

苏垣今年米价连连飞涨，前经省宪迭次谕饬各米商半价出售，不准故意高抬，无如该米行因来源日少，身本日昂，市价仍复有增无已。现下门市零售白冬，每升已至一百二十文左右，起码者亦将百文。小民糊口维艰，咸有蠢然欲动之意。加以连日大雨水溢，荒象将成，常熟等处抢米警信迭至，遂有一般游手好闲之人，四出煽扰，城市之民，怵于官府威严，虽不敢公然作乱，而乡愚则颇有应者。昨闻长邑陆行镇富户俞蕴兰家，因囤积米八百余担，意待善价而沽，乡民求其平粜不允，遂纠众抢掠一空。又南塘张氏，亦有名土富，囤积甚多，致被众乡民抢去大半。其余各乡户被抢者，实繁有徒，惟均系米粮，而无钱物。又葑门外三丰米行，开设久年，存货颇多，昨忽有附近大荡中乡民数百人，齐往该店，求其平粜，声势汹汹。幸店伙见机，急以善言劝抚，一面开廪出粜，始免于难。一时人手众多，已被掠取不资矣。苏垣官吏闻警后，恐城内贫民亦将效尤，爰急商请商会董事尤绅谕令米董蔡君转饬各米商，不得再行抬价，一面由府县邀集各官绅于十一日齐集沧浪亭大开会议，亟筹补救之法。

　　常熟抢米一案，程中丞接到该县令警电后，即饬飞划营统领王耀斋观察亲率师船，连夜开往该邑弹压，次日复派蓝惠卿太守续往查办。巡警道吴观察亦委派警务公所总务科长戴德凡通守，随往查询当时起衅情形矣。

　　吴县吴次竹大令因各乡纷告水灾，且有抢米风潮，爰于前日亲自下乡，传集区图董，谕令设法解劝，顺诣被水各区查勘一周，谆谕该乡农等务各静候上宪批示核办，毋得轻举妄动，致贻后悔云云。

　　十一日勘毕返苏。长洲张大令亦于十二日赴乡矣。

　　十二日又闻齐门外陆墓镇地方，亦被抢米行两家，省中已派员驰往查办，惟未得详细，不知确否。

《时报》宣统三年七月十四日（1911年9月6日）

常熟抢米风潮详志

　　常熟东塘市镇流民藉灾抢劫米行、当栈、绅富等情，已见专电。昨有常熟目睹情形之友人来申，述及米行被劫者，杨信裕、桑仁记、倪同泰、朱森泰、彭成泰、徐协盛、程万兴、倪同盛、史源顺、殷协和等十余家，每行约数百石至十余石；其余彭聚兴、孙悦记等十余行，被劫自数十石至三四百石不等；尚有殷惠堂所开之恒泰昌庄被抢最巨，除现洋八千余元钞票及庄票万余金之外，其内室之金珠衣服等亦有万余金。富户稽绍伯、龚式卿、龚直夫等十余家，均被劫去现洋饰物共十余万金。尚有源大当栈被劫去米麦七八百石，现洋饰物无数。以致合镇罢市，自初七至十一止。昨经常邑方大令率带苏省所拨之水师抚标百余人到来弹压，一面四出兜拿，当在距镇数里拘获一匪，旋即枪毙，人心稍安，各行号今明均可开市。惟匪势甚众，若无援兵，恐难持久。至水沿岸上，尚有一尺六七寸，若能放晴，至本月底，再有六七成收成云。

《时报》宣统三年七月十四日（1911 年 9 月 6 日）

苏属城镇乡之民食恐慌

苏垣霪雨为患，农田被灾特甚，前将各属县水灾情状暨官绅会议维持民食等情，已纪本报。惟是近数日内时雨时晴，十三日又复一日大雨，不惟河水积不能消，并且水势暗涨，各乡农田几成泽国，米价因此翔贵，以致抢米风潮已见，如常熟，如陆巷镇等，本报已载其事。日昨齐门城外万和隆顺等米行险被抢劫，幸各米行见机而作，立即减价出售，始得无事。当时人多，喧杂纷扰不堪。三首县闻信后，并带领巡勇立即出城弹压，致未酿成变端。其余城内谣言亦起，应由行政官切实查禁，以定人心而保治安。

又新阳县巴城镇地方，雨水为灾，田庐漂没，近因水势不退，各乡民乘机蠢动，自常熟东塘市、横泾等乡连次劫米后，渐波及于六家桥及该乡之曹、陈二绅董家，均被劫去米粮无数，莠民匪类附和益众。近悉该镇有船数十艘，男女数千人蜂集市镇，连劫冯益茂、施顺记等米行，致各铺户闻信惊惶，一律罢市。业经该镇绅董施、盛、黄、潘等禀请新阳县电请大宪派兵弹压，以靖地方。

又吴县横泾乡自治公所前经乡民纷纷前赴公所，请其报荒。该公所以此非自治范围以内之事，答复未允。该乡民因平日公所捐务既多，取民之财应办民之事，当时人多言杂，一哄而进，遂将该公所毁坏一切门窗器具等件，并波及横溪小学。所有教员等幸经得信早走，惟物件被毁不少。并闻尚有该公所办事员受伤一二人。除该公所禀报县宪踏勘外，并经该小学禀报劝学所察核。刻已由所特派学务员朱世华查勘一切矣。

苏省各乡镇近因霪雨兼旬，田禾尽被淹没，相率成群结队，纷纷来城报荒，实繁有徒。加以迩来各处抢米风潮迭起，四乡响应，人心惶惶。程中丞有鉴于此，深恐乡愚无知，恃众妄动，或有奸宄不逞之徒附和其间，暗中煽乱，假托报荒，混入城关滋生事端，故意扰害治安，亟应先事预防。爰特密饬巡警道转谕三首县及城内外各路区长巡官，于十二日起迅各广派差役、地保、巡警等，专在城外各要道分段查察，不准乡民结众到城，并令六城门巡官亲在城边周番巡阅，防有匪类混迹入内。如有从乡间来者，均须询明其区、图、住址、姓名、有何事干。三五成群者不纳。倘为水灾而来，饬令赶速折回。当由警界中代为具报。一面复饬巡防队统领王司马遴拨队勇两哨，分驻各城门，留心防护矣。

《时报》宣统三年七月十五日（1911 年 9 月 7 日）

内河各属被劫米店、米船情形再志

东塘市朱森泰、倪同泰二米行，雇林仲英、陆二官二船户在无锡装粳糙米四百余石，至塘市下乡曹家浜常万盛、胡家浜桑裕亨两臼坊交卸碾白米，讵被众乱民所知，率众将米抢空，并将两米行所存之麦一百余石一并抢去。

距塘市三里遥之龚家港陈锦华臼坊，存积米麦四百石，亦被该匪劫去。

距常熟七八里之莫城镇，亦系米麦荟萃之区，该镇有黄公正米行，被抢糙白米一千余石。

横泾镇之徐德茂米行，被匪抢去白米等一千石上下。

常熟城中富绅邵松年家，被乡人勾结乱民抢去金银首饰、古玩、衣服二万余金。

昭文县属之白茆镇吕隆泰米行及富户高幼涛家，被乡民五六百人抢去糙米谷麦共二千余石。嗣经绅董李心华君星夜报知官兵，率同飞划船六只至镇弹压，并拿首要。讵若辈愍不畏法，竟敢拒敌，当被官兵击毙匪人五人，伤七八人，彼始四散而逃。

以上各家，业已禀报该县及各大宪赶派援兵镇压，故初十以外，地方稍为安静。

昨报纪昆山之巴城因乡人抢米，各米行店铺皆罢市一节，兹悉当经昆、新两县尊电禀省宪拨派之水师浅兵轮一只到来镇压，人心稍定，昨日已一律开市。惟沿途重载船只白天经过，必遭乡民聚众击砖攫抢，所以各户均夜间行驶来申云。

《时报》宣统三年七月十五日（1911 年 9 月 7 日）

救灾上谕*

七月十四日，内阁抄奉上谕：程德全电奏本月初四五六等日，大雨如注，昼夜不息，圩堤溃决，田亩被淹，灾情较前尤重。现在库储奇绌，勉筹急赈，深恐不敷等语。江苏各属屡被灾祲，情殊可悯，加恩著赏给帑银四万两，由度支部给发，该抚即派委妥员核实散放，毋令失所。余著照所议办理。该衙门知道，钦此。

《时报》宣统三年七月十六日（1911 年 9 月 8 日）

新阳巴城镇乱民焚劫之惨状

巴镇毗连常昭，本月初五、六间，常昭乱民抢劫塘市、石牌等后，乘势蔓及巴城。土匪戴少山、周企庭，著名盐枭沈阿金、沈阿三等，煽惑四处乡民，团聚于镇南附近之李家嘴庙内，谣言掳掠合镇。幸经商民知觉，邀同汴绍客民互相防守。不料十一、二两日，该首匪督领乡民二三千人，鸣锣放枪，肆意抢劫镇上冯益茂、施仁记、唐义丰、唐万丰、邵恒茂各家米麦、衣服、首饰，共计不下十数万金。经过南北货船约万余金，亦被抢劫一空。市民无以自守。该匪等声势汹涌，须将周、赵两绅置之死地，不然，不日定当荡平全镇。故合镇市民无论贫富，均惊骇无措。最可恶而最堪悯者，该匪等以客民相助市民，故将其所居茅舍、耕种器具焚烧尽净，致两帮客民漂泊无家，饥寒交迫，闻者泪下。不知地方有司将何以处斯。

《时报》宣统三年七月二十一日（1911 年 9 月 13 日）

常熟唐市乡抢劫始末记实

本年三月，春水既生，经久不退，最低之田，秧苗多不及插莳。至闰六月杪，阴雨连绵，水势更涨。及七月初三、四日，两昼夜烈风暴雨，旧时之积水未减，而新涨又添三四尺，圩田尽没，庐舍亦浸水中。唐市乡自治公所即于初五日辰刻备文呈县，请莅勘水荒。初六复终日大雨，势同瀑布，街道水深逾尺。初七上午，复呈县报荒请勘。讵料乡民见荒象已成，官长又不来验勘，于是十百成群，相聚私议。忽有三十七半图某某等人，首创抢劫之说，招集莠民，群拥至杨信裕米行，继至倪同泰米行，各抢去米、麦、菜、豆数百石。此乡民藉灾聚众，抢劫粮食起事之实在情形也。午刻，自治公所临时会会议，佥谓乡民聚众抢劫，若不即行解散，必至变生意外。立即招集米商捐助米石，准于明日设局平粜，议办一月，各业户再行接办，遍贴广告，冀安民心。一面专足进城禀告邑尊，求请刻日到乡验勘，藉以弹压莠民。继议乡民聚众，声势已盛，方公到乡，非有兵威不可。遂由职员飞棹赴城进署面求，蒙方邑尊面许，星夜放舟，翌晨准到。至初八辰刻，各米商借东岳庙设局，减价平粜，每升粜钱八十文，乃仅粜去三十余石，而北市朱森泰米行、源大当栈及中市史源顺米行，先后被莠民破门直入，尽行抢掠矣。当时居民惶急，店肆均闭门罢市，直至傍晚，乡民始满载而归。自治职员复一再赴城求救，后接方邑尊来名片一纸，书明初八晚准到。及初九晨，民众愈聚愈多，凶焰益炽，米行、业户粮食、银钱及衣服、器具，任意抢夺，有恒泰昌钱庄被抢银洋八千余元，金银、珠宝、首饰、古玩、绸匹、捆麻共值数万。从善自治团防、教堂及亭林、米业两小学堂，均被拆毁。有陈姓仆妇逃避稍缓，被莠民殴破头顶，挤落水中而死。自治职员某君等因进城催请方公未回，并悉城中亦有乡人聚众抢劫，难冀救援，于是有某君等星夜飞棹晋省，一面迭递禀帖，呈请抚宪及藩学府各宪，求派轮拖兵往救，一面乘火车至昆山，即在车站电局发警电，禀求抚宪迅调水师驶援。而初十黎明，乡民拥聚逾万，终日抢劫，毫无顾忌，桑仁记等各米行米、麦、菜、豆数千石，靡有孑遗。富户稽绍伯、龚式卿等各家，值钱者抢去，余并捣毁。至夜，通宵吵扰，民不安枕。十一晨，乡船数千艘，迭满河道，幸徐协盛、徐裕顺两家招聚市人，竭力抵拒，凶势稍杀。然富户五六家仍于是日辰刻，抢夺尽净。十一点钟，方邑尊始同飞划营及福山标兵自语濂泾鸣号而来，乡民遂鸟兽散，飞棹奔逃，乱事稍息。十二上午，抚宪另调之太湖水师炮艇驶至，人心大定。是役也，共计抢毁居民五十余家，公所六处，附近各村富户不及计数，损失百十余万，亦可谓巨劫也。

《时报》宣统三年七月二十五日（1911 年 9 月 17 日）

召伯米市风潮之详述

　　奸商立约　一般奸商，因仙女庙屡次求弛米禁不得，乃主张私运与镇江某字号一广帮樊姓者，立约定购三十万石，售价照市增涨，由镇雇船来召伯包运，沿途关捐，皆有运动，一到即可放行。此祸根之所自来也。

　　商会主张　既定交易之后，商会不能无闻见，且有行主而兼充商会一员者，乃提出每石一角之利益，每月径交商会，为各项使费之用。

　　官长之调查　私运开始在闰六月下旬，城内颇闻其事。适凤皇桥各行至该镇购米，乃闭巢不与。禹大令亲往巡视，见河下之米船林立，询之商会，则曰此洲圩灾区之民食也。大令以为非虚，故听其明目张胆而为之矣。

绅士之干涉　该镇绅士见每日运出六七千石之多，而价则每石涨一元上下，纷纷向各行干涉无效，乃入城报告扬州商会、郡会，当牒府县，请筹善法。适嵩太尊赴二十圩高宝各处，未及执行，而风潮已起矣。

起衅之由　某米行因河下交易甚忙，零星者一概拒绝，有某店购米一石，亦靳之，遂至争执。因人心积怒已久，而观者皆不直行之所为，于是将下河之米全行拨于水中，并将某行之屯栈全行毁坏，一般贫民从而附和者，盖亦不免也。

罢市后之纷扰　禹大令得报，知已酿成事端，乃亲往查办。但见合镇俱已闭门罢市，劝谕之再三，不允开市，总以严办奸商为要求。茶炉、菜担一律净绝，已三日矣。

召伯司之自尽　召伯司徐巡检闻系此中最主动之人，因事已决裂至此，故仰药自尽。

嵩太守之调兵　府署又得来电言，镇民将聚火焚烧某某绅士之宅，以泄其恨，于是星夜率同新兵营驰往查办。此后如何，容再续录。

　　　　　　《时报》宣统三年八月一日（1911 年 9 月 22 日）

吴江县闹米风潮剧烈

苏属吴江县城内，日前忽有乡民纷纷进城闹米索赈，异常滋扰，迨后愈聚愈多，以致自治公所及小学堂、绅董家，均经被毁。影响所及，该县同里镇日昨亦复乡民麇集，藉口索赈，肆行滋闹，闻该镇绅董家以及自治公所、分防厅署，咸被捣毁。并当时与本镇团勇当场格斗，曾格杀一人，格伤三人。商业罢市，糜烂几不可收拾。现闻省宪得信后，业已札派兵舰并率领防勇驰往弹压，不知能否即日敉平也。

　　　　　　《时报》宣统三年八月四日（1911 年 9 月 25 日）

常昭莠民闹米风潮平定纪

　　苏府属常、昭两邑，乡民抢米为乱，焚毁自治局各情，迭志前报。兹悉是案发见后，警报一日数至省中，人心颇为震动。特经程抚以飞划营统领王耀斋观察，威望素孚，处事宽严得中，近办丹阳调查户口闹事一案，能不动声色，不折一矢，而巨憝以擒，爰即委令前往相机办理，乃旌旗所指，小民果皆慑伏，得以立时敉平。兹将观察查办情形及当时启衅本末详纪之。缘该邑自今夏米价迭涨，民心已甚惶惶，小民谋食维艰，曾议要求官绅开办平粜，未蒙允准。迨七八月之间，雨水为灾，田稻半被淹没，众际此天灾人祸交迫而来，遂有揭竿为乱之心。遽于初八日纠集乡民数百人，拥至常熟县报荒，罗唕不已。有积痞俞大、俞二、俞三三兄弟，竟敢手拍公案，大声嚷闹。时邑尊方孝充大令因将次交卸，遂以推诿为敷衍之计，拟图过数日，俟后任再作道理，诿称荒事须由自治局作主，县中无能为力。众信之，遂复诣自治局求请准荒，当经议员等以此事须禀上宪核夺，未便率予照准却之。讵众乡民以自治总董邵松年太史兼管积谷义仓，遂以上次之未准平粜，谓皆该绅等有以致之，遽纠众将自治局打毁，旋复哄至邵太史家吵闹。时常、昭两县及城守都司等俱在邵家会议，闻众蜂至，方大令及都司首从后门逸出，昭文魁大令则逾垣而逃，邵太史避于宅傍矮屋内，始免于难。众乡民遂将厅屋拆毁，打至内室，所有一切陈设及红木器具等物，悉被捣毁无遗，约值一万余金之谱，至晚稍散。初九日，人数愈聚愈多，复拥至巨绅庞鸿书家，幸庞先有风闻，即命家丁开直大门，亲出迎众入内，谓除钱米各物，悉凭取去，但乞勿伤人口。众见庞如此歉和，反不得计，只分取食米百数十石，余均无所动而去。是日共抢蒋姓等二十余家，众莠民皆沿路抢物，城中惶乱异常，各店铺悉皆罢市闭门，不敢声张。地方官恐有外匪拦入，特令将各城门紧闭，由两县会同各官绅督率预团上街梭巡，众莠民竟与官军互相搏击。巡勇先放空枪不退，乃加子弹，复向施放，当将扰闹公堂之俞大轰毙，旋又经刘在中管带在东塘市将俞三枪毙，并毙乡民多名。其俞二一名亦经差勇获住，乱势稍解。是日省中接到警电，程中丞派飞划营王观察驰往查办。王观察乃令本部侦探员白钟麟守戎率带师船四艘先行，当于初一日一点钟时抵常，驻师南门外。两县得信，即令开城，请白守戎入内，派队上街梭巡。下午王统领亲率大队及第五营师船继至。是夜，盐捕后营管带刘福春守戎暨亲兵队队官刘鸣皋千戎亦各带师船，由鹏飞官轮拖送而至。未几宝苏官轮亦到。一时兵力加厚，民心大定，城外所泊闹事各乡民船只，见兵船麕集，咸纷纷解维而回城，各店遂即开市，安堵如常，惟四乡仍未平靖。十一日，王观察特饬常、昭两县令亲赴各乡镇劝抚，两县恐莠民无礼，咸有难色。观察乃饬派第五营管带刘在中率带本部师船，陪同方大令至东塘市等处按抚，刘管带文海、刘队官鸣皋率带福山镇标兵四十，陪同魁大令至白茆、莫城等处按抚。各乡民情大定，方、魁两令遂于十二日次第回城。十三日，特经王观察督饬两县会同众绅董筹办平粜，先由地方公款内提出一千元为倡，余由官绅分别筹措。是日下午，邵太史特买舟来省，谒见程中丞，面禀乱情，并请在司库拨借官款二万两，以备购办平米之用，准于明年十月内归偿。当奉中丞先拨二千金，发交邵太史带回应用，并由省特开官轮送之回常。连日与王观察等会商善后事宜，业已一律妥洽。莠民俱各解散归农，其为首起意纠众滋闹之俞大、俞三，已当场拒捕格毙外，俞二一犯获案后，次日即经常熟县饬发南门外站笼站毙，以昭炯戒。又有同党数名，尚须访拿惩办，其余附和众乡人，姑念愚民无知，概免追究。王观察办妥各事，遂于前日率师旋苏。常、昭绅民一再挽留，乃经观察谕饬五营刘管带率领所部各船常川在彼驻防巡缉

（该邑本系五营汛地），藉资镇慑云。

此次闹事各乡镇，均系常邑者多，昭属廖廖无几。常熟县方大令本届期满，事出后即已交卸（继任者为翁志吾大令），现闻邵太史等以此衅实由该令办理不善而成，未便任其逍遥事外，故特面禀省宪，请将方令留居常地四月，俾协同料理善后各事，事毕始准回省云。

　　　　　　　　　　　《时报》宣统三年八月五日（1911 年 9 月 26 日）

常昭灾民变乱记

　　常、昭土地肥饶，民情懦弱，父老相传道光二十九年大水，年虽饥馑，而民未思乱，至光绪己丑水灾，民气稍浮动矣，然犹未如今日之横决也。盖自沙〔纱〕布无利，农妇失谋生之术，奸商贩米出口，粮食缺乏，米价腾贵，小民生计维艰，失业游民伏机欲发。比岁设立自治会，好事者营谋议员，阳托自治之名，阴济鱼肉之计，怨府愈深，民衔刺骨，值此水潦，藉端泄愤。匹夫夜呼，乱党四应，捣毁公所，殃及绅富，城乡扰攘，势成鱼烂，虽曰天灾，岂非人事所致耶！今岁湘皖各省俱遭水患，闰五月中，江水陡涨，沿江郡县相机沦没。常邑地处低洼，潴畜已盈，经七月初三昼夜大雨，城厢内外水溢岸数尺，井邑原隘，弥望无际，尽成泽国，田庐荡析，人烟寂灭，哀鸿蔽野，神鬼夜号。当局者若事先绸缪，尚堪弭患于万一，奈何士尚空谈，官无良策，剥肤之痛，龟鉴前知。一二杞忧之士，亦惟咨嗟叹息，痛昊天不吊而已。昭文魁令，本庸懦无才，固无足责，而常邑方令，则精于图利，怠于治事。雨大时，邵绅松年劝令报灾，方令以交篆有期，意存推委。不得已，邵绅联名函告上台，谘议局议员丁君祖荫亦电请派委查灾恤赈，此初六日事也。初七日，天略放晴，城自治会召集议员，定次日开会议城区振务。至初八日，有乡民四五百人赴常署乞赈，方令告以本县无权，权归自治会。问何人作主，曰常昭领袖绅士邵太史是也。令率乡民至自治公所，央议员出以劝谕。众请方令出语，言支吾，毫无决断，乡民哗噪。某议员曰：宜用强硬手段。遂呼警察入，持刀作杀人状。乡民中有短襟窄袖者四五十人，举手喝打，先拆其匾额，愤击曰：自治，自治，自大门至后门。警察局尽行捣毁。初，巡士获住二人，方令慑于众势，斥令放去，乡民反将巡士殴伤二人。田巡官见事急，欲放枪，方令不许。乡民欺其懦，胆益壮，及势猖獗，两邑令微服而遁，自治职员亦各鸟兽散。毁毕，遂至郡处，昭文魁令及城守陈都戎闻信驰至弹压，乡人恃众不服，先攻大门。魁令急起，陈都戎随之，误入藩篱。或导之上更楼，楼临大街，乞邻人置梯，战栗而下，乘小轿回署，伏而不敢出。是时巷门内有团防兵及淞北营二三十人，皆荷枪鹄立，以无所承命，不敢开枪。乡人夺枪毁之，兵士有头额流血而逃者。邵绅家自门至寝，拆毁无存。以方令一言竟致毁家，若无自治会之平日种毒，不首先发难，邵绅当不至累及也。是夜各绅士及两邑令均电省请兵，然事出仓卒，缓不济急。初九日黎明，东、南、西三门各有乡民麇聚，分途抢劫，至杨绅家福山，兵亦以未奉军令，不敢开枪。方令向乡民哀求，捽其衣急逃，乡民遂任所欲为。继抢吉祥巷丁姓，误会为议员丁芝孙家，损失甚巨。旋至花园弄张姓，误入沈宅。沈绍兴人，染坊为业。告以异乡人无租田，不顾，夺其食米、银洋。旋入张姓，劫去米数十石，张素好施，邻人咸为劝导，幸免毁击。至望仙桥庞中丞家中，丞有侄名树典，见事急，呼轿夫数十人，与乡民共劫，比退受赏，而还其米，劫去仅半数耳。南门屈姓被劫亦巨。此外不可以计数。入夜，乡民咸集城外，四处劫掠，城内人声彻夜不绝。初十晨，乡民麇至，声势益大，尤以南门为甚。议员狄子怡、陈用怡、庞子香家，均被劫。城外人心大乱，团防管带易凯麟带兵五名御于西高木桥，放空枪，不惧，反击伤兵一人。易管带不得已，装弹轰放，中为首之余〔俞〕大根，稍却，见兵少，复前。正危急间，省宪格杀之令下，石梅杨汛官、两县城守、福山兵及田巡官接踵出城。乡人见余〔俞〕大根已枪毙，兵势又盛，遂披靡而逃。时俞大松以弟中枪死，方在某店藉尸图诈，被田巡官所获，方令意欲轻责，议长赵允绶等逼令站毙。其党陶根根易衣入茶肆，亦被公差所获。时已四门皆闭，各肆罢市，忽有啼哭声、喧呼声从风云中腾起。余出巷，闻路人曰：焦湖帮大，至杀人无算。返慰家人，此谣言耳，勿惧。及探信，果无事。然是时城中妇孺牵衣扯袂，相率逃生水旱北门，途为之塞。先是西门外无营兵，乡民因城闭，欲毁蔡氏义庄，报县，方令饬门卒大启城门，乡民一拥而入，遂劫百忍堂周姓家。田巡官驰至呼曰：城外已下杀人令，汝等速散。乡民始惊去，非是，则西城隅绅富被劫无余矣。下午省兵至，人心大定。各段商团、民团咸成立。入夜，防御周密，人始安枕。惟城中静谧，四乡扰乱如故，警报迭来。东唐市聚乡民数千，方令惧不敢往，统领省兵王观察耀斋逼令带兵赴乱，所获为首二人，将南门所获之陶根根当众枪毙，乡人乃散。白茆镇亦有乡民抢劫，途遇镇董李星华，痛殴之，伊子持枪往救，轰毙二十余人。何家市徐太史，兆玮之叔，名凤标，义侠士也，少负才略，常办两等小学堂，平日教学生习枪操，知乱事将作，召乡里健儿练为民团，闻董港变，拔队往救，见势盛，乡民始退。镇董何某为君设筵酒，置床褥，部下人众以蒲不为席，君曰：吾愿与众同食同卧，众咸鼓掌，其感服人心如此。故董浜一镇，虽有乱民，而不至糜烂，赖徐君力焉。苏家尖地方遭祸最烈，今舟过其处，但见架屋稀落，从横于烟波浩渺中，令人有目不忍睹者。此外如施家桥、南丰镇、西塘桥、西徐市、谢家桥、任阳各镇，均遭是劫，其未经调查者尚不在数，是诚我邑数十年未有之剧祸也。论者谓：此次固由天灾，然无俞氏兄弟及陶根根之倡乱，则乡民闹荒，必不至于此极。使当道者早杀一二人以示众，则初九后之乱事可免，城中无事，四乡安能发难，阖邑士民所以咸痛恨于方令之因循酿祸也。今举所闻见，略编次以备他日邑乘之采，并为后之牧民者垂车鉴云。

《时报》宣统三年八月六日（1911 年 9 月 27 日）

吴江同里镇闹荒记

今秋以淫雨为灾，低区淹没，同里区开办平粜，历有日矣。于前月二十七日，忽有周庄区内南吹、北吹、西比等圩之乡民二百余人，拥入自治公所，声称我辈乏食，曾问过沈绅根黄，悉仓谷在同，可来领取。诸职员以周区沈绅并无函来，可俟邀来后定见，尔等暂归静候。乡人不允，击桌诟厉。适有旁人袁友卿、张功云等入所解劝，弗从；人给铜元二枚，又不从，至给米五合而去。时总董已赴江，诸职员出而午膳，未之知也。至午后，金谓此例一开，明日必有变动，遂议飞请监督至镇弹压，及函知周区，不应无片纸只字商请拨谷，如此举动，实属移祸。二十八日，仁勇浅水兵轮及飞划营师船三艘与戴粮厅先后来镇公所，照常平粜。至十时，乡人大众拥入公所，声言索赈。飞划及兵轮之兵急闭公所门，众捣入，或掷砖，或持门闩。戴粮厅、刘巡检出劝，众以湘者不解，飞划营官及兵轮副管带力劝，不允。于是诸职员破墙逃，巡检等亦越窗走，所中米石及银钱、什物，抢劫一空。下午，周区沈绅至，群劝之出而排解，果一出劝，即悉数解缆而去。下午，刘邑令至，勘得公所所有户册簿籍皆失，而镇志之书板敲碎不少，火油狼籍满地，盖欲纵火而未果焉。群请邑令与沈绅暂留。二十九日，邑令已去，沈绅以守提积谷款尚在。十一时，乡人又来，拥至公所，取门牌及志书板，纵火焚之，哗言行将毁学，于是同川等校遂停课。乡人复拥入司署，捣毁大堂什物，巡检破后墙逸去，乡人拉住，后经人力劝始放。呼啸四出，或言毁学，或言寻绅董，或言劫米行，传说纷纷。乡人群至饭馆大嚼，不名一钱，商家遂各闭门。乡人仍踞公所及司署，至四时半，鹏飞兵轮拖盐捕营八艘及邑令船至，洪统领鹭汀传谕，奉抚宪令箭，格杀勿论。乡民乃纷纷开船，而沈绅见势不佳，先时逸去。初一日，盐捕营飞划船及浅水兵轮离镇赴昆山乡，民乃复至镇，拥至庞绅家内。庞绅谓，知县尚在，可往禀官。遂复拥至官船，喧闹不已。邑令遂出洋二元，为酒饭资，始退。十二时，众复乘醉至庞绅处，时大门已闭，巨石撞之，牢不可破。乃折而至章家浜金绅处，将巨石撞开大门，拥入大厅，物件捣毁无存。复欲撞破弄门及内宅门，坚不可开，乃破垣而入，拥至内房，倾箱倒箧，贵重物件被劫不少。团勇闻信，奔至弹压无效，不得已，放空枪以示威。内有一乡民挟物出门，团勇令其还，该民遂欲抢夺军械，众又一哄而出。团勇窘极，乃将枪尖刺入股际，适中要害，逾时毙命，乡人遂亦退去。其时邑令已回舟遁去，弹压自团勇外无一兵。邻右居民连夜逃避，盖谣传明日纵火故也。至初二日，附近各乡之乱民复入金绅之宅，撞开各家门户，搜括一空而去。团勇并不至场弹压，以初一日击毙乱民，督带官与各绅均有责言，故不敢出局。下午，邑令复来被劫各家踏勘，并收敛击死之乱民。夜，众绅谒之，务请明日驻镇弹压，并示办法。初三日，乡民以犯事甚巨，相戒不出。初四日，王统领率师船至，于是合镇及安静无事，然章家浜一带居民，犹迁避不已。计此次被劫之家，除金绅丧失数千金外，其余则千余金、数百金不等。白日抢劫，藐无法纪，层宪苟不查拿首要，尽法惩治，此后绅士，谁肯为地方办事也耶？

　　　　　　　　《时报》宣统三年八月十日（1911年10月1日）

苏省各属闹荒案续闻

苏府属吴江县城及同里、黎里等处，乡民抢米各情，已迭志前报。兹悉此案发见，即由程中丞特派飞划营统领王耀斋观察亲往查办，观察当即率带师船数艘，并本军侦探员白钟麟守戎等，于初三日下午驶抵同里，先由白守戎上岸调查上月二十七八九及本月初一、二等日启衅情形，实缘该乡民等因今年米贵水大，民情震动，突于二十七日纠众百余人，齐至自治公所报荒求赈，当由该所每人发米五升而散。次日，众复拥至自治公所及同里司衙门鼓噪，因某议员倡言欲拿办肇事之人，致干众怒，当将司官公案及所中器具等物，悉行捣毁。二十九日，聚者愈多，群赴镇绅金某家呼索，令将本镇历届所存积谷（因金管该镇积谷仓已久）须照数十年算全数发出赈济。金见人多势盛，即从后垣逃出，众乃将其家中钱米掠取一空。其时各乡民闻风而来者，愈聚愈众，声势汹汹，乱象将成。适有淞南营舢板船两艘、留防营舢板船两艘停泊镇末张家浜桥口，金绅恳其设法保护，讵该船王、哨弁透谓，我们只管水路，不能越俎。迨下午四点余钟，盐捕营洪观察与仁勇、浅水兵舰先后到镇时，吴江县刘大令亦在镇，因见莠民煽乱，再四商求洪观察在镇驻宿一宵，藉资镇慑，观察坚不允从，旋即开行他去。于是乡民益无忌惮。迨初一日，仁勇兵舰因闻吴江又有抢米风潮，遂即开驶回城，刘大令亦借乘盐捕营炮艇而返。该乱民等遂于初二日纠集数百人，拥至金绅天翮家，将其房屋打毁数进，当由镇上团巡开枪轰击，致毙乡人浦福林一名，年才十七岁，向在张姓家佣工者。旋经王统领派队上街梭巡，乱民始不敢公然滋扰，民心大定。初五日王统领拔队赴吴江，特命盐捕后营刘管带福春留驻同里弹压。次日观察复回同里，又接警报，知车坊、甪直等镇又有闹米之事。甪直有盐捕后师船驻扎，竟被乱民劫去洋枪六杆，观察当饬刘管带星驰前往。旋又闻黎里镇亦有土匪钱叙才等，藉灾勾诱乡民抢劫各店铺，并打毁自治公所、巡检司衙门等事，乱势正炽，亟待援救。观察乃派飞划二营管带何嘉禄，立刻率队，飞驰往救。讵初七日，吴江警报又至，复有乡民数百入城骚扰。观察趾不停留，立即启节回城，派沈哨弁上街巡哨，拿获闹事祸首倪金标一名，即行押送吴江县，监禁候办。下午复亲赴黎里巡阅，众莠民见观察已至，莫不闻风胆落，各鸟兽散。惟为首构乱之积匪钱叙才、翁阿大等，犹敢持械拒捕，当被营勇当场格毙，由该镇绅商学界认明尸身，确系钱、翁二匪，同具证结存案。一面复缉获闹事余党陆阿二、何桂兴、张阿九、王瑞增、周兰生、潘道龙、凌老七、丁阿七等八名，于前日解苏观察。嗣又查得同里镇此次肇衅首要，系著名巨枭绰号"赛张飞"之计老五起意纠劫，当经该镇团防协同营勇访明往拿，讵计胆敢开枪，击伤团勇数名，而己亦中枪毙命。王观察恐有疑误，特命镇绅金祖辉、庞元润、薛凤钧等，同往认明无讹，具结备案，并将其同党陶叙兴、徐刘福、陶福元三名一并获住，各镇乱事始一律平靖。观察乃即振旅旋省，于昨日谒见程中丞，面禀各情。其获犯十一名，饬发三首县分别收禁，候再讯明察办。

　　甪直镇乱事业由刘管带驰往救平，盐捕营总统洪观察亦于前日亲往该镇一带巡缉，藉资镇摄，并枪毙乱民二人，以儆其余。乃昨闻镇民传述，云此二人实系安分良民，误遭惨毙，大众颇为惋惜，有联名公禀与该二人申冤之说，不知确否。

　　盐捕营总统洪观察不肯在同里驻宿一事，昨闻江、震绅董已有公禀来省，归咎于该道之不允停留，致酿成此次祸衅云云。昨程中丞已密委某太守驰往该镇，访明实细，禀复核夺。

　　常熟闹米风潮业已平静，惟善后事宜亟须放办赈济，以安民心。前日适有该邑绅士湖北候补知府严国钧太守自请赴常担任赈务，程中丞大为喜悦，特饬靖湖兵轮拖送前往。闻该守抵常后，立即拜会常、昭二县及飞划第五营管带刘在中，帮同监放急赈，于初七、八、九、十、十一共放五天，大口每名铜元六枚，小孩减半，现已一律放竣。闻已接办平粜矣。

《时报》宣统三年八月十八日（1911年10月9日）